Willy Klawe

**Verläufe und Wirkfaktoren
Individualpädagogischer Maßnahmen
Eine explorativ-rekonstruktive Studie**

Im Auftrag der:
**AIM Bundesarbeitsgemeinschaft
Individualpädagogik e.V.**
Geschäftsstelle
Aachener Str. 1158a
50858 Köln
Fon: 02234 - 200 88 45
Fax: 02234 - 200 88 46
E-Mail: info@aim-ev.de
www.aim-ev.de
ISBN 978-3-00-029956-8
April 2010

Durchgeführt vom:
**Institut des Rauhen Hauses
für Soziale Praxis gGmbH (isp)**
Horner Weg 170
22111 Hamburg
Fon: 040 - 655 91-244
www.soziale-praxis.de
Projektleitung: Willy Klawe
E-Mail: klawe.isp@rauheshaus.de

Gestaltung & Layout:
www.tw-kd.de

Inhalt

Einleitung   8

1 Überblick über die Ergebnisse der Studie   11

1.1 Forschungslage und Ziel der Studie   12

1.2 Prozesse und Schlüsselsituationen   13

1.3 Wirkfaktoren Individualpädagogischer Maßnahmen   15

2 Stand der Forschung   24

3 Evaluationskonzept   36

4 Verläufe Individualpädagogischer Maßnahmen: Fallmonographien als „Dichte Beschreibung"   41

4.1 Fallmonographien   45

Alex: „(...) aber sonst bin ich einfach ins kalte Wasser und bin mit nach Schweden gefahren. Bekloppt, nicht?"   45

Anna: „Ich war nicht gerade das liebste Kind."   69

Armin: „Ich habe viel gelernt, das muss ich sagen."   93

Arnd: „Das wäre das Einzige, was ich brauche, dass mir fast eine Ausbildung geschenkt wird in meinen Lieblingsberufen."   115

Grit: „Ich war ein hartes Stück würde ich mal so sagen"   139

Melanie: „Ich hätte mich früher niemals untergeordnet." 162

Mirko: „Ich meine immer, wenn ich nicht in Polen gewesen wäre, wäre ich – glaube ich – im Knast gelandet." 186

Sameh: „Eigentlich habe ich alles selber geschafft." 208

Seval: „Vorher habe ich mich eher wie ein kleiner Wanderpokal gefühlt." 226

Steffi: „Ich wusste immer, was ich wollte" 247

Sven: „So viel lernt keiner in den paar Monaten." 271

Timo: „Jetzt arbeite ich als Drag-Queen ..." 292

5 Prozesse, Schlüsselsituationen und Wirkfaktoren Individualpädagogischer Maßnahmen **315**

5.1 Fallübergreifende Prozessaspekte 316

5.2 Schlüsselsituationen in der individualpädagogischen Betreuung 320

5.3 Wirkungen und Wirkfaktoren Individualpädagogischer Maßnahmen 330

6 Ausblick **374**

7 Literatur **380**

„Menschen lernen vielfach nicht das,
was gelehrt wurde,
oder lernen, was nicht gelehrt wurde,
oder lernen, wenn gar nicht gelehrt wird."[1]

Einleitung

In der im Auftrage des AIM vom Institut des Rauhes Hauses für Soziale Praxis im Jahre 2007 abgeschlossenen quantitativen Studie ‚Jugendliche in Individualpädagogischen Maßnahmen' konnten die strukturellen Merkmale solcher Maßnahmen, der Kreis der Jugendlichen, die in solchen Projekten betreut werden und deren Verbleib nach Abschluss der Betreuung genauer beschrieben werden.[2] Darüber hinaus bot das empirische Material eine Grundlage, erste Aussagen über hinderliche und förderliche Rahmenbedingungen der pädagogischen Arbeit in solchen Maßnahmen zu machen. So konnte die spezifische Bedeutung der Beziehung zwischen dem Jugendlichen und der betreuenden Fachkraft und deren als hilfreich erlebte Haltungen und Kompetenzen herausgearbeitet werden.[3]

---

1   *Arnold / Siebert 1997*
2   *vgl. Klawe 2007*
3   *vgl. Klawe 2008*

Welche Lern- und Erfahrungsprozesse in solchen Maßnahmen stattfinden, wie deren Verlauf von den Beteiligten eingeschätzt und gedeutet werden und was von den Adressaten letztlich als hilfreich für die Gestaltung eines gelingenden Alltags und die Entwicklung tragfähiger Zukunftsperspektiven empfunden wird, konnte im Rahmen des quantitativen Untersuchungsdesigns indes nicht hinreichend beantwortet werden.

Mit der vorliegenden qualitativen Studie wird diesen Fragen nachgegangen. Ihr Ziel ist es, von den Beteiligten attestierte Effekte dieser pädagogischen Prozesse differenziert zu beschreiben und aus der Perspektive der betreuten Jugendlichen wahrgenommene Wirkungen und Konsequenzen für ihre Alltagsbewältigung zu identifizieren. In konstruktivistischer Tradition[4] gehen wir davon aus, dass Effekte von Interaktionen und Prozessen im Rahmen sozialer Interventionen nichts objektiv Messbares sind, sondern ihre Wirkmächtigkeit entfalten durch den Sinn, den Akteure ihren Erfahrungen, Lernprozessen etc. geben.

Wirkung in diesem Sinne ist also eine von den AdressatInnen (und anderen relevanten Beteiligten) wahrgenommene Änderung lebensweltlicher Faktoren, Ressourcen und Handlungsoptionen, die diese nach eigener Einschätzung in die Lage versetzt, einen gelingenden Alltag zu gestalten.[5]

Mit diesem Grundverständnis wurden mit den Beteiligten qualitative Interviews geführt und zur Rekonstruktion der jeweiligen individuellen Betreuungsverläufe genutzt, die wiederum einen differenzierten Einblick in das pädagogische Geschehen in Individualpädagogischen Maßnahmen geben. Aus diesen rekonstruierten Prozessverläufen ließen sich sowohl

---

4   *vgl. Guba / Lincoln 1998, 2001; Ulrich / Wenzel 2003*
5   *Klawe 2006*

pädagogisch bedeutsame Schlüsselsituationen als auch zentrale Wirkfaktoren individualpädagogischer Arbeit identifizieren und detailliert beschreiben.

Unsere Ergebnisse geben Außenstehenden so nicht nur einen anschaulichen Eindruck von den in Individualpädagogischen Maßnahmen stattfindenden Prozessen, sondern sind darüber hinaus geeignet, die reflektierte pädagogische Gestaltung von relevanten Schlüsselsituationen und Wirkfaktoren weiter zu qualifizieren.

Die Durchführung einer solchen Studie ist ohne die offene und vorbehaltlose Beteiligung der Adressatinnen und Adressaten und der pädagogischen Fachkräfte nicht möglich. Ich möchte deshalb an dieser Stelle allen beteiligten Jugendlichen, ihren Eltern, den Pädagoginnen und Pädagogen sowie den Mitarbeiterinnen der Jugendämter für ihre Bereitschaft danken, ihr Erleben in den pädagogischen Prozessen und ihre Deutungen dazu im Rahmen der Interviews mit großer Offenheit und Authentizität zu äußern. Auf diese Weise sind sehr dichte Gesprächssituationen möglich geworden, in denen neben den sachlichen Aspekten auch die damit verbundenen Emotionen deutlich geworden sind. Ich hoffe, ich bin dem in der Rekonstruktion der Betreuungsverläufe ein wenig gerecht geworden.

Willy Klawe
Hamburg, Dezember 2009

**Überblick über die
Ergebnisse der Studie**

1.1 Forschungslage und Ziel der Studie

1. In den großen Studien zur Jugendhilfe der letzten Jahre (JULE, JES, EVAS) finden sich keine Aussagen zu Individualpädagogischen Maßnahmen. Kleinere Fallstudien dagegen untersuchen Einzelaspekte dieser Hilfeform und liefern erste Hinweise auf wichtige, als hilfreich erlebte Prozessvariablen und pädagogische Interventionen.

2. Die Ergebnisse vorliegender Studien zur Beziehung zwischen BetreuerIn und Jugendlichen, zur Bedeutung von Partizipation und Koproduktion sowie zur Kooperation aller Beteiligten, insbesondere mit der Herkunftsfamilie, schärfen den Blick dafür, diesen Aspekten in der Befragung und der anschließenden Auswertung eine besondere Beachtung zu schenken.

3. Die vorliegende Studie hat zum Ziel

   · die pädagogischen Prozesse in Individualpädagogischen Maßnahmen im Einzelnen zu identifizieren und zu rekonstruieren,

   · die Bedingungen und Faktoren gelungener Praxis zu benennen und

   · von den Beteiligten positiv und hilfreich erlebte Situationen herauszuarbeiten.

4. Im Zentrum stehen daher die als ‚Dichte Beschreibungen' dokumentierten, aus problemzentriert-narrativen Interviews rekonstruierten Prozessverläufe der untersuchten Maßnahmen.

1.2 Prozesse und Schlüsselsituationen

1. Persönlichkeitsveränderungen und das Lernen in Individualpädagogischen Maßnahmen ist nicht umfassend didaktisierbar und methodisch durchzuplanen wie ein Unterricht in der Schule. Die pädagogische Stärke dieses pädagogischen Settings besteht stattdessen gerade in seiner Flexibilität im Hinblick auf den jeweiligen Entwicklungsschritt, der für den jeweiligen betreuten Jugendlichen gerade ansteht.

2. Die pädagogischen Prozesse in Individualpädagogischen Maßnahmen entwickeln sich häufig nicht gradlinig und sind nicht in allen Aspekten plan- und vorhersehbar. Ihre Wirkungen und Effekte zeigen sich nicht unbedingt im Prozess selbst, sondern u.U. sehr viel später.

3. Ein individualpädagogisches Setting bietet die Möglichkeit, weitgehend unabhängig von institutionellen Regeln und Zwängen spontan auf Situationen zu reagieren und situative Elemente produktiv für die Gestaltung von Lern- und Erfahrungssituationen zu nutzen.

4. Trotz aller individuellen Ausrichtung lassen sich in den rekonstruierten Prozessverläufen Gemeinsamkeiten und Schlüsselsituationen identifizieren, die auf deren Verlauf einen bedeutenden Einfluss haben und aus diesem Grunde sensibel wahrgenommen und bewusst gestaltet werden müssen.

5. Pädagogische Interventionen, die mit einer Herausnahme aus gewohnten Bezügen und sozialen Bindungen verbunden sind, haben biografische Brüche zur Folge. Ob diese Brüche produktiv für die biografische Entwicklung der AdressatInnen sind oder nur weitere Glieder einer Kette von Beziehungsabbrüchen und Enttäuschungen im Laufe einer Jugendhilfekarriere, hängt von deren Gestaltung ab.

6. Schlüsselsituationen in Individualpädagogischen Maßnahmen sind unter anderem:

   · die Vorbereitung auf die Maßnahme und den neuen Lebensort

   · das Ankommen am neuen Ort

   · Alltagsstrukturen, Regeln und Kommunikationsformen

   · die Einbindung in die neue Umgebung

   · Konflikte innerhalb und außerhalb der Betreuungsbeziehung

   · der Transfer und Vorbereitung auf die Zeit danach

   · der Umgang mit der Herkunftsfamilie / Elternarbeit

1.3 Wirkfaktoren Individualpädagogischer Maßnahmen

Wirkungen und Wirkfaktoren

Wirkfaktoren beschreiben das empirisch nachweisbare Potenzial einer Hilfeform. Ob und in welchem Umfang dieses Potenzial für Lernprozesse von den AdressatInnen genutzt wird, hängt nicht allein von der professionellen Gestaltung der jeweiligen Maßnahme und der Eröffnung von Möglichkeitsräumen für Erfahrungen und Lernen ab, sondern in besonderem Maße auch von der Koproduktion der betreuten Jugendlichen. Diese kann pädagogisch gefördert und unterstützt, aber letztlich nicht vollständig gesteuert werden. Die Rede von Wirkfaktoren unterstellt daher keine zwingende lineare Ursache-Wirkung-Logik, sondern identifiziert aufgrund der Aussagen aller Beteiligten und der Analyse der Prozessverläufe plausible Einflüsse, die die Entwicklung des Prozesses und der AdressatInnen in maßgeblicher Hinsicht beeinflusst haben. Manche der identifizierten Wirkfaktoren entfalten ihre besondere Wirkung in den genannten Schlüsselsituationen.

Wirkfaktoren individuelle Ausrichtung und Flexibilität

Die individuelle Ausrichtung dieser Hilfeform ist das zentrale Steuerungselement für Wirkung und Erfolg einer Individualpädagogischen Maßnahme. Diese individuelle Ausrichtung ist freilich nicht das Ergebnis professioneller ExpertInnen oder einer besonders ausgefeilten Diagnostik, sondern wird ausgehandelt und bestimmt gemeinsam mit dem zu betreuenden Jugendlichen und seinen Eltern. Sie sind als Koproduzenten die Subjekte der Betreuung.

Das individuell ausgerichtete Angebot einer Individualpädagogischen Maßnahme ist für Jugendliche, Betreuer und Jugendämter gleichermaßen attraktiv.

- In der Wahrnehmung der Jugendlichen ist das Signal dieses Settings: Mein Betreuer ist exklusiv nur für mich da.

- Aus der Perspektive des Betreuers bedeutet diese Exklusivität die Chance, sehr nahe am Jugendlichen ‚dran' zu sein, Entwicklungen und Krisen schnell und direkt im Blick zu haben und vor diesem Hintergrund zeitnah und authentisch agieren zu können. Diese Nähe eröffnet außerdem zusätzliche Chancen für frühzeitige präventive Interventionen.

- Den Jugendämtern bietet diese Hilfeform die Möglichkeit, Jugendliche, die im Gruppenkontext nicht tragbar sind oder nicht angemessen gefördert werden können, individuell betreuen zu lassen.

Die untersuchten Prozessverläufe zeigen, dass aufgrund wechselnder Situationen, sprunghafter Entwicklungen oder eskalierender Konflikte immer wieder Veränderungen des Settings oder ‚Nachjustierungen' der Alltagssituation erforderlich sind. Flexibilität wird damit zum Wirkfaktor schlechthin: Wenn es nicht gelingt, angemessen und zeitnah auf neue Herausforderungen zu reagieren, ist eine erfolgreiche Fortführung der Betreuung insgesamt gefährdet. Die Tatsache, dass es in der Regel jeweils um nur einen Jugendlichen geht, erleichtert dabei den Aushandlungsprozess und einen personenzentrierten Zuschnitt der Lösung oder Veränderung. Freilich müssen Träger und Jugendamt einen ähnlich flexiblen Rahmen gewährleisten, weil sonst dieser zentrale Wirkfaktor seine Wirkung nicht entfalten kann.

Wirkfaktor Beziehung

Ein verlässliches, akzeptierendes Beziehungsangebot, eine belastbare, authentische Betreuerpersönlichkeit und die Einbindung in familienähnliche Strukturen sind zentrale Faktoren für einen gelingenden Betreuungsprozess.

In der Mehrzahl haben die befragten Jugendlichen dies weder in ihrer Herkunftsfamilie noch auf ihrem Weg durch verschiedene Angebote und Einrichtungen während ihrer Jugendhilfekarriere erfahren. Die 1:1-Betreuung in einer Individualpädagogischen Maßnahme bietet Jugendlichen die Erfahrung in einer exklusiven und verlässlichen Beziehung, die allerdings auch gern immer wieder auf die Probe gestellt wird. Damit werden die Persönlichkeit des Betreuers, seine sozialen Kompetenzen, seine Haltung und seine soziale Einbindung vor Ort zum wichtigsten Faktor für einen gelingenden Verlauf und Erfolg des Betreuungsprozesses.

Wirkfaktoren Alltagsorientierung und Selbstwirksamkeit

Individualpädagogische Maßnahmen konstruieren einen neuen Alltag der Akteure und bieten die Chance, Erfahrungen und Lernen nicht künstlich inszenieren zu müssen, sondern wo immer es geht aus den Notwendigkeiten des alltäglichen Lebens abzuleiten. Alltagsorientierung erhält so eine mehrfache Bedeutung:

- der Alltag und die aus ihm erwachsenden notwendigen Handlungsvollzüge bieten die Impulse und Anlässe für die Aktivitäten des Jugendlichen;
- der Alltag ist zugleich der Raum und das Feld für Erfahrungen und Lernen;
- der Alltag bietet Strukturen, die das Einüben von Regelmäßigkeit und Regelhaftigkeit erleichtern;

- mit der Alltagsorientierung ist zudem die Vorstellung verbunden, dass im Alltag der Maßnahme für den Alltag danach wichtige Fähigkeiten und instrumentelle Kompetenzen vermittelt werden;
- die Alltagsorientierung ermöglicht die Herstellung einer größtmöglichen Normalität.

Die qualitativen Interviews unserer Studie zeigen, dass die Betreuerinnen und Betreuer diese verschiedenen Ebenen bewusst für die pädagogische Rahmung des Zusammenlebens genutzt haben. Handeln, Aufgaben und Pflichten ergeben sich – soweit möglich – vor allem aus den (einleuchtenden) Herausforderungen des Alltags und bedürfen (im Idealfall) nicht einer besonderen Begründung. Das alltägliche Handeln ist gerahmt und strukturiert durch transparente, aus dem Alltag abgeleitete Regeln und eingespielte Rituale, die eine klare Orientierung bieten (sollen) und soweit als möglich konsequent umgesetzt werden. Je konsequenter diese Umsetzung erfolgt, umso stärker werden BetreuerIn und Regeln akzeptiert, Inkonsequenz wird von den Jugendlichen eher negativ konnotiert.

Arbeitsvorhaben und -projekte ergänzen diese Lernfelder um Arbeitserfahrungen und Regeln des (künftigen) Arbeitsalltags. Sie dienen zugleich der Erprobung und Ausbildung meist handwerklicher Fähigkeiten oder bieten ein Erfahrungsfeld für Berufswahl oder Berufsvorbereitung. Sie vermitteln den Jugendlichen – häufig erstmalig – ein Gefühl der Selbstwirksamkeit. Dieses Gefühl, mit seinem eigenen Handeln etwas bewirken zu können, gilt in der Psychologie als wichtiges Element einer starken, resilienten Persönlichkeit.

Wirkfaktor Beschulung

In jedem der von uns untersuchten Fälle sind Schulverweigerung, unregelmäßiger Schulbesuch, häufiger Schulwechsel oder schlechte Schulleistungen der Individualpädagogischen Maßnahme vorausgegangen. In allen Fällen konnte eine regelmäßige Beschulung erreicht und umgesetzt werden, auch Jugendliche mit einer schlechten Bildungsprognose in ihren Hilfeplanprotokollen konnten dabei einen Schulabschluss erlangen. Vor allem drei Faktoren haben dazu beigetragen:

- eine Individualisierung von Erziehung erleichtert auch eine Individualisierung von Bildung,

- der Besuch einer Regelschule in neuer Umgebung bietet den Jugendlichen die Chance eines ‚Neuanfangs als unbeschriebenes Blatt', sie müssen nicht gegen negative Zuschreibungen und Ausgrenzungen antreten,

- schließlich sind BetreuerInnen in der Regel in der Lage, einen engen Kontakt zu Schule zu pflegen und gemeinsam mit den Lehrkräften die notwendige Unterstützung zu organisieren, aber auch engmaschig Schulbesuch und Lernfortschritte zu kommunizieren.

Insgesamt bieten Individualpädagogische Maßnahmen Rahmenbedingungen, die geeignet sind, negative Schul- und Bildungserfahrungen und Schulverweigerung nachhaltig zu verändern und so zu befriedigenden formalen Bildungsabschlüssen beizutragen.

Wirkfaktoren Partizipation, Koproduktion und Freiwilligkeit

Zentrales pädagogisches Medium der Partizipation in Individualpädagogischen Maßnahmen ist die alltägliche (ganz praktische) Mitgestaltung im Alltag. Diese ‚gelebte Partizipation' wird vor allem auch deshalb von den Jugendlichen als echte Mitwirkung erlebt, weil sie spürbare Konsequenzen im und für den Alltag hat. Individualpädagogische Maßnahmen sind von ihrem Setting her für diese Form der Partizipation besonders geeignet, weil sie durch ihre Alltagsorientierung hierfür zahlreiche niedrigschwellige Situationen und Anlässe bieten. Partizipation meint hier die Gestaltung eines permanenten Lernprozesses, in dem es um Auseinandersetzungen über eigene Interessen, die Interessen der anderen und den Interessenausgleich geht.

Partizipation und Teilhabe sind besonders wichtig, wenn es um die Bedürfnisse und ganz persönlichen Lebensentwürfe der betreuten Jugendlichen geht. Aufgrund der individuellen Ausrichtung der Betreuung in Individualpädagogischen Maßnahmen können hier wenig formalisierte, ganz an den individuellen Kompetenzen und Ressourcen des jeweiligen Jugendlichen orientierte Formen der Beteiligung und Selbstbestimmung gefunden werden.

Die Möglichkeiten einer erfolgreichen Koproduktion und produktiven Partizipation werden allerdings deutlich reduziert oder gar konterkariert, wenn die Freiwilligkeit der Entscheidung für eine Beteiligung an der Maßnahme eingeschränkt wird.

Wirkfaktor Ausland

In den untersuchten Maßnahmen werden die spezifischen Erfahrungsoptionen im Ausland nicht sonderlich ausführlich herausgestellt. Dennoch zeigen sich in den Prozessrekonstruktionen gute Gründe für eine Durchführung der jeweiligen Maßnahme im Ausland. Nur werden diese nicht aus den spezifischen Möglichkeiten der Kulturbegegnung abgeleitet. Vielmehr erhält der Standort Ausland seine Funktion und Begründung als ‚Nicht-Inland'.

Die zentralen Aspekte dabei sind:

- innerer Abstand von der bisherigen Lebenssituation,
- räumliche Distanz zum Herkunftsmilieu und/oder Clique und Szene,
- Zivilisationsferne.

Die besondere Wirkmächtigkeit des Auslands als Wirkfaktor im Rahmen Individualpädagogischer Maßnahmen kann aber deutlich erhöht werden, wenn in den Betreuungsarrangements explizit Spezifika des jeweiligen Gastlandes und seiner kulturellen Bedingungen genutzt und in Entwicklungsberichten und Hilfeplanprotokollen ausgewiesen werden.

Wirkfaktor Steuerung durch das Jugendamt
Regelmäßige Hilfeplangespräche, eine enge Kooperation mit dem durchführenden Träger und gute Kontakte zu den betreuten Jugendlichen sind Instrumente und wichtige Voraussetzungen, der Steuerungsaufgabe des Jugendamtes nachzukommen. Die strukturellen Bedingungen in der Mehrzahl der Jugendämter erschweren aktuell die Wahrnehmung dieser Aufgaben. Hohe Fallzahlen mit komplexen Problemlagen, häufiger Zuständigkeitswechsel in den Jugendämtern, andauernde Strukturveränderungsprozesse und Beschränkung der finanziellen Ressourcen lassen nur einen begrenzten Spielraum, die gesetzlich vorgeschriebenen Steuerungsaufgaben kontinuierlich und befriedigend zu erfüllen.

In der Konsequenz finden wir daher meist

- nur sehr unvollständige und daher wenig aussagefähige HPG-Protokolle
- eher allgemeine Zielformulierungen
- keine angemessene Zielfortschreibung.

Damit aber werden eine fundierte Beurteilung der Prozesse und Fortschritte einer Betreuung und eine systematische Weiterentwicklung der vereinbarten Ziele und Betreuungssettings nahezu unmöglich.

Neben diesen strukturellen Mängeln in der fachlichen Begleitung des Betreuungsprozesses ist es den Jugendämtern in den von uns untersuchten Fällen nicht immer gelungen, die AdressatInnen in einer Weise an der Hilfeplanung zu beteiligen, die hinreichend Motivation und Mitwirkung freigesetzt hat. In diesen Fällen kam es zu Krisen im Betreuungsverlauf und in Einzelfällen sogar zu Abbrüchen. Dies zeigt einmal mehr, dass eine hinreichende Beteiligung der Jugendlichen (und ihrer Eltern) immer eine Voraussetzung für deren konstruktive Koproduktion ist. Insofern ist eine umfassende Beteiligung der AdressatInnen in der Hilfeplanung ein zentraler Wirkfaktor für das Gelingen Individualpädagogischer Maßnahmen.

Wirkfaktor Anschlussmaßnahmen
Die von uns rekonstruierten Betreuungsverläufe und Übergänge belegen eindrücklich, dass auch bei letztlich gelungenen Betreuungsverläufen die Rückkehr in den Alltag – in vielen Fällen verbunden mit Verselbständigung – für die Jugendlichen eine erhebliche Herausforderung darstellt, für deren erfolgreiche Bewältigung sie auch nach Ablauf der individualpädagogischen Betreuung praktische Hilfe und ermutigende Unterstützung benötigen. Dennoch wurde in einigen der von uns untersuchten Fälle von der Möglichkeit einer Weitergewährung von Jugendhilfeleistungen nach § 41 nicht Gebrauch gemacht und die Jugendlichen nach Abschluss der Individualpädagogischen Maßnahme weitgehend sich selbst überlassen.

In diesen Fällen kam es daher zu krisenhaften Entwicklungen nach Rückkehr und Verselbständigung, weil die betreffenden Jugendlichen Probleme (Wohnen in eigenem Wohnraum, eigenständiger Umgang mit Geld und Behörden) bekamen. Wie die anderen Fälle zeigen, kann eine wenig aufwändige ambulante Betreuung mit geringem Stundenumfang diese Schwierigkeiten auffangen. Sie erscheint auch deshalb notwendig und angebracht, weil die möglicherweise ‚eigentlich' zuständigen Stellen (Bundesagentur für Arbeit, Reha-Träger) einer anderen Handlungslogik unterliegen und die betreffenden Jugendlichen aus dieser einfach herausfallen.

Stand der Forschung

Auf der Suche nach empirischen Ergebnissen über Verläufe und Wirkungen intensiver Einzelbetreuung in Individualpädagogischen Maßnahmen bleibt eine Durchsicht vorliegender Studien überwiegend unbefriedigend. Dies liegt u.a. auch an unterschiedlichen Begrifflichkeiten für gleiche oder ähnliche pädagogische Konzepte. So werden intensive 1:1-Betreuungssettings entweder als Intensivpädagogik, Individualpädagogik oder Erlebnispädagogik bezeichnet oder der Fokus richtet sich ausschließlich auf sog. Auslandsprojekte.[6] Grund für die Nichtbeachtung dieser Hilfeform in den diversen Studien, die ja das gesamte Spektrum der Hilfen zur Erziehung in den Blick nehmen, ist sicher auch ihr zahlenmäßig geringer Anteil an allen Erziehungshilfen.

Eine Reihe von Forschungsprojekten hat sich in den vergangenen Jahren mit den Strukturen und Wirkungen verschiedener Formen der Hilfen zur Erziehung beschäftigt. So gibt zum Beispiel die JULE-Studie[7] einen repräsentativen Überblick über Leistungen und Erfolge von stationären und teilstationären Erziehungshilfen (SGB VIII §§ 32, 34, 41) anhand einer retrospektiven Befragung ehemaliger Adressaten und einer Analyse der dazu gehörigen Akten. Allerdings macht die Studie keine Aussagen zu intensiven individualpädagogischen Betreuungssettings. Dies gilt in gleicher Weise für die Jugendhilfe-Effekt-Studie[8] (JES) (2002). Sie hat Erziehungsberatung, Erziehungsbeistand, Sozialpädagogische Familienhilfe, Erziehung in einer Tagesgruppe, sowie Heimerziehung zum Gegenstand und untersucht diese im Hinblick auf Effektivität und Effizienz dieser Hilfeformen.

---

6   vgl. zur Begriffsgeschichte Lorenz 2008, Klawe 2007
7   BMFSJ 1998
8   Schmidt u.a. 2002

Auch die breit angelegte Evaluationsstudie erzieherische Hilfen (EVAS)[9] macht zunächst keine Aussagen über Zahlen und Erfolge intensivpädagogischer Projekte. Allerdings gibt sie einige Hinweise für den Fokus einer Studie zu den Wirkfaktoren Individualpädagogischer Maßnahmen. So stellen die Autoren fest, dass Heimerziehung in 90 % aller Fälle auf bereits vorher erfolgte Hilfen folgt. „Dieser Befund ist bedenklich, da die Misserfolgswahrscheinlichkeit einer Jugendhilfe mit der Anzahl und der Intensität der bereits zuvor in Anspruch genommenen Hilfen steigt." (Macsenaere / Schemenau 2008, S. 27)

In einer späteren, auf dem methodischen Instrumentarium der EVAS-Studie basierenden vergleichenden Auswertung von 36 Auslandsmaßnahmen mit individualpädagogischem Setting werden als Charakteristika der betreuten Jugendlichen genannt: hohes Alter bei Hilfebeginn, hoher Anteil von Jungen, ausgeprägte Jugendhilfekarrieren, hohe Straffälligkeit, hoher Drogenkonsum, hohe Defizite und geringe Ressourcen. In Bezug auf alle Indikatoren liegen die erhobenen Werte noch einmal deutlich höher als bei Jugendlichen in Heimerziehung. Vor diesem Hintergrund stellt Macsenaere fest: „In Anbetracht der beschriebenen Ausgangskonstellation ist eine geringere Effektivität der Hilfen zu erwarten. Das heißt, Ziele müssten in einem geringeren Umfang erreicht werden, es dürften kaum Ressourcen aufgebaut und Defizite reduziert werden und die Abbruchquote müsste erhöht sein. Die hier vorliegenden Ergebnisse widersprechen diesen Erwartungen: Die Reduzierung von Defiziten wie auch der Aufbau von Ressourcen gelingt im Vergleich zu anderen HzE-Maßnahmen weit überdurchschnittlich." (Macsenaere 2008, S. 122)

Eine vom BVkE und der Arbeitsgruppe ‚Individualpädagogische Hilfen im Ausland' in Auftrag gegebene Studie (‚InHAus') soll jetzt diese Ergebnisse

---

9 Macsenaere / Knab 2004

auf der Basis einer breiteren Stichprobe überprüfen und Empfehlungen für Mindeststandards im Hinblick auf Aufnahmeverfahren, Trägerstrukturen, Mitarbeiterqualifikation, Beratungs- und Supervisionsleistungen und Elternarbeit vorlegen. Erhoben werden im Rahmen dieser quantitativen Studie die Veränderung von Ressourcen und der Problemlagen der Jugendlichen zwischen Beginn und Abschluss der Maßnahme, der Umsetzungsgrad der individuellen Hilfe(plan)ziele, der Verlauf von schulischer/beruflicher Ausbildung, subjektiv empfundene Effekte sowie die Anschlussperspektive der Jugendlichen aus Sicht aller beteiligten Personen. Die Ergebnisse sollen 2010 vorgelegt werden.

Wenngleich die Studie ‚Erlebnispädagogik in den Hilfen zur Erziehung' (Klawe/Bräuer 2001) einen etwas anderen Fokus hat und alle Formen der damals so bezeichneten Erlebnispädagogik untersucht, lassen sich ihr doch einige Hinweise zu Prozessverläufen und Einschätzungen der jugendlichen Adressaten entnehmen. Insbesondere die Erfahrung, mit eigenem Handeln etwas bewirken zu können (Selbstwirksamkeit), den Betreuungsprozess verantwortlich mitzugestalten (Partizipation) und ein gut vorbereiteter Transfer zurück in den Alltag werden von den Jugendlichen als ‚Erfolgsfaktoren' genannt. Die Studie setzt sich auch mit den vorgängigen Entscheidungsprozessen der Jugendämter auseinander und arbeitet in diesem Kontext die Bedeutung intensiver Betreuungssettings als ‚finalem Rettungskonzept' heraus, die dann zur Anwendung kommen, wenn alle anderen Bemühungen als gescheitert gelten. Eine Studie von Klaus Fröhlich-Gildhoff[10] stellt die Einzelbetreuung in der Jugendhilfe in den Mittelpunkt. Der Autor leitet aus der qualitativen Befragung von 44 Jugendlichen im Alter von 13 bis 22 Jahren, die in Einzelbetreuung zwischen zwölf und 60 Monate betreut wurden, generalisierbare Aussagen zur Indikation und dem Erfolg solcher Betreuungssettings ab.

---

10 Fröhlich-Gildhoff 2003

Er stellt fest: „Einzelbetreuungen im Rahmen der Hilfen zur Erziehung sind für ein breites Spektrum von Jugendlichen und jungen Erwachsenen (...) eine wirkungsvolle Hilfe

- zur psychischen Stabilisierung, zur positiven Selbstwertentwicklung und zu entsprechenden Veränderungen im ‚Problemverhalten'.
- zur Identitätsentwicklung und zum Aufbau einer eigenen Lebensperspektive bis hin zur realen Verselbständigung.
- zur Verbesserung der Integration in gesellschaftliche Zusammenhänge (von der Verbesserung der Schulleistungen bis hin zum Durchstehen beruflicher Ausbildung)."[11]

Und weiter: „Einzelbetreuung wird der Individualität der jeweiligen betreuten Jugendlichen oder jungen Erwachsenen gerecht. (...) Sie ist in Intensität und Inhalt auf die jeweiligen Betreuten zugeschnitten, setzt am (Entwicklungs-) Stand an und orientiert sich im Verlaufprozess direkt an den Jugendlichen bzw. jungen Erwachsenen."[12]

- Im Hinblick auf die Indikation für diese Form der Erziehungshilfe resümiert er: „Einzelbetreuungen sind sinnvoll, wenn Kinder und Jugendliche
- Unterstützung und gezielte Hilfe in einer spannungsreichen Situation, v.a. in der Herkunftsfamilie benötigen
- neue Anreize benötigen und bisherige Hilfsangebote (z.B. in der Heimerziehung) nicht mehr ‚tragen'
- Struktur und Orientierung benötigen in einem Umfeld, das ansonsten wenig Orientierung bietet

---

11   ebd. S. 327
12   ebd. S. 328

- noch nicht in der Lage sind, kontinuierliche Beziehungen aufzubauen, zu halten oder für sich als wertvoll zu erleben
- andere Unterstützungsangebote nicht mehr annehmen können."[13]
- Zusammenfassend stellt Fröhlich-Gildhoff fest, dass 63,3 % der von ihm untersuchten Fälle mit Erfolg beendet wurden.[14]

Mit Blick auf gelungene Betreuungsverläufe stellt Fröhlich-Gildhoff neben einer angemessenen Indikation, Zielorientierung, Kooperation und Beteiligung am Hilfeplanprozess die zentrale Bedeutung der Betreuungsbeziehung heraus: „Besonders wichtig für das Gelingen der Betreuung ist es, dass Jugendliche/r und BetreuerIn zueinander ‚passen'."[15]

Dieser Befund findet sich auch in anderen Studien wieder. So konnten in der Studie ‚Jugendliche in Individualpädagogischen Maßnahmen'[16], bei der insgesamt 355 Fälle ausgewertet wurden, nicht nur die Bedeutung der Betreuungsbeziehung belegt, sondern darüber hinaus die von den Jugendlichen für eine Akzeptanz für erforderlich gehaltenen Haltungen und Eigenschaften der Betreuer beschrieben werden.[17] Darüber hinaus liefert diese Studie detaillierte Daten über Alter, Geschlecht, Migrationshintergrund, Anlass und Dauer der Hilfe, Vorhilfen, vereinbarte Ziele, Erfolge im Hinblick auf Schule und Ausbildung sowie mögliche Anschlusshilfen. Ein retrospektiver Teil erfragt außerdem die Einschätzung der Jugendlichen zum Verlauf des Betreuungsprozesses. Schließlich wird auch die aktuelle Lebenssituation erhoben, um zu überprüfen, in wie weit den Jugendlichen die Alltagsbewältigung gelingt.

---

13 *Fröhlich-Gildhoff 2008, S. 24*
14 *Fröhlich-Gildhoff 2003, S. 13*
15 *ebd. S. 26*
16 *Klawe 2007*
17 *Klawe 2008*

Eine aus Trägersicht durchgeführte Evaluation von insgesamt 111 Jugendlichen (Vollerhebung), die innerhalb von 15 Jahren betreut wurden, bietet ähnliches Datenmaterial. Interessant ist darüber hinaus die im Rahmen dieser Studie durchgeführte Nacherhebung bei insgesamt 22 Jugendlichen. Neben Daten über die aktuelle Lebenssituation äußern sich die Jugendlichen hier auch über aus ihrer Sicht förderliche Faktoren der Maßnahme. Neben der Beziehung zum Betreuer werden hier Akzeptanz und die Erfahrung der Selbstwirksamkeit explizit benannt.[18]

In einer Rekonstruktion von Biografieverläufen ehemaliger Heimkinder weisen Wieland u.a. nach, dass diese Jugendlichen die Heimerziehung nach den Beziehungen bewerten, die sie zu den Erzieherpersonen aufbauen und weiter entwickeln konnten. „Aus der Perspektive von Jugendlichen wird Heimerziehung als eine sinnvolle Phase im eigenen Biografieverlauf erlebt, wenn sie die Beständigkeit der Beziehungen garantierte. (...) Wenn solche Beziehungen fehlten, kann ihr Bedürfnis nach sozialer Zugehörigkeit nicht gestaltet werden."[19] Dabei erwarten sie „von einem Betreuer gerade nicht, dass er eine an pädagogischen Normen ausgerichtete Idealpersönlichkeit darstellt. Sie möchten einen Menschen erleben, der (...) ein Erwachsener mit all seinen Stärken und Schwächen ist, der zwar Hilfe anbietet, sie aber auch annehmen kann."[20]

Edina Normann, die in ihrer Untersuchung familienähnliche Betreuungssettings untersucht und die Betreuungsverläufe anhand problemzentrierter Interviews in ihrer Bedeutung für die weitere Entwicklung der Jugendlichen retrospektiv rekonstruiert, führt dazu näher aus: „Aus der Perspektive der befragten Jugendlichen werden die Erfahrungen mit ih-

---

18 vgl. Felka / Harre 2006
19 Wieland 1992, S. 107
20 ebd. S. 138

ren Betreuern danach bewertet und beurteilt, wie weit sie diese als persönlich an ihnen interessierte Erwachsene erlebt haben. In dem Maße, in dem es gelingt, emotionale Bindungen zu den Erziehern aufzubauen, wird die Heimzeit als sinnvolle und für die persönliche Weiterentwicklung entscheidende Lebenszeit bewertet."[21]

Aufschlussreich ist auch eine Arbeit von Petra Tautorat, die im Rahmen ihrer Dissertation vier qualitative Fallstudien zu intensiven Betreuungsmaßnahmen im Ausland vorstellt.[22] Sie untersucht die Entwicklung von jungen Erwachsenen, die als besonders schwierige Fälle der Jugendhilfe eingestuft wurden, in und nach diesen Maßnahmen. Retrospektiv analysiert sie Einfluss- und Veränderungsmöglichkeiten durch diese Art der Intervention. Sie fasst ihre Ergebnisse wie folgt zusammen: „Auswirkungen von Interventionen der Jugendhilfe auf die Lebensbewältigungsstrategien von jungen Erwachsenen können dann als gelungen betrachtet werden, wenn in der Rahmung einer diffusen Sozialbeziehung auf Grundlage eines zwischen Pädagogen und Jugendlichen eingerichteten Arbeitsbedürfnisses ein Ort für eine stellvertretende Krisenbewältigung geschaffen werden konnte. Die Wahl eines Auslandsstandprojektes kann insofern als hilfreich bezeichnet werden, als Ruhe, Zeit und Distanz zum Herkunftsmilieu ebenso förderlich wirken können, wie die Neuartigkeit des Ortes medial unterstützt, was mit der Intervention erreicht werden soll: Die Erzeugung von Neuem durch und in der Krise und die Entwicklung in eine offene autonome Zukunft hinein."[23]

---

21 *Normann 2003, S. 141*
22 *Tautorat 2004*
23 *ebd. S. 446*

Jugendliche in Auslandsprojekten sind auch der Gegenstand einer Studie, die Matthias Witte im Rahmen einer Dissertation vorgelegt hat.[24] „Die Erziehungshilfe im Ausland greift massiv in die Biografie und Lebenswelt dieser Jugendlichen ein, ohne über Wissen über die Grenzen und Möglichkeiten dieses Hilfsangebots zu verfügen." stellt Witte einleitend fest. Vor diesem Hintergrund geht er in seiner Studie den Fragen nach

- mit welcher biografischer Erfahrung die betreuten Jugendlichen ihre Betreuung im Ausland beurteilen,

- wie sich die Selbst- und Weltdeutungen durch die intensive Betreuung im Ausland verändern,

- wie sie über die Lebenssituation und ihr soziales Umfeld in der Maßnahme denken,

- welche Zukunftsentwürfe und Entwicklungsperspektiven durch die intensive Betreuung im Ausland initiiert und befördert werden.

Zur Bearbeitung dieser Fragen wählt Witte einen ethnografisch-biografischen Zugang, untersucht mit einem Methodenmix aus teilnehmender Beobachtung, narrativen Interviews und fotografischer Darstellung die jeweiligen pädagogischen Settings und die Deutungsmuster der in ihnen betreuten Jugendlichen und interpretiert diese auf einer sozialökologischen Folie. Aus seiner Grundgesamtheit von zwölf befragten Jugendlichen wählt er drei aus, die er als ‚maximale Kontrastfälle' bezeichnet und zur Skizzierung einer Adressaten-Typologie und als Grundlage für die Entwicklung eines Phasenmodells nutzt. (vgl. a.a.O. S. 235 ff)

Zusammenfassend stellt er fest, dass das von ihm gewählte Forschungsdesign zwar keine explizite und differenzierte Bestimmung einzelner Wirkfaktoren intensivpädagogischer Maßnahmen im Ausland zulässt.

---

24 *Witte, M. 2009*

Aber: „Den Lebensläufen liegen (...) lange Jugendhilfekarrieren zugrunde, die auf der Entscheidungsgewalt von Fachpersonal basieren, das zu wissen glaubt, was das Beste für die Jugendlichen sei, und diese entsprechend in scheinbar adäquaten Hilfeformen unterbringt. Die Tatsache, dass die Jugendlichen trotz alledem aufgrund von Hilflosigkeit und Überforderung von Institution zu Institution weitergereicht wurden, verdeutlicht die Divergenz zwischen dem von den Professionellen für die Jugendlichen erarbeiteten Lebensentwurf und dessen eigenen Zukunftsvorstellungen (...)" (ebd. S. 294) Vor diesem Hintergrund fordert er, zum pädagogischen Ausgangspunkt zu nehmen „(...) wie die Jugendlichen ihre Situation begreifen, damit umgehen und Perspektiven entwickeln." (ebd.) Eine substantielle Partizipation der AdressatInnen ist dafür eine unabdingbare Voraussetzung. Ein weiterer wichtiger Aspekt ist die Erkenntnis, wie komplex und differenziert sich pädagogische Prozesse in den Wahrnehmungs- und Deutungsmustern der Jugendlichen abbilden. Dies macht eine multiperspektivische Wahrnehmung bei der Gestaltung der jeweiligen pädagogischen Settings erforderlich. Monokausale Erklärungsmodelle von Devianz wirken dem ebenso entgegen wie (vermeintlich) klare Schuldzuschreibungen, die jugendliche Adressaten zu Tätern machen wollen und sie nicht als ‚Symptomträger' des sie umgebenden Systems betrachten. Dieser Zusammenhang sollte seiner Auffassung nach durch Studien erhellt werden, die systematisch die Perspektiven aller Beteiligten aufeinander beziehen.

Vor kurzem ist außerdem eine von Thorsten Fischer und Jörg Ziegenspeck verantwortete Studie ‚Betreuungsreport Ausland' erschienen.[25] Gegenstand ihrer Studie sind wiederum „intensivpädagogische Auslandsprojekte, (die) (...) hinsichtlich ihres Einflusses auf abweichendes Verhalten bei schwierigen Kindern und Jugendlichen empirisch untersucht werden

---

25 Fischer/Ziegenspeck 2009

(sollen)." (ebd. S. 46). Zum einen werden dazu die Rahmenbedingungen der institutionellen Betreuung vor, während und nach den Maßnahmen erhoben. Die dabei gewonnenen Ergebnisse bestätigen im Wesentlichen Erkenntnisse früherer Studien (Fachkräfteangebot, besonderer Begründungsbedarf für Maßnahmen im Ausland, Notwendigkeit klarer Konzeptionen und konkreter verbindlicher Zielvereinbarungen, notwendige Vorbereitung (-szeit), Freiwilligkeit usw.).

Zum anderen untersuchen sie mit einem komplexen diagnostischen Instrumentarium die Persönlichkeitsprofile von insgesamt 81 betreuten Jugendlichen.[26] Auf diese Weise gelingt es den Autoren, sehr differenziert die für die jeweilige Betreuung herangezogenen Indikationen sowie eine Reihe ausgewählter Persönlichkeitsmerkmale der AdressatInnen von Auslandsmaßnahmen zu identifizieren, eine direkte Verknüpfung dieser Merkmale mit relevanten Aspekten des Betreuungsprozesses sowie die Ableitung von ‚Wirkungen' ist mit dem gewählten Forschungsdesign nicht möglich. Die Autoren verstehen ihre Studie daher auch als ‚Zustandsuntersuchung'.[27] Die abschließenden Interpretationen der Autoren zum ‚Einfluss' der Auslandsprojekte (s.o.) bleiben daher hoch spekulativ.

In einem relativ aktuellen Überblicksartikel zur ‚(Wirkungs-)Forschung in der Heimerziehung'[28] fasst Macsenaere studienübergreifende Ergebnisse zusammen: „Die Erfolgsaussichten sind positiv, wenn es gelingt, möglichst frühzeitig auf einen Hilfebedarf zu reagieren. Mit zunehmendem Alter und einer ausgeprägteren, verfestigten Symptomatik wird die

---

26   Die Zahl der untersuchten Fälle ist etwas unklar, an anderer Stelle der Studie ist von 60 Jugendlichen die Rede
27   Ebd. S. 38
28   Macsenaere 2009

Wahrscheinlichkeit eines positiven Abschneidens hingegen reduziert. (...) Je mehr Hilfen in Anspruch genommen wurden, desto höher ist die ‚Änderungsresistenz' des jungen Menschen, d.h. desto geringer ist die zu erwartende Effektivität." (ebd. S. 7f) Er empfiehlt vor diesem Hintergrund dringend, frühzeitig die geeigneten und notwendigen (und nicht immer die billigeren) Hilfen einzusetzen und so Jugendhilfekarrieren zu vermeiden. Dafür sind eine systematische Diagnose seitens des Jugendamtes und eine ausgeprägte Ressourcenorientierung erforderlich. Eine Zusammenschau vorliegender Studien belegt einen weiteren Wirkfaktor erfolgreicher Hilfen: „Als zentraler Wirkfaktor pädagogischer Arbeit zeigt sich die Kooperation mit Eltern und/oder jungem Menschen. Gelingt diese aktive Mitarbeit im Rahmen der Hilfe, verbessert sich die Aussicht auf Erfolg erheblich – unterbleibt sie, ist ein Misserfolg der Hilfe hochwahrscheinlich." (ebd.)

Fazit
Obwohl die vorliegenden Studien mehrheitlich nicht explizit Verläufe und Wirkfaktoren Individualpädagogischer Maßnahmen zum Gegenstand haben, lassen sich für unsere Studie einige Befunde produktiv nutzen. So regt insbesondere das von Witte entwickelte Phasenmodell an, in unseren Interviews ein besonderes Augenmerk auf die Übergänge und Brüche im Verlauf der Betreuung und deren Deutung durch die Adressaten zu legen. Die Ergebnisse vorliegender Studien zur Beziehung zwischen BetreuerIn und Jugendlichem, zur Bedeutung von Partizipation und Koproduktion sowie zur Kooperation aller Beteiligten, insbesondere mit der Herkunftsfamilie, schärfen den Blick dafür, diesen Aspekten in der Befragung und der anschließenden Auswertung eine besondere Beachtung zu schenken. Auch die Frage danach, welche Auswirkungen es hat, dass Individualpädagogische Maßnahmen mehrheitlich erst sehr spät in der Abfolge der durchlaufenen Erziehungshilfen zur Anwendung kommen (‚finales Rettungskonzept'), bleibt augenscheinlich aktuell.

Evaluationskonzept

Eine Evaluation, die Aufschluss darüber gewinnen will, was während eines Betreuungsprozesses passiert, hat zum Ziel

- die pädagogischen Prozesse im Einzelnen zu identifizieren und zu rekonstruieren,
- die Bedingungen und Faktoren gelungener Praxis zu benennen und
- von den Beteiligten positiv und hilfreich erlebte Situationen herauszuarbeiten.

Dabei kann es nicht darum gehen, scheinbar objektive Faktoren zu ‚messen'. Vielmehr verfolgt eine rekonstruktive Wirkungsforschung das Ziel, die subjektive Wahrnehmung der beteiligten Akteure ernst und zur Grundlage einer multiperspektivischen Rekonstruktion zu nehmen. Annahmen über die Wirkungen pädagogischen Handelns, ihre Ursachen und Entstehungszusammenhänge können als ‚soziale Konstruktionen' unterschiedlicher Beteiligter angesehen werden. Solche Konstruktionen sind keine zufälligen Phantasiegebilde, sondern subjektiv plausible, alltagstheoretische Wahrnehmungen sozialer Wirklichkeit. Sie prägen das Handeln der Akteure, unabhängig davon, ob sie empirisch-wissenschaftlichen (‚objektiven') Erkenntnissen entsprechen.[29] W.I. Thomas hat dies in der griffigen Formel konstruktivistischer Wirklichkeitsdeutung ausgedrückt: „If men define situations as real, they are real in their consequences."

Aus diesem Grunde ist es für eine aussagekräftige Wirkungsforschung von großer Bedeutung, diese Deutungsmuster zu erschließen und die daraus erwachsenden Handlungsstrategien zu beschreiben.

---

29 vgl. Flick 1995

Der Erfolg einer Betreuung wird je nach Blickwinkel und je nach zeitlichem Horizont von den unterschiedlichen Akteuren unterschiedlich beurteilt werden. Ziel einer rekonstruktiven Evaluation ist es, die Erfolgserwartungen und Bewertungen der (unterschiedlichen) Beteiligten zu explizieren, sie zu differenzieren und für die Beteiligten transparent zu machen. „Rekonstruiert werden also die strukturellen Voraussetzungen, die Verfahren, die Regeln und die Konstitutionsbedingungen, mit denen Menschen als Akteure in sozialen Situationen Wirklichkeit herstellen und behaupten."[30]

Im Rahmen unserer Evaluation werden insbesondere das Handeln der Fachkräfte, durch das dieser Erfolg ‚an den Adressaten' erreicht werden soll, also die Interventionen während der Betreuung rekonstruiert. Dabei wird sichtbar, inwieweit die Beteiligten gleichsinnig handeln, wie sie ihr Handeln begründen und aufeinander abstimmen, und in welcher Beziehung die jeweils formulierten Erfolgserwartungen zu diesen Interventionen stehen. Außerdem werden Diskrepanzen und Übereinstimmungen zwischen den Beteiligten daraufhin überprüft, ob sie den erwarteten Erfolg eher wahrscheinlich oder unwahrscheinlicher werden lassen.

Im Sinne einer Verbleibsstudie wird darüber hinaus die gegenwärtige Lebenssituation der ehemals in Individualpädagogischen Maßnahmen betreuten Jugendlichen beschrieben. Dabei wird einerseits nach ‚harten Fakten' (z.B. Legalbewährung, Arbeitsalltag, Schulbesuch, Lebensunterhalt), aber auch nach der subjektiven Einschätzung gefragt, ob und in wieweit die AdressatInnen ihren gegenwärtigen Alltag als gelungen betrachten.

---

30 *von Wensierski 2003, S. 72*

Unter diesem Blickwinkel werden Interventionen danach beurteilt, ob sie Rahmenbedingungen schaffen, die „ein bedürfnisadäquates und sozial verantwortliches Leben erlauben und MitarbeiterInnen ein fachlich qualifiziertes Handeln ermöglichen und nahelegen. Der Maßstab für eine Bewertung des pädagogischen Erfolges bezieht sich also auf die neuen, positiven Erfahrungen und den Kompetenzzuwachs (...) unabhängig vom weiteren Lebensweg."[31]

Forschungsdesign und -strategie
Zur praktischen Umsetzung des hier kurz skizzierten Evaluationskonzepts wurden zwölf ehemalige AdressatInnen Individualpädagogischer Maßnahmen ausgewählt, deren Betreuungsende zwischen mindestens sechs und höchstens 18 Monate zurücklag. Anhand der vorliegenden Protokolle der Hilfeplangespräche wurden die für jeden dieser Jugendlichen spezifischen Zuweisungs- und Entscheidungskriterien, die mit der vorgesehenen Betreuung verbundenen Erwartungen und Ziele sowie die Beurteilung des Betreuungsverlaufs und seiner (vermuteten) Effekte herausgearbeitet. Diese dienten als Rahmung für die Interviews und als ‚base-line' für die Bewertung von Effekten und Wirkfaktoren der Maßnahme.

Die Jugendlichen wurden im Rahmen eines etwa eineinhalbstündigen narrativ-problemzentrierten Interviews[32]

- zur Vorgeschichte ihrer Betreuung
- zu einzelnen Phasen und Schlüsselsituationen
- zu Konflikten und Interventionen

---
31 *Heiner 2005, S. 488*
32 *Glinka 1998, Witzel 2000*

- zu Veränderungen und Wirkungen
- zur gegenwärtigen Lebenssituation

befragt. Dazu wurden die Jugendlichen zunächst aufgefordert, narrativ aus ihrer Sicht den Prozess, ihr eigenes Erleben und die Deutung des Betreuungsverlaufs und seiner Interventionen darzustellen. „Die Rekonstruktion subjektiver Perspektiven eröffnet einen Zugang, der zu einem differenzierten Verständnis der Probleme der Hilfesuchenden führt. Subjektive Wahrnehmungs-, Verarbeitungs- und Deutungsmuster sowie daraus resultierende Handlungsorientierungen und -ressourcen sind von praktischer Relevanz."[33] In einem zweiten – problemzentrierten – Teil wurde zu einzelnen Phasen und Aspekten vertiefend nachgefragt. In ähnlicher Weise wurden die relevanten, am Betreuungsverlauf beteiligten Akteure (BetreuerIn, Mitarbeiterin des Jugendamtes, Eltern) befragt, soweit sie zur Verfügung standen. Alle Interviews wurden aufgezeichnet, transkribiert und inhaltsanalytisch ausgewertet. Die daraus entstehenden unterschiedlichen Perspektiven auf Fall und Fallverlauf wurden systematisch aufeinander bezogen (Triangulation)[34]. Als Ergebnis dieser ‚Zusammenschau' wurden die einzelnen Betreuungsverläufe der untersuchten Maßnahmen als ‚Dichte Beschreibungen'[35] dokumentiert.

Die auf diese Weise rekonstruierten Fallmonografien wurden in einem weiteren Schritt fallübergreifend im Hinblick auf wiederkehrende und generalisierbare Schlüsselsituationen, Konflikte, Wirkfaktoren und Effekte hin ausgewertet.

---

33   Griese/Griesehop 2007, S. 59
34   Vgl. dazu Flick 2004
35   Geertz 1983, Klawe 2001

Verläufe Individualpädagogischer Maßnahmen:

Fallmonographien als „Dichte Beschreibung"

Im folgenden Kapitel werden die Betreuungsverläufe der untersuchten Maßnahmen als „Dichte Beschreibungen" dokumentiert. Eine „Dichte Beschreibung" zeichnet den Ablauf eines sozialen Diskurses oder Prozesses nach und dokumentiert diesen in einer nachvollziehbaren Form. Ziel ist es, den sozialen Sinn sowie die kulturellen Deutungen der Handelnden zu rekonstruieren und zu verstehen. Ein solche „Dichte Beschreibung" ist immer Beschreibung, Deutung und Interpretation zugleich. Es handelt sich um eine Rekonstruktion des jeweiligen Prozesses aus der Perspektive der unterschiedlichen Beteiligten (Jugendlicher, Betreuer, Eltern, Jugendamt). Dabei geht es nicht darum, zu entscheiden, welcher der Beteiligten „Recht hat" oder welche Prozesswahrnehmung „die Wahrheit" ist, sondern darum, festzustellen, welche Prozessdynamik sich aus den gemeinsam geteilten Sichtweisen ebenso ergibt wie aus unterschiedlichen Deutungen und Wirklichkeitskonstruktionen, die die Betreuung und die Begründung des (pädagogischen) Handelns betreffen. Diese Deutungsmuster nämlich sind es, die die Wirklichkeitskonstruktionen der Akteure bestimmen, Teil ihrer Lebenswelt werden und Grundlage für das jeweils eigene Handeln sind.

Die als Fallmonographien angelegten „Dichten Beschreibungen" der einzelnen Prozessverläufe geben einen tiefen und differenzierten Einblick in die Vielfältigkeit und Dynamik Individualpädagogischer Maßnahmen. Ihr Vergleich belegt sowohl die individuelle Besonderheit und Ausrichtung jeder Maßnahme, lässt aber auch ihnen gemeinsame Schlüsselsituationen und Wirkfaktoren erkennen, von denen in späteren Abschnitten die Rede sein wird.

Fallmonographien

Übersicht über die befragten Probanden

Name	Alter Interview	m/w	Eintrittsalter	Vorhilfen	Dauer in Monaten	Ort/Land	jetziger Aufenthalt	Schule/Ausbildung/Beschäftigung
Alex	19	m	15	SPFH, Vollzeitpflege, Jugendpsychiatrie, Heimerziehung	33	Deutschland Schweden	Betreutes Wohnen	Praktikum
Anna	19	w	15	Inobhutnahme Heimerziehung Wohngruppe	43	Deutschland		Berufsvorbereitung
Armin	18	m	15	SPFH	32	Deutschland	Herkunftsfamilie	Berufsvorbereitung
Arnd	18	m	15	Kinder-/Jugendhaus 5-Tagesgruppe	23	Deutschland	Herkunftsfamilie	weder/noch
Grit	19	w	15	Heim Vollzeitpflege ISE	20	Schweden	eigene Wohnung	Berufsvorbereitung
Melanie	19	w	16	Mädchenwohngruppe Jugendwohnung Psychiatrie	36	Deutschland	eigene Wohnung	Praktikum
Mirko	20	m	15	Pflegefamilie Heimerziehung Jugendschutzstelle	18	Polen Deutschland	eigene Wohnung	berufstätig
Sameh	22	m	13	Heimerziehung	42	Chile	eigene Wohnung	Bundeswehr
Seval	19	w	16	Pflegefamilie Mädchenwohngruppe	42	Deutschland	eigene Wohnung	Mutterschutz
Steffi	19	w	16	SPFH Vollzeitpflege	26 (?)	Deutschland	eigene Wohnung	Ausbildung
Sven	20	m	17	JVA, Geschlossene Unterbringung	1,5	Deutschland/Polen	eigene Wohnung	Reha nach Unfall
Timo	18	m	16	Kinder- und Jugendpsychiatrie	37	Deutschland	eigene Wohnung	Schule

In den Fallmonographien wurden alle Namen geändert, die Darstellung greift – wo immer möglich – auf Originalzitate der Beteiligten aus den problemzentrierten Interviews zurück, um die Wahrnehmung und Wirklichkeitsdeutung der Befragten möglichst authentisch wiederzugeben. Die jeweils unterschiedlichen Perspektiven wurden im Text gekennzeichnet:

- (JUG) - Jugendlicher
- (B) - BetreuerIn
- (E oder Mutter) - Eltern
- (MA JA) - MitarbeiterIn des Jugendamtes

Um Hintergründe zu verdeutlichen oder (offizielle) institutionelle Sichtweisen einzubeziehen, wurden gelegentlich Auszüge aus Entwicklungsberichten oder Hilfeplanprotokollen hinzugezogen.

Schlüsselsituationen und Wirkfaktoren

Zur Identifikation von Schlüsselsituationen und Wirkfaktoren wurden alle Fallmonographien im Hinblick auf fallübergreifende Gemeinsamkeiten ein weiteres Mal ausgewertet. Die Ableitung von Schlüsselsituationen und Wirkfaktoren erfolgte dabei sowohl hermeneutisch aus den vorliegenden Prozessrekonstruktionen heraus als auch partiell hypothesengeleitet, insofern Befunde aus anderen Studien in der Auswertung als besonderer Fokus oder ‚Brille' fungierten.

4.1 Fallmonographien

Alex: „(...) aber sonst bin ich einfach ins kalte Wasser und bin mit nach Schweden gefahren. Bekloppt, nicht?"

1. Verlauf der Maßnahme

Vorgeschichte

Alex wird 1990 geboren. Seine Mutter ist geistigbehindert und mit seiner Pflege und Erziehung sichtlich überfordert, sodass sie sich kaum um ihn kümmert. Im Alter von zwei Jahren wird er deshalb vorübergehend in einer Pflegefamilie untergebracht, bis er ein Jahr später von seinem leiblichen Vater aufgenommen wird, der später auch das alleinige Sorgerecht erhält. 1996 heiratet Alex Vater dessen Patentante, zwei Jahre später kommt seine Stiefschwester zur Welt. Zu diesem Zeitpunkt ist der Vater bereits an Krebs erkrankt und stirbt ein Jahr später. Der neunjährige Alex verspricht dem Vater am Sterbebett, bei seiner Stiefmutter zu bleiben.

Diese kümmert sich nach dem Tod des Vaters kaum noch um beide Kinder, sodass A. häufig auf seine kleine Schwester aufpassen muss. Wegen der fortschreitenden Verwahrlosung übernimmt 2001 das Jugendamt die Vormundschaft für beide und bringt Alex gegen seinen Willen in einer Wohngruppe unter. *„Letztendlich habe ich ihn rausgenommen aus der Familie, als klar wurde, dass die Stiefmutter ihn sogar mit seiner kleinen Schwester, manchmal tage- und nächtelang alleine gelassen hat, um sich woanders aufzuhalten und das auch nicht abgestritten hat, als ich es rausgekriegt habe."* (MA JA)

Die Regeln und Sanktionen in dieser Einrichtung sind streng. *„Es war auch eigentlich relativ hart. ... Damit kam ich nicht klar, auf gar keinen Fall kam ich mit den Regeln klar. Wenn man im Zimmer geraucht hat, wenn man nach 17.00 Uhr erwischt wurde, hat man für den nächsten Tag noch Stubenarrest gekriegt. Wenn man im Zimmer geraucht hat, hat man zwei Monate Stubenarrest gekriegt. Ich durfte nicht raus. Ich musste die Fenster alle zulassen. Ich musste im Zimmer essen. Ich durfte nur zweimal auf Toilette. Nur einmal am Tag raus, um kurz frische Luft zu schnappen, wenn überhaupt."* (JUG)

In der folgenden Zeit wechselt Alex aufgrund disziplinarischer Vorfälle mehrfach die Jugendhilfeeinrichtung. *„Ich habe die Regeln missachtet, habe einfach nur das gemacht, was ich wollte. Deswegen bin ich dann auch öfters schnell rausgeflogen, deswegen bin ich auch in vielen verschiedenen Heimen gewesen."* (JUG) Gelegentlich haut er auch mal ab: *„Ich bin öfters schon abgehauen. Ich bin aber immer wieder zurückgekommen. Wohin sollte ich gehen?"* (JUG) A. beginnt Alkohol zu trinken und reagiert aggressiv auf die Versuche seiner Erzieher, ihn in das Regelwerk der Einrichtung zu zwingen. *„Da war es dann so, dass es immer klarer wurde, dass er Depressionen und auf der anderen Seite ausagierte Aggressionen hat. Ich habe eine Körpertherapie zusätzlich installiert, dadurch hat sich das Ganze noch* verschlimmert, wobei die sehr gut war, die Körpertherapie, aber es ist halt aufgebrochen. Dann ist er zunächst mal in die Psychiatrie gekommen, weil er leider dem Gruppenalltag nicht standhalten konnte und immer aggressiver wurde." (MA JA)

Zur Diagnose wird er für zwei Monate in die Kinder- und Jugendpsychiatrie eingewiesen, die eine „kombinierte Störung des Sozialverhaltens und der Emotionen mit depressiver Störung. Anpassungsstörung auf dem Hintergrund einer durch frühe Traumatisierungen und Verlusterfahrungen gekennzeichnete Persönlichkeit (sowie) schädlichen Gebrauch von Alkohol" diagnostiziert. (vgl. Bericht vom 23.12.2004) Aus der Psychiatrie wird er mit der Begründung ‚disziplinarisch entlassen', weil er dort oppositionelles aggressives Verhalten zeige, seinen Alkoholgenuss fortsetze und mit seinem Verhalten „ein hohes Spaltungspotential für das behandelnde Team" produziere (ebd. S.6). Die Psychiatrie empfiehlt: „Alex ein festes Bezugssystem zu bieten, dass seine Verlusterfahrungen und Selbstwertproblematik berücksichtigt und ihm eine Förderung seiner Beziehungsfähigkeit und moralischen Weiterentwicklung ermöglicht." (ebd.) Rückblickend beschreibt er sich in dieser Zeit als „ein sehr aggressiver (Typ), auch sehr zurückhaltend. Ich habe kaum mit jemanden über meine Probleme geredet. Ich hatte auch einen Therapeuten, mit dem ich regelmäßig gesprochen habe. ... Das ging eine Zeitlang gut, aber danach hat mich das dann auch nicht mehr interessiert, mir helfen zu lassen. Ich hatte für mich selber wichtigere Sachen zu tun." (JUG)

Als es in einer Einrichtung erneut eskaliert und sein Rausschmiss droht, haut Alex ab und lebt einige Zeit auf der Strasse. Dann „habe meine Mutter angerufen, meine Stiefmutter, die hat mich dann eine kurze Zeit lang aufgenommen – ein paar Tage." (JUG)

Entscheidung für die Maßnahme und Vorbereitung

Alex „*hat mal vier oder sechs Wochen wirklich auf der Straße klassisch gelebt, weil er für alle möglichen Jugendhilfe-Maßnahmen nicht mehr erreichbar war. Da wollte man dann einfach einmal gucken, dass er wieder eine Motivation bekam, sich auf eine Maßnahme einzulassen. Die Sachbearbeiterin hatte gesagt: ‚Okay, dann musst du eben auf der Straße leben, wenn du dich an keine Regeln mehr hältst. Probiere es einfach mal aus, wenn das dann dein Ding ist, ist es auch okay', aber es war dann nicht mehr A.s Ding und deswegen hat er sich auf eine Maßnahme eingelassen.*" (B)

„*Es wurde klar, dass er nicht gruppenfähig ist. ... Er ist ständig entwichen, er hat sich in Drogen und Alkohol geflüchtet und war letztendlich ungefähr vier Wochen untergetaucht, wobei ich immer ungefähr wusste, wo er ist, weil ich ständig Polizeianrufe hatte. Mir war aber klar, dass er laufen muss und erst einmal seine ganzen – ich sage mal – Bekannten abarbeiten muss, weil er immer meinte, er kann da leben. Und irgendwann nach einigen Wochen war er dann bei mir und dann war er einverstanden mit einer Individualmaßnahme. Gegen seinen Willen hätte ich eh nicht viel machen können.*" (MA JA)

Das Jugendamt kommt zu der Einschätzung, dass – auch mit Blick auf die Empfehlung der Psychiatrie – jetzt nur noch eine individualpädagogische Betreuung möglichst weit entfernt vom derzeitigen gefährdenden Milieu in Betracht kommt. „*Dass er auf der einen Seite aus seinen gefährdenden Bezügen rauskommt, er hatte hier nur kranke Bezüge. Dass er wegkommt, hier aus diesem Moloch. Dass er nicht mehr die Gelegenheit hat, ständig an Alkohol und Drogen und Geld in irgendeiner Form zu kommen, wie auch immer. Dass er von seinem meiner Meinung nach auch kranken Familiensystem wegkommt, da gab es nur noch Ausbrüche, aber immerhin, die interveniert haben ständig. Das Wichtigste für mich war, dass er eine Bezugsperson kriegt, dass er jemanden für sich alleine 24 Stunden hat. Das* war mir klar, dass er völlig haltlos ist und das benötigte. ... Ich fand diese Kombination, raus, ganz raus, auch aus den Bezügen hier, überhaupt der deutschen Kultur, in der er sich immer als Versager gefühlt hat, einfach gut." (MA JA)

A. stimmt der Individualmaßnahme nach anfänglichem Zögern letztlich zu. „Das war sicherlich auch ein Stückchen der Anlass, dass er Angst vor sich selber hatte und dann dieser Auslandsmaßnahme eher zugestimmt hat, was ja nicht vorab bestimmt war. Es war ja die Option ins Ausland zu gehen, aber er musste erst einmal gucken, ob er überhaupt mit uns kann. Und danach war sicherlich auch noch mal der Punkt für ihn verstärkt da, dass er gesagt hat: ‚Okay, ich probier es, weil ich da nicht so schnell an Alkohol komme in Schweden.'" (B)

„Im Grunde hat er sich selber vorbereiten müssen, dadurch, dass er vorher auf der Straße war. Er war eigentlich obdachlos und musste die Einsicht bekommen, dass er alleine nicht überleben kann. Insofern war er schon vorbereitet." (MA JA)

Vorgesehen ist eine Clearing-Phase für die u.a. als Ziele vereinbart werden:

- Beziehungsaufbau
- Einige Wochen ‚Auszeit' in Schweden
- Einschätzung von Alex' Persönlichkeit im Hinblick auf Drogen / Alkohol und schulische und berufliche Perspektiven
- Einschätzung von Alex' Bindungen (wer ist ihm wichtig) (vgl. Protokoll vom 22.6.2005)

Vereinbart wird eine Vorbereitungszeit in Deutschland, damit A. prüfen kann, ob er zu seinem Betreuer Vertrauen finden kann. Dieser holt ihn bei seiner Stiefmutter ab. „Wir haben A. in einer kleinen Wohnung dort vorgefunden. Zwei kleine Zimmer, Küche und ein Riesenhund, das war ein bisschen grotesk, und die Freundin der Stiefmutter. A. war auch recht offen und konnte sich dann ziemlich schnell, nachdem so ein bisschen die Auftauphase vorbei war, auf uns einlassen. Dann ist es recht zügig gegangen, weil er sich gut vorstellen konnte, zu uns zu kommen, zumal es ja eben nicht direkt ins Ausland ging. ... Wir haben ihm erst einmal das Umfeld hier erklärt, gezeigt, was so Sache ist, dann waren sicherlich auch noch andere Jugendliche da." (B)

Von diesen Jugendlichen, von denen einige schon in Schweden waren, erfährt Alex Näheres über die Bedingungen dort. „Ich habe mit ein paar Jugendlichen, älteren Jugendlichen darüber geredet, wie es so ist. Das hat mich dann auch interessiert." (JUG) Mit einem von ihnen freundet er sich etwas an und reproduziert zunächst sein bisheriges Verhalten. „Die beiden haben dann natürlich auch in ihrer unvergleichlichen, unverkennbaren Art und Weise hier erst einmal Bockmist gebaut, eben auch durch diesen Alkoholmissbrauch. Die haben sich eine Kiste Bier gekauft und dann ging es ... richtig erst einmal ab. Das war, glaube ich, in der Woche zwei gewesen, nachdem er hier war. Die erste Woche war so eine Anpassungsleistung von ihm, wie es bei vielen Jugendlichen ist." (B) Alex sagt über diese Zeit im Rückblick: „Ja, ich bin skeptisch, wenn ich Leute sehe. Deshalb bin ich am Anfang ein bisschen vorsichtig. Ich habe da noch kein Urteil gefällt." (JUG) „Ich habe noch im Kopf, dass er ganz schön skeptisch war, aber trotzdem nicht abgeneigt. Er hatte auch immer was, was einen dazu verleitet, Bindungen zu ihm einzugehen und immer wieder irgendwas anzubieten. Ich glaube, das hat es ihm auch sehr erleichtert damals in der Einzelmaßnahme. Aber diese Skepsis, dieses Misstrauen, was ist das jetzt und muss das wirklich sein und so, das war schon auf jeden Fall da und die Sehnsucht auch noch nach der alten Einrichtung." (MA JA)

Alex soll deshalb die Möglichkeit bekommen, seinen (möglichen) künftigen Aufenthaltsort kennenzulernen. „*Er ist erst einmal so urlaubsmäßig als Auszeit drei Wochen nach Schweden gefahren mit (seinem Betreuer). Wir haben es erst einmal, für ihn auch, als kurzfristige Auszeit vereinbart, als Urlaub, als Ferien. Das hat er auch gemacht. Dann ist er erst einmal wieder nach (Deutschland) gekommen.*" (MA JA) Kurze Zeit später zieht A. nach Schweden um.

„*Ich bin dann runter. Viel Spaß hat das nicht gemacht, da war nicht viel, aber zum Angeln gehen konnte man da schon. (Gereizt hat mich) die schöne Landschaft, die vielen Seen. Das Angeln generell. Ich habe noch ein bisschen mit dem Betreuer geredet, aber sonst bin ich einfach ins kalte Wasser und bin mit nach Schweden gefahren. Bekloppt nicht?*" (JUG)

Prozess und Entwicklung

Ziel aus Sicht seines Betreuers ist zunächst, „*dass der Mann zur Ruhe kommt und Beziehungen zu jemanden intensivieren kann. Er sucht sich dann ja auch immer wieder neue Leute und das ging in Schweden nicht. Er ist ja auch so ein häuslicher Typ und da sind zwei Sachen zusammengekommen. Dass wir beide alleine in F. gewesen sind, hat uns sicherlich auch ganz stark aneinander gebunden, ohne dass es eine Fessel gewesen ist.*" (B)

Alex sagt über die erste Zeit in Schweden: „*Das war sehr aufregend. Ja, halt ein neues Land mal wieder. Ich war noch nie in Schweden. Ich habe mir das halt angeguckt. Im Winter kann man da auch gut Ski fahren. ... Die Leute sprechen kein deutsch. Man kann sich nur mit Händen und Füßen verständigen. Nur sehr wenige Leute. Die Art von den Leuten ist auch ganz anders, viel offener und viel freundlicher auch als hier in Deutschland – finde ich.*" (JUG) Alex und sein Betreuer bewegen sich behutsam aufeinander zu, weniger durch viele Gespräche – besonders gesprächig ist A. ja nicht – sondern durch gemeinsame Arbeiten. „*Da gab es einen Moment,* wo ich dachte: Toll, der Knabe ist Klasse. Das war ganz am Anfang, da hat der mich einmal in Grund und Boden gearbeitet. Da haben wir zusammen ein Projekt gemacht, eine Treppe gebaut und der kriegte dann keinen Stopp. Wir hatten – glaube ich – schon 10 Stunden gearbeitet, und ich merkte, dass meine Kräfte ein Stückchen nachlassen, wo er dann gesagt hat: ‚Nein, nein. Das Ding ziehen wir durch und machen das fertig.' Und dann hat er noch eine Stunde drangehängt und dann haben wir es auch fertig gekriegt und da war er total stolz." (B)

Was war für Alex in der Anfangszeit wichtig? „Meine Ruhe. Ich hatte meine Ruhe. Ich konnte mich mal entspannen. Das hatte ich hier (in Deutschland) nicht. (Stress machten hier) die ganzen Jugendlichen, da waren ein paar dabei, mit denen man sich dann halt nicht versteht und dann ist man natürlich froh, wenn man von denen weg ist." (JUG) Dazu passt auch seine Lieblingsbeschäftigung in Schweden: Das Angeln, das er kultiviert und regelmäßig betreibt. „Ja, ich hatte genug Freiraum. Das war auch immer doll lustig auf jeden Fall." (JUG) „Ich habe immer mitbekommen, dass es ganz schöne harte Arbeit mit ihm war, weil er phlegmatisch und depressiv war. Ich habe auf der anderen Seite mal ab und zu ein Strahlen von ihm mitbekommen, wenn ich ein Foto mit einem Fisch auf dem Eis geschickt bekommen habe und habe gesehen, dass er anfängt, sich am Leben zu erfreuen, überhaupt einmal ein gutes Lebensgefühl zu entwickeln." (MA JA)

Hier hat er auch keine Probleme mit dem Einhalten von Regeln. „Ganz normale Hausregeln halt, zum Beispiel, dass in Holzhäusern nicht geraucht wird, daran habe ich mich auch gehalten. Hausarbeiten machen. Das hat auch alles ganz gut geklappt. Ich habe mich normal verhalten, nicht so wie andere Jugendliche, da musste man auf die Regeln aufpassen und denen die noch eintrichtern. Ich habe nichts kaputt gemacht." (JUG) „Irgendwie hat er bei mir Instinkte hervorgerufen, das hört sich recht doof an, so väterliche Instinkte und das hat sich hinterher auch als richtig herausgestellt. Er brauchte eine männliche Bezugsperson, aber an der er sich orientieren konnte, die aber kein Pädagoge im klassischen Sinne war. Er brauchte einfach auf der einen Seite Schutz, Identifikationsmöglichkeiten, also beides, Schutz von einem Mann und Identifikationsmöglichkeiten, wo er noch so auf der Suche war, wer bin ich eigentlich oder was bin ich eigentlich, und einfach dieses gefühlsmäßig angenommen sein, ohne ihn zu sehr zu fordern. ... Ich wollte auch gucken, um ihn einfach so ein Stückchen zu versorgen, auch sein positiv besetztes Männerbild auch noch mal in eine spezielle Richtung zu rücken, dass eben Männer auch Haushalt machen können und ohne Probleme Haushalt machen können, und ihm wieder auch ein Stückchen emotionale Sicherheit zu geben. Also Alltag zu leben, aber auch wieder so persönlichkeitsentwickelnde Geschichtchen parallel laufenzulassen, ihn für den Alltag zu befähigen." (B)

Dieses Bemühen scheint bei Alex angekommen zu sein. „Wir haben viel mit meiner Schule geklärt. Ich habe viel Schule gemacht. Mit (meinem Betreuer) war ich auch öfter zum Angeln. Viele Gespräche haben wir geführt. Das war es eigentlich schon." (JUG) Die behutsame Annäherung führt Schritt für Schritt zu mehr Vertrauen. „Mit (meinem Betreuer) konnte ich besser darüber reden, obwohl ich auch zu (ihm) meistens sehr verschlossen bin oder gewesen bin. Es hat eine lange Zeit gedauert, bis ich mich da ein bisschen geöffnet habe." (JUG) Aus heutiger Sicht sieht er seinen Betreuer „in gewisser Weise auch einen Vaterersatz. Mein Vater ist gestorben als ich zehn Jahre alt war. Ich habe ihn so als Vaterersatz dann angenommen, obwohl er es nicht wollte. Aber sonst sind wir Kumpels." (JUG)

Im ersten HPG-Protokoll nach Beginn der Hilfe heißt es: „Alex erschien deutlich positiv verändert im Jugendamt. Seine Körperhaltung erschien wesentlich gerader, seine Augen glänzten, er schien sich auf das Gespräch zu freuen. Während des gesamten Gesprächs hielt er Blickkontakt, brachte sich ein und vermittelte seine Ideen und Ziele. Deutlich spürbar war, dass er –

wahrscheinlich zum ersten Mal im Leben, Ansätze einer positiven Lebenseinstellung zeigte." (HPG-Protokoll vom 14.9.2005, S. 2)

Die Strukturierung des Alltags und die Heranführung an alltägliche Handlungsvollzüge sind zentrale Mittel der Arbeit mit Alex in Schweden. „Das ist auch bei ihm klar gewesen, dass er keinen strukturierten Alltag hatte. Das war bei uns dann schon ganz anders, dass er regelmäßig aufstehen musste und das hat er eigentlich auch gut hingekriegt, dass er zu bestimmten Uhrzeiten ins Bett ging, das hat er auch gut hingekriegt. Er hat seine Freiräume gehabt, aber auf der anderen Seite waren – ganz klar – so bestimmte Sachen vorgegeben. ... Wir haben ganz viel miteinander gearbeitet, also draußen gearbeitet, im Garten gearbeitet, gebaut, gemacht, getan. Wir haben zusammen den Haushalt versucht zu führen, also so einen klassischen Männerhaushalt zu machen. Ich habe gekocht, er hat gespült, sage ich mal so." (B) „Wir haben ... uns halt um die allgemeinen Haussachen gekümmert, Müll rausbringen, ein bisschen was essen und dann Küche saubermachen und danach angeln oder Skifahren und dann schlafen gehen. ... Ich wurde auch viel zu etwas gedrängt. Man hat mich schon fast dazu gezwungen, aber das war nicht schlimm. Ich hätte das nicht freiwillig alles so mitgemacht. Man hat mich jetzt nicht richtig gezwungen, aber man hat schon auf mich eingeredet: ‚Mach doch mal mit und hier und da.'" (JUG) A. sagt von sich selbst: „Ich bin mehr so ein fauler Mensch eigentlich. Ich sitze immer vor der Glotze." (JUG) „Ich weiß, dass insbesondere (sein Betreuer) oft genervt war, weil er den ganzen Tag Fernsehen gucken wollte und eben nicht Holzhacken für die Heizung oder den Ofen. Dass es auch immer wieder Rückschritte in Richtung Depressionen gab, dass er dann einfach nur liegen wollte, soweit ich mich erinnere, dass es so Tage gab, wo mit ihm gar nichts anzufangen war, wo er allein sein wollte." (MA JA)

Trotzdem kommt es nicht zu großen Konflikten. „Ansonsten war es eigentlich so, dass das Zusammenleben recht harmonisch war. Es war wenig konfliktbehaftet in Schweden zwischen ihm und mir. Wir haben Agreements gehabt, wo das recht unproblematisch klappte, obwohl wir manches heiße Eisen thematisiert haben, aber es gab wenige Situationen, die schwierig waren." (B) Beide beschreiben das gemeinsame Zusammenleben als einen ruhigen Prozess ohne große Höhen und Tiefen. Einzige Ausnahme: A.s gelegentlicher Alkoholkonsum bei Besuchen in Deutschland. „Die Fortschritte waren immer so schleichend und die Rückfälle, vor allen Dingen mit dem Alkoholmissbrauch, das ist dann immer wieder auch sehr heftig gewesen. Vielleicht weil es auch im Alltäglichen nicht vorkam und dann auf einmal wieder explodierte." (B) In Schweden konsumiert A. dagegen weder Alkohol noch Drogen.

Ein zentrales Gesprächsthema ist immer wieder die Familiensituation und der traumatische Verlust des Vaters. „Hier wird deutlich erkennbar, dass er sich mit seiner Kindheit, seiner Stellung in den völlig zerrütteten Familienverhältnissen und mit seiner Beziehung zu seinem Vater beschäftigt. Diese Aufarbeitung ist unabdingbar wichtig, da mit der Arbeit an diesem Thema für Alex deutlich werden kann, durch welche Rahmenbedingungen sein Leben so verlaufen ist und, davon abgegrenzt, für welche Defizite er selbst die Verantwortung übernehmen muss." (HPG-Protokoll vom 14.9.2005, S. 2) Alle Beteiligten – einschließlich Alex – sind sich einig, dass das gefundene Vertrauen zu seinem Betreuer hierfür eine gute Möglichkeit bietet, die A. auch gut annehmen kann.

Rechtzeitig wird Alex darauf vorbereitet, dass der Wechsel in eine andere Projektstelle ansteht. „Es war A. auch klar, dass ich nicht dauerhaft ihn über Jahre betreuen kann, jedenfalls nicht über den langen Zeitraum in Schweden. Darüber haben wir von vornherein gesprochen gehabt. Ihm war es wichtig, mit mir nach Schweden zu gehen, deswegen habe ich mich auch darauf eingelassen, und ihn eben nicht irgendwo anders hingegeben." (B) Als der Zeitpunkt des Wechsels näherrückt, erhält Alex Gelegenheit, die neue Projektstelle und seinen neuen Betreuer kennenzulernen. „Zwischendurch sind wir beide auch mal zu der neuen Betreuungsstelle hingefahren, die ich auch schon für ihn ausgeguckt hatte, weil der Betreuer, der dort lebt, das ist auch ein Familiensetting, von der Persönlichkeitsstruktur – sage ich mal – in bestimmten Bereichen mir ähnlich ist. Er ist eher auch so ein väterlicher Typ und kann gut Fünfe grade sein lassen und kann auch sehr fürsorglich sein. Den haben wir dann gemeinsam besucht, sind dann aber auch gemeinsam da wieder weggefahren und hinterher haben wir darüber gesprochen, ob er es sich vorstellen kann, in diesem Setting zu leben." (B) „Wir waren ja eine Woche zu Besuch da oder ein paar Tage. Ich konnte mich da an ihn gewöhnen. Das war auch ganz lustig. Dann habe ich gesagt, dass ich auf jeden Fall hoch will. Das hat dann auch so geklappt." (JUG)

Sein erster Betreuer wird während des gesamten folgenden Betreuungsverlaufs und darüber hinaus A.s wichtigster Ansprechpartner und seine zentrale Vertrauensperson bleiben. „Wir beide hätten gut da friedlich noch ein Jahr leben können, aber dann wären diese Situationen nicht passiert. Insofern war es sehr gut, dass er mit der anderen Jugendlichen noch mal zusammenkam, auch noch mal in einen anderen sozialen Kontext gekommen ist, wo einfach mehr Reibungsfläche war, auch Außenkontakte." (B)

Wechsel in die neue Projektstelle
Nach etwa sechs Monaten Aufenthalt in Schweden wechselt Alex in seine neue Projektstelle. Hier wird Alex in einem Familiensetting von seinem neuen Betreuer begleitet, im gleichen Projekt wird außerdem noch ein etwa gleichaltriges Mädchen betreut. Nicht nur deshalb erscheint Alex die neue Umgebung abwechslungsreicher. Dort „hatte man schon mehr Möglichkeiten. Das muss ich sagen. Da war ein Skiparadies, da waren überall Skiberge. Die meiste Zeit lag da ja noch Schnee und da konnten wir fast jeden Tag fahren. ... Wir sind mal oben in den Wald gefahren, in die Berge, da war so ein richtig schöner See und da haben wir dann Eisangeln gemacht,

waren in einer Hütte und haben da geschlafen, in so einer Holzhütte. Das war auch richtig cool, eine richtig coole Sache." (JUG)

Sein neuer Betreuer verweist in seinem Bericht darauf, dass A. anfangs einige Umstellungs- und Eingewöhnungsprobleme am neuen Standort hat. „Daher gelang es uns nur langsam, ein gegenseitiges Vertrauensverhältnis aufzubauen." (Entwicklungsbericht Mai-Aug. 2006, S.1)

Auch in der neuen Projektstelle spielen verbindliche Absprachen und eine klare Strukturierung des Alltags eine zentrale Rolle. Zusätzlich rückt die Beschulung stärker in den Mittelpunkt. „Es wurde sicherlich ein Stückchen mehr Wert auf die Schule gelegt, weil dann zunehmend natürlich der Hauptschulabschluss oder der Versuch, den Hauptschulabschluss zu erreichen, näher kam. Das wurde dann stark in den Vordergrund gestellt." (B) Zunächst versucht A. es mit der Regelschule im Nachbarort. „Ich habe auch eine schwedische Schule besucht. Da habe ich nicht viel behalten. Ich kann es zwar verstehen und auch ein bisschen sprechen, aber es hält sich im Rahmen." (JUG) „Die Möglichkeit der Fernschule war (deshalb) für ihn auf jeden Fall das Richtige und das war auch verbunden mit der Schweden-Maßnahme." (MA JA) „Wir haben viel mit meiner Schule geklärt. Ich habe viel Schule gemacht. (Die Frau des Betreuers) war Lehrerin, sie hat uns dann ein bisschen geholfen und dann haben wir da jeden Morgen Schule gemacht, vier, fünf Stunden." (JUG)

Am neuen Standort „... gibt es andere deutschsprachige Jugendliche, mit denen A. sich auseinandersetzen kann. Insgesamt gibt es in diesem Setting mehr Außenkontakte, die für A. ein konstruktives Lernfeld sind. Im Umgang mit anderen Menschen kann A. sehr sozial eingestellt sein. Wenn Konflikte entstehen, lernt er zunehmend sich abzugrenzen." (Entwicklungsbericht vom 4.4.2006, S.1) So findet Alex jetzt auch wieder Kontakt zu Gleichaltrigen. „Dann kam ab und zu mal ein Jugendlicher, mit dem ich mich dann *gut angefreundet habe, der auch in der Nähe gewohnt hat, und ein Betreuer, mit dem habe ich mich angefreundet und mit dem bin ich auch ab und zu mal zum Angeln gewesen. ... Mit dem Mädchen (in der Projektstelle) war ich dann eine Zeitlang zusammen – zwei Jahre lang ..."* (JUG) „Er hat sicherlich mit den anderen deutschen Jugendlichen, die dort betreut worden sind, Kontakt gehabt. Er ist aber eher so ein häuslicher Typ, der gerne vor der Glotze sitzt." (B) Das Jugendamt stellt dazu fest: „Alex ist auf der Suche nach männlichen Peer-Groups. Hier ist er noch nicht ausreichend in der Lage, zu unterscheiden, wer gut für ihn ist und wer nicht ... (im) geschützten Rahmen, aber doch nicht mehr ganz abgeschieden, sondern in der Lebenswelt eines kleinen Dorfes mit anderen Jugendlichen und mehr Freizeitangebot kann er Lernerfahrungen mit Gleichaltrigen machen." (HPG-Protokoll vom 10.4.2006, S.2)

Während der gesamten Betreuung in Schweden kehrt A. hin und wieder für kurze Aufenthalte nach Deutschland zurück. Sie *„sind für A. Bewährungsproben, die ihm zeigen, was er dazugelernt hat. Sie zeigen aber auch auf, wo noch weiter gearbeitet werden muss."* (Entwicklungsbericht vom 4.4.2006, S.2)

Auch in der neuen Projektstelle kommt es selten zu Konflikten. Alex erinnert sich nur noch an *„irgendwas mit (seinem Betreuer), der hatte mir versprochen, da irgendwas zu machen und das hat er nicht eingehalten, weil ich irgendwie was nicht richtig gemacht habe und da bin ich sauer geworden. Wir haben uns ein bisschen angekarrt, aber das ging dann alles wieder. Sonst war nichts."* (JUG) Trotzdem sieht er diese Beziehung skeptischer als die zu seinem ersten Betreuer. Für ihn ist eine Beziehung stimmig, *„wenn ich merke, dass Menschen ehrlich zu mir sind. Da hatte ich bei (ihm) nicht so ein ganz gutes Gefühl. Ich habe zwar jetzt nicht konkretes, was da passiert ist, woran ich das festmachen könnte ..."* (JUG)

Im HPG-Protokoll heißt es dazu: „*A. muss lernen, nicht mit Fluchtversuchen zu reagieren, sondern sich auseinander zu setzen. Alex muss noch aktiver an seiner Verselbständigung mitarbeiten. Hierzu muss er Verantwortung übernehmen und lernen, selbst Entscheidungen zu treffen, für die er eintritt.*" (HPG-Protokoll vom 10.4.2006, S.3)

Zehn Monate später schreibt das Jugendamt dazu: „*A. kann sich ... mittlerweile gut abgrenzen und hat es bis auf eine Situation geschafft, in Konfliktsituationen Lösungsstrategien parat zu haben. Er sieht sich selbst als jemand, der darauf achten kann, dass andere Jugendliche keinen Blödsinn machen und der in der Lage ist, sich nicht verleiten zu lassen.*" (HPG-Protokoll vom 9.1.2007, S.2)

Wichtig wird für Alex seine Beziehung zu dem Mädchen, das in der gleichen Projektstelle untergebracht ist. „*Ansonsten war es natürlich so, dass dann Alex sich die nächste traute Zweisamkeit besorgt hatte in der Beziehung zu (diesem Mädchen). Da dann wieder reinzukommen, ist auch für die Betreuer schwierig gewesen, zumal es ja auch etwas Positives für ihn war. Er konnte dann ja eine Zeitlang eben ein positives Mädchen- oder Frauenbild entwickeln und konnte so etwas wie heile Familie für sich auch ein Stückchen leben. Deswegen wollte man da auch nicht zu sehr reingehen. Alles das, was Jugendliche selber machen können, sich selber entwickeln können, das sollte man begleiten und nicht zu sehr vorstrukturieren ... (die beiden) haben dann eine Beziehung angefangen, die dann lange gehalten hat. Sie haben dann eben Familie gespielt ein Stück weit, zumal sie eben auch ein eigenes Häuschen hatten.*" (B)

Diese Beziehung spielt eine große Rolle bei der Entwicklung von Anschluss- und Nachbetreuungsmaßnahmen, die anstehen, weil die Betreuung von Alex in Schweden beendet werden soll, damit er seinen Hauptschulabschluss in Deutschland machen kann. „*Den habe ich hier gemacht in der VHS. Ich habe mich angemeldet zur Prüfung, habe dann da gelernt und bin hier runtergekommen und habe dann hier noch mit dem Betreuer gelernt."* (JUG)

Ende der Maßnahme und weitere Betreuung
So kehrt Alex nach gut anderthalb Jahren in der zweiten Projektstelle aus Schweden nach Deutschland zurück. Hier wird er vom gleichen Träger – und über weite Strecken auch von seinem ersten Betreuer – zusammen mit seiner Freundin weiter betreut. Er empfindet diesen Wechsel zurück nach Deutschland als nicht weiter problematisch. *„Dann haben wir das zugelassen, dass die beiden probeweise bei der Kollegin in einer Wohnung zusammenleben. Quasi dann auch die Fortführung dessen, was in Schweden gewesen ist. Da bin ich mehr oder weniger wieder aus der Betreuung heraus gewesen, weil die Kollegin dann beide zusammen betreut hat – die R. Ich habe das noch flankiert – das Ganze, weil eben Mann wichtig ist für Alex, aber R. vor Ort mit den beiden lebte. Deswegen gab es da so eine Mischform."* (B)

So *„sind die beiden dann in eine eigene Wohnung in S. gezogen und das ist dann – glaube ich – vier, fünf Monate gut gegangen und dann hat es da gecrasht. Da war es aber keine intensive Betreuung mehr, sondern beide sind nur noch stundenweise betreut worden. A. hatte zu dem damaligen Zeitpunkt am Anfang 20 Stunden und hinterher zwölf. Das war auch ausreichend zu dem damaligen Zeitpunkt, weil die einfach auf ihren eigenen Füßen stehen wollten, die wollten was Eigenes ausprobieren. Dass es dann nicht geklappt hat, ist wieder ein anderes Thema."* (B)

Im Entwicklungsbericht heißt es dazu: *„In der Zeit des Zusammenlebens ... hat A. seine Außenkontakte deutlich reduziert. Die Zweisamkeit reichte A. augenscheinlich lange aus. Mit zunehmender Dauer beklagte A. aber, dass ihm diese Form der Beziehung zu eng werde. Er kam immer häu-*

figer zurück in unser Haus, ... als einzige Möglichkeit, wie er sich von seiner Freundin abgrenzen konnte. Die Ansprüche seiner Freundin nach Aufmerksamkeit und versorgt werden, überstiegen deutlich die Bereitschaft und die Möglichkeiten von A." (Entwicklungsbericht vom 26.2.2009) „Er hat sich viel zu sehr angeklammert, mit Sicherheit auch eingeengt und verzweifelt versucht, eine Familie, eine heile Welt nachzuempfinden, die er nicht bekommen hat." (MA JA)

2. Derzeitige Lebenssituation

Alex und seine Freundin haben sich nach einem knappen halben Jahr getrennt, danach aber weiter zusammengewohnt. Zum Zeitpunkt des Interviews wohnt er übergangsweise wieder in einer Wohnung des Trägers und möchte bald wieder in eine eigene Wohnung umziehen. Im Rückblick (und für die Zukunft) schätzt er sich selbst so ein, dass er mit der allgemeinen Alltagsbewältigung gut klarkommt. Schwierigkeiten gab (und gibt es heute immer noch) im Umgang mit dem Geld. „Damit sind wir eher nicht klarkommen. Wir mussten die letzten Piepen zusammenkratzen, damit wir etwas zu Essen hatten. Ich kann nicht so gut mit Geld umgehen. Ich muss (das) immer noch lernen – natürlich. Ich will immer das Größte und Beste haben und dann gebe ich immer viel Geld aus, wenn ich viel Geld in der Hand habe." (JUG)

„Er hat so ein leicht kindliches Verständnis davon. Wenn er sich was in den Kopf gesetzt hat und er ist ein Medienfreak, also was mit CD-Playern zu tun hat, Fernsehern zu tun hat, das ist so sein Ding, da möchte er am liebsten das Neueste, das Beste und das Modernste haben und wenn man ihm klar macht, du musst dafür arbeiten und musst dann vielleicht ein paar andere Bedürfnisse dafür zurückstellen, dann fällt ihm das total schwer. Er muss dieses Spielzeug haben, ... seine elektronische Begierde muss er gestillt kriegen. Darüber haben wir häufig gesprochen. Aber das ist immer noch Thema, diese Bedürfnisse nicht zurückstellen können." (B)

Alex ist froh, dass er in diesen Fragen oder wenn er sonst Unterstützung braucht, weiterhin seinen Betreuer ansprechen und um Rat fragen kann. Auch seine Freunde und Kumpel – und davon hat er, wie er sagt, viele – können ihm nach eigener Aussage dabei helfen, den Alltag in der eigenen Wohnung zu bewältigen.

Nach seinem erfolgreichen Hauptschulabschluss hat Alex zunächst gemeinsam mit seiner Freundin versucht, an der Volkshochschule auch den Realschulabschluss zu machen, „aber das hat dann nicht geklappt, weil meine Freundin auch dabei war. Wir haben uns gegenseitig abgelenkt. Das war nicht so wirklich gut." (JUG)

„Anfangs war es die Realschule, die versuchten nach dem Hauptschulabschluss den Realschulabschluss in der VHS zu erreichen, aber es ist leider beiden nicht gelungen. Das klassische Problem – Fehlzeiten. Die Fehlzeiten sind vor allen Dingen natürlich auch entstanden, als sie dann ihre eigene Wohnung hatten und dann jeden Morgen pünktlich aufstehen mussten." (B)

Danach hat sich Alex mehrfach um Praktikums- und Ausbildungsplätze bemüht, war dabei aber – nicht nur durch eigene Schuld – nur bedingt erfolgreich. „Ich habe ihm in einem Kfz-Betrieb ein Praktikum vermittelt und die waren auch die ersten zwei Woche total begeistert von ihm und hatten ihm die Lehrstelle angeboten und durch einen dummen Zufall ... wird der Lehrherr schwer krank und kann quasi sein Versprechen, dass er dem A. eine Lehrstelle als Kfz-Mechatroniker gibt, nicht einhalten. Ich hatte eigentlich gehofft, dass A. irgendwie einen guten Lehrherrn findet, der auch so ein bisschen väterlich ist, ihn unter seine Fittiche nimmt, auch mal Fünfe grade sein lassen kann, dass er da irgendwo unterkommt und dann in Ruhe und Zufriedenheit sein Ding macht." (B)

Andere Gelegenheiten scheitern daran, dass A. die Arbeit nicht durchhält: „*Er hätte schon zwei, dreimal eine Lehrstelle haben können, er schafft es immer nur einen kurzen Zeitraum und dann bricht er wieder ein ... Das ist das andere Problem, das A. hat, dass er eben nicht stetig ist in seinen Tätigkeiten. Er kann gut einen Ballon starten lassen. Er kann gut mal 14 Tage richtig volle Kanne reinhauen, aber dann bricht er wieder ein. Dieses stetige Konsequente, das fällt ihm richtig schwer, auch jetzt nach der ganzen Zeit noch. Das ist immer noch so ein Problem für ihn.*" (B)

Aktuell macht Alex ein Praktikum in einem Baumarkt, von dem er sich viel versprochen hat. „*Ich bin Praktikant bei OBI. Da mache ich jetzt schon seit viereinhalb, fünf Monaten ein Praktikum. Ich versuche eine Ausbildung zu kriegen, aber die haben zurzeit kein Geld. Deshalb muss ich mir jetzt ein neues Praktikum suchen.*" (JUG) Sein Betreuer erläutert dazu: „*Er macht jetzt schon seit längerer Zeit ein Praktikum bei OBI und da lässt man ihn so ein bisschen im Vakuum schwimmen. Auf der einen Seite sagen sie, wir würden dich sofort übernehmen, aber wir dürfen nicht, weil die Leitung von OBI nein sagt ... Das macht es aber auch wieder so schwierig, er hatte sich gut gefangen, hatte für sich Perspektiven. Er kam richtig lachend von der Arbeit wieder. Er kann dann auch wirklich gut arbeiten und trotzdem gut gelaunt sein, aber als es dann zunehmend schwieriger wurde und das Klima so wurde: ‚Ich habe da keine Perspektive mehr', seitdem knickt er wieder ein und kriegt wieder so ganz komische Phasen.*" (B)

A. in Fördermaßnahmen unterzubringen erscheint nicht sinnvoll. „*A. möchte auch nicht in so eine spezielle Einrichtung, wo dann wieder Sozialpädagogen herumtanzen, der möchte am liebsten ein Stückchen Normalität haben.*" (B)

Während der Trennungsphase von seiner Freundin und jetzt angesichts der Probleme, den Ausbildungsplatz im Baumarkt zu bekommen, greift A. hin und wieder zum Alkohol, wenn die Situation ihm aussichtslos erscheint. Dann wird er auch gelegentlich aggressiv. Andere (härtere) Drogen sind für ihn nach eigener Aussage kein Thema. Auch über Konflikte mit Polizei und Justiz ist nichts bekannt.

Für die Zukunft wünscht Alex sich, möglichst bald eine eigene Wohnung und einen Ausbildungsplatz zu finden.

3. Selbstbild, Selbstdeutung und Selbstwirksamkeit

Alex ist während des Gespräches sehr zurückhaltend und vorsichtig, nach eigener Aussage misstraut er seinen Mitmenschen und Sozialpädagogen besonders. Er erzählt auch sonst nicht gern viel von sich, auch seiner Freundin gegenüber hat er das nicht getan. *"Das mache ich schon seit ich klein bin immer. Ich hatte ja nicht oft jemanden, mit dem ich darüber quatschen konnte, also habe ich mir angewöhnt, die ganzen Sachen für mich zu behalten."* (JUG) Seine Aussagen sind daher in der Regel kurz, wenig differenziert und abwägend. Er weiß relativ wenig über sich zu sagen und bleibt auch in der Reflexion der Verläufe und Ereignisse sehr allgemein. Höhepunkte und Konflikte sind ihm kaum erinnerlich, wo sie ihm dennoch einfallen bagatellisiert er eher als genau zu beschreiben. Alex sieht sich selbst dennoch als: *"Sehr offen. Ich bin eigentlich ein sehr freundlicher Typ, weniger aggressiv."* (JUG)

Über sein Erleben und dessen emotionale Seite spricht er nicht. Bestenfalls schildert er Ereignisse und reflektiert sie (wenn überhaupt) auf der Sachebene. Die schwierige Beziehung zu seiner Mutter, der Tod ihm nahestehender Personen oder die Trennung von seiner Freundin, alles angesichts seiner Vorgeschichte traumatische Ereignisse, kommen so – scheinbar – nicht vor. „*Ich glaube, dass Alex so ein bisschen wie ein angeschossenes Tier ist, wenn da bestimmte Wunden verheilen, dann wird er friedlich leben.*" (B)

Er macht sein bedingungsloses Vertrauen zu seinem Betreuer allerdings sehr deutlich und benennt ihn auch für die Zukunft als diejenige Person, die er bei Fragen und Schwierigkeiten ansprechen und um Hilfe bitten würde.

Im Vergleich zur Situation und dem Verhalten von Alex vor Beginn der Individualpädagogischen Maßnahme resümiert die Mitarbeiterin des Jugendamtes: „*Ich glaube schon, dass sie ihm eine Menge an Selbstwert gebracht hat und eine Menge an Durchhaltevermögen und auch viel, viel an Sicherheit, dass es immer, wenn man sich wirklich auch hilfesuchend an jemand wendet, Hilfen gibt. Ich glaube, das ist viel mehr Wert, als wenn er jetzt einen Job hat oder nicht.*" (MA JA)

4. Beurteilung der Ergebnisse und des Prozesses

Wie im Zusammenhang mit der Schilderung des Betreuungsprozesses bereits erwähnt, hat das Jugendamt während der Maßnahme stetig erfreuliche Veränderungen von Alex vermerkt und bewertet den Verlauf und seine Ergebnisse durchaus als Erfolg. „*Wir haben es geschafft, dass er nicht mehr suizidal ist, dass er nicht alkoholkrank ist und wir haben jemanden, der scheinbar in die Arbeitswelt gehen kann, wenn auch ein bisschen später und nicht jemand, der die nächsten 30 Jahre Hartz IV bekommt oder noch länger.*" (MA JA)

Zugleich wird einschränkend festgestellt, dass die – ebenfalls angestrebte – Eingliederung in das Berufsleben (noch) nicht gelungen ist. „*(Die Maßnahme) hat mit Sicherheit nicht die gesellschaftliche Positionierung dieses Jungen gebracht, das glaube ich nicht. Wir haben uns mehr gewünscht für ihn, viel mehr. Aber ich hoffe nicht nur, ich glaube wirklich daran, dass sie gebracht hat, dass er in seinem Leben nicht wirklich mehr an so Punkte kommen muss, wo er sich umbringen will beispielsweise.*" (MA JA)

„*Ich bin da auf der anderen Seite auch wieder zuversichtlich, den Reifungsprozess, den zieht er immer weiter durch, und er weiß, was richtig und was falsch ist. Er hat da so eine innere Instanz, die wird manchmal außer Kraft gesetzt, aber so vom Grund her ist er eine richtig ehrliche, total sympathische Haut und er wird von den meisten auch in der Einrichtung, sowohl von den Betreuern als auch von den Jugendlichen, geschätzt – eigentlich. Er ist nicht so ein Außenseiter. Er ist jemand, der eigentlich auch ein Stückchen Harmonie will, ohne sich jetzt anzubiedern bei den Betreuern. Er hat eigentlich ein gutes Standing.*" (B)

Alex selbst sagt von sich: „*... Durch die ganze Betreuerei hier und durch die Unterstützungen bin ich sehr viel ruhiger geworden. Ich hatte damals richti-*

ge Aggressionen gegen andere Leute, wenn die mit mir irgendwas gemacht haben, was ich dann nicht wollte. Das ist heute auch nicht mehr, das passiert mir nicht mehr. Ab und zu noch mal ein kleiner Ausrutscher, aber damit komme ich klar, damit kann ich leben." (JUG) Besonders freut er sich, dass er den Hauptschulabschluss machen konnte. „Ich glaube, dass er wieder Vertrauen zu Menschen hat, dass er weiß, dass er ein paar Leute für den Rest des Lebens gewonnen hat, an die er sich wenden kann und dass er nicht mehr so alleine ist." (B) Angesichts der traumatischen Beziehungserfahrungen in seiner Kindheit, ist das ein nicht zu unterschätzender Wert.

So ist denn auch nach Einschätzung aller Beteiligten die vertrauensvolle und verlässliche Beziehung, die A. zu seinem (ersten) Betreuer aufbauen konnte, der Schlüssel zu seiner Stabilisierung gewesen. Nicht umsonst sieht Alex seinen Betreuer als ‚Vaterersatz'. „Väterlicher Freund, aber natürlich mit professionellem Hintergrund. Es war immer so, dass ich versucht habe, auch ihm größtmöglichen Freiraum zu lassen und immer wieder auch Themen mit ihm zu besprechen. Insofern war es eben eine menschliche Begegnung, auf der anderen Seite aber eben auch eine professionelle Arbeit." (B)

Die Verknüpfung dieser vertrauensvollen Beziehung mit der praktischen Unterstützung in Alltagssituationen ebenso wie mit konkreten Forderungen im Hinblick auf Regeln, Alltagsgestaltung und Schule hat einen Entwicklungsprozess möglich gemacht, den alle Beteiligten im Rückblick als hilfreich, wenngleich nicht abgeschlossen betrachten: „Da sind dann eben so verschiedene Sachen herausgekommen, dass er eben traumatisiert ist und dass diese Traumatisierung dann auch noch weiter die ganze Betreuung, die restliche Betreuung und so weiter begleiten wird. Das ist mir so ein Stückchen klar geworden. Jemand der so verletzt worden ist und so enttäuscht worden ist, für den ist es schwierig, einfach in diese Normalitätsschiene zu kommen, so wie wir Beziehung verstehen oder wie wir die

Wertigkeit von Beziehung verstehen. Das mag für ihn schwer nachvollziehbar sein. Er wünscht sich das sicherlich, aber er kann es auch selber nicht so hundertprozentig leben." (B)

So sehen Jugendamt und Betreuer noch deutlichen Handlungs- und Unterstützungsbedarf bei der Aufarbeitung der traumatischen Lebensereignisse. „Ich glaube, wenn das Jugendamt es zulässt, dass wir dann noch einen Weg zu gehen haben. Sicherlich, für jemand der traumatisiert ist und in so einem hohen Maße wie Alex geschädigt ist, seelisch geschädigt ist, ist es einfach wichtig, einen langen Zeitraum zu haben. Auf der anderen Seite ist dieses Spannungsfeld, ich will was Eigenes machen, und ich lass mir von euch nicht immer reinreden, schwierig. Das muss er dann schon zulassen, ob er das dann in allen Phasen kann, das ist die große Frage." (B)

Anna: „Ich war nicht gerade das liebste Kind."

1. Verlauf der Maßnahme

Vorgeschichte

Anna wird 1991 im Ruhrgebiet geboren und wächst zunächst als Einzelkind auf. Als sie vier Jahre alt ist, trennen sich ihre Eltern. Anna bleibt bei ihrer Mutter, der Kontakt zu ihrem Vater bricht ab. Fortan sind ihre Oma und ihr Opa ihre wichtigsten Bezugspersonen, an ihnen orientiert sie sich stärker als an ihrer Mutter. *„Mein Opa und meine Oma waren eigentlich meine Bezugspersonen, nicht gerade immer die Mama."* (JUG)

„Wir kamen eigentlich letztendlich gar nicht dazu, Anna zu erziehen. Wenn irgend etwas nicht nach Annas Willen gegangen ist, wenn ich jetzt zu einer Sache, egal was, einmal nein gesagt habe, musste Anna nur eine Straße weiter gehen zu Oma und Opa und die haben dazwischengefunkt und haben immer gegen uns gesteuert." (Mutter)

Diese Polarisierung verstärkt sich, nachdem die Mutter einen neuen Partner gefunden hat und ihre jüngere Schwester geboren wird. *„Und als dann 2000 unsere gemeinsame Tochter geboren wurde, da konnte Anna eigentlich gar nicht mit leben. Sie war immer Einzelkind gewesen. ... Riesengroße Eifersuchtsszenen, aber auch meine Mutter, die hat auch Anna ganz schön aufgehetzt. Meine Mutter hat immer der Anna erzählt, wenn das Baby erst einmal da ist, dann bist du abgemeldet, dann hat die Mama dich nicht mehr* lieb. Also die Oma, sprich meine Mutter, hatte einen ganz großen Einfluss darauf, dass Anna bis heute so neidisch und egoistisch ist. Das auch bis heute noch so." (Mutter)

Über das Familienleben in dieser Zeit urteilen die Beteiligten unterschiedlich. „*(Mein Partner) war immer ein guter Freund und ‚Ersatzpapa'*" für Anna, die kamen immer sehr gut mit einander aus. Differenzen gibt es in jeder Familie, aber wir haben eigentlich ein friedliches, harmonisches Familienleben geführt." (Mutter) „*Mit dem Mann von meiner Mama komme ich gar nicht klar. Ich hatte nicht die leichteste Kindheit. Ich war mal frech und war mal lieb. Er war frech und lieb. Da hat halt nicht so die Chemie gepasst.*" (JUG) Mit zunehmendem Alter lässt sich Anna von ihrer Mutter immer weniger sagen. „*Ich bin faul gewesen. Ein Kind lässt alles stehen. Ich sage mal so, mir hat der Papa gefehlt. Ich habe nicht gerade Liebe von meinem Stiefvater bekommen. Von Oma und Opa habe ich alles bekommen. Dann ist aber bei Oma und Opa alles drunter und drüber gegangen. Das habe ich dann mitbekommen. Ich habe mir dann bei der Mama ein leichtes Leben gemacht.*" (JUG)

Die Situation eskaliert, als Anna sich verliebt. „*Anna war am Pubertieren gewesen und der Freundeskreis, in den sie da gerutscht ist, das waren leider die größten Kleinkriminellen von ganz O., vorbestrafte Jugendliche und in einen davon – ich sag mal der Oberboss – in den hat Anna sich verliebt. Der hat auch Anna sich gefügig gemacht, indem er gesagt hat, wenn du da und da nicht klauen gehst, wenn du das und das nicht machst, wenn du die und die Drogen nicht nimmst, dann liebe ich dich nicht mehr. Und dementsprechend war mein Einfluss auf Anna absolut nicht mehr vorhanden. Was ich gesagt habe, hat sie nicht interessiert. Sie kam und ging, wann sie wollte, die ging zur Schule, wann sie wollte, und irgendwann eines Tages bin ich dann zusammengebrochen und bin in die Psychiatrie gekommen.*" (Mutter) „*Ja, die haben gedacht, dass ich was nehmen würde, auf den Strich gehen oder irgendwas, aber ich habe so was nie getan.*" (JUG)

Da niemand aus der Familie bereit ist, Anna während des Aufenthaltes ihrer Mutter in der Psychiatrie aufzunehmen und zu betreuen, wird sie in einer Einrichtung untergebracht, die für solche vorübergehende Betreuung Kinder und Jugendlicher eingerichtet ist. Hier „*hat Anna aber auch alle Regeln gebrochen, die es zu brechen gab*" (Mutter), sodass das Jugendamt sie in einer stationären Einrichtung unterbringt. „*Ich wurde da verprügelt, beklaut und irgendwann haben die Mitarbeiter gesehen, dass ich so ein bisschen anders bin als die anderen Jugendlichen und irgendwann dann habe ich einen ziemlich guten Draht zu den Mitarbeitern gehabt. Das war mir auch ziemlich wichtig. Ich konnte nicht so wirklich mit den Leuten in meinem Alter und vor allen Dingen auch nicht mit so vielen.*" (JUG)

„*Die Anna war in vielerlei Hinsicht auffällig. ... Sie war ... in einer Wohngruppe, wo sie nicht bleiben konnte, weil sie da, so wie es hieß, die Jungs aufgemischt hat und sexuell auffällig wurde und sich überhaupt nicht an die Regeln gehalten hat. Das war wohl auch im zweiten Heim der Fall, dass die Anna insgesamt die Gruppe instabil gemacht hat und da intrigiert hat auch durch Nichteinhaltung von Regeln und so weiter und so fort.*" (B) „*Anna war ein sehr, ja, wenn ich jetzt sage, aggressiv, weiß ich gar nicht, aber emotional immer sehr schnell ganz oben und sie brauchte schon jemand, der sich relativ allein um sie kümmert.*" (MA JA)

Die beteiligten Fachkräfte stimmen darin überein, dass Anna längerfristig in einer Individualpädagogischen Maßnahme betreut werden soll. Auch Annas Mutter stimmt dem zu: „*Doch, auf jeden Fall, denn zu diesem Zeitpunkt, muss ich Ihnen ganz ehrlich sagen, wäre das nicht möglich gewesen, dass Anna wieder zu Hause einzieht. Wie gesagt, der Kontakt war immer noch sehr eng mit diesem Kriminellen. Ich war ja drei Monate auf der Psychiatrie und wenn ich dann nach Hause gekommen wäre, das wäre im Prinzip von vorne losgegangen, und da war ich einfach noch nicht stark genug für.*" (Mutter)

Auch für Anna ist diese Perspektive stimmig und attraktiv. *„Die Betreuer haben ja gesehen gehabt, dass ich kein Wohngruppenmensch bin, dass ich nicht mit mehreren Leuten irgendwie die gleichen Regeln haben kann. Dann haben die vorgeschlagen ... diese Einzelbetreuung. Da habe ich gesagt, dass ich das gerne machen würde."* (JUG) Mutter und das Jugendamt votieren für eine Betreuung weiter weg vom bisherigen Umfeld Annas. *„Die Mutter hatte mir von Jugendlichen erzählt, da war es nicht so optimal, sodass wir gesagt haben, relativ weit weg. Und Pferde waren Annas Liebe. Das war dann auch noch ganz wichtig."* (MA JA)

Vorbereitung und Wechsel in die Projektstelle
„Weil ich ja schon von Anfang mit Pferden zu tun hatte, haben die dann gesagt, es gibt eine Möglichkeit in der Eifel oder im Saarland und dann wollte ich gerne ins Saarland. Dann kam die (Betreuerin) und hat sich vorgestellt. Sie hat sich ja mit mir unterhalten und hat mir erklärt, wer da wohnt, wie das da abläuft ... und ich fand sie eigentlich ganz nett und deshalb kam ich dort hin." (JUG) *„Bei diesem ersten Kennenlernen habe ich der Anna einen Tag oder ein Wochenende angeboten, an dem sie unsere Familie kennenlernen kann, um sich danach zu entscheiden, ob das der richtige Ort für sie ist, um betreut zu werden oder eben nicht."* (B)

„Dann sind wir zum Saarland hingefahren und haben uns das angeguckt, und weil die (Betreuerin) ja auch Pferde hat und Anna ja auch pferdenärrisch gewesen ist, ist das erst einmal die beste Lösung gewesen." (Mutter) *„Das Positive war ja eben auch die Geschichte mit den Pferden, damit konnte man Anna ja auch überzeugen, zu gehen."* (MA JA) *„Dann hat der (Koordinator) mich da runtergefahren mit meinen Sachen und seitdem war ich da."* (JUG) *„Das ging alles relativ kurzfristig."* (MA JA)

*„Ich wurde direkt hingebracht. Ich habe ja gesagt, ich möchte noch nicht sofort da runter. Das war glaube ich Freitag, da haben die gesagt, dass ich

Montag da runter muss. ... Ich habe damit nicht solche Probleme, weil ich – wie gesagt – schon oft die Schule gewechselt hatte, und ich bin eigentlich ein offener Mensch. Ich habe jetzt nicht so die Probleme oder Ängste." (JUG) „Anna ist durch den Koordinator ... zu mir ins Standprojekt gebracht worden. An was ich mich noch erinnere ist, dass es sehr chaotisch strukturiert war. Die kamen mit acht blauen Müllsäcken zu mir. Und ich habe damals noch gedacht: ‚Oh Gott, verwalte ich nun zuerst einmal ihr Chaos.'... Die Anna kam recht offen bei uns an, auch erwartungsvoll, so in ihrer Haltung. Wir haben Pferde und Pferde waren Annas erklärtes Ziel, der Umgang mit Pferden war ihr Ziel." (B)

„*Ich hatte einen guten Eindruck. Ich kam runter, da war erst mal Schnee und ich habe Pferde gesehen. Dann habe ich mein Zimmer bekommen. Ich habe ein schönes Zimmer gehabt mit Bad direkt dabei. Dann gab es Essen, der (Koordinator) war auch noch dabei. Die sind an dem Tag noch einkaufen gegangen, Bettwäsche und so weiter, und haben mich noch am gleichen Tag in der Schule angemeldet. Das war eigentlich ganz gut gewesen.*" (JUG) Auch Annas Mutter ist erleichtert: „*Ich war froh, dass Anna erst einmal aus O. weg war und vor allen Dingen in gute Verhältnisse gekommen ist und nicht von Heim zu Heim weitergereicht wurde.*" (Mutter)

Zu den Zielen der Maßnahme heißt es im Entwicklungsbericht u.a.: „*Die Ziele ... orientieren sich weitestgehend an Annas Vorstellungen von dem, was sie mit Hilfe der Jugendhilfe erreichen möchte. Sie möchte auf jeden Fall einen Schulabschluss erlangen. Um Anna eine intensive Förderung zu bieten, braucht sie ein festes Rahmenprogramm durch einen strukturierten Alltag mit überschaubaren Leerlaufzeiten in ihrer Freizeit. Um etwas zu verändern braucht Anna Entwicklungsimpulse, die ein Ausweichen vor Anforderungen verhindern.*" (Entwicklungsbericht v. 1.3.2005, S.3)

Das HPG-Protokoll ergänzt: „*Als langfristige Ziele werden benannt:*

- *Stärkung des Selbstbewusstseins durch Erfolgserlebnisse in Freizeit, Schule und Alltag;*
- *das Aufarbeiten von kritischen Anmerkungen, sodass Kritik in der Zukunft als etwas Positives gesehen werden kann;*
- *eine erneute Annäherung an ihre Familie, sowie ein respektvoller Umgang miteinander;*
- *die Übernahme von Eigenverantwortung.*" *(HPG-Protokoll v. 3.3.2005)*"

„*Ein Neuanfang war für die Anna denkbar, so wie ich das gesehen habe, weil auch ein massiver Bruch zwischen der Familie und ihr, also Mutter und ihr, auch Großeltern und ihr, stattgefunden hat und es kein Zurück zu dem Zeitpunkt gab. Das war für die Anna schon die Situation, sich auf etwas Neues einlassen zu müssen.*" (B)

Anna lebt sich schnell in der neuen Umgebung ein. „*Es ging gleich los, ich kann mich erinnern, dass die Anna – 24. Januar war Aufnahmedatum, 28. Januar war ihre erste Reitstunde, und zur Schule ging sie gleich in der nächsten Woche. Das ging alles ratzfatz, Schlag auf Schlag, und die hat sich da auch direkt reingekniet. Das war eine neue Chance, die Chance hat die runtergeschluckt so mit einem Happs war die im Mund.*" (B)

Beim Reiten hat sie erste Erfolgserlebnisse. „*Sie hat ein kleines Hufeisen gemacht und hat da auch viel Zuspruch bekommen von den Pferdebesitzern oder auch Reitlehrern, dass sie Talent hat zu reiten und dass sie das weiter machen soll. Und daran hat sie sich so ein bisschen festgehalten.*" (B) „*Ja, das waren immer die Pferde. Ich bin keine schlechte Reiterin. Das ist ja der Isländer-Sport, auch mit Turnieren. Da hat die Frau S. mich ja auch immer begleitet, ihre Tochter reitet das ja auch. Ich kam ja auch am Stall gut an. Ich durfte auch Dinge, die durften die anderen nicht, sage ich mal. Ich durfte* auch die besten Pferde auf Turnieren reiten und wenn ich dann gut platziert worden bin, dann habe ich mich immer gefreut." (JUG) „Und das konnte ich ihr vom ersten Tag an bieten so quasi als Medium, Pferde als Medium zum Einstieg in die Beziehung, die wir dann peu à peu aufbauen konnten miteinander. ... Die Anna hat es mir nicht schwer gemacht, denn es ist ein sehr offener Mensch, die eher fast distanzlos mit Beziehungen umgeht." (B)

Die Arbeit mit und an den Pferden, der Aufenthalt im Stall bestimmt fortan – neben der Schule – Annas Alltag in der Projektstelle. „Ich bin morgens aufgestanden, zur Schule gegangen. Ich habe mir immer was zu essen mitgenommen und dann kam ich mittags von der Schule und bin dann immer direkt zum Stall bis abends." (JUG)

„(Anna) hatte sofort ihr Freizeitprogramm: Klar, reiten. Turnierteilnahme war ihr erklärtes Ziel, weil sie gesehen hat, meine Tochter ist Turnierreiterin und die hat sich da so drangehängt, die Anna. Und ich habe ihr das auch ermöglicht, ich habe sie jeden Tag gefahren, sie hat täglich nachher Reitunterricht gehabt, hat dann auch in den Ferien – Kinderreiterferien – zuerst teilgenommen, mit 16 war sie dann schon so eine Betreuerhelferin, also hat sich da richtig hochgearbeitet." (B)

In dieser Zeit ist das Zusammenleben in ihrer neuen ‚Familie' recht harmonisch. „Ich hatte ja auch nie irgendwie Stress, wenn die gesagt haben, ich muss um neun Uhr drin sein, ich war dann meist noch am Stall oder mit Freunden weg, dann bin ich um neun Uhr zu Hause gewesen oder ich habe dann gesagt: ‚Ich komme um elf Uhr', das war in Ordnung. Ich war ziemlich verlässlich in der Familie, sage ich mal. Die haben mir immer ziemlich vertraut, und ich habe denen ja auch vertraut." (JUG) „Die Beziehung zu der Anna war immer recht gut, wenn auch von der Anna ausgehend nicht immer offen. Ich habe festgestellt, dass die Anna mich auch belügt, wenn es ihr nutzt, in kleinen Dingen." (B) „Ja klar. Manchmal habe ich gelogen.

Das ist keine Entschuldigung. Notlügen, mein Gott, auf mich war immer Verlass." (JUG)

„Sie möchte etwas machen mit ihrem Leben, sie möchte die Pferde nicht verlieren, sie möchte die Schule machen. Sie ist intelligent, braucht aber einen ruhigen Punkt, um das ausleben zu können, um ihre Ressourcen ausschöpfen zu können. Diesen Punkt hat sie sich bei mir gewünscht. Das waren so die Anfänge." (B)

Verlauf und Entwicklung der Maßnahme
„Sie hat auch sehr schnell an der Schule teilgenommen, sie hat sich sehr ehrgeizig gezeigt von Anfang an." (B) *„... Dann kam ich ja auf die Gesamtschule. Das achte Schuljahr musste ich machen als ich ankam. Das war eigentlich alles gut. Die Schule war gut gewesen, aber da war ich anders. Da war ich zu Hause bei der Frau S. ruhig und in der Schule war ich dann so aufgedreht. War frech zu den Lehrern, was auch manchmal gestimmt hat, aber manchmal sollte man halt seinen Mund halten."* (JUG) *„Sie war sehr erfolgreich auch in der Schule, was vorher nicht mehr gewährleistet war, weil sie nicht hingegangen ist oder sich nicht in der Lage gefühlt hat, am Unterricht teilzunehmen. Bei uns ging das schnell und gleitend – auch mit vielen Erfolgen. Sie war sehr engagiert, sie war direkt Klassensprecherin über den Zeitraum von eineinhalb Jahren und hat in der Schulband mitgesungen."* (B) *„Und da war es auch so, entweder haben die Lehrer mich gehasst oder geliebt. Das haben die auch immer bei Elternsprechtagen gesagt. Ich habe ja das zehnte. Schuljahr zweimal dort gemacht, weil ich einmal sitzen geblieben bin und da sieht man schon manchmal, dass es auch an den Lehrern lag."* (JUG) *„Sie hatte dann einen Lehrer, der wohl nicht so sehr verständnisvoll war, der sie auch, wenn ich das so richtig erinnere und auch glauben durfte oder darf, sie nicht immer neutral behandelt hat."* (MA JA) *„Sie hat zu keinem Zeitpunkt geäußert, dass sie sich unwohl fühlt oder benachteiligt – im Gegenteil, sie hat sich sehr schnell integriert gefühlt. Die Schule war kleiner als das, was*

sie vorher erlebt hat. 900 Schüler, obwohl das für unseren ländlichen Kreis auch schon eine große Schule ist, ist aber eine Gesamtschule. Es wird sehr viel Wert gelegt auf Gruppenarbeit, auch soziales Miteinander und da hat die Anna sehr große Stärken gehabt. ... Ja, soziale Kompetenzen. Sie war sehr beredt, Kommunikation war überhaupt ihr Steckenpferd, konnte sich sehr gut durchsetzen, auch für andere sprechen." (B) Im Entwicklungsbericht heißt es dazu: „Anna hat im letzten Jahr nicht zuletzt durch ihre Erfolge und Bestätigungen in der Schule einen Reifungsprozess erlebt. Sie hat mittlerweile deutliche Vorstellungen von ihren Zielen und entwickelt auch den dazu notwendigen Ehrgeiz." (Entwicklungsbericht v. 7.8.2006, S.3)

„Irgendwann habe ich in der Schulleistung ein bisschen nachgelassen, aber ich habe nie geschwänzt. Da hab ich nie geschwänzt, aber ich war ein bisschen faul, was das Lernen angeht. Ich war lieber bei den Pferden von morgens bis abends nach der Schule. Deshalb konnte ich auch dort nur meinen Hauptschulabschluss machen und musste dann auf eine kaufmännische Schule, wo man den mittleren Bildungsabschluss nach zwei Jahren macht." (JUG)

„Die Möglichkeit, ein Jahr weiter auf dieser Gesamtschule zur Schule zu gehen und die Mittlere Reife zu erlangen, wäre da gewesen, aber Anna hat aufgrund ihrer eigenen Entscheidung die Schule gewechselt. Ist dann auf eine Handelsschule, und zwar auf eine Wirtschaftshandelsschule. Hintergrund ist, ihr Opa hat die Wirtschaftshandelsschule gemacht und die Mama hat die Wirtschaftshandelsschule gemacht. Mama hat die abgebrochen. Anna hat da immer so den Wunsch gehabt, doch in die Stapfen von der Mutter zu gehen, aber das anders zu machen, erfolgreicher als die Mutter, also ihr was zu beweisen." (B)

Das Lernen in dieser neuen Schule gelingt Anna nicht recht. „Ich bin wegen einer fünf sitzen geblieben, das hat mich runtergezogen. Dann habe ich ein zweites Schuljahr gemacht gehabt und dann habe ich irgendwann mal keinen Sinn mehr darin gesehen und dann bin ich nicht hingegangen, was auch vielleicht ein Fehler war." (JUG) „Erstens hat Anna diese Schulform nicht gepackt, Anna ist eine mathematische Niete absolut, die hat andere Stärken, aber in Mathematik war sie nie eine Leuchte und genau das hat sie für sich als weiterführende Schule gewählt. Gegen meine Empfehlung, das habe ich auch öffentlich ausgesprochen beim Hilfeplan, aber sie hat den Weg gewählt und ist gescheitert dort, ist einmal sitzengeblieben und dann ist sie gegangen worden." (B)

Obwohl Anna in der Schule beliebt ist und durch ihre vielfältigen Aktivitäten ihre soziale Kompetenz beweist, schließt sie dort keine dauerhaften Freundschaften. „(Dort) habe ich mich mit den Leuten nicht gut verstanden. Aber meine Freunde hatte ich eigentlich vom Stall her." (JUG) Das ist nicht immer einfach für sie. „Ich bin ja auch Turniere geritten, da kannte man dann die besseren Leute, sage ich mal. Das ging mir dann immer auf den Strich, wenn man da über Geld redete, und ich hatte zwei Euro in der Tasche oder so, mit solchen Leuten konnte ich nicht." (JUG) Trotzdem sagt sie von sich: „Ich war irgendwie nie alleine, sagen wir es mal so. Ich hatte immer Kontakt, sozialen Kontakt." (JUG)

Zu Hause hält sich Anna zunächst an das vereinbarte Regelwerk. „Das sind eigentlich generell Vereinbarungen, die ich mit jeder Jugendlichen direkt vor Beginn der Betreuung treffe, wie zum Beispiel: Ich mache etwas für dich, dafür wirst du die Regeln, die ich aufsetze, anerkennen müssen, denn wir leben zusammen unter einem Dach." (B) Eine zentrale Regel, die immer wieder Gegenstand neuer Aushandlungsprozesse ist, betrifft die Ordnung in Annas Zimmer. „Die Anna hat von Anfang an von mir zur Aufgabe gemacht bekommen, sich um ihr Zimmer zu kümmern, und zwar einmal wöchentlich und zwar am Wochenende, und das beinhaltet Saubermachen, Aufräumen, sie musste ihre Bekleidung selber waschen, aufhängen und in den Schrank sortieren und musste bei Kleinigkeiten im Alltag helfen, Tisch decken, Salat umrühren, was weiß ich, Tisch abräumen und was weiß ich. Das war inbegriffen, da musste sie mit." (B)

„In dem Zimmer, das Anna dort hatte, da sah es immer aus wie nach einem Bombenangriff – immer, und Anna hatte die Auflage, einmal in der Woche das Zimmer aufzuräumen, sonst waren da so Konsequenzen, wie Verbot des Reitunterrichts oder du darfst nicht weggehen, aber letztendlich hat (die Betreuerin) sich aber auch nicht dran gehalten." (Mutter) „Da gab es Schwierigkeiten in dem Sinne, dass die Anna messiemäßiges Verhalten von Anfang an gezeigt hat, was zum einen durch eine Fülle von Eigentum, von Bekleidung zum Beispiel, Bekleidungseigentum, aber auch andere Sachen entstanden ist. Dieses Messietum hat sie quasi schon mitgebracht, die acht Müllsäcke, die blauen, voll, ein Auto voll. ... Nach etwa sechs Monaten kam von mir der erste Vorschlag zur Reduzierung – da hat ihre Mutter der Anna geholfen beim Aussortieren –, dass nur noch begrenzt in einer vorher abgesprochenen Anzahl Bekleidung im Schrank sein darf." (B) Gelegentlich eskaliert das Aushandeln dieser Regel zum Konflikt. „Ich musste immer, bevor ich meine Mutter besuchen wollte, immer richtig aufräumen. Da habe ich mein Zimmer hinterlassen, wie ein Schweinestall und dann kam ich wieder und dann durfte als Strafe (mein Freund) nicht bei mir schlafen – eine Woche lang. Dann war ich zickig, wie ich halt war. Ich war 16, und ich will das nicht und dann habe ich gesagt, dass ich ausziehen will." (JUG)

„Zum anderen hat die Anna geklaut, das kam auch ziemlich gleich auf den Tisch, dass sich Jugendliche gemeldet haben, die noch Sachen von ihr zurück erwarten, aus der Jugendgruppe hier und dann auch bei uns kam das ganz schnell. ‚Ja, Anna hat da noch ein T-Shirt', so kamen die Anrufe von anderen Jugendlichen. Wir haben da immer darüber gesprochen und die Anna hat eigentlich nie ein Unrechtsempfinden gezeigt, was dieses Klauen angeht. ... Sie hat uns auch beklaut, mich und meine Familie auch. Wir ha-

ben da immer darüber gesprochen und die Anna hat eigentlich eher trotzig reagiert und mit Rückzug reagiert, sodass ich quasi in die Lage gekommen bin, wieder auf sie zuzugehen, um die Spannung wieder etwas aufzulösen. Mit diesen Auffälligkeiten hat die Anna sich den ganzen Betreuungsverlauf hindurch in unserer Familie auffällig gezeigt." (B) *„Ich bin ja auch, sage ich mal, ein emotionaler Mensch, und ich habe ja immer viele Dinge auf die Goldwaage gelegt, also ich mache mir immer viele Gedanken. Ich habe immer gedacht, ich mache was falsch. Ich habe mir immer ziemlich viel Mühe gegeben, damit ich eigentlich alles richtig mache. Ich bin ein Mensch, ich kann nicht so gut mit Kritik umgehen. Nicht, dass ich dann böse wäre, ich weine dann halt."* (JUG) *„Es war für die Anna immer eine sehr belastende Situation. Sie hat das nie verstanden und da große Probleme gehabt, so Spannungen in sich, die eigentlich einer Therapie bedurft hätten, aber ich habe es nicht geschafft, die Anna dahin zu überreden, weil die Mutter auch sehr schlecht über Therapeuten geredet hat."* (B)

Annas Mutter beklagt in diesem Zusammenhang die mangelnde Konsequenz und die Freiheiten, die Anna hat. *„Ich fand, dass die Anna ... unheimlich viele Freiheiten hatte, die sie hier bei mir nicht gehabt hätte."* (Mutter)

Trotz dieses gelegentlich doch belastenden Alltags betonen Anna und ihre Betreuerin die Normalität. *„Aber Konflikte, daran kann ich mich ganz ehrlich nicht erinnern, also nichts Erwähnenswertes."* (JUG) *„Bei uns ist es eigentlich in der Zeit ganz gut weiter gegangen. Ganz gut heißt immer, die ganzen Auffälligkeiten von der Anna, klauen und lügen, haben uns begleitet, überall – egal."* (B) Auch die Mitarbeiterin des Jugendamtes berichtet von keinen größeren Konflikten. Annas Betreuerin resümiert: *„Ich habe damit gerechnet bei der Anna von Anfang an, denn das war auch schon in den Berichten zu lesen, und mir war auch klar von Anfang an, dass die Anna ein ganz eifersüchtiger Mensch ist, die in der Familie etwas zurückgedrängt* wurde durch ein neues Kind der Mutter, eine Halbschwester von der Anna, die etliche Jahre jünger ist, und diese Eifersüchteleien hat Anna dazu benutzt, um die Großeltern und die Mutter zu polarisieren. Die Anna hat sich mehr zu den Großeltern hingezogen gefühlt und hat von da aus gegen die Mutter gewirkt. Die Großeltern haben sie sehr verwöhnt." (B) Ein HPG-Protokoll hält die bisherigen Erfolge fest:

- „Die Jugendhilfemaßnahme hat sich bisher als durchweg geeignet und angemessen erwiesen;
- Anna hat hinsichtlich ihrer schulischen Laufbahn Ziele entwickeln können und ist dabei, diese umzusetzen;
- Sie hat eine gute und vertrauensvolle und tragfähige Beziehung zur Betreuungsfamilie entwickelt und weiterhin einen guten Bezug zu ihrer eigenen Familie und weiterhin konstante Beziehung zur Mutter." (HPG-Protokoll v. 13.4.2007, S. 3)

Ende der Maßnahme und Übergang

Im Verlauf der Maßnahme drängt Anna zunehmend auf mehr Autonomie. „Ich habe zwei Freunde gehabt, jeweils ein halbes Jahr, und dann habe ich einen kennengelernt gehabt, der durfte dann auch mal bei mir schlafen, der hat mich dann auch immer von der Schule abgeholt, der hat ein Auto gehabt und dann habe ich mich ein bisschen, weil er meine erste große Liebe war, von der Frau S. abgekapselt, aber trotzdem war ich immer gerne da, so war es nicht. Ich war ja auch jeden Tag da." (JUG) „Als die Anna 17 Jahr alt war, war auch klar, dass wir uns so langsam in der Endphase befinden. Wie das immer so geht in Betreuungsverläufen habe ich da Selbstständigkeit forciert, die Selbstständigkeit also mehr verlangt von der Anna, durch Kleinigkeiten im Alltag, selber aufstehen morgens. ... Die ganzen Hilfen von mir sind quasi so Stück für Stück abgebaut worden. Sie musste auch schon mal selber kochen am Wochenende, was vorher nicht der Fall war. Sie ist einfach in Richtung Verselbstständigung etwas mehr gefordert worden als das vorher der Fall war. Das hat die Anna auch gut gemacht, dann, wenn die Präsenz von mir ganz klar war, das heißt der Druck musste weiterhin kommen." (B)

„Dann hat (meine Betreuerin) gesagt, ‚man kann dich sowieso langsam verselbständigen', und das Jugendamt hat natürlich ja gesagt, und hat dann gesagt, dass ich eine Wohnung haben darf. Dann habe ich mit der Wohnungssuche angefangen und habe eine Wohnung gefunden. Das war mein größter Fehler, dass ich dann da raus war. Ich hatte nicht mehr die Betreuung, die ich vorher hatte." (JUG) Auch die Mitarbeiterin des Jugendamtes ging zunächst von einem Verbleib Annas in der Maßnahme über das 18. Lebensjahr hinaus aus, nach einem Wechsel der Zuständigkeiten entscheidet das Jugendamt indes, Anna im eigenen Wohnraum betreuen zu lassen. „Ich fand es zu früh, definitiv, man hätte ihr die Chance geben können bzw. nicht die Chance, man hätte ihr sagen müssen: ‚Nein, du wohnst noch weiterhin bei uns unterm Dach, damit ich dich unter den Fittichen habe, damit ich dich kontrollieren kann, damit ich sehe, dass du jeden Tag aufstehst und zur Schule gehst, um deinen Weg zu gehen.' Ja, das hätte ich mir gewünscht." (Mutter)

Anna wird verselbständigt „ ... zwei Orte weiter in einer eigenen Wohnung, ein Neubau, eine schöne, superschöne Wohnung. In den ersten vier bis sechs Wochen waren wir damit beschäftigt, die Wohnung auszustatten. Tapezieren hat die Anna selber gemacht mit Freunden, streichen. Also die Ausstattung der Wohnung, alles zusammenkaufen oder auch so organisieren, was sie eben braucht, um selbstständig leben zu können. In der Anfangszeit hat das ganz gut funktioniert, also sie hat sich da auch regelmäßig gemeldet und auch in der Schule ist sie erst auffällig geworden etwa acht Wochen nach ihrem Einzug in die eigene Wohnung, dann aber massiv." (B)

Anna wird in dieser Zeit durch ihre Betreuerin ambulant weiter betreut. „Ich war auch vier, fünf Mal die Woche dort und habe in der Anfangszeit der

Anna noch geholfen, spülen und was alles so anfällt. Ich habe auch meinen Staubsauger mitgebracht, und wir haben dann zusammen des Öfteren saubergemacht, aber es war direkt klar, dass die Anna in ihrem Chaos überhaupt nicht klarkommt, ihr andere Sachen wichtiger waren. In dieses Chaos hinein hat sie sich Haustiere geholt, obwohl wir in einem Vertrag unterschrieben haben, keine Haustiere. Ich hab sie darum gebeten, dass sie das lässt, aber sie hat sich bei der Mutter rückversichert, dass Ratten, es waren Ratten, keine Haustiere wären."

„Aus drei wurden zwanzig. Die haben natürlich Junge gemacht. Dann hat die Mutter, weil der Freund eine Allergie hatte, auch noch welche dazu gepackt. Ruckzuck waren da mehrere Käfige in der Wohnung, Sie hat ja ihren eigenen Haushalt, ihren eigenen Bekleidungshaushalt überhaupt nicht unter Kontrolle gehabt. Dann noch das dazu, das war dann chaotisch. Man hat es im Flur gerochen, aber ich konnte dagegen nichts unternehmen, weil die Anna sich die Absolution bei der Mutter geholt hat."

„Das ging ganz schnell. Im Mai wegen eines Wasserrohrbruchs in diesem Mietshaus musste die Vermieterin in die Wohnung, ohne dass die Anna da war, hat diese ganzen Rattenkäfige gesehen und hat sofort eine sofortige Kündigung geschrieben – verständlicherweise. Selbst da war die Anna nicht bereit, die Ratten zu entfernen. Ich habe dann mit der Vermieterin ausgehandelt, dass sie der Anna wenigstens diese drei Monate Kündigungsfrist einräumt, dass wir eine Wohnung suchen können, eine Alternative, und das hat sie auch gemacht." (B)

„Anna ist dort komplett in ihrem Müll, wie auch zu Hause, versackt, die Wohnung wurde ja hinterher vom Vermieter gekündigt, weil es einfach nur noch ein Dreckstall (war). ... Anna war damit komplett überfordert, genauso wie sie jetzt mit ihrer Wohnung überfordert ist." (Mutter)

Vor diesem Hintergrund wird im HPG-Protokoll festgestellt: „*Aus Sicht des Jugendamtes ist eine intensivere Jugendhilfemaßnahme für Anna erforderlich. Aufgrund der bestehenden Auffälligkeiten von Anna (messiehaftes Verhalten, Verlust- und Versagensängste, schlechte Motivierbarkeit, weicht Kritik aus und geht zur Gegenwehr über, lügt usw.) ist eine therapeutische Wohngruppe die geeignete Maßnahme. ... Während des Gespräches gibt Anna zu, dass bei ihr einige Probleme bestehen, sie jedoch therapeutische Hilfe definitiv nicht in Anspruch nehmen wird.*" (HPG-Protokoll v. 5.8.2008, S. 2)

Anna hat ihre Wohnung verloren. „*Da hat das Jugendamt hier gesagt: ‚Das Einzige, was wir anbieten können, ist betreutes Wohnen.' Und das wollte Anna nicht.*" (Mutter) „*Dann hat das Jugendamt irgendwann gesagt, nachdem ich ein halbes Jahr schon meine eigene Wohnung hatte, wir bezahlen die Betreuung nicht mehr, du musst in eine Wohngruppe mit anderen Mädchen. ... Ich hatte schon meine Tiere gehabt, meinen Freundeskreis aufgebaut und sollte 20 Kilometer weiter weg, wo ich sowieso nicht mobil bin und sollte da in eine Wohngruppe und sollte noch mal die Schule machen. ... Ich habe hier (im Jugendamt) geweint und gesagt: ‚Ich will da nicht hin. Das bringt mir doch nichts. Ich kann doch nicht auf einmal wieder einen Schritt zurückgehen.' Ich würde gerne noch mal zu (meiner Betreuerin), weil das mit der Wohnung ein Fehler war, aber die können mich doch jetzt nicht von meiner Vertrauensperson abbringen und in eine Wohngruppe stecken.*" (JUG)

Ihre Hoffnung, wieder in ihrem ehemaligen Standprojekt unterzukommen lässt sich nicht realisieren und Anna ist noch heute darüber tief enttäuscht: „*Ich denke mal, wenn man Menschen helfen will, wenn hätte man mich wenigstens im Gästezimmer wohnen lassen können oder irgendwas oder helfen können noch mehr.*" (JUG)

So ist sie gezwungen, sich mit den Möglichkeiten auseinander zu setzen, die ihr geboten werden. „*Ich habe mir die Wohngruppe angeguckt. Ich bin ja wenigstens so fair und gucke mir das dann an, was die mir vorschlagen. Ich hätte meine Tiere abgeben müssen, mein Freund durfte mich nicht besuchen und müsste mit irgendwelchen, ich habe gesagt: ‚Asi-Kindern, die Drogen nehmen', da in einem Haus wohnen. Ich kannte ja davon manche durch die Schule, mit denen ich aber nie was zu tun hatte. Das wäre ein Totalabsturz für mich gewesen. Die hätten mich da auch wieder verprügelt und was weiß ich. Dann habe ich gesagt, dann trete ich aus der Jugendhilfe aus. Dann bin ich einen Monat obdachlos gewesen, habe mich selber auf Arbeit gebracht.*" (JUG) „*Das war also ein rasanter Fall, den ich nicht mehr aufhalten konnte. Ich hätte eigentlich sehr gerne den Betreuungsverlauf noch etwas verändert bzw. das Ende noch etwas hinausgezögert, indem ich der Anna noch in eine neue Wohnung verholfen hätte und für sie ein freiwilliges soziales Jahr eingestellt hätte, so als weitere Beschäftigungsmaßnahme.*" (B)

Trotz ihrer prekären Lage gelingt es Anna, erfolgreich ein Freiwilliges Soziales Jahr in der Psychiatrie zu absolvieren. „*Ich habe dann ein Freiwilliges Soziales Jahr in der Psychiatrie gefunden, was mir auch viel Spaß macht in dem Bereich und habe dadurch auf dem Amt auch auf den Tisch gekloppt und habe gesagt: ‚Jetzt habe ich Arbeit gefunden, jetzt sehen Sie auch ein bisschen Reife, dass ich eine eigene Wohnung noch mal vom Amt her kriege sollte.' Ja, dann haben die mir – wie gesagt – die (neue) Wohnung bezahlt. Ich bin dann ja auch drei Monate in der Wohnung geblieben und dann hat das ja so mit meinem Freund gekracht. ... Und dann bin ich ja hier hoch (ins Ruhrgebiet) wieder. Leider habe ich auch seitdem keinen Kontakt mit der (Betreuerin), was ich ziemlich schade finde, ich habe auch ein paar Mal geweint, man hat vier Jahre da gewohnt und hat der Person vertraut und dann kommt nichts mehr. ... Das finde ich ziemlich schade, da habe ich manchmal das Gefühl, die war irgendwie auf das Geld aus oder so, und ich war ihr egal. ... Ich habe sie immer gern gehabt. Ich habe ihr nie was Böses getan.*

Ich war ja da, weil ich halt meine Macken habe, aber jeder Mensch hat seine Macken. Es gab ja nie irgendwas Schlimmes, warum man mich jetzt nicht mehr mögen könnte." (JUG)

2. Derzeitige Lebenssituation

Anna ist eine selbstbewusste junge Frau, die entschieden ihre Meinung sagt, nachdrücklich ihre Wünsche äußert und einfordert. Sie reflektiert überlegt ihre aktuelle Situation und stellt Bezüge zu ihrer Vergangenheit her. Dabei kann sie (selbst-)kritisch auch die eigenen Anteile an der Entwicklung bis heute benennen.

Seit die Beziehung zu ihrem Freund in die Brüche gegangen und Anna ins Ruhrgebiet zurückgekehrt ist, wohnt sie jetzt in einer eigenen Wohnung am Wohnort ihrer Mutter und lebt von Hartz IV. *„Ich habe momentan 177 EUR im Monat zum Leben mit Strom und allem. Da bleibt nicht wirklich viel über. Zum Glück habe ich meinen Freund, ich nutze ihn nicht aus, aber ich darf bei seinen Eltern mitessen."* (JUG)

Anna hätte gern an ihre positiven Erfahrungen im Freiwilligen Sozialen Jahr angeknüpft: *„Die hätten mich sofort genommen, wenn ich da geblieben wäre. Die haben gesagt, die würden mir sofort einen Ausbildungsplatz anbieten, weil ich so gut mit denen klar kam, weil ich so verständnisvoll bin und so weiter. Ich kann nur sagen, was die mir gesagt haben, aber dafür braucht man den mittleren Bildungsabschluss, um Heilerziehungspfleger zu werden, brauche ich meinen mittleren Bildungsabschluss. So etwas – wie gesagt – würde ich auch gerne machen."* (JUG) Mit dem Berufswunsch Heilerziehungspfleger eifert Anna ihrer Mutter nach, die ebenfalls im Gesundheitsbereich arbeitet. Aus diesem Grunde will sie im Herbst an der

Volkshochschule den Realschulabschluss machen. *„Ich würde am liebsten arbeiten, aber ich bin zu faul, Bewerbungen zu schreiben und deshalb gehe ich jetzt wieder zur Schule. Ich würde gerne was machen, ich würde auch einen Ein-Euro-Job machen, was das Geld angeht, das ist mir egal, ich arbeite gerne."* (JUG)

Ihr größter Wunsch ist es allerdings, Pferdewirtin zu werden, weil sie in der Maßnahme erfahren hat, dass sie hierfür Talent hat und Erfolgserlebnisse sammeln konnte. In einem Stall, in dem sie zwischendurch immer mal jobbt, könnte sie sofort eine Ausbildung beginnen. Das Gestüt liegt aber etwas außerhalb der Stadt. *„Mein Problem ist ja leider der Führerschein. Ich habe ja kein Geld, den Führerschein zu machen. Sonst könnte ich sofort in D. anfangen. Ich müsste ein bisschen mobiler sein. Leider sind die Busverbindungen so schlecht hier geworden."* (JUG) Die Bundesagentur ist allerdings nicht bereit, einen Führerschein zu finanzieren.

In ihrer neuen (alten) Lebensumgebung fühlt sich Anna gut integriert. *„Ja, ich habe – wie gesagt – hier auch meinen Freund, der mir auch viel hilft. Der ist für mich eigentlich auch mein bester Freund, sage ich mal. Er ist sechs Jahre älter als ich. Ich habe einen Freundeskreis von vier Leuten, da ist meine beste Freundin drin, die ist zehn Jahre älter als ich. Das sind Leute, auf die ich mich verlassen kann. Wie gesagt, ich bin ja momentan nicht gerade gesund. Ich habe ein Problem mit meiner Blase und mit meinem Darm. Eines Nachts bin ich aufgewacht und da ist nur Blut gekommen, da hat er mich auch ins Krankenhaus gefahren. Im Saarland hätte ich nicht die wahren Freunde gefunden, da hätte das keiner getan, wenn ich so darüber nachdenke."* (JUG) Ihre Mutter weist darauf hin, dass Anna auch in ihrem Opa weiterhin eine große Hilfe und Unterstützung hat: *„Er ist ... jederzeit bereit, ihr zu helfen, Thema Bewerbung und das und das und das, irgendwelche Connections herzustellen, aber ich sage so im Großen und Ganzen trägt er ihr immer noch den Hintern nach. Es wird viel hinten reingedrückt auf Deutsch gesagt, wo* *sie überhaupt keine Motivation hat. Sie weiß immer, ich kann so viel Scheiße bauen, ich kann so viel Mist machen, ich brauche nur mit dem Finger schnippen und der Opi holt mich aus dem Mist wieder raus."* (Mutter)

Befragt nach ihren Wünschen für die Zukunft sagt Anna: *"Mein größter Wunsch wäre auf jeden Fall, meine Schule zu machen, um entweder in der Psychiatrie zu arbeiten oder mit Pferden. Mein größter Wunsch wäre, auf jeden Fall meinen Führerschein zu machen. ... Der größte Wunsch von meinem Opa war ja, dass ich studieren gehe. Ich würde gerne irgendwie mehr machen. Das sind eigentlich die größten Wünsche, dass ich irgendwas auf die Beine kriege, dass ich nicht vom Amt leben muss."* (JUG)

3. Beurteilung der Ergebnisse und des Prozesses

Die retrospektivische Beurteilung der Ergebnisse und des Prozesses der Individualpädagogischen Maßnahme aus der Sicht der Beteiligten ist in diesem Falle durchaus unterschiedlich. Anna sagt von sich: *"Ich bin dadurch auch viel reifer als andere in meinem Alter, dadurch, dass ich mich ja so ein bisschen selber da durchgekämpft habe, dadurch auch meinen Charakter – sage ich mal – gefunden habe, sodass ich auch viel ausgeglichener bin. ... Ich lerne auch langsam mit Kritik ein bisschen besser umzugehen, obwohl es ja nicht schlimm ist, wenn man emotional ist – denke ich mal, dass ich auf jeden Fall reifer dadurch geworden bin und dass ich jetzt besser mit meiner Mama klarkomme."* (JUG) *"Ich kann mich erinnern an ein HPG hier bei der Mutter, dass Anna dann freiwillig ihre kleine Schwester aus dem Kindergarten abgeholt hat. Also dieses Verhältnis hat sich auch gebessert."* (MA JA) Ihre Entwicklungsfortschritte schreibt Anna vor allem der Tatsache zu, dass sie sich im Rahmen des Projektes ausgiebig mit den Pferden beschäftigen und hier Erfolgserlebnisse sammeln konnte. *"Irgend-*

wo musste ich ja alles rauslassen. Dadurch habe ich gemerkt, dass ich halt meine Power irgendwie bei den Pferden rauslassen kann, mich da irgendwie auslassen kann." (JUG) Auch die Beziehung zu ihrer Betreuerin hat für sie eine große Rolle gespielt (*"wie eine Mutter"*), darüber spricht sie aber aus Enttäuschung darüber, dass der Kontakt abgebrochen ist, wenig.

„Da fand ich die Maßnahmen sehr gelungen für die Anna, sie hat viel Anbindung gehabt, auch in meiner Familie, hat viel Beziehungsstärkung gehabt durch uns, durch die Familie, durch die Sicherheit und durch die Stabilität, die wir ihr geboten haben. Bei uns war nie irgendwie: ‚Ja, wenn das nicht ist, dann musst du aber gehen.' Das gab es überhaupt nicht. Sie war immer angenommen, auch mit ihren ganzen Schwierigkeiten. ... Ich denke, sie hat viel mitgenommen, viel an Beziehung mitgenommen, viel an Stärkung mitgenommen, an ‚Ich bin da angenommen mit meiner ganzen Art, egal, wie mies die auch manchmal ist und wie unsozial die auch manchmal ist, trotzdem bin ich angenommen und in den Arm genommen.' Wir waren für sie da." (B) Diese Signale sind durchaus bei Anna angekommen, enttäuscht über den abrupten Kontaktabbruch bleibt sie jedoch skeptisch: *„Verstanden habe ich mich immer gefühlt. Ich weiß nur nicht, ob das immer gespielt war oder ob das ernstgemeint war."* (JUG)

„Die Anna hat den Hauptschulabschluss gemacht, was ja auch eine Grundlage ist, sie hätte sehr viel mehr tun können. Sie hätte mehr erreichen können, aber das erlebe ich öfter in Betreuungen, dass nicht alles ausgeschöpft werden kann, was vorhanden ist. Leider, das ist immer so etwas, was ich mit einem weinenden Auge betrachte, weil ich auch ein ehrgeiziger Mensch bin und auch wirklich alles mitgeben möchte, was möglich ist." (B) Annas Betreuerin weist darauf hin, dass sie A. gern auf der Gesamtschule bis zum Realschulabschluss begleitet hätte und vom Wechsel auf die Handelsschule abgeraten hat, damit aber im Hilfeplangespräch keine Unterstützung fand. Besonders hilfreich war *„das Modell, das eine Familie oder eine*

Einzelbetreuung bieten kann, das Lebensmodell, das eigene Lebensmodell, das ich den Jugendlichen zur Verfügung stellen kann. An diesem Lebensmodell können die lernen und wachsen und in diesem Lebensmodell können die ihren Platz finden und sich da so ein bisschen dranhängen, mitziehen lassen, auch mal vorlaufen, auch mal einfach an der Seite gehen, aber das ist alles möglich." (B)

Aus der Sicht des Jugendamtes ist die Bilanz positiv: *"Anna hat sich positiv entwickelt, relativ schnell. Ich denke, ihr hat schon auch so dieses konsequente Verhalten gut getan. ... Ich fand das war eine sehr positive Entwicklung. Wie gesagt, es hat ja leider nicht so positiv geendet, wie wir uns das vorgestellt haben, aber Anna hat sich ja mehr oder weniger gefangen. Ich weiß jetzt nicht genau, was sie macht, aber so von dem, was ich gehört habe, ich kenne es eben von anderen Individualpädagogischen Maßnahmen, dass die dann doch abgedriftet sind und das ist bei Anna ja – würde ich sagen – nicht der Fall, soweit ich das beurteilen kann. Also ich habe es als sehr positiv erlebt."* (MA JA) Wesentlicher ‚Erfolgsfaktor' ist aus dieser Sicht die positive und vorbehaltlose Beziehung, die Anna und ihre Betreuerin aufbauen konnten und die Ruhe und Geduld, die diese im alltäglichen Umgang mit Anna aufbringen konnte. Selbstkritisch stellt das Jugendamt aber auch fest: *"Die Einschätzung des Jugendamtes ist, dass der Zeitpunkt, in dem Anna in ihre eigene Wohnung ungezogen ist, zu früh war. Diese Entscheidung wurde jedoch einvernehmlich mit allen Beteiligten zum damaligen Zeitpunkt so getroffen. Es scheint sinnvoll, wieder einen Schritt zurückzugehen und dort neu anzusetzen."* (HPG-Protokoll v. 5.8.2008, S.3)

Diesen zwar allgemeinen aber überwiegend positiven Einschätzungen gegenüber äußert sich die Mutter Annas eindeutig skeptischer: *"An Annas Persönlichkeit kann ich überhaupt gar keine Besserung feststellen. Anna ist nach wie vor ein Mensch, der von Neid zerfressen ist."* (Mutter)

Sie macht deutlich, dass sie von der Maßnahme mehr erwartet hat: „*Ich weiß nicht, ob ich da meine Erwartungen zu hoch gesteckt habe, aber ich hätte mir eigentlich von der ganzen Geschichte mehr erwartet, als letztendlich wirklich heraus gekommen ist. Einiges ist natürlich passiert, die (Betreuerin) hat es natürlich geschafft, dass Anna zur Schule geht, was ich ja nicht mehr geschafft habe, wobei ich mit ihrem Abschluss auch nicht gerade glücklich bin, aber immerhin hat sie einen Abschluss ... (Sie hat) auch nicht geschafft, Anna irgendwie zu motivieren, wie auch immer, und, wie gesagt, mit ihrer Häuslichkeit, mit ihrer Hygiene ...*"

„*Das liegt auch viel daran, dass Anna nach wie vor unheimlich neidisch ist und egoistisch und selbstsüchtig, und das habe ich mir natürlich auch gewünscht, dass die Frau S. das vielleicht ein bisschen ausbügeln kann, aber man kann vielleicht einen Menschen an sich so nicht ändern.*" (Mutter) Annas Mutter kritisiert besonders die aus ihrer Sicht unangemessen großen Freiräume – zum Beispiel die Ausgangszeiten – für ihre Tochter und die partielle Inkonsequenz bei Regelverstößen. Besonders problematisch war für sie die frühe Verselbständigung: „*... die frühe Verselbständigung fand ich ein starkes Stück. Und ich habe ... auch gesagt, ... dass ich damit nicht einverstanden bin. Die Anna war noch keine 18 Jahre alt und es wurde dann ihrem Willen, sage ich jetzt mal, nachgegangen, eine eigene Wohnung zu haben mit ihrem Ex-Freund.*" (Mutter)

Einen wichtigen Effekt hatte die Maßnahme vor allem für sie selbst: „*Ich muss sagen, für mich persönlich, wenn ich mal egoistisch sein darf, ist positiv gewesen, dass ich diese Last abgenommen bekommen habe. Dazu stehe ich auch. Das hat nichts damit zu tun, dass ich mein Kind nicht liebe oder wie auch immer, aber zu dem damaligen Zeitpunkt war ich so gestresst und so geschafft, und die Erfahrungen, die ich gemacht habe durch diesen Absturz. Ich bin seitdem ja krank, psychisch krank.*" (Mutter)

Trotz der teilweise unterschiedlichen Meinungen über die angemessene Pädagogik zwischen den Fachkräften einerseits und Annas Mutter andererseits haben alle Beteiligten die Zusammenarbeit während der Maßnahme als offen und konstruktiv erlebt. In der Nachbetreuung sind dagegen aus der Sicht Annas und ihrer Mutter Absprachen und Interventionen nicht immer optimal gelaufen. An den Hilfeplangesprächen haben alle teilgenommen und sie als Forum für die Aushandlung unterschiedlicher Vorstellungen von einer angemessenen Hilfe verstanden, allerdings nicht immer auch aktiv genutzt. „*Ich habe sowieso nie meinen Senf dazugegeben. ... Ich glaube (das war mir) eher zu peinlich, weil ich ja nicht wusste, ob mir geglaubt wird.*" (JUG) Auch Annas Mutter hat eher andere Wege genutzt, um ihre Sichtweise zu kommunizieren: „*Die Hilfeplangespräche waren ja nur zweimal im Jahr, wo ich der Meinung bin, die hätten auch ein bisschen öfters – sagen wir mal quartalsmässig – stattfinden können, aber ich muss ehrlicherweise sagen, die haben immer bei mir stattgefunden, obwohl ich mir manchmal gewünscht hätte, dass man die hätte im Saarland ausrichten können, damit das Jugendamt auch einmal vor Ort sieht, wie zum Beispiel Anna jetzt lebt. Ich meine, klar, wenn man sich anmeldet, wir kommen dann und dann, dann kann ich auch die Sauberste sein oder die Ordentlichste oder etwas vorweisen, das ist klar. Aber das hätte ich mir so manches Mal gewünscht, und wenn an dem Tag alle bei mir in der Küche gesessen haben, dann ist mir so manches irgendwie auch ferngeblieben. Das war irgendwie weg und die Freude, dass das Kind mal wieder raus war, da war ich gedanklich dann vielleicht auch schon wieder weiter. Nur, meine Wünsche habe ich schon geäußert. Wenn dann in Telefonaten, aber auch beim Jugendamt, ich habe da auch kein Blatt vor den Mund genommen.*" (Mutter)

Armin: „Ich habe viel gelernt, das muss ich sagen."

1. Verlauf der Maßnahme

Vorgeschichte

Armin kommt aus einer großen Familie, er hat elf Geschwister. Er wird zusammen mit seinem Zwillingsbruder als viertältestes Kind geboren. Schon früh fällt seine Hyperaktivität auf, die später als ADHS diagnostiziert und zunächst – allerdings mit eher kontraproduktiver Wirkung – medikamentös behandelt wird.

Als Armins Vater überraschend stirbt (Armin ist zu diesem Zeitpunkt 13 Jahre alt), kommt die Familie nur sehr schwer über diesen Verlust hinweg. Die Familie ist stark traumatisiert und zieht in einen anderen Wohnort, um Abstand zu gewinnen. Im Alltag ist in der quirligen Familiensituation für Trauerarbeit nur wenig Raum. Armin nimmt den Tod seines Vaters besonders schwer. In der Zeit danach schwänzt er vermehrt die Schule, lässt sich von seiner Mutter nichts mehr sagen und begeht gemeinsam mit Gleichaltrigen Delikte wie Diebstahl, Vandalismus und so weiter. „Ich habe Sachen gemacht, die nicht in Ordnung waren, blöde Sachen, schlimme Sachen. Ich habe Geld geklaut. Ich habe andere Kinder gehauen, die mich immer genervt haben. Ich war früher immer schnell reizbar. Aber es hat mir immer hinterher Leid getan." (JUG)

„Er ist irgendwie mit der Situation nicht klar gekommen. Dann haben wir einen Umzug ... gemacht und dann ging alles runter. Da ist er mit Freunden zusammengekommen ... und fing mit Drogen an, und er ist dann auf die ganz schiefe Bahn geraten. Er hat geklaut und wurde aggressiv. Das haben dann die Kleineren alle gesehen und miterlebt. Der darf das, dann machen wir das auch. Da habe ich gesagt: ‚Das geht nicht.'" (Mutter)

Auch die Schulsituation ist problematisch, weil sich die Pädagogen uneinig über die für Armin geeignete Schulform sind: *„... da hieß es, der Junge kann nicht überfordert werden, der kann auch nicht unterfordert werden. Bei Überforderung wird er aggressiv und wenn er unterfordert ist, dann wäre das nicht gut für seine Entwicklung. Dann haben sie gesagt, dann machen wir es anders, dann bauen wir ein kleines Fundament. Das ist eine Schule für Geistigbehinderte. ... Dann hieß es, Armin ist hier unterfordert, er ist hier zu schlau. Wir stellen jetzt einen Antrag beim Schulamt zu LB, also lernbehindert. Dann hat er einen Wechsel gemacht zur LB-Schule und dann ging es nur den Berg runter. Dann ging es los. Jeden Tag ein Anruf und die Lehrerin dann: ‚Kommen Sie.'"* (Mutter) Insgesamt muss Armin sechs Schulwechsel über sich ergehen lassen, auf jeder Schule macht er außerdem wieder die Erfahrung, dass seine Mitschüler ihn wegen seines Verhaltens nicht akzeptieren.

Seine Mutter, die wegen der schwierigen Familiensituation bereits Unterstützung durch eine Familienhelferin erhält, fühlt sich durch diese zusätzlichen Probleme überfordert und wendet sich an das Jugendamt mit der Bitte um Unterstützung. *„Dann war es mal so schlimm, dass Mama mich mal in irgendwie so ein Heim kurz gesteckt hat als Übergang, weil es so schlimm war. ... Die haben auf mich aufgepasst, dass ich keine schlimmen Sachen mache."* (JUG)

Während dieser Inobhutnahme bemüht sich das Jugendamt um eine geeignete Projektstelle für Armin. *„Da hieß es, er ist für ein Heim kein Kind. Das ist nichts. Eine Pflegefamilie wäre für ihn sinnvoller. Er hat den Vaterverlust nicht richtig verkraftet. Dann habe ich dem Jugendamt gesagt, er soll in eine Familie, wo ein Mann ist. ... Richtig speziell eine Familie, die das gelernt haben, mit schwierigen Kindern umzugehen."* (Mutter)

Der seinerzeit zuständige Mitarbeiter formuliert in einem Aktenvermerk: *„Meiner Ansicht nach benötigt Armin ein Umfeld, welches ihm die notwendige Aufmerksamkeit bietet, ihm den Raum für Gefühle gibt. Er benötigt direkten Kontakt und Ansprache, dann wird er auch erreichbar sein und wieder steuerbar werden. Rückführung in die Herkunftsfamilie ist kein Thema, es geht mit Armin in die Verselbständigung."* (JA, Vermerk v. 17.11.2005)

Nach Aussage des Jugendamtes war es nicht leicht, ein für Armin geeignetes Setting zu finden. Als schließlich eine Projektstelle gefunden worden ist, die sich vorstellen kann, mit Armin zu arbeiten, kommt es zu einem Treffen der Pflegeeltern mit Armin. *„Das erste Treffen war Anfang Dezember, da konnten wir uns kennenlernen, bevor ich in die Pflegefamilie kam. Am zweiten Advent, an dem Wochenende, konnte ich da schlafen, um zu sehen, wie es da so ist. Der erste Eindruck war gut."* (JUG) Auch der Eindruck, den die Pflegeeltern von Armin haben ist positiv: *„Den Armin haben wir in der Adventszeit dann gesehen, um überhaupt zu wissen, würde die Chemie passen, und wir konnten uns das dann sehr gut vorstellen. Wir hatten den Eindruck, dass wir auch sehr positiv auf ihn wirken und die Familie."* (B) Auch Armins Mutter ist mit der Projektstelle einverstanden, zugleich regt sich ihr schlechtes Gewissen als Mutter. *„Und dann sind wir zu dem Entschluss gekommen, die Familie ist es. Wir haben dann alleine ein HPG gehabt und da hatte ich Zweifel, da hatte ich selber als Mutter Zweifel. Machst du jetzt das Richtige, machst du nicht das Richtige? Das kann es ja nicht sein. Hast du was verkehrt gemacht?"* (Mutter)

Armin selbst fühlt sich – abgesehen von der erwähnten Begegnung mit seinen zukünftigen Pflegeeltern – am Entscheidungsprozess nicht beteiligt. „Ich weiß das jetzt nicht mehr genau, ob die mich gefragt haben. Die Mama hat es auch entschieden, weil es das Beste wäre. ... Ich hätte es auch anders gemacht, zum Beispiel ein Internat, dass ich dann am Wochenende nach Hause komme, aber das ging leider nicht." (JUG)

Erstaunlich reflektiert wägt er im Nachhinein das Für und Wider der Entscheidung ab: „Dagegen sprach, weil ich am liebsten zu Hause geblieben wäre. Dafür sprach, am sinnvollsten wäre es, wenn ich da hingehe, damit es zu Hause Ruhe gibt, und ich kann vielleicht etwas Neues lernen." (JUG) Kurz vor Weihnachten erfährt er, dass er am 1. Januar in sein neues Zuhause ziehen soll. „Weihnachten konnte ich nicht schlafen, weil ich wusste, ich komme weg." (JUG) „... aber da war er sich gar nicht bewusst, was das wirklich heißt, dass er jetzt kommt und eigentlich mehrere Wochen keinen Kontakt mehr nach Hause haben kann, was am Anfang der Zeit immer sein soll." (B)

2. Wechsel in die Projektstelle

Armin, der eigentlich in seiner Familie bleiben will, lässt sich von der Mutter letztlich überzeugen und wird unter Tränen von seinem künftigen Pflegevater abgeholt. „Das war ganz hart für mich, ganz schwer. Ich habe nur geweint, das weiß ich noch. Das war ganz hart für mich. Dann kam ich da an, bin ins Zimmer gegangen, aber ich konnte nichts essen. Ich habe eigentlich auch kein Durst gehabt, aber ich habe dann so einen Nerventee getrunken, den hat S. mir dann hoch gereicht, aber Essen nicht, ich hatte keinen Hunger ..."

„Das ging dann langsam runter, trotzdem war ich noch traurig. Ich bin die ersten drei Tage gar nicht rausgegangen. Ich bin immer drin geblieben. Dann habe ich nach zwei, drei Tagen auch langsam zu essen angefangen. Ich habe mir gedacht, irgendwann sehe ich die Mama sowieso wieder. Das war es eigentlich generell. Wir haben dann normal geredet. Der dritte Tag war dann schon wieder noch mal ganz anders. Da ist ein Nachbar gewesen, dem habe ich mich ein bisschen angeschlossen." (JUG)

Seine Mutter ist erst mal erleichtert: „Ich war erst einmal froh, der Junge ist raus, es wird ruhiger. Wie die jetzt in dem Moment mit ihm umgehen, soll nicht dein Problem sein. So habe ich ehrlich gedacht. Es ist nicht mein Problem, die werden den noch früh genug kennenlernen, wie er ist. Entweder holen sie ihn richtig wieder zurück oder die holen sich sowieso weitere Hilfe." (Mutter)

In den ersten Tagen leidet er sehr unter Heimweh und dem Gefühl, abgeschoben zu sein und die Schuld an der Situation in seiner Herkunftsfamilie zugeschrieben zu bekommen. „Abends war es immer schwer. Ich konnte erst einmal nachts auch nicht schlafen. Ich hatte immer Angst, dass ich morgens mal nicht mehr aufwache. Zuhause bin ich immer mit jemand im Zimmer gewesen. Ich hatte noch nie allein geschlafen." (JUG)

„Wir haben ihn erst einmal getröstet. Ich habe mich an sein Bett gesetzt, ich habe versucht, ihm zu sagen, dass er nicht die Ursache des Ganzen ist, dass die Mama einfach überfordert ist aufgrund der ganzen Situation. Der Mann ist gestorben, die ganzen anderen Geschwister sind zu Hause, dass sie es einfach nicht mehr leisten kann und dass sie letztlich auch nicht mehr Sorge tragen kann, wenn er wegbleibt und dass sie jetzt meint, dass jetzt diese Sorgeübernahme auch jemand anderes für sie tun kann und dass das für sie eine Erleichterung ist und dass es nicht heißt, dass, wenn er jetzt hier ist, er niemals mehr zurück könnte, dass er auch wieder Besuche haben darf und dass er nicht sein ganzes Leben bei uns sein muss, dass einfach jetzt nur als Auffangsituation da sind und wenn es schön ist, dann auch bis er später zurechtkommt mit sich und dem was Leben heißt." (B)

Armin weiß diesen Trost zu schätzen: „Sie haben mich immer getröstet. Sie haben auch gesagt, dass es die Mama so wollte, dass es das Beste ist, dass ich da hingekommen bin, sonst hätte es zu Hause mal eskaliert. Ja, sie haben mir auch immer damit gut geholfen. Sie haben auch gesagt, dass die Mama auch nicht sauer auf mich ist und sie haben gesagt: ‚Du musst da keine Sorgen haben.'" (JUG)

Seine Betreuerin versucht ihm die neuen Möglichkeiten schmackhaft zu machen. Auch ein gemeinsamer Ski-Urlaub soll Armin über sein Heimweh hinweghelfen. Trotz seines Heimwehs darf er die ersten Wochen jedoch keinen Kontakt zu seiner Mutter und seinen Geschwistern aufnehmen. „Er wusste nicht, warum er eigentlich dort sein sollte, warum er Schuld sein sollte, warum er raus musste." (B)

In ihrem Erstbericht schreibt die Betreuerin dazu: „Die individualpädagogische Betreuung von Armin hat zum Ziel, ihm ausreichend Raum und Zeit zur Verarbeitung seines traumatischen Vaterverlustes zu geben. Darin sehen wir den derzeitigen Schwerpunkt. Perspektivisch zielt die intensive Hilfemaßnahme darauf hin, Armin von besonders gefährdenden Einflüssen fernzuhalten und ihn dabei zu unterstützen und zu fördern, für sich Perspektiven und Selbständigkeit zu entwickeln." (6.2.06)

Alltag und Regeln

Mit dem Wechsel in seine neue Familie, in der er auch zwei neue ‚Geschwister' hat, ist er in eine neue Umgebung gekommen und besucht auch eine neue Schule. Hier findet er einen Mitschüler als Freund. „Die erste Zeit in der neuen Schule, da war ein Freund, der hieß Richard, mit dem habe ich mich gleich gut verstanden. Wir haben gleich kommuniziert, das war ganz einfach. Aber da waren auch Leute, die haben mich gehauen, bedroht und bespuckt. Drei, vier Monate ging das, eine ganz lange Zeit. Aber mit denen, die mich immer provoziert haben, habe ich dann auch einen engen Kontakt gehabt, war ich freundschaftlich dann verbunden." (JUG).

Die übrigen grenzen ihn eher aus (erst später findet er auch hier Akzeptanz). Sein Tagesablauf ist durch den Besuch der Ganztagsschule geprägt. Außerdem freundet er sich mit einem wesentlich jüngeren Nachbarjungen an, mit dem er oft auf der Straße spielt. „Ich bin ja nicht mit öffentlichen Verkehrsmitteln gefahren die erste Zeit. Ich musste erst ein Busfahrtraining absolvieren. Ich bin viertel vor sieben, halb acht aufgestanden, habe gefrühstückt, bin dann zum Bus hoch gelaufen, habe gewartet bis der Bus kam, dann bin ich in die Schule. Montag war Mathe, dann war Pause, dann war Deutsch, Pause, Fußball – nachmittags. ... Die andere Gruppe hatte englisch, die durften englisch machen, wenn sie wollten. Das war das. Dann bin ich nach Hause gekommen. Ich war ungefähr viertel nach vier zu Hause. Dann bin ich ins Zimmer gegangen. Ich hatte ja keine Aufgaben, das war ja eine Ganztagsschule."

„Dann bin ich zu J. (Nachbarsjunge) gegangen, habe mit dem gespielt. Um fünf Uhr gab es da immer Kaffee. Dann bin ich wieder rausgegangen. Manchmal bin ich in mein Zimmer gegangen. Ich muss mal überlegen. Nach dem Abendessen bin ich dann noch mal rausgegangen. Ab 22.00 Uhr, das weiß ich, musste ich ins Bett. Das war der Tagesablauf. ... Manchmal hatte man schlechte Situationen bei den Pflegeeltern, die waren manchmal nervig, und dann bin ich länger in der Stadt geblieben, manchmal bis ganz spät abends. Dann habe ich den letzten Bus genommen." (JUG)

Sonst gibt es in dem kleinen Ort nach seiner Aussage wenig Gleichaltrige. Seine Betreuerin ermutigt ihn aus diesem Grunde an verschiedenen

Vereinsaktivitäten (Sportverein, freiwillige Feuerwehr, Judotraining) teilzunehmen. Nach der anfänglichen tiefen Trauer über die Trennung von Mutter und Geschwistern lebt sich Armin in seine Umgebung einigermaßen ein. Dazu tragen sicher auch die vielen Aktivitäten seiner neuen Familie und die akzeptierende Grundhaltung aller Familienmitglieder bei.

„Ich fand die Urlaube wunderschön. Wir waren in Deutschland mal in Leipzig, wir waren mal in Dresden, dann waren wir mal in München. Ich war mal in Berlin mit einer Jugendgruppe. ... Der beste Urlaub, das schönste Erlebnis war auf Mallorca. Ich wollte immer mal nach Mallorca. ... Wir waren in Norwegen, Schweden und Dänemark, das weiß ich. Das war auch schön." (JUG)

In einem Bericht der Betreuerin heißt es dazu: „Armin zeigt durchaus Verhaltensauffälligkeiten, die der engen Strukturierung und Aufsicht bedürfen. Auch in der Schule wird vor allem sein soziales Verhalten als auffällig beschrieben. Er redet viel und versucht sich in den Mittelpunkt zu drängen. Er hat oft Probleme, Phantasie und Realität auseinanderzuhalten. Es ist da auch schon zu mehreren Vorfällen gekommen. Er provoziert auch gerne ältere Schüler und gibt an mit den besonderen Vorteilen, die er hat." (Bericht vom 14.5.2006)

Die Familie legt großen Wert darauf, ihn wie ein Familienmitglied zu behandeln. „Regel war, dass er sich in unseren Familienverband mit einzufügen hat. ... Dass er von den anderen Geschwistern, also von meinen Kindern, die Zimmer einfach zu akzeptieren hat und nicht da einfach reinzugehen hat, wenn er außerhalb des Hauses ist, dass er dann zu sagen hat, wo er ist und mit uns abzusprechen hat, wann er halt wiederzukommen hat. Dann gab es bestimmte Vereinbarungen des Telefonierens mit seiner Mutter. ... Er hat sich dann nebenbei etwas Geld verdienen können, indem er Zeitungen ausgetragen hat, um den Punkt zu trainieren, eine gewisse Zuverlässigkeit, wie sieht es später aus, um Geld zu verdienen, das macht mir zwar vielleicht keinen Spaß, aber ich muss auch bei Regen raus, und ich würde zwar heute *lieber mit dem und dem was machen, was Verlässlichkeit trainiert und übt. ... Am Wochenende waren weniger diese Sachen, da konnte er oder hatte anfangs sehr Spaß gehabt und Freude gehabt, an unseren Familienritualen sich zu beteiligen. In unserem Wohnzimmer befindet sich kein Fernsehen, er hat bei uns auch kaum gesehen, dass wir unsere Freizeit mit diesen Dingen vertun, sondern wir haben Samstagabend immer Spiele gemacht und das hat ihm, bis zuletzt eigentlich, sehr viel Spaß gemacht. ... Er konnte das ja sehen, wie wir mit unseren Kindern umgehen und wir haben ihn gleichgesetzt mit unseren Kindern. Er durfte nicht mehr und nicht weniger als die anderen und umgekehrt auch."* (B)

Auch in der Schule zeigt sich Armin zunächst sehr motiviert und engagiert. *„Er bereichert den Unterricht mit kreativen und konstruktiven Beiträgen. Auch unter Druck (z.B. Testsituation) kann er sich gut konzentrieren und ausdauernd arbeiten. ... Armin ist in seiner Klasse ... anerkannt und akzeptiert. Er zeigt sich temperamentvoll und freundlich. ... Manchmal ist er dem Gruppendruck der älteren Schüler allerdings unterlegen und beteiligt sich an ‚Späßen' auf Kosten Schwächerer."* (Bericht v. 21.8.2007)

Konflikte

Währenddessen hat er regelmäßig Kontakt zu seiner Mutter und verfolgt die Ereignisse dort und die Entwicklung seiner Geschwister. *„Er hat mich besucht. Er hat auch angerufen, er hat mich besucht. Das war dann festgesetzt, er durfte mich anrufen, wie er wollte – nach Verlangen. So ist das gemacht worden. Wenn er meint, er hat Verlangen nach der Mama, durfte er mich auch anrufen. Nachdem, wo ich gesagt habe, ich will nicht mehr, da ging das plötzlich alles anders. Da hat das funktioniert."* (Mutter)

Nach diesen Kontakten und besonders nach Besuchen zu Hause fühlt er sich zwischen beiden Welten hin- und hergezogen. *„Obwohl es dann auch schon Aussprüche gegeben hat nach Besuchskontakten zu Hause, dass er* dann gekommen ist und auf der Heimfahrt gesagt hat: ‚Ach schön, dass ich jetzt wieder da bin. Schön, dass ich wieder zu Hause bin, aber zu Hause war es auch schön.' Er hat also in diesem Zwiespalt gelebt." (B) Im Bericht der Betreuerin heißt es weiter dazu: „Armin vermisst seine Mutter und Geschwister und wird auch vermisst. Das ist gut so und sehr wünschenswert. (Seine Mutter) ... hat schon öfter bereut, für Armin um Unterkunft gebeten zu haben. Armin hat natürlich Heimweh und befindet sich in einem klassischen Loyalitätskonflikt. Er ist gerne (in unserer Familie) und spürt, dass er von der Unterbringung auch profitieren kann. Andererseits ist sie gegen seinen Willen passiert und er möchte am liebsten sofort wieder nach Hause." (Bericht v. 14.5.06)

Schließlich erfährt er von seinem Zwillingsbruder, dass dieser vom Jugendamt in einer Jugendwohnung untergebracht wurde. Sein Bruder berichtet von den Freiräumen und der laxen Kontrolle dort. Angesichts der klaren Strukturen, vereinbarten Regeln und konsequenten Haltung in seiner neuen Familie erscheint Armin das attraktiver. „Es ist etwa gekippt, wir machen das so ein bisschen immer fest mit Weihnachten 2007. Da kam er von zu Hause wieder und brachte dann die Info mit von seinem Zwillingsbruder ..., dass er in eine WG geht. Und der war dann auch in eine WG gewechselt in dieser Adventszeit oder im November schon 2007 und der hatte ihm dann erzählt, wie toll es in der WG ist und welche Vorteile das bringt, auch finanziell, und da wollte Armin in eine WG wechseln und brachte dann Tipps mit, die er uns nicht verraten hat, wie man das schaffen kann. Ab da ist es irgendwie mit ihm anders geworden." (B)

Er beschließt – wohl auch auf Anraten seines Bruders – seine Gasteltern so zu provozieren und herauszufordern, dass die ihn ausschließen und zurückschicken. Dies gelingt ihm zunächst nicht. „Wir haben ihm immer wieder gesagt, als er so provokant in dem letzten halben Jahr dann gewesen ist: ‚Wir schmeißen dich nicht raus. Das wirst du bei uns nicht erleben. Wir werden für dich immer da sein. Wir nehmen dich auch so wahr jetzt mit deinen Zerrissenheiten und du kannst trotzdem immer wieder zu uns kommen, aber wir werden dich nicht rausschmeißen.'" (B)

Es kommt aber zu einer Eskalation über die die Beteiligten unterschiedlich berichten. „Das muss ich jetzt auch noch eben sagen, bei den Pflegeeltern habe ich auch manchmal was weggenommen. Das hatte ich bei mir oben im Zimmer manchmal versteckt. Ich hatte dann mal Geldnot, ich habe dann mal Geld genommen. ... Natürlich haben sie das gemerkt. Ich sage Ihnen jetzt die Wahrheit. Ich bin dann runtergegangen, die hatten ein Portemonnaie in der Tasche für eine Rommé-Kasse, keine Ahnung was das war, darin habe ich mich dann mal bedient. Da war aber die Esther vorne am Schlafen, das habe ich gar nicht mitbekommen. Ich habe das da herausgenommen und die hat gefragt: ‚Was machst du denn da?' Das hat sie dann nachher A. gesagt und dann habe ich mir Ärger eingehandelt, zu Recht, finde ich – zu Recht. Das erste Mal habe ich dann mehr Taschengeld bekommen und dann habe ich noch mehr Taschengeld bekommen ..." (JUG)

Seine Betreuerin schreibt dazu: „Armin scheint wie verwandelt. Er stellt uns und sich auf die Probe. Was muss ich tun, um aus dem sicheren System auszubrechen. Er provoziert, opponiert und rebelliert gegen die noch so kleinste Regeleinhaltung." (Bericht vom 22.2.2007)

„Armin hat dann durch das Wegnehmen, er konnte das sehr gut getarnt machen, dass das nicht sofort aufgetreten ist, sich schon mal in Misskredit gebracht und es ist dann auch eine gewisse Distanzierung passiert." (B)

Armin bleibt häufiger nach der Schule noch in der Stadt, statt direkt nach Hause zu fahren und verliert auch die Lust an seinen Vereinsaktivitäten. „Da gab es dann einen Brief von der Feuerwehr, die ihn einlud zu einer Sonntags-Sammelaktion, da war irgendwo eine Fete und da war die Feuerwehr, *die tut das jedes Jahr, zum Aufräumen. Das war der Punkt, da hat es Klick gemacht beim Armin und er benennt das auch selbst so, dass er den Schalter umkippen kann. Er ist das Liebenswerteste, was es gibt und er kann es dann umstickern und er ist dann echt nur Scheiße. Dieser Zettel war für ihn ausschlaggebend: ‚Nein, das mach ich nicht. Was soll denn das. Da muss ich nicht hin' und so weiter."* (B)

Auch das Zeitungsaustragen, das er bislang zuverlässig erledigt hat, gibt er ohne Ankündigung auf. Er will zurück zu seiner Mutter. Im Gespräch mit seiner Mutter begründet er das auch damit, dass die Familie zusätzlich ein Pflegekind aufgenommen hat. *„Erst mal kam noch ein Mädchen für zwei Wochen. Mit der habe ich auch kommuniziert. Das war gut, die war fast mein Alter. Ich glaube nur zwei oder drei Jahre jünger. Dann kamen nachher noch kleinere, die sollten erst zwei Wochen bleiben, dann wurden das zwei Monate und dann wurde es ein Jahr und dann wurde es immer mehr. Dann hatte ich auch irgendwie keine Lust mehr da. Das hat mich dann zu sehr an Mama, an meine Familie erinnert. Das konnte ich nicht mehr."* (JUG)

„... Also neue Kinder in der Familie. Geschwister sind dann gekommen. Von da an, jetzt kommt es, von da an, ging das langsam so ein bisschen den Berg runter mit Armin, dann fing es an, er wollte mit nach Hause. ‚Nein', sagte ich, ‚bleib du schön da.'" (Mutter)

Auch in der Schule kommt es zunehmend zu Konflikten. *„Ähnlich wie im Familienverband hat sich A.'s Verhalten in der Schule destruktiv entwickelt. Nach wie vor wirkt A. auffallend unruhig, desorientiert, mangelhaft reguliert und grenzüberschreitend."* (Bericht v. 25.8.2008) Armin verhält sich respektlos gegenüber den Lehrkräften, bedroht diese und stimmt auf einer Klassenfahrt nazistische Parolen an. Aus diesem Grunde endet das Schuljahr für ihn mit einem Schulverbot.

Angesichts ihres bereits erwähnten schlechten Gewissens und der damit verbundenen Zweifel an der Richtigkeit ihrer Entscheidung, beobachtet Armins Mutter den Fortgang der Betreuung zunehmend kritisch. Um zu verhindern, dass eine Konkurrenz zwischen Herkunftsfamilie und der Betreuerin entsteht, die möglicherweise Armins Zerrissenheit verstärkt, installiert die Koordinatorin des Projektes ein regelmäßiges gemeinsames Frauenfrühstück, an dem Mutter, Betreuerin, die Mitarbeiterin des Jugendamtes und die Koordinatorin sowie später auch die Oma von Armin teilnehmen und sich über die Entwicklung von Armin austauschen. Diese ‚Frauenrunde' wird von allen Beteiligten auch im Rückblick als ein hilfreiches und produktives Forum angesehen. „*Für den Armin war es gut zu wissen, er war teilweise dann auch schon mit, dass da eine gewisse Harmonie ist, und für uns war es gut zu wissen, wenn er abhaut, dann haut er halt nach Hause ab. Es war ja für ihn sehr schwierig. Er wollte immer nach Hause, das ist wahrscheinlich das, was er immer wollte. Er hatte immer das Bedürfnis, ich will wieder zurück. Selbst wenn es noch so anders ist, als das, was er bei uns als Realität kennengelernt hat, an Regeln, an Gleichklang, an Ausdauer halten an etwas, an Ehrlichkeit und Zuverlässigkeit. Das hat er alles bei uns gesehen, erleben können, ohne dass es ausgesprochen wird ... Dennoch zog es ihn nach Hause.*" (B)

Der innere Zwiespalt von Armin wird gespiegelt durch die Unentschiedenheit seiner Mutter. „*Frau M. hat in dieser Zeit auch eine Rolle gespielt, denn er ist dann immer zu ihr nach Hause. Sie war für ihn, wenn er bei uns weg ist, Auffangpunkt und das ist positiv. Wir wussten letztlich dann, wo er ist. Aufgrund der Tatsache, dass es immer sehr schwankend ist, darf er bei uns bleiben, muss er jetzt wieder nach Hause. Die Schwankungen bei Frau M. waren mal die Richtung mal die Richtung, je nachdem, ob sie selbst mit sich zu tun hatte oder mit anderen Kindern oder eben diese Freiräume um Armin hatte. ... Sie hatte sich dann doch entschlossen, dass er bleibt, aber bis zum Ende der Maßnahme ist immer irgendwie offen gewesen, ob* er bleibt. Sie hatte auch das Sorgerecht noch über ihn. Mal hin und mal her, mal mehr und mal weniger. Ihn wieder zurückzuholen, das war eigentlich immer da und das war für den Armin nicht sehr positiv gewesen, dass er nicht so die Rückendeckung hatte, tatsächlich frei und zuversichtlich bei uns sein zu dürfen." (B)

Eskalation und Beendigung
Derweil eskaliert die Situation in der Projektstelle. Durch das Verhalten von Armin kommt es immer wieder zu Konflikten, besonders mit dem Familienvater. „Ich habe die beschimpft, geschlagen habe ich sie nicht, das kann ich sagen. Entweder beschimpft oder ich habe mal gesagt: ‚Macht doch euren Scheiß selber.' Da gab es auch die Situation, da habe ich auch mal die Polizei angerufen – zweimal. (Die Betreuerin) hat mich am Pullover gezogen, da hatte ich auch einen blauen Fleck gehabt. Und dann habe ich die Polizei angerufen und die haben zu mir gesagt: ‚Setz dich schnellstmöglich in Verbindung mit dem Jugendamt.' Das habe ich natürlich nachher auch gemacht. Am nächsten Morgen bin ich dann abgehauen, nicht zur Schule gegangen, sondern direkt ... zu Mama. Dann bin ich noch da geblieben. Dann hatte ich eine Auszeit ... und bin dann zur Skifreizeit gefahren und nach der Skifreizeit bin ich dann zurück. Aber es war immer das Gleiche. Ich wollte auch nach Hause, ich wollte dann nicht mehr. Ich war dann zwei Jahre da. Ich wollte das dann einfach nicht mehr, das war mir zu lange. Dann habe ich alles probiert, um nach Hause zu kommen. Dann bin ich noch mal abgehauen – ganz und dann habe ich gesagt: ‚Ich komme nicht mehr wieder.'... Da habe ich gesagt: ‚Nein, ich möchte ganz zurück.' Dann wurde das abgebrochen. Das war es eigentlich" (JUG)

„Dann hatten wir ein Krisen-HPG und bei diesem Krisen-HPG war er dabei. Und dann hieß es: ‚Was möchtest du?' Dann hat er gesagt: ‚Ich gehe nicht mehr dahin zurück. Ich möchte dahin nicht mehr zurück. Ich gehe nicht mehr. Egal, dann schlaf ich auf der Straße.'" (B)

„Man hat dann immer versucht, so ein bisschen das hinzukriegen im Sinne von ‚Was ist denn gut gewesen?' Aber darauf hat der Armin sich nicht wirklich einlassen können, ganz einfach weil er so sehr immer diese Anschuldigungen alle gehört hat. Das wurde dann sehr das Thema des Hilfeplangespräches. Obwohl insgesamt eigentlich alle Beteiligten immer wieder gesagt haben: ‚Es war eigentlich eine gute Zeit.'... In dem Hilfeplangespräch ist es ja manchmal auch so, man kann in so einem Gespräch noch mal etwas kippen oder gucken, ist es hier einfach nur eine Krise, kann man da irgendwie wieder raus. Das war jetzt aber mein Gefühl gar nicht. Mein Gefühl war ganz klar, der Armin musste zum dem Zeitpunkt nach Hause." (MA JA)

„Ich bin dann nach Hause gekommen, als hätte ich den schönsten Tag meines Lebens gehabt. Ich war richtig stolz. Ich bin auch stolz, dass ich bei Mama war." (JUG)

„Das war der eskalierende Punkt und eine Woche später war er also bei seiner Mutter gelandet, und er wollte auch nicht mehr in die Schule gehen, genauso wie sein Bruder. Was soll ich denn eigentlich hier? Ich muss nicht mehr in die Schule gehen, in die Geistigbehinderten-Schule. Was soll ich denn da? Ich kann jetzt auf den Arbeitsmarkt. Und die Mutter hat ihn dann aufgenommen, weil er partout nicht mehr zu uns zurück wollte. Sie wollte ihn nicht als Penner herumlaufen lassen. Die Mutter hatte dann auch schon eine neue Schule engagiert. Es war alles im Prinzip gelaufen." (B)

Das Jugendamt beendet die Hilfe und weist darauf hin, dass nach wie vor bei Armin ein großer Hilfebedarf gesehen wird, eine Fortführung jedoch seine Mitwirkungsbereitschaft voraussetzt.

3. Derzeitige Lebenssituation

Armin lebt jetzt im Haushalt seiner Mutter, die Rückkehr in seine große Familie ist ihm trotz seiner großen Freude darüber nicht immer leicht gefallen. Hier hat er kein eigenes Zimmer für sich alleine, hier muss er sich mit seinen Geschwistern arrangieren und sich seine Rückzugsräume erkämpfen. „Wenn meine Schwester mich hier nervt und das sage ich auch manchmal zu meiner Schwester: ‚Ich wünsch mir manchmal, ich wäre hier nicht hier und wäre noch bei den Pflegeeltern.'" (JUG)

Er übernimmt Verantwortung für den Ablauf im Haushalt. „Ich würde dann lieber zu Hause bleiben. Wenn Mama nicht da ist oder wenn Mama krank ist, kann sie ja nicht arbeiten, meine Brüder räumen ja nicht auf. ... Ich kann ja die Mama nicht im Dreck leben lassen." (JUG)

Gleichwohl lässt er sich von seinen Geschwistern immer wieder leicht mitreißen und in Konflikte hineinziehen. „Wie das jetzt ist, in diesem Moment, also in dieser Situation, bereue ich manchmal, dass er zurückgekommen ist. Er lässt sich mitziehen, ob das jetzt von seinem Zwillingsbruder ist, ob das von seiner Schwester ist, man braucht nur so – ‚Armin mach und tu und lass', und er macht das. Er nimmt dann gern die Schuld auf sich, sodass die anderen keine Schuld haben. Manchmal ist das wirklich mit ihm auch schwierig." (Mutter)

„Und da ist der Armin – glaube ich – gar nicht so der Initiator, der ist aber mit drin natürlich und dann kippt das auch glaube ich wieder. Er ist jetzt auch niemand, wenn der Krawall um ihn herum ist, sich dann sagt: ‚Ich mache nicht mit.'" (MA JA)

Nach Rückkehr in die Familie wurde Armin wieder in einer Schule für Geistigbehinderte angemeldet, die er allerdings nur unregelmäßig besucht. „Ich war auch viel in der Schule, aber ich habe mehr Urlaub gemacht. Wenn ich in der Schule bin, werde ich irgendwie krank. Ich werde krank, ich kriege Magenschmerzen, dann kriege ich Kopfschmerzen, dann kriege ich mal Nasenbluten. Die Lehrer sind ganz schlimm. Sie setzen alles auf die Goldwaage. Die machen mich runter, also fertig. Ich bin auch gar nicht schulpflichtig mehr." (JUG)

„Jetzt im Moment hat er die Schnauze voll von Schule. Ich kann sagen: ‚Armin geh in die Schule.' Er geht auch in die Schule, aber ich muss wirklich sagen, ganz, ganz schwer mit Aggressionen geht er, er kommt mit Aggressionen zurück aus der Schule." (Mutter)

Während die Schule auf eine weitere schulische Förderung drängt, möchte Armin lieber an einer berufsvorbereitenden Maßnahme teilnehmen. Armin sagt: „Da möchte ich hin. Ich möchte doch Geld verdienen. Ich will nicht mehr in die Schule. Ich schaffe das sowieso nicht. Dann probiere ich das." (Mutter) „Gestern habe ich mit Armin einen Untersuchungstermin gehabt beim psychologischen Dienst vom Arbeitsamt aus und da ist er getestet worden. ... Den ersten Test perfekt abgeschlossen, ein Kind, das den Hauptschulabschluss machen könnte. Nur, jetzt kommt es, in Rechtschreibung und in Mathe ist er so was von schlecht, hauptsächlich Mathe. Da sagt er: ‚Da können wir dich noch nicht in eine Lehre geben im Moment, in einen Ausbildungsplatz. Das Rechnen ist das A und O für die Lehre. Ich werde das jetzt auch befürworten, dass du ein Vorbereitungsjahr machst, drei Tage praktisch, zwei Tage Schulung.'" (Mutter)

Sein eigentliches Ziel ist es aber, arbeiten zu gehen und Geld zu verdienen. „Es ist mir egal, wo ich arbeiten gehe. Hauptsache, ich habe Geld dann und kann dann auch viel Neues lernen. Dann ist ja meine Situation noch mal ganz anders. Ich habe ja vorher immer schon Geld ausgegeben, dann lege ich das Geld lieber auf ein Sparbuch." (JUG)

Im Gegensatz zu den Vorfällen in der Projektstelle, ist über delinquentes Verhalten aktuell nichts bekannt. Armin selbst sagt von sich: „*Ich habe bis jetzt nicht mehr geklaut. Ich habe meine Mama hier nicht mehr beklaut.*" (JUG) Was sein aktuelles soziales Umfeld angeht, ist Armin stark auf seine Mutter und seine Geschwister fixiert. In seiner neuen Schule ist er nicht richtig heimisch geworden, sein Freundeskreis ist nach seiner Aussage sehr begrenzt. Auch seine Unterstützungsressourcen sind aus diesem Grunde begrenzt und beschränken sich vorwiegend auf seine Mutter und seine älteren Geschwister. Allerdings erwähnt er in diesem Zusammenhang auch seine Pflegeeltern: „*Ich rufe da manchmal an. Ich war auch mal bei ihnen Kaffeetrinken. Ich breche das nicht ab. Wenn ich mal Sorgen habe, kann ich da anrufen.*" (JUG) Er selbst empfindet seine überschaubaren Sozialbeziehungen nicht als Mangel. Die professionellen Akteure äußern demgegenüber Bedenken. „*Wir haben Angst um ihn, dass er einfach da wirklich langgeht und als Penner landet, davor haben wir eigentlich Angst, dass er sich sozusagen als Vorbild seinen Zwillingsbruder nimmt, weil er keine starke Person im Hinterfeld hat.*" (B)

„*Er schätzt es auch, wenn es Ruhe gibt um ihn herum, das hat er auch zu schätzen gelernt. Aber wenn es dann wieder hochkocht, dann macht er auch mit. Da sehe ich jetzt auch gerade so eine Gefahr, dass da die Stimmung wieder ganz doll kippt, auch ihn betreffend.*" (MA JA)

4. Beurteilung der Ergebnisse und des Prozesses

Für seinen Bildungshintergrund reflektiert Armin erstaunlich differenziert über die zurückliegenden Jahre und seine eigenen Anteile an der Entwicklung. Im Rückblick benennt er eine Reihe von Verhaltensaspekten, in denen er sich nach eigener Wahrnehmung verändert hat. „*Ich schlage nicht mehr. Ich wehre mich nicht mehr. Ich habe mich da ganz zurückgehalten als Sohn. Wenn mich einer beleidigt, der geht an mir links vorbei, ich gehe einfach weiter oder wenn mich einer haut, das könnte ich nicht mehr machen. ... Was bin ich heute? Ich bin ruhiger. Ich lege nicht alles auf eine Goldwaage. Ich brauche eigentlich nicht zu schlagen, das brauche ich gar nicht. Ich lege meistens alles auf die Goldwaage. Ich bin ein ruhiger Mensch. Ich sage auch jetzt mehr die Wahrheit als früher. Manchmal gibt es so eine Situation, da sage ich nicht direkt die Wahrheit. Aber ich sage jetzt definitiv mehr die Wahrheit als vor drei Jahren. Hundertprozentig. ... Ich habe von den (Pflegeeltern) gelernt, auch wenn ich Ruhe haben will, wenn ich sauer bin, kann ich meine Ruhe haben und in mein Zimmer gehen. Das habe ich auch bei mir zu Hause eingeführt. Meine Schwester machte ja immer Sport, die Zeit habe ich immer ausgenutzt, bin ins Zimmer gegangen und habe Musik gehört. ... Ich habe viel nachgedacht, was ich generell für Mist gebaut habe.*" (JUG)

Die zuständige Mitarbeiterin des Jugendamtes sieht seine Fortschritte ähnlich: „*Er lebt ja jetzt wieder bei seiner Mutter. Die Situation ist da auch immer wieder mal absolut chaotisch und damit kann der Armin aber schon umgehen, glaube ich, dass er das ganz gut jetzt hinkriegt. Und auch solche Sachen, wie ‚ich bin mir wichtig', also dieses ‚ich gehe nicht so unter in dieser großen Masse an Kindern, bin nicht nur irgendwo irgendwer, der ganz laut was sagen muss, um aufzufallen', sondern auch so etwas wie ‚ich kümmere mich um meine Sachen', wie diese Trauerarbeit. ‚Ich habe da so einen Zeitraum für mich, die Sachen anzugehen', das glaube ich sind so seine The-*

men." (MA JA) Sie betont, dass Aggressionen, die früher für A. ein großes Problem waren, heute keines mehr sind. *"Da kann ich jetzt einfach sagen, das ist kein Problem jetzt mehr. Da hat er – glaube ich – einfach Wege für sich gefunden, das anders herauszulassen. ... Dann glaube ich auch, dass diese Geschwisterkonkurrenz ein großes Problem bei ihm zu Hause früher war, wo es ihm einfach mal gut getan hat, einfach da so raus zu sein und wirklich auch mal mehr Aufmerksamkeit zu bekommen, auch dadurch so ein Selbstbewusstsein zu erhalten. Also wirklich so dieses ‚ich kann mich ausprobieren, ich habe hier Raum.'"* (MA JA)

Alle Beteiligten sind sich einig in der Einschätzung, dass der familiäre Bezugsrahmen, die (anfängliche) Akzeptanz und die klareren Strukturen für Armins Entwicklung besonders hilfreich waren. Erschwerend war dagegen die unentschiedene Haltung der Mutter, wenngleich hier durch das Frauenfrühstück einiges aufgefangen werden konnte, ohne dass die Konkurrenzsituation zwischen Betreuerin und Mutter dadurch ganz aufgehoben werden konnte. Nachträglich macht sich die Mitarbeiterin vom Jugendamt Gedanken darüber, wie solche Situationen künftig vermieden werden können: *"Zum Beispiel, wenn die Konkurrenz ganz schlimm ist, dass man wirklich sagt, die eine Person ist wirklich ausschließlich für Elternarbeit da, das macht dann nicht die Projektstelle. Da muss man einfach gucken, wo kann man da so Zwischenstationen bauen. Wen kann man auch der Mutter wirklich auch an ihre Seite stellen, wo sie das Gefühl hat, da ist jemand, der mit mir auch arbeitet, der nicht nur immer dann auf der anderen Seite steht."* (MA JA)

Obwohl A. froh ist, wieder im Kreise seiner Familie zu leben, blickt er gelegentlich auch wehmütig zurück. *"Manchmal, das ist nur manchmal, wünsche ich mir, dass ich (die Pflegefamilie) länger genommen hätte. Das wünsche ich mir schon manchmal. Es waren ja auch schöne Zeiten. Ich kann ja nicht sagen, das waren nur negative Zeiten."* (JUG) Auch seine Betreuerin beurteilt die Zeit – abseits aller Konflikte und des frustrierenden Abbruchs der Maßnahme – durchaus positiv. „*Also wir sind froh, dass wir den Armin gehabt haben, das möchte ich wirklich sagen. Er war für uns wirklich dieser Sonnenschein und er hat unsere Familie auch bereichert. Und ich denke, wir haben ihn bereichert und auch die Sichtweise für die Mutter bereichert.*" (B) Sie verbindet damit die Hoffnung, dass die Erfahrungen und der gemeinsame Alltag auch mittel- und langfristig für Armin Früchte tragen. Gleichwohl hält sie nach den Erfahrungen mit A. einen früheren Hilfebeginn für erfolgversprechender. „*Wir sind zu der Erkenntnis gekommen, dass es schwierig ist, Kinder die älter oder schon ins jugendliche Alter gehen, Kinder die älter als zehn Jahre sind oder vielleicht sogar schon älter als acht in andere Familien unterzubringen. Ich glaube, die Erfolgschancen sind günstiger bei Kleinkindern.*" (B) Für sie bleibt unbefriedigend, den Betreuungsprozess nicht zu einem befriedigenden Ende geführt haben zu können und so Veränderungen in Armins Verhalten und Persönlichkeit zu stabilisieren.

Auch Armins Mutter zieht eine überwiegend positive Bilanz, wenngleich auch unter einer ganz anderen Perspektive. „*Alles. Erst einmal im Ganzen, in Urlaub fahren, das hätte ich ihm nicht bieten können. Das fand ich wirklich gut, auch das, was sie ihm geboten haben, sein Taschengeld. Das kann ich nicht, weil ich selber nicht arbeiten kann durch die Kleineren, das fand ich gut. Das habe ich ihm auch gesagt, dem Armin. Armin, du fährst in Urlaub, du kriegst dein Taschengeld, du hast das. Überleg es dir sehr gut. Das kann ich dir nicht bieten. Da hat er gesagt: ‚Mama, das ist mir egal. Ich weiß, dass du das nicht kannst, trotzdem möchte ich wieder zurück.' Aber sonst muss ich ehrlich sagen, ich täte das wieder.*" (Mutter)

Skeptisch sieht sie die Kommunikation zwischen den Beteiligten bei den Hilfeplangesprächen. „*Dann war das HPG zu Ende, dann gingen die runter. Wenn Armin dann bei mir war ..., dann hat er gesagt: ‚Oh Mama, ich habe was mitgemacht.' Ich sagte: ‚Was hast du denn gemacht?' ‚Ich habe da was zu hören gekriegt nach dem HPG.' Ich sagte: ‚Warum?' ‚Ja, weil ich das gesagt habe, wie ich so empfinde.' Dann habe ich gedacht, so was kann nicht sein, es kann doch nicht sein, dass die beim Jugendamt so reden und wenn das alles beendet ist, dass der Junge das dann auf seinen Rücken kriegt. Das kann der Junge nicht verkraften."* (Mutter)

Armin fasst seine widersprüchlichen Erfahrungen trotz allem zufrieden zusammen: „*Ich habe viel gelernt, das muss ich sagen.*" (JUG)

Arnd: „Das wäre das Einzige, was ich brauche, dass mir fast eine Ausbildung geschenkt wird in meinen Lieblingsberufen."

1. Verlauf der Maßnahme

Vorgeschichte

Arnd wird 1991 geboren. Sein älterer Bruder stirbt kurz danach, sodass Arnd ihn eigentlich kaum kennenlernt. A. wächst allein mit seiner Mutter auf, die seit dem Tod ihres Kindes Unterstützung durch eine sozialpädagogische Familienhilfe erhält. Seine Mutter hat messiehaftes Verhalten, was zur Folge hat, dass der Raum, den Arnd zur Verfügung hat, sehr eingeschränkt ist. „*Ich war eigentlich ein ruhiger, aber meine Mutter hatte auch ein Problem mit Alkohol, wie ich mittlerweile mitkriege. Die Wohnung sieht richtig mies aus, weil sie auch Messie ist und das hat dann irgendwie nicht geklappt ..., weil die Wohnung zugeräumt war. Einen richtigen Alltag hatte ich schon, aber halt nicht viel mit Freunden draußen, ich bin eher drin gewesen.*" (JUG)

Arnd beschreibt sich selbst als ‚stubenhockermäßig', abgesehen von Kontakten in der Schule verbringt er seine Freizeit allein in der Wohnung. „*Ein richtiges Muttersöhnchen. Er hat nie Freunde gefunden. Er hat sehr viel seinem Opa bis zum Tode geholfen und dann ist sein allerbester Freund auch noch gestorben. Das hat ihn sehr mitgenommen. ... Er hat, wenn er Frust *auf jemand hatte, alles in sich reingefressen, bis er dann mal explodiert ist. Dann hat er immer die ganzen Möbel, alles zerdeppert. Er ist nicht auf Menschen losgegangen, er ist immer auf Gegenstände losgegangen."* (Mutter)

Seine in der vollgestopften Wohnung sehr eingeschränkten Entfaltungsmöglichkeiten führen bei Eintritt in die Pubertät immer häufiger zu alltäglichen Auseinandersetzungen mit seiner Mutter, denen diese sich nicht gewachsen fühlt. *„Meine Mutter hatte Probleme auf jeden Fall und sie kam mit mir nicht klar und wollte auch selber Hilfe haben."* (JUG)

Auf Anraten der Erziehungsberatungsstelle wird Arnd im Alter von zwölf Jahren zur Beobachtung und Diagnose in die Kinder- und Jugendpsychiatrie eingewiesen. *„Es war immer wieder die Rede von Depressionen, auch depressiven Tendenzen, Pubertätsstörungen. Was ganz extrem war, er kann keine Beziehungen aufbauen, das war ganz schwierig, Verlust der Impulskontrolle, solche Sachen."* (MA JA) Die Mitarbeiterin des Jugendamtes, die ihn zu diesem Zeitpunkt kennenlernt, beschreibt ihn als *„Sehr liebenswert, hilfsbereit, freundlich zugewandt, dass er allen es recht machen möchte."* (MA JA)

„Nach dem Psychiatrieaufenthalt wurde Arnd dann in einer 5-Tage-Gruppe untergebracht. Da stellte sich aber relativ schnell heraus, dass das nicht ausreichend ist, da Arnd sich in verschiedenen Welten aufhielt und das mit der Erziehungsmethode der Mutter nicht zu vereinbaren war. ... Hinzu kam auch noch die schulische Situation. Arnd hat sich oft in eine Opferrolle gedrängt gefühlt und musste sich da auch beweisen. Für ihn war das ganz schwierig, in diesen drei unterschiedlichen Welten zu leben. Der Kontakt zur Mutter sollte natürlich beibehalten werden, ganz klar, aber es war doch ein intensiverer Rahmen erst einmal in Form von der Wohngruppe notwendig, sodass er dann in eine Kinderwohngruppe gewechselt ist. Da stellten sich die gleichen Probleme wie in der 5-Tage-Gruppe dar bzw. kamen noch wel-

che hinzu, die aber immer wieder latent vorhanden waren. Es war so, dass er Gegenstände zerstörte, aggressiv war, nur nach dem Lustprinzip Dinge erledigte, wozu dann auch irgendwann wieder ein Psychiatrieaufenthalt notwendig war, in Form von Tagesklinik in der Kinderwohngruppe." (MA JA)

Im HPG-Protokoll heißt es dazu: „A. erklärt seine Verhaltensauffälligkeiten damit, dass er sich aufgrund der neuen Beziehung seiner Mutter vernachlässigt fühlte. Durch den Klinikaufenthalt sei ihm jedoch vieles bewusster geworden, z.B. sich mit Konfliktsituationen auseinanderzusetzen. ... Es scheint, dass der Wille, etwas zu verändern, bei Arnd vorhanden ist, sobald jedoch eine für ihn negative Situation eintritt, er seine Vorsätze vergessen hat. Arnd ist frustriert, da er der Meinung, dass das alles sowieso nichts bringen würde. Es ist klar zu erkennen, dass Arnd einen neuen Rahmen, d.h. ein Wechsel in eine andere Wohngruppe mit älteren Kindern benötigt." (HPG-Protokoll 20.3.2006)

Für Arnd, der gewohnt ist, für sich zu sein, ist die Unterbringung in der Wohngruppe eine Herausforderung. „Das war am Anfang schwierig. Man hat eigentlich gemerkt, wer der Boss sein will. Es gab auch Auseinandersetzungen und das ist eigentlich nicht so ratsam. Das tut auch weh. ... Und ich habe mich dann ziemlich daneben benommen in den Wohngruppen, Sachen zerstört. ... Ich habe Sachen zerstört vor Wut, Schränke zertreten, Betten zertreten, habe auch teilweise geklaut bei anderen Mitbewohnern und auch im Laden direkt. Ich wollte unbedingt dabei sein mit dem Rauchen, was ganz dumm ist, weil es nur Geldverschwendung ist, wenn man nur dabei sein will. ... Ich sollte auch vor Gericht, habe auch eine Bewährung, dass ich mir nichts zu Schulden lassen kommen darf, weil ich auch von mehreren Geschäften Anzeigen gekriegt habe." (JUG)

„*Er ist dann auf Betreuer zugegangen, hat sich vor denen aufgebäumt, hat Mitbewohner gewürgt und hat auch ein Messer geholt, sodass wir der Meinung waren, jetzt ist er an dem Zeitpunkt, dass eine Individualpädagogische Maßnahme auf jeden Fall her muss. In einer Gruppe kommt er nicht zurecht. ... Erst mal war es wichtig schon zu diesem Zeitpunkt ..., dass Arnd ein reizärmeres Klima brauchte und er brauchte mehr Aufmerksamkeit, die er in einer Wohngruppe nicht so erhalten kann, einfach einen engeren Rahmen, intensiveren Rahmen, wo er nicht so im Mittelpunkt steht auch. ... Ganz wichtig war, dass Arnd lernte, seine Impulskontrolle nicht immer so auszuleben. Wenn er sich in die Ecke gedrängt fühlte, dann hat er das sofort mit Aggressionen ausgelebt. Das waren Ziele, auf die eingegangen werden sollte, aber sicherlich auch die schulische Seite, dass er da Unterstützungen erhält.*" (MA JA)

2. Vorbereitung, Übergang und Einstieg

Die sozialpädagogischen Fachkräfte halten eine intensive Betreuungsmaßnahme für die geeignete und notwendige Hilfe und sind bemüht, zunächst die Mutter von der Notwendigkeit zu überzeugen. „*Das Gute war eigentlich, dass wir mit der Mutter das erst mal besprochen haben, weil das ja wichtig war, weil die ein sehr symbiotisches Verhältnis auch zueinander hatten, dass die Mutter Arnd zeigte, dass sie damit einverstanden ist. Dazu konnten wir sie auch gewinnen und sie hat das auch eingesehen, dass das für Arnd wohl zu dem Zeitpunkt das Beste war.*" (MA JA)

Trotz ihrer Zustimmung plagen Arnds Mutter aber auch Zweifel: „*Ich habe erst immer gedacht, die wollen mir den Jungen immer mehr entfernen, weil es ja immer weiter weg ging.*" (Mutter)

Arnd kann sich mit der geplanten Maßnahme nicht recht anfreunden: „Doch, ich wurde schon gefragt, aber auch mit reingeschoben, weil es ratsam ist, weil ich auch nicht so mit anderen Jugendlichen klar komme, die ich nicht so kenne, wo ich wenig Kontakt zu habe ... da wollte ich eigentlich gar nicht hin. Ich wurde da eher sozusagen ein bisschen reingeschoben, weil ich aus der Gruppe raus musste, weil ich zu viel Mist gebaut habe und dann war die Situation günstig, weil das eine zwei-zu-eins-Betreuung ist. Eins-zu-eins, zwei-zu-eins. Es sind zwei Erwachsene oder ein Erwachsener und ein Jugendlicher. ... Das war eine Scheiß-Situation. Ich wollte nämlich nach Hause und bei meiner Mutter wieder wohnen. Ich wollte erst gar nicht nach Sachsen-Anhalt, weil ich Gerüchte gehört habe, dass da viele Rechtsradikale sind." (JUG)

„Arnd hatte große Befürchtungen, das kam ein bisschen später erst heraus, aber das hat man schon gemerkt, er fühlt sich verantwortlich für seine Mutter, und das war das Schlimme, deshalb wollte er nicht weiter von B. weg." (MA JA)

Nach einem Treffen zum Kennenlernen und einigen vorbereitenden Gesprächen geht es dann ziemlich schnell. „Sozusagen von einem Tag auf den anderen. Er hatte wieder viele Dummheiten gemacht." (Mutter)

„Es wurden wohl Gespräche geführt und dann ein paar Tage danach bin ich gefahren. Man stellt sich das zwar dumm vor am Anfang, aber man muss die Leute kennenlernen auch. Ich habe auch gedacht, was sind das für Dorftrottel, weil ich auf einem Dorf leben sollte und ich eigentlich immer in die Stadt gehen wollte ... Ich musste alles packen, ein paar Tage vorher am besten. Ich durfte mich auch noch verabschieden, durfte auch vorher noch zu meiner Mutter." (JUG)

3. Verlauf der Betreuung

Arnd kommt in die erste Projektstelle und fügt sich zunächst in den Alltag und das bestehende Regelsystem ein. „*Bei Arnd war es so, dass er zu Beginn sich immer sehr angepasst verhalten hat und es sehr ruhig verlaufen ist, sodass man von diesen Problemen, die vorher da waren, erst mal nichts erkannt hat. Wobei Themen, wie Körperhygiene, Sauberkeit, Schulschwierigkeiten, die waren immer noch weiter vorhanden und die Motivation, überhaupt zur Schule zu gehen, sich da zu verweigern, wobei er immer ein guter Schüler war ... Hierarchie, das war immer so ein Problem für ihn. Das war so am Anfang weniger da, aber es war vorhanden. Das geht natürlich nicht von einem Tag auf den anderen sofort weg. Ich hatte das Gefühl, dass Arnd sich dort sehr wohl fühlt ... Es wurden ihm Angebote gemacht im handwerklichen Bereich. Er hat früher immer gern elektrische Geräte auseinander genommen und die dann auch kaputtgemacht, weil er die nicht mehr zusammensetzen konnte. Das versuchte man dann irgendwie im handwerklichen Bereich einzusetzen. Am Anfang hatte ich das Gefühl, und das war – denke ich – auch so, dass er das sehr gut für sich annehmen konnte. Der Arnd war ja in zwei Projektstellen und bei der ersten Projektstelle gestaltete sich das dann immer schwieriger. Es kam wieder diese Motivationslosigkeit bis hin zum Schluss schon, dass der Betreuer keine Forderungen mehr an Arnd stellen wollte, weil er sich vor der Reaktion fürchtete. ... Und das war so ein Schlüsselerlebnis, wo wir wirklich Befürchtungen hatten, wie geht es denn jetzt überhaupt weiter, wenn er da schon nicht zurechtkommt, wo man ihm die ganze Aufmerksamkeit zeigt. Dann wurde noch mal ein Versuch gemacht. In dieser Projektstelle war es ja so, dass zwei Jugendliche dort waren, dass der Betreuer dann noch mal mit dem Arnd so eine Tour, so eine einzelne Tour gemacht hat zum Brocken, wandern und die Umgebung besichtigen. Was auch gut verlief, die ersten drei oder vier Tage, aber dann verweigerte sich Arnd da auch. Dann haben wir uns hier nochmals zusammengesetzt und überlegt, wie kann es denn überhaupt weitergehen.*" (MA JA)

Aus der Sicht Arnds stellt sich die Situation im Rückblick etwas anders dar. „Es war ungewohnt, man wusste nicht, was man machen sollte. Man hatte kein Geschäft in der Nähe, man hatte nichts in der Nähe. Die beste Möglichkeit, zur nächsten Stadt zu kommen, war mit dem Fahrrad. Das sind viereinhalb Kilometer oder so gewesen, aber das war auch ziemlich dumm." (JUG) A. ist zusammen mit einem anderen Jugendlichen in einem Haus untergebracht, das dem des Betreuers gegenüber liegt. „Wir hatten viele Freiheiten. Wir haben dann bloß zuviel Scheiße gebaut. Schränke kaputt gemacht zusammen. Wir haben Glashäuser eingetreten, Glasscheiben von einem Gewächshaus. Wir haben ziemlich viel Unordnung gemacht, Wände eingetreten, die noch gebaut werden, weil das Haus noch ein bisschen im Aufbau war. Dann sind wir nachts einfach aus dem Dach raus, über das Dach dann zu dem anderen Haus. Wir haben halt viel Scheiße gebaut. Wir haben Alkohol unerlaubt getrunken, geraucht. Kurz danach bin ich dann aus der Schule rausgeflogen. Weil ich auch wieder so viel Mist gebaut hatte. Viele Schlägereien, weil ich mich nicht mehr unterkriegen lassen wollte wie früher in der Grundschule Ich wollte nicht mehr gemobbt werden. Da habe ich dann den Geduldsfaden öfters mal verloren. Ich bin dann nicht mehr zur Schule gegangen, habe nur noch rumgesessen, nicht mitgearbeitet und dann bin ich halt rausgeflogen." (JUG)

Im entsprechenden HPG-Protokoll heißt es zu diesem Zeitpunkt: „In dem Gespräch wird klar, dass es Arnds Wunsch ist, in den Haushalt seiner Mutter zurückzukehren. Arnd wird gefragt, was zu Hause anders sei. Arnd gibt an, dass dort kein nervender Mitbewohner sei. (Die Mutter) teilte mit, dass sie Arnd nicht bei sich aufnehmen kann und möchte, dass er die beste Förderung erhält, um auch in die Gesellschaft integriert zu werden und einen Hauptschulabschluss zu erlangen. Arnd befindet sich in einem Loyalitätskonflikt, da er nach Hause zurück möchte, aber nicht kann. Die Wut auf seine Mutter kann und will er nicht äußern, um sie nicht zu verletzen, kann dieses sich aber auch nicht eingestehen. Es wird klar gesehen, dass (seine

Mutter) Arnd die Förderung, die er benötigt, nicht geben kann. Für Arnd ist es nötig, ein störungsfreies Umfeld zu haben und sich weiter zu entwickeln." (HPG-Protokoll 16.10.07)

Arnd lernt seine neue Betreuerin in einem Gespräch kennen. Diese berichtet über die erste Begegnung: *„Wir haben einen Spaziergang zusammen gemacht. Er war aufgeschlossen ... Ich habe mich mit ihm so ein bisschen unterhalten. Er schien auch bemüht, ein gutes Bild von sich abzugeben, also nicht, dass er von sich aus ablehnend war. Ich habe nachgefragt, er hat ein bisschen von sich erzählt und war also durchaus auch in der Lage, diese halbe Stunde ungefähr da mit uns durch das Dorf zu gehen. Ich hatte schon den Eindruck in dieser kurzen Begegnung, es war insgesamt vielleicht ein Nachmittag, so eine Spur von positivem Kontakt schon hergestellt zu haben."* (B)

Arnd wechselt in die neue Projektstelle. In seinem neuen Zuhause wird er in das Familienleben integriert und hat drei jüngere Mädchen als ‚Geschwister'. *„Am Anfang ungewohnt, aber dann hat sich ergeben, dass das eigentlich ganz okay ist. Ich dachte auch erst, was soll ich denn hier, drei Mädels und alle so jung? Das war am Anfang ungewohnt und dann hat es sich da ganz gut gelebt."* (JUG) Die ersten Wochen verlaufen erfreulich positiv. *„Ich weiß, dass er, wenn wir jetzt im Bereich der ersten Zeit oder ersten Tage sprechen, bemüht war – glaube ich – ein positives Bild auf uns zu machen, dass er versucht hat, ziemlich selbstständig solche Alltagssachen zu machen, wie Körperhygiene, Zimmer aufräumen. Wenn ich das vergleiche mit dem, was ich dann weiß, wie es sich später entwickelt hat, muss ich in der Nachbetrachtung sagen, dass er sich in der Anlaufphase Mühe gegeben hat."* (B)

Alltag und Regeln

Die Einbindung in die Familienstrukturen, ein engmaschiges Netz von Regeln verbunden mit Unterstützung bei der Alltagsbewältigung zeigen erste Erfolge. *„Ich erinnere mich, dass es länger gedauert hat, er aber doch dann Erfolge hatte und auch selbst leichter damit dann klar kam und sich daran gewöhnt hat, an dieses morgendliche Aufstehen, Körperhygiene, pünktlich anfangen. Es war so ein Gewöhnungsprozess, wenn wir sagen, im November ist er angekommen, bis April/Mai hatte sich das eigentlich gut eingespielt. Es lief dann so gut, dass man eigentlich sagen könnte, man ist zufrieden damit. Er hat auch ab Juni ein Praktikum angefangen und ist da mit dem Fahrrad hingefahren jeden Morgen. Er hat zwei Tage in der Woche ein Praktikum gemacht, die anderen drei Tage hat er dann ab acht Uhr begonnen mit seinem Unterrichtsmaterial. Wir waren eigentlich super zufrieden. Das war noch vor einigen Wochen oder Monaten nicht vorstellbar gewesen, dass er das wirklich auch macht, sodass er sich durch diese – glaube ich – engmaschige Kontrolle und dem begrenzten Rahmen, dem immer gleichförmigen Tagesablauf, an so etwas auch gewöhnt hat und es dann auch geschafft hat."* (B)

Gemeinsame Aktivitäten und Ausflüge und vor allem die Möglichkeit praktischer handwerklicher Arbeit verschaffen Arnd Erfolgserlebnisse und wachsendes Selbstbewusstsein. *„Zum Beispiel das Sandholen für den Ausbau vom Garten, alte Rohre ausgraben, die dann weg sollten und neue verlegen, weil die zu alt waren. Das hat Spaß gemacht. Auch Holzhacken, weil noch mit Holz geheizt wurde."* (JUG)

Mit Unterstützung der Web-Individualschule beginnt sich Arnd wieder für sein schulisches Fortkommen zu interessieren und beginnt ein Praktikum im Nachbarort. *„Gerade bis April, Mai hatte ich einen sehr positiven Verlauf festgestellt, und wir waren auch super glücklich darüber, dass er so in die Pötte gekommen war. Gerade auch mit seinem Praktikum, weil ich* dachte, er kommt ja sonst nicht alleine aus dem Haus. Er musste in den Nachbarort fahren, da war eine Kfz- und Reifenfirma, wo er dann sein Praktikum gemacht hat. Aus diesem Grund ist er rausgekommen und hat seinen Radius erweitert. Ich fand, dass er auf einem sehr positiven Weg war." (B)

„Und da ist er selbstständig aufgestanden und fünf Kilometer mit dem Fahrrad gefahren, ohne irgendwelche Murren und Mucken zu machen. Das fand ich sehr bemerkenswert, dass er das getan hat. ... Ich hatte das Gefühl, dass Arnd sich dort sehr wohl fühlt, dass es für ihn gut war, in so einer Art Familie auch zu leben, dass er auch integriert wurde mit den Kindern, mit allen, mit der ganzen Familie zusammen." (MA JA)

Zwischendurch verliert er auch immer wieder mal die Lust am schulischen Lernen. „Ich habe meine Post gekriegt, meine Schulunterlagen und musste die immer wieder hin- und herschicken. Ich musste die zu Hause machen. Irgendwann habe ich das gar nicht gemacht und dann haben die auch teilweise die Türen offen gelassen, und geguckt sogar, ob ich es mache. Ich sollte mich teilweise sogar neben die setzen – selten. Dann hat es auch teilweise geklappt und dann habe ich tagelang nichts gemacht. Da war ich dann stur, weil ich zu faul war, um ehrlich zu sein." (JUG)

Trotz dieser Durchhänger besteht er – das sei vorweggenommen – letztlich den Hauptschulabschluss. „Letztendlich hat er durch diese wenige Eigenmotivation, aber durch viel Druck von außen, letztlich so viel von diesem Schulstoff bearbeitet, dass es dann mit dem Hauptschulabschluss ganz im Endeffekt ja geklappt hat. Das war aber eine sehr mühselige Angelegenheit." (B) Im Rückblick bedauert Arnd, sich nicht noch mehr bemüht zu haben. „Bei mir hat aber auch die Motivation gefehlt. Wenn ich mich mehr angestrengt hätte, hätte ich den schon eher gehabt. Ich wäre dann schon weiter. Ich hätte vielleicht sogar noch den in der Zehnten geschafft." (JUG) Seine Mutter sieht das ebenso: „Hätte er sich mehr auf den Hosenboden gesetzt *und die Zeiten eingehalten mit dem Lernen und mit dem Üben, dann hätte er den Realschulabschluss machen können."* (Mutter)

Während die Betreuerin und das Jugendamt um Arnds Motivation ringen, trennt sich seine Mutter von ihrem Lebensgefährten. Das HPG-Protokoll vermerkt dazu, dass A. dadurch ziemlich betroffen ist und sich für seine Mutter verantwortlich fühlt. Seine Besuche bei seiner Mutter gestalten sich durch die neue Situation immer wieder als Gegenerfahrung zu seinem Alltag in der Projektstelle. *„Arnd war bei seiner Mutter. Danach gestaltete sich sowieso auch immer wieder das Eingewöhnen in die Projektstelle sehr schwierig, weil diese Besuche bei der Mutter natürlich ganz anders verlaufen sind. Keine Grenzen, und da war es immer sehr schwierig. Arnd hatte Warzen und musste dafür einen Stift besorgen, weil er den zu Hause vergessen hatte. Arnd wollte das nicht von seinem Taschengeld bezahlen. Sie sind dann wohl auch zu einer Apotheke gefahren. Arnd kaufte sich aber stattdessen Chips und Schokolade oder Süßigkeiten, ... sodass die Betreuerin gesagt hat: ‚Gut, du hast dir das jetzt gekauft, aber das muss reglementiert werden. Das ist so abgesprochen, das weißt du auch.' Und da war Arnd dann sehr, sehr wütend und hat auch dort immer wieder randaliert, kann man schon sagen."* (MA JA)

Zunehmende Konflikte

Um seine Impulskontrolle zu fördern und Arnd bei der Ablösung von seiner Mutter zu unterstützen, wird er für fünf Wochen erneut in die Kinder- Und Jugendpsychiatrie überwiesen. Seine Betreuerin hält den Zeitpunkt für absolut ungeeignet, weil Arnd gerade sein Praktikum angetreten hat und außerdem auf seinen Schulabschluss hinarbeitet. *„Er nahm in dieser Klinik die Entwicklung, dass er dann vieles nicht gemacht hat, was er hätte tun sollen. Es war auch abgesprochen, dass er da an den Schulsachen auch weiter arbeitet und eben die Anforderungen die auf der Station sind. Er hat das nicht gemacht. Er hat dann seine Punkte nicht erreicht und durfte auch* nicht raus aus dem Zimmer. Aber das war für ihn letztendlich nicht so eine große Einschränkung, weil er nicht so großen Wert darauf legte, rauszugehen. So habe ich die Einschätzung, hat er sich daran gewöhnt über die 5 Wochen, das ist ja doch eine nicht so kurze Zeit, diese eingeübten Alltagsstrukturen irgendwie wieder zu verlernen. ... Nach der Entlassung aus der Klinik kam er wieder zu uns. In der ersten Zeit hatte er sehr viele Schwierigkeiten, mit diesen Alltagsstrukturen wieder klarzukommen, hatte extrem an Gewicht zugenommen, hatte irgendwie nicht die Motivation noch drei Wochen bis zum Schulabschluss." (B)

„Dann wurden meine Regeln ziemlich verschärft, kein Fernsehen, kein Strom in der Nacht, nach zehn Uhr hatte ich dann keinen Strom mehr, nur noch Licht. Ich durfte nicht mehr so lange telefonieren. Mein Handy musste ich immer wieder abgeben, den Vertrag wieder abgeben. Dann hatte ich gar keine Lust mehr und dann habe ich auch nur noch gestreikt. ... Nur bis zehn Uhr telefonieren. Manchmal war ich um zwölf noch am telefonieren. Fernsehen, da habe ich die Nacht durchgemacht. Ich habe mich nicht daran gehalten. Da wurden die Regeln sehr verschärft." (JUG)

Damit trifft ihn die Betreuerin an seinem Nerv. „Ich hatte den Eindruck, dass er einfach von seiner Interessenstruktur so ist. Er hat total Spaß, wenn man ihn dann anschiebt, irgendetwas mit uns zu machen, aber dass er nicht von sich aus die Motivation hat, mehr zu machen, als mit seiner – ich habe es immer Unterhaltselektronik genannt – also sehr viel unterschiedliche Musik hören und Fernsehen gucken, Computerspiele oder so etwas. Essen war natürlich auch sein Interesse." (B)

Arnd, der von sich sagt, dass er immer Probleme hatte, Gleichaltrige kennenzulernen und Freunde zu haben, ist damit auch sein Weg, solche Kontakte aufzunehmen stark gefährdet. „Im Internet – ja. Da kann man sich auch teilweise viel besser unterhalten, weil es auch viel mehr Leute gibt, die einen verstehen. Zum Beispiel beim Spielen. Ein Rollenspiel spielt man und dann sind da Leute von ganz anders, die dann auch solche ähnlichen Interessen haben, die einen Tipps geben, auch für die Realität." (JUG)

Auch in den Kontakten zu seiner Mutter fühlt er sich durch den Handy-Entzug sehr eingeschränkt. Während er vorher fast täglich lange mit ihr telefoniert hat, kann er das nun nur zu bestimmten Zeiten. Umso bedeutsamer und ausgedehnter werden nun seine Aufenthalte bei seiner Mutter. „Da hat man das dann so geändert, dass ich dann freitags losgefahren bin oder auch donnerstags teilweise, wegen der Web-Schule war das möglich, sodass ich dann am Sonntag wieder zurückgefahren bin oder Montag, wenn ein Feiertag war oder wenn Geburtstag war oder sonst etwas ... Bei meiner Mutter konnte ich Fernsehen gucken so lange ich wollte. Ich konnte spielen, was ich wollte. Ich konnte auch so reden wie ich wollte." (JUG)

Die Mutter berichtet davon, dass Arnd immer getrödelt hat, in der Hoffnung den Zug zu verpassen. Zurück in der Projektstelle, fällt es A. schwer, sich wieder einzufügen. „Er hat eine sehr enge Bindung zu seiner Mutter. Er hat täglich mit seiner Mutter telefoniert und er hat einmal im Monat die Mutter besucht hier in B. Und es war, egal in welchen von diesen Themenbereichen, die wir mit ihm bearbeitet haben, jedes Mal ein enormer Rückschlag nach diesen Besuchen. ... Aber jedes Mal nach so einem Besuch bei der Mutter gab es halt wieder diese neuen Konflikte. Dann ist er wieder nicht aufgestanden und hat wieder diese Eingewöhnungsphase gebraucht." (B)

Die Konflikte eskalieren. „Wenn mir das Handy einfach weggenommen wurde, dann habe ich sehr am Rad gedreht, habe teilweise was zerstört, die Wände habe ich auch teilweise zerstört, die waren mit Lehm gemacht ... Wenn es wild wurde, dann haben sie mich gemäßigt. Was auch manchmal hilfreich war. ... Wegen dem Essen, da konnte ich mich nicht wirklich mäßigen, weil ich eher viel esse. Das wurde dann auch gemäßigt, das hat mich dann auch genervt, und dann immer wieder durch dieses eine Problem, dieses Essen, ist es dann zur Eskalation gekommen." (JUG)

„Wenn ich das so ein bisschen verallgemeinere, war typisch für Arnd, dass er erst mal im Gespräch sich einsichtig gezeigt hat und allem zugestimmt hat, wo man denn erst einmal denkt: Okay, ist jetzt abgehakt, wir haben es ja besprochen und er ist auch der Meinung. Dann aber, wenn es an die Umsetzung geht, einfach was anderes gemacht hat. Wenn man ihn dann aber sozusagen daran erinnert hat: ‚Die Regel war aber anders und wir haben es anders abgemacht', dann konnte er extrem aufbrausend sein und uneinsichtig ..."

„Arnds Konfliktlösungsmuster war also anfangs, erst mal dem direkten Konflikt aus dem Weg zu gehen, oder wenn es eskalierte, wegzugehen. Er ging dann in sein Zimmer und nicht irgendwie weiter raus, wo er mehr Freiheit hat, und hat dann in seinem Zimmer Sachen zerstört. Gezielt in der Konfliktsituation irgendetwas, Lampe zerschlagen, Löcher in die Wand gebohrt, so etwas. Ich hatte auch den Eindruck, dass wir mit ihm sprechen konnten, wenn er sich wieder ein bisschen beruhigt hat. Wir haben auch versucht, aufzuzeigen, welche Handlungsalternativen gibt es denn noch und was könnte er ausprobieren, wenn es mal wieder so ist, dass er eben auch merkt, es kocht hoch und er kriegt Wut. Ich hatte auch den Eindruck, eine Zeitlang war es besser und er konnte auch so teilweise Sachen umsetzen, um in Konfliktsituationen nicht mehr ganz so heftig zu reagieren." (B)

Anders als die anderen Fachkräfte hält die Betreuerin diese heftigen Reaktionen Arnds nicht für impulsive Handlungen, die auf einen Kontrollverlust zurückzuführen sind, sondern sieht sie als gezielte Aktionen. „Es wurde ihm immer wieder unterstellt, dass er sich dann nicht steuern könnte. Das entsprach aber nicht meiner Wahrnehmung, weil ich das schon mehrfach miterlebt habe und beobachtet habe, dass er sehr gezielt vorgeht, sehr gezielt direkt in sein Zimmer geht, sehr gezielt das zerhaut, wovon er weiß, das ist jetzt nicht so ein riesengroßer Schaden. Er hat genug Zeit, also wirklich da hinzugehen, bis er das findet, worauf er einhauen kann. Er wird nicht handgreiflich gegen jetzt irgendwelche Personen oder gegen ungesteuert irgendwelche Sachen." (B)

Beendigung der Betreuung
Als sich die konflikthaften Auseinandersetzungen so weit zuspitzen, dass es zu einer körperlichen Bedrohung durch Arnd in der Projektstelle kommt, wird die Maßnahme beendet. „Da war halt für uns klar, wir wollen jetzt auch nicht noch mal einlenken, um ihn die Erfahrung machen zu lassen. Letztendlich lernt er ja mit jeder Erfahrung: ‚Ich kann das machen, es ist trotzdem egal oder gut.' Letztendlich war von uns die Entscheidung, dann ist es für uns hier nicht mehr tragbar." (B)

„Da war er schon 16, 17. Da konnte man mit Arnd nicht mehr ins Geschäft kommen. Er ist dann kurzzeitig zurück zur Projektstelle gekommen und war da sehr aggressiv. Er hat Straßenschilder verbogen, ist auf die Straße gerannt und hat ‚Heil Hitler' geschrieen, hat sich angelegt, sodass er zur Mutter beurlaubt wurde. Leider ist dann die Maßnahme beendet worden, weil das so nicht mehr tragbar war." (MA JA)

„Das war sehr gut für mich, aber ich hatte auch Tränen in den Augen. Abschied ist nicht immer das wahre Beste. Ich habe mich eigentlich ganz gut mit denen verstanden (...) und es war auch freundschaftlich gut, aber die Auseinandersetzungen waren das Problem." (JUG)

Arnd wird zu seiner Mutter gebracht. „Auf der Fahrt gab es schon noch so einen Abschiedsmoment, wo wir uns dann auch von ihm verabschiedet haben und ihm irgendwie ein paar Sätze über die gemeinsame Zeit und über die Wünsche für die Zukunft gesagt haben und wo es mich dann auch berührt hat, als ich gesehen habe, er fängt an zu weinen bei dem Abschied. Das hat mich überrascht, hätte ich ihm so nicht zugetraut, daran habe ich aber auch abgelesen habe: Okay, es berührt ihn erstens auch, dass es zu Ende geht, und es ist auch ein Zeichen dafür, dass bei ihm ja auch so eine Bindung zustande gekommen ist." (B)

Die Jugendhilfemaßnahme wird beendet, Arnd nach Hause zu seiner Mutter entlassen. „Ich hatte den Eindruck, dass der Arnd jetzt auch von Jugendhilfe einfach die Nase voll hatte. Dass alles – wie schon bereits erwähnt – mögliche gemacht worden war und jetzt einfach auch die Jugendhilfe erschöpft war." (MA JA) Web-Individualschule und Träger unterstützen A. allerdings auch nach der Beendigung der Maßnahme noch bei der Erlangung des Hauptschulabschlusses, den er – wie bereits erwähnt – erfolgreich erwirbt.

4. Gegenwärtige Lebenssituation

Arnd lebt jetzt wieder bei seiner Mutter, die – weil sie nicht mehr in ihrem ursprünglichen Beruf arbeiten kann – von Transferleistungen lebt. Obwohl diese ihm keinerlei Einschränkungen auferlegt oder Forderungen stellt, hat sich die ursprüngliche Problematik nicht verändert. „Wie gesagt, die Mutter stellt ja keine Forderungen und Arnd konnte schalten und walten wie er wollte. Arnd war jedoch sehr bedrückt von der Situation zu Hause, dass er kaum Platz hatte aufgrund der Messie-Problematik der Mutter, da wollte er Unterstützung haben, und was es für Möglichkeiten gibt, dass er da vielleicht auch alleine wohnen kann, da gab es irgendwie ein Zimmer in dem Haus, ein separates Zimmer, und dass er noch mal ein bisschen Unterstützung erhält beim Ordnung halten. Das wurde ihm doch zu viel, *weil er dort überhaupt keine Ruhe und keinen Abstand für sich hatte. Die Ausbildung oder weitere Perspektiven, schulische Perspektiven, das konnte von Arnd auch nicht alleine bearbeitet werden."* (MA JA)

Das Jugendamt unterstützt Arnds Mutter weiterhin in geringem Umfang durch eine sozialpädagogische Familienhilfe und hat ihm angeboten, auch ihn bei Bedarf zu unterstützen. Voraussetzung dafür ist, dass er selbst seinen Bedarf artikuliert.

Obwohl Arnd weiß, dass er intellektuell einen besseren Schulabschluss schaffen könnte, drängt ihn derzeit nichts zurück in die Schule. *„Ich bin kein Freund der Schule. Ich mag es gar nicht zur Schule zu gehen. Dieses ganze stundenlange Sitzen und dann wird durcheinander gebrabbelt und was weiß ich und das nervt. Dann würde ich lieber sogar arbeiten gehen. ... Ich würde lieber jetzt eine Ausbildung anfangen, wenn ich jetzt gesagt kriegen würde, (in) L., da wohne ich, da ist eine Kfz-Werkstatt, ich kann da meine Ausbildung machen. Ich würde es gerne machen, bloß die ersten Tage wäre es das Problem mit der Zeit, dass ich dann schlecht aus dem Bett komme. ... Das Problem wäre für mich nur das frühe Aufstehen am Anfang, sonst würde ich das echt gerne machen ..."*

„Ich müsste erst einmal wieder in einen normalen Alltag reinkommen. Und mein Schulabschluss ist das größte Problem. Dadurch kriege ich sehr schlecht eine Lehrstelle, und ich bin zu faul, zu faul nicht, ich würde gerne eine Lehrstelle haben, aber ich suche nicht so gerne." (JUG) Anträge der Bundesagentur für Arbeit sind ihm schon vor längerer Zeit zugeschickt worden, er hat sie lange unbeachtet liegen gelassen. Jetzt ist die Frist eigentlich schon verstrichen, aber nachdem er alles mit Unterstützung durch andere ausgefüllt hat, hat er sie jetzt endlich abgeschickt. Seine Mutter ist optimistisch: *„Daran arbeiten wir auch noch, dass er eine Lehrstelle bekommt."* (Mutter) Aber Arnd sieht sehr deutlich, dass es auf ihn ankommt. „Da müsste ich echt zwei, drei Wochen richtig arbeiten, dass ich es auch im Alltag wieder hinkriege – genau. Wenn das wäre, würde ich die Ausbildung gerne machen. Man müsste mir die erste Zeit ein bisschen Freiheiten lassen, dass ich nicht direkt angeschissen werde, wenn ich fünf Minuten zu spät bin." (JUG).

Mit Polizei oder Justiz hat Arnd nach eigener Aussage keine Probleme. „Gar nichts. Einmal mit der Polizei, da habe ich jemand geärgert, da kam auch die Polizei und das ist dann ohne alles ausgegangen. Jeder hat sich dann verzogen. Es gab eine kleine Verwarnung, keine Anzeige, kein Bußgeld oder so was. Das war nur ein kleiner Jugendstreich. ... Das hat sich auch gelegt mit dem Klauen, dazu habe ich gar keine Lust mehr. Das ist mir auch zu dumm." (JUG). Seine Freizeitmöglichkeiten sieht A. eher eingeschränkt und begründet damit auch seinen geringen Kontakt zu Gleichaltrigen. „Mit dem bisschen Geld, was ich gerade habe, weil ich keine Ausbildung und so habe, weil ich sozusagen auch zu faul bin, geht das schlecht. Also ich treffe mich mit meinen Freunden, gebe da Geld aus, und auch teilweise Fußballspielen oder zum Essen gehen mit denen. So viel kann ich da auch leider nicht machen." (JUG) Stattdessen nutzt er intensiv das Internet und ersetzt reale Kontakte durch die virtuelle Welt der Spiele. Auf die Frage nach sozialen Unterstützungsressourcen nennt er lediglich neben seiner Mutter die nahe Verwandtschaft.

Für die Zukunft wünscht sich Arnd: „Wenn ich es mit viel Glück und Hoffnung in den Griff kriege, dann würde ich sagen, dass ich arbeite, dass ich dann auch was geschafft kriege, arbeitsmäßig, dass ich auch mein eigenes Geld verdiene, mir auch was leisten kann, wie zum Beispiel mit meinem Freund mal ins Stadion gehen." (JUG) „Sein größter Traum ist es eben, Automechatroniker zu werden, aber mit einem normalen Hauptschulabschluss ist das ganz schwer." (Mutter)

Sein allergrößter, wenn auch – wie er selber weiß – unrealistischer Traum wäre es, wenn er aus seiner Begeisterung für das Internet und den dafür erworbenen Kompetenzen einen Beruf machen könnte.

5. Selbstbild, Selbstdeutung und Selbstwirksamkeit

Arnd ist offen und freundlich und schafft es durch seinen Charme, jemanden schnell für sich zu gewinnen. Er kann sich gut verbal ausdrücken und hat eine lebendige Mimik, die im starken Gegensatz zu seinen verbalen Aussagen (Faulheit, Bequemlichkeit) steht. Man bekommt den Eindruck, dass seine Bequemlichkeit eine Strategie ist, mögliche Misserfolgserlebnis oder negative Rückmeldungen zu vermeiden. Damit nimmt er sich aber auch die möglichen Erfolge und positiven Feedbacks. Besonders lebendig wird er in seinen Erzählungen über die virtuellen Welten des Internets und der Möglichkeit, seinen Auftritt nach eigenen Wünschen zu gestalten. Insgesamt wirkt er durchaus selbstreflexiv, kann sich aber (insgeheim) zuwenig zutrauen (Selbstwirksamkeit). Dort, wo ihn andere, zum Beispiel seine Betreuerin, zu Aktivitäten bewegen, genießt er diese und die damit verbundenen Erfahrungen eigener Wirksamkeit durchaus.

Arnds Aussagen zu seiner Selbstwirksamkeit sind erstaunlich reflektiert. *„Ja, für die Realität bin ich eine faule Socke. Ich würde am liebsten das Essen gekocht kriegen, am besten noch alles gebracht kriegen, am besten noch Geld dafür, dass ich im Internet spiele."* (JUG) Immerhin sieht er eine – wenn auch kleine – Veränderung zum Besseren: *„Immer noch ein bisschen faul, ich kann mich gut ausdrücken, meine Redensart ist gut. Ich bin sehr schlau, aber ich will es mir nicht anmerken lassen. Ich will nicht so als flei-*

ßiges Lieschen da stehen, strebermäßig ... Ich raste schnell aus, wenn man was Falsches sagt. Man muss nur bei mir ein paar wunde Punkte treffen und dann kann es schon rund gehen. Manchmal nervt es schon, aber wenn mich was nervt, sage ich es und stelle mich dem und sage: ‚Das nervt.' Das habe ich früher nicht gemacht. Ich habe dann eher zugeschlagen. ... Auch der Kontakt zu anderen Jugendlichen ist schlecht gewesen. Ist auch jetzt nicht gerade so das Beste, aber es ist nicht ganz so schlimm wie vorher. Die Unterhaltungsarten die waren schon bei mir eigentlich immer gut." (JUG)

Die für ihn über den gesamten Betreuungszeitraum zuständige Mitarbeiterin des Jugendamtes charakterisiert A. mit den Worten: „*Sehr kindlich, weiterhin hilfsbereit, die Rückmeldungen, die ich bekommen habe, dass er immer mehr den Bezug zu Erwachsenen hatte und den auch immer gesucht hat. Im ersten Moment offen, gesprächsbereit. Aber es bestätigte sich auch während der Gespräche, wenn es dann so ins Eingemachte ging, wäre Arnd am liebsten eingeschlafen, hätte sich zurückgezogen oder wäre am liebsten ausgebrochen.*" (MA JA)

„Das ist es. Ich zögere es gern raus. Ich bin faul, um genau zu sein – ja. Ich habe es ziemlich lange herausgezögert mit dem Schulabschluss. Ich habe es immer wieder herausgezögert mit dem Zu-meiner-Mutter-ziehen. Ich hätte auch schon vorher da sein können, dann hätte ich nicht so viel Mist gebaut. Das ist das größte Problem gewesen, meine Faulheit." (JUG).

6. Beurteilung der Ergebnisse und des Prozesses

Zielerreichung

Die Beurteilung des Betreuungsprozesses ist aus der Sicht aller Beteiligten eher verhalten. Das Jugendamt sieht es als Erfolg an, dass A. immerhin den Hauptschulabschluss erworben hat. *„Das Wichtigste – würde ich sagen – war ja, dass Arnd seinen Hauptschulabschluss erlangt hat und mit ihm erst einmal mit der Web-Schule noch mal Bewerbungen geschrieben werden sollten, sodass Arnd die Möglichkeit hat, wirklich ins Leben entlassen zu werden, dass er da die Möglichkeit hat, auch integriert zu werden und vielleicht eine Ausbildung zu beginnen."* (MA JA) Aus Sicht des Jugendamtes sind darüber hinaus reichende Erfolge an der mangelnden Kooperationsbereitschaft Arnds gescheitert. *„Meiner Meinung nach wurden die Ziele nicht erreicht, aber es wurde sehr viel daran gearbeitet und es gab immer wieder Entwicklungen, die man bei Arnd sehen konnte, die leider bei Arnd nicht nachhaltig waren. Aber es gab immer wieder durch diesen intensiven Kontakt Entwicklungsfortschritte, die auch eine Zeit lang gehalten haben, aber – wie gesagt – nicht nachhaltig. ... Ich würde diese Maßnahme (dennoch) als erfolgreich einschätzen. Eine andere Maßnahme, die Arnd zumindest soweit gebracht hätte, seinen Schulabschluss zu schaffen, das wäre – glaube ich – gar nicht möglich gewesen."* (MA JA)

Aus Sicht der Projektstelle haben das inkonsequente Verhalten Arnds Mutter und die bereits erwähnte Unterbringung in der Kinder- und Jugendpsychiatrie immer wieder mühsam aufgebaute Alltagsstrukturen und Absprachen konterkariert und ein konsequentes pädagogische Handeln innerhalb eines verbindlichen Regelwerkes verhindert oder zumindest stark eingeschränkt. Aus diesem Grunde ist das Fazit der Betreuerin auch eher skeptisch: *„Meine Prognose war, dass ich schon wusste, dass er zu seiner Mutter zurückziehen wollen würde und dass mein Gefühl mir schon sagte, dass das nicht das allergünstigste Umfeld für ihn ist, da ja* gerade diese Sachen, die er kennengelernt hat, ihm so einen Halt geben, wie diese regelmäßig wiederkehrenden Alltagsstrukturen und dass die nicht so gegeben sind. Ich dachte: ‚Na gut, dann wird er da vielleicht bei Muttern auf dem Sofa sitzen, Fernsehen gucken und Chips essen.' (B) Dennoch wurden – neben dem erreichten Hauptschulabschluss – aus ihrer Sicht weitere Ziele erreicht: „Ich denke, dass wir diese Ziele schon auch erreicht haben, dass er unter dem Aspekt der Gesundheitsvorsorge, auch wenn ich denke, dass er aus eigener Initiative das nicht weiter macht, dass er unter unserer Anleitung und Reglementierung doch einen ziemlich guten Gewichtsverlust hinbekommen hat. Dass er wohl auch zumindest kennengelernt hat, dass es Spaß machen kann, sich zu bewegen und es auch Spaß machen kann, sich mit anderen Dingen zu beschäftigen. ... Ich denke, dass er einen Einblick bekommen hat in Freizeitgestaltungsmöglichkeiten, die man sonst noch so hat, die er vorher vielleicht nicht so gekannt hat. Ich denke, es ist einfach so eine Spektralerweiterung, wie könnte das Leben noch sein, die vielleicht – denke ich jetzt – nach so einer kurzen Zeit er nicht alle direkt umsetzt. Das denke ich schon. Ich habe immer noch die Hoffnung, dass im Hinterkopf so etwas bleibt von: ‚Ich weiß, da gibt es noch etwas anderes.'" (B)

Dies ist – ihrer Einschätzung nach – besonders durch die Einbettung Arnds in die Familie gelungen: „Ich denke, uns ist es schon gut gelungen, auf der Beziehungsebene ihn einzufangen, abzuholen, ihn mitzunehmen und in unser familiäres Umfeld zu integrieren und in dem gemeinsamen Alltag zu leben, sodass wir alle miteinander klarkommen und dass er auch das kennenlernt, wie ist so ein soziales Miteinander. Kommunikationsstrukturen, einfach in einem alltäglichen Umgang." (B)

Beteiligung
Arnd dagegen führt die Begrenzung der Erfolge und ihrer Nachhaltigkeit auf Überforderung zurück. „Ich wollte nach Hause, ich wollte einen Schulabschluss, aber dazu habe ich die Lust nicht gehabt. Ich hatte Ziele, die

ich nicht eingehalten habe und dann wurde ich manchmal auch missverstanden. Ich habe gesagt, ich will nichts versprechen, und dann musste ich später doch noch was versprechen und das habe ich dann nicht geschafft, weil ich ja nichts versprechen wollte. Ich wusste, dass ich es teilweise nicht schaffe." (JUG)

Interessant ist in diesem Zusammenhang auch die unterschiedliche Wahrnehmung der Beteiligten im Hinblick auf Freiwilligkeit und Beteiligung an den für den Betreuungsprozess bedeutsamen Entscheidungen. Die professionellen Helfer haben das Gefühl, Arnd sei an den ihn betreffenden Entscheidungen maßgeblich beteiligt gewesen. *„Wir haben mit allen zusammen quasi so ein Krisengespräch auch geführt. Wir haben Arnd natürlich auch gefragt, was er will. Er wurde schon daran beteiligt. Wir haben ihm Vor- und Nachteile aufgezeigt aus unserer Sicht. Arnd hat sich dann dazu auch entschlossen, das weiterzumachen."* (MA JA) *„Er wusste aber dann wohl, dass er muss und war dann schon einverstanden oder konnte sich das vorstellen, zu uns zu kommen. Das ist für uns auch immer ein wichtiger Aspekt, dass ein Jugendlicher im Rahmen vorgegebener freier Entscheidungen dann kommt und sich das dann auch vorstellen kann. Das war bei ihm schon gegeben."* (B)

Arnd dagegen fühlt sich im Rückblick wenig beteiligt: *„Da wusste ich teilweise gar nicht, was ich sagen sollte, weil ich zuviel gefragt wurde. Ich habe mich auch gar nicht darauf vorbereitet, weil mir die Gespräche egal waren."*
Es ging aber doch um dich.
„Ja, aber jedes halbe Jahr immer wieder über dasselbe diskutieren. Dazu hatte ich echt keinen Bock. ... Manchmal habe ich es genutzt, aber nicht immer. Ich war eher nicht gut drauf. ... Ja, bockig, weil ich das nie wollte. Die Gespräche waren egal, ich wollte nicht dahin, ich wollte lieber was anderes machen." (JUG)

Arnds Mutter ist mit der Projektstelle und der Betreuung zufrieden. Für sie ist besonders der erworbene Schulabschluss ein Erfolg. Ihre Einbindung in das Projekt macht sie vor allem an der Person des Koordinators fest, dessen Kommunikation und Engagement sie als besonders positiv erlebt. Weitere vorgesehene Wege der Mitwirkung (Kontakte zum Jugendamt, Hilfeplangespräche) nutzt sie nicht: *„Die reden meistens um den heißen Brei herum."* (Mutter) *„Mit der Mutter, sie war immer schon so, dass sie da eher ein bisschen zurückhaltender war. Sie hatte immer viele Befürchtungen und Sorgen, hat die aber nicht so geäußert. ... Sie hat nicht dagegen gearbeitet, nein. Also nicht böswillig oder extra gegen irgendwas gearbeitet, sondern das liegt halt so in ihrer Entwicklung auch, dass sie schon Signale gesetzt hat, dass sie Arnd natürlich auch gerne bei sich haben möchte. Aber sie hat was anderes gesagt. Sie versuchte immer, Arnd etwas anderes zu vermitteln."* (MA JA)

Abgesehen von diesen Einschränkungen beurteilen alle Beteiligten die Zusammenarbeit als positiv. Arnds Mutter betont vor allem den guten Kontakt zur Projektstelle: *„Der Kontakt zu der Familie war sehr gut. Wir haben telefoniert und alles. Ich hätte auch zu jeder Zeit da hinfahren können."* (Mutter) Besonders die professionellen Fachkräfte haben die Zusammenarbeit untereinander als offen, hilfreich und konstruktiv erlebt.

Grit: „Ich war ein hartes Stück würde ich mal so sagen"

1. Verlauf der Maßnahme

Vorgeschichte

Grit, geb. 1990, kommt mit zwölf Jahren in stationäre Heimunterbringung, nachdem es mit ihrer Mutter ernsthafte Auseinandersetzungen gegeben hat. Hintergrund sind unter anderem Gewalterfahrungen in der Familie und die Eifersucht von Grit gegenüber dem neuen Partner ihrer Mutter. *„Ich habe mich von meinem Mann getrennt und habe einen neuen Freund kennengelernt, der heute mein Lebensgefährte ist, und das hat Grit nicht akzeptiert. Grit war mein Küken. Ich war zwar verheiratet, aber ich hatte keinen Mann und keinen Vater. Ich habe Grit zu mir genommen. Da war sie vor allem geschützt, vor meinem Mann, der war Alkoholiker. ... Grit war, dadurch dass sie verwöhnt wurde, schwierig. Bis zur Grundschule ging alles klar, aber nachher auf dem Gymnasium wurde sie schwierig. Sie wollte keine Regeln einhalten, sie hat mich belogen und da eskalierte es. ... Sie war immer Ich-bezogen, sie wollte immer älter sein – immer schon. Sie war auch eifersüchtig auf ihre Schwester. Sie wollte immer älter sein als sie ist. Sie wollte auch über andere Kinder bestimmen, entweder gibt sie den Ton an, so klein wie sie war, oder es gibt kein Spielen oder es gibt, weiß der Teufel, zack. Grit wollte immer im Mittelpunkt sein."* (Eltern)

Grit schwänzt außerdem die Schule und wechselt vom Gymnasium auf die Realschule. Sie bringt die damalige Situation im Rückblick auf den Punkt: „*Drogenkonsum, insbesondere Marihuana-Konsum, extrem stark. Schulabgängerin, also 4 Jahre lang geschwänzt – ungefähr, nicht hingegangen, kriminell gewesen. Ich habe Leute verprügelt und hintergangen. Meine Eltern total hintergangen. Eigentlich so ein richtiger Ausreißer, das kann man so sagen.*" (JUG)

Grit selbst will von zu Hause weg und geht zusammen mit ihrer älteren Schwester zum Jugendamt. „*Sie ist in Obhut genommen worden, die (Mutter) war ziemlich stinkig auf ihre Töchter, dass die sich da solidarisiert haben gegen sie und dann hat sie auch gesagt, sie will die Grit nicht bei sich zu Hause mehr aufnehmen.*" (MA JA)

In den gruppenbezogenen Strukturen der Heimeinrichtung ist Grit mit pädagogischen Mitteln nicht zu halten. „*Ich bin ins Heim gekommen und die heiße Phase fing dann im Heim an. Ich bin dann vom Heim zu einem anderen Träger gewechselt und das war so fortlaufend.*" (JUG)

Sie wechselt in eine Projektstelle, wo sie von vier Mitarbeiterinnen betreut wird, verstößt aber weiterhin gegen Absprachen und Regeln und verweigert den Schulbesuch. Kurzzeitig wird sie in einer Auszeit nach Dänemark zu einer Psychologin geschickt, muss aber von dort sehr schnell wieder zurückgeschickt werden, weil sie über Nacht ausbleibt und Kontakt zu einer gefährdenden Szene bekommt.

In einer Notiz des Jugendamtes heißt es dazu: „*G. brachte alle Betreuer an ihre psychischen und physischen Grenzen. Sie wäre nur noch mit Einsperren oder Gewalt zu halten gewesen. G. sucht immer Aktion, Ablenkung und Zerstreuung, das heißt sie ist nicht bei sich.*" (Bericht des Jugendamtes, ohne Datum). „*Ich habe eigentlich gemacht, was ich wollte. Ich bin gar* nicht mehr zu kontrollieren gewesen, abgängig, Dauervermissten-Anzeigen waren draußen. Ich habe einfach gemacht was ich wollte." (JUG)

Die zuständige Mitarbeiterin des Jugendamtes charakterisiert Grit so: „Die Grit, die war eine echte Powernudel, die hatte so viel Power in sich. Ich hatte den Eindruck, die wollte es wissen, die wollte Halt haben und gehalten werden und gleichzeitig eben auch die Freiheit, sich entfalten zu können ..."

„Sie hat nur gefordert, gefordert, gefordert und sie war damit eigentlich sehr einsam. In dieser Einsamkeit hat sie Sachen gemacht, um dann wieder in Kontakt zu kommen. Sie hat angefangen zu prügeln und Gangs zu machen. Das war ja auch ein Anzeichen dafür, dass sie eigentlich ganz unglücklich war, weil sie nicht mehr anders Kontakt aufnehmen konnte." (MA JA)

2. Entscheidung für Auslandsmaßnahme

Eine Begutachtung in der Kinder- und Jugendpsychiatrie bringt keine Anhaltspunkte für eine psychiatrische Erkrankung. Das Jugendamt schlägt deshalb ein Auslandsprojekt vor und verbindet damit folgende Ziele:

· Realität vermitteln

· aus Konsumhaltung aussteigen

· Konfrontation mit eigenen Grenzen

· Erarbeitung einer realistischen Lebensperspektive

· Beschulung

„Ich habe gehofft, dass die Grit, die so die Vorstellung hat, das Leben muss auf einem Silbertablett präsentiert werden, und zwar zackig, dass die ir-

gendwo geerdet wird und wieder auf einem Boden landet und – wie man so schön sagt – bodenständig wird, dass die begreift, wie das Leben funktioniert, nämlich dass sie was einbringen muss und sich als Person wertvoll erleben muss und dass sie – wie das so schön heißt, das klingt immer blöd – bei sich ankommt." (MA JA)

„Sie brauchte Abstand von D., wo sie gewohnt hat, von den Typen, die sie getroffen hat, von Drogen, von Alkohol. Sie musste einfach da weg." (B)

Vor die Wahl gestellt, ins Auslandsprojekt zu gehen oder aber in eine geschlossene Unterbringung, stimmt Grit der Auslandsmaßnahme zu. *„Ich bin in die Klinik gekommen, ich glaube, das war auch eine geschlossene, zwar mit Ausgang, aber sehr begrenzt, für ein psychologisches Profil. Ich bin anfangs freiwillig dort gewesen, später dann mit gerichtlicher Verfügung, weil ich nicht mehr dableiben wollte. Es war erst einmal so, dass ich irgendwo hin sollte, irgendwo reingesteckt werden sollte. Dann kamen sie und haben gesagt: ‚Wir haben hier einen Träger, der sich interessierten würde, dich aufzunehmen, für ein Auslandsprojekt' oder es gab die Möglichkeit, in die Geschlossene zu gehen, in ein Heim für Schwererziehbare. Da hat sich die Option Schweden doch schon besser dargestellt."* (JUG)

„Genau, die war ja sehr pfiffig und dann ist sie aus der Psychiatrie raus und hatte gedacht, jetzt kann ich hier meinen Stiefel weiter durchziehen. Das war immer ein Machtkampf mit ihr. Dann haben wir der Grit ganz klar gesagt, das kann sie sich jetzt überlegen, entweder sie geht weiter in die Psychiatrie mit rein und raus oder sie geht jetzt mal in die Geschlossene oder sie stimmt der Auslandsmaßnahme zu." (MA JA) *„Ja, ich würde das als Druck bezeichnen, nicht als Zwang. Es war ja immer noch eine freie Entscheidung."* (JUG) *„Aber sie hatte sich für Schweden entschieden. Sie wollte ihr Ding durchziehen, hat sie gesagt."* (B)

Nach ihrer grundsätzlichen Zustimmung wird Grit auf ihre Zeit in Schweden vorbereitet. *„Zu dem Zeitpunkt wusste die Grit, die hatte ja ihre Schule abgebrochen, noch nicht einmal wo Schweden ist, die hat sich vollkommen vernachlässigt in vielen Dingen. Ja, und dann hat sie gesagt: ‚Ja, was soll ich denn da machen.' Dann sollten wir ihr was von Schweden erzählen."* (MA JA)

„Ich hatte mich mit Frau ... (Mitarbeiterin des Trägers) getroffen, das weiß ich noch ganz genau. Die war beim Jugendamt und sie hat mir ein paar Bilder gezeigt und hat mir ein bisschen was erklärt, wie es da abläuft. Aber im Großen und Ganzen wusste ich nicht viel darüber. Das war alles sehr ungewiss." (JUG) *„Das war echt lustig. Sie hat dann noch einmal Geld gekriegt, Bekleidungsgeld, sollte sich dann eben auf diese kalte Witterung einstellen. ... Sie hat sich dann nur so Stringtangas und Cowboystiefelchen gekauft. Witzige Sachen, die vollkommen daneben waren. Sie kam dann da mit dem Lackhandtäschen angedackelt und hat vollkommen unterschätzt, was sie da antrifft."* (MA JA)

3. Verlauf der Maßnahme

Erste Eindrücke

Die ursprünglich vorgesehene Vorbereitungszeit von ca. vier Wochen verlängert sich durch eine notwendige Operation. Schließlich kommt sie einen Tag vor Weihnachten abends im Dunkeln im Standprojekt in Schweden an. *„Da stand ein so ein bisschen arrogantes, pummeliges, aber auch erschrecktes Mädchen vor mir."* (B) *„Ich weiß nicht, es war alles total neu. Einerseits war ich neugierig, andererseits dachte ich, bloß wieder zurück. Ich weiß nicht. Auch zu wissen, dass da fast keine Menschen leben und wenn da Menschen leben, dann nicht in meinem Alter. Man ist ziemlich isoliert. ... Mein erster Eindruck war, was für Dorftrampel. Ich wusste nicht, wie ich* das einschätzen sollte. Ganz komisch. Die Kleidung war ganz anders. Der Lebensstil auch gar nicht so, was ich gewohnt war. Ungewohnt eben." (JUG)

„Es war eigentlich ein Schock, ein Kulturschock. Sie hat eigentlich richtig Angst gehabt. Sie kam im Dezember. Es war alles ganz dunkel, ganz kalt draußen. Wir waren fremd, das Land war fremd. Alles war für sie fremd. Das war schwierig für sie ..."

„Wir haben viel mit ihr gesprochen, haben ihr die Umgebung gezeigt. Wir haben einfach viel geredet und natürlich auch darüber, was wir für Regeln haben, was wir erwarten, und wir haben natürlich auch gefragt, was sie erwartet." (B)

Grit, die – wohl zum ersten Mal – die Situation nicht beherrscht, will zurück nach Deutschland. „Dann wollte sie da nur weg und dann habe ich gedacht: ‚Nein, das machen wir jetzt nicht, dem muss sie sich jetzt auch mal stellen.'" (MA JA)

„Die Projektstelle liegt in V., im Norden von Schweden, ca. eine Autostunde vom Öresund entfernt. V. ist ein Dorf, das aus 20 Häusern besteht. Grit wohnte in einem Häuschen auf dem Grundstück des Betreuerpaares. In dem Häuschen sind eine Küchenzeile und ein Bad. Duschen muss Grit im Haupthaus. Außerdem gehört zu der Projektstelle ein Reitstall, in dem ca. 15 Islandponys untergebracht sind. Grit hat die Möglichkeit, Reiten zu lernen, da die Betreuerin ... Reitlehrerin ist. Ihr Partner ist Deutscher. Er hat unter anderem eine Ausbildung als Erlebnispädagoge. Außerdem betreuen die Betreuer ein Gästehaus, das sowohl von einzelnen Personen als auch von Gruppen genutzt wird. Beide Betreuer sprechen fließend schwedisch und deutsch." (HPG-Protokoll vom 29.3.06) Mit ihr zusammen ist ein weiterer Jugendlicher dort untergebracht.

Alltag und Regeln

In den ersten Wochen versucht Grit, das erfolgreiche Verhaltensmuster von zu Hause zu reproduzieren. Sie bockt, verweigert sich und fordert ihre Betreuerin immer wieder heraus. „*Die ersten drei Monate war ich nur bockig. Ich hatte keinen Bock auf gar nichts. Ich war auch mehr oder weniger ein bisschen auf Entzug auch durch diese ganze Kifferei, was ich anfangs hatte auch regelmäßig, täglich. Das war so ein Schlag von null auf hundert, diese Wende. Ich habe rebelliert eigentlich nur die ersten drei Monate. Grenzen ausgetestet, wie weit kann ich gehen. Dann hat sich das einigermaßen nach und nach eingerenkt.*" (JUG)

Sie sammelt in der ersten Zeit Kritikpunkte und notiert aus ihrer Sicht falsches Verhalten ihrer Betreuerin, um diese dann im Hilfeplangespräch vorzutragen. Gerade in der Anfangsphase gibt es immer wieder Auseinandersetzungen über die Regeln, die allerdings von den Beteiligten unterschiedlich bewertet werden. „*Ich hatte da eigentlich so gut wie keine Regeln. Ich musste gucken, dass die Hütte sauber ist. Ich habe ja in eigener Hütte gewohnt. Aber sonst Regeln gab es nicht großartig. Es kommt auch immer auf die Person selber an, ob man viele Regeln braucht oder nicht, aber es ist eigentlich nicht so viel einzuhalten.*" (JUG)

„*Grit hat auch ihre Aufgaben da bekommen. Pferdeställe ausmisten, sie ist ja auch geritten, also soll sie sich auch darum kümmern. Das hat sie nicht gemacht.*" (Eltern)

„*Grit hat ganz viel vereinbart. Sie wollte schon die ersten Tage das Sagen haben. Sie hat mir erzählt: ‚Mich müsst ihr mindestens dreimal wecken, wenn ich aufstehen soll.' ‚Na ja', habe ich gesagt, ‚ich wecke keine Jugendlichen dreimal. Ich wecke dich einmal und das sollte reichen.' Es ging von Anfang an so, dass die Grit bestimmen wollte. ... Wir haben bei uns nicht so viele Regeln, bei manchen Sachen müssen sie sich anpassen. Zum Beispiel, dass* wir uns morgens um neun treffen und dann frühstücken. Dann wird Schule gemacht und am Nachmittag unternehmen wir Sachen. Und dass sie im Haushalt helfen, aber nicht so streng. Es wird mit der Zeit auch lockerer. Bei Grit war es so, bei manchen Sachen musste man wirklich zeigen, wer das Sagen hatte." (B)

Der Tagesablauf sieht gemeinsame Zeiten vor, ist aber nicht komplett durchgeplant. „Ein typischer Tag: Wir treffen uns um neun Uhr. Ich musste sie öfter um halb neun wecken, aber sie hat es auch eine Zeitlang geschafft, alleine aufzustehen – glaube ich. Versucht habe ich es immer, dass sie selbst einen Wecker hat. Bei Grit war das sehr schwierig, alleine aufzustehen." (B) „Es war ziemlich schwer, zum Beispiel meinen Schlafrhythmus wiederzubekommen. Ich war ein Nachtmensch davor über ein Jahr lang. Der Schlafrhythmus war ziemlich schwierig." (JUG) „Dann gab es Frühstück und dann hat sie Schule gemacht. Manchmal alleine, manchmal mit Begleitung. Dann mittags haben wir ungefähr um ein Uhr gegessen. Bei uns sind die Tagesabläufe nicht so wichtig. Neun Uhr, das ist der wichtigste Zeitpunkt, die anderen Esszeiten sind nicht so regelmäßig immer jeden Tag. Es kommt darauf an, was wir machen, gemacht haben. Nachmittags wurde dann meistens etwas unternommen, also nicht jeden Tag. Wir sind Ski gefahren, Grit wollte gerne Snowboard fahren im Winter. Wir sind auch geritten ab und zu." (B)

Grit – ohne die gewohnte ‚Action' um sich herum – gerät ins Grübeln. „Also man hat so vor sich hin gelebt. Man hat … sehr viel reflektiert, was habe ich da eigentlich gemacht, was hat mir das gebracht und warum bin ich jetzt überhaupt hier?" (JUG)

Den eingeschränkten Kontakt zu Gleichaltrigen, versucht sie durch Internetkontakte auszugleichen: „Ich war sehr, sehr viel im Internet, gerade auch, um Kontakte zu halten hier in Deutschland. Anfangs waren es immer noch die falschen Leute, mit denen ich Kontakt gehalten habe, was sich in der Zeit auch sehr stark reduziert hat. Ich habe mir dann die Leute auch herausgepickt, wo ich dachte, okay, mit denen kannst du Kontakt haben, mit denen nicht. Irgendwann fängt man an zu denken: Moment mal, du bist jetzt schon so und so lange hier, das machst du jetzt bestimmt nicht umsonst. Willst du dir selbst einen Arschtritt geben, das umsonst tun, das ist verschwendete Zeit." (JUG)

„Irgendwie ist dann der Ton langsam anders geworden, positiver. Obwohl wir fast täglich Auseinandersetzungen hatten, habe ich gewusst, ich muss ihr jeden Tag etwas Positives sagen, ich muss trotzdem zeigen, dass ich sie mag. Das war uns bewusst, mir und meinem Mann." (B) „Als ich dann Grit nach vier Monaten – glaube ich – erlebt habe, als ich das Kind gesehen habe, da war ich davon überzeugt. Sie hatte tatsächlich dieses Lackhandtäschchen abgelegt und die Cowboystiefel und lief da wirklich auch anders herum, auch ungeschminkt, die hat tatsächlich auch Dreckgeschirr gespült. Sie hat natürlich auch diskutiert, aber da hat sie schneller aufgegeben. Sie hatte da Reibungsfläche und gleichzeitig aber auch diese Tiere, die da waren, da hatte sie auch so Kuschelmöglichkeiten und Übernahme von Pflichten, dafür kriegte sie dann immer auch was. ... Das Beeindruckendste war, dass sie nach vier Monaten gesagt hat, sie wäre total froh, dass wir sie da hingeschickt haben." (MA JA) „Erst wollte sie ein Jahr durchziehen, sie wollte ihr Ding durchziehen und dann wieder weg, so schnell wie möglich. Das war ihr Ziel, aber mit der Zeit, also nach einem Dreivierteljahr hat sie wohl gemerkt, dass es ihr gut tut und dass wir auch besser klar miteinander kamen und dass sie doch bei uns auch Ziele erreichen konnte, zum Beispiel mit der Schule und so weiter. Dann wollten wir und sie, dass das Projekt verlängert werden sollte ein halbes Jahr. Das letzte halbe Jahr war fast nur positiv." (B) „Nachdem die Grit sich da so abgerieben hat eine Zeitlang und wirklich auch innerlich für sich entschieden hatte, ich bleibe dann hier, hat sie so nach und nach auch die Chance genutzt, die ihr da geboten wurde."

(MA JA) Grit bemerkt dazu im Rückblick nachdenklich: „*Ich weiß es nicht, wie der Wendepunkt kam. Es ist mir auch gar nicht so bewusst, wann das eigentlich kam – gar nicht. Es ist einfach gekommen. Ich weiß es nicht. Vielleicht auch eine eigene Entwicklung – unbemerkt. Was weiß ich. Es war mehr oder weniger unterbewusst, denke ich mal.*" (JUG)

Auch die Beziehung zu ihrem gleichaltrigen ‚Leidensgefährten', das durch ihr Verhalten vorher hart auf die Probe gestellt worden war, verändert sich. „*Man hockt aufeinander, irgendwann musste man sich verstehen. Dann hat man doch Sympathien für einander entwickelt, später ganz zum Ende. Wir waren über ein Jahr ganz gut befreundet. Wir hatten ein geschwisterliches Verhältnis und ganz zum Ende sind wir auch ein Paar geworden, sind auch in Deutschland zusammengezogen.*" (JUG) Gleichzeitig sucht Grit – soweit es im Umfeld möglich ist – den Kontakt zu Gleichaltrigen. „*Ich bin dann das erste Mal ins Jugendzentrum gegangen. Ich habe mir dann Kontakt aufgebaut. Ich war dann später auch im SFW, das gab es für Einwanderer. Ich habe einen Schwedischkurs besucht, wo auch andere Einwanderer waren.*" (JUG)

Lernen für den Schulabschluss

Grit, die jahrelang den Schulbesuch verweigert hat, bekommt auch wieder Lust auf Schule. „*Ich fand die Idee anfangs ganz toll mal wieder Schule zu machen. Ich musste auch nicht viel dafür tun, um meinen Abschluss zu kriegen.*" (JUG) Wegen der damit verbundenen Sprachprobleme, vor allem aber wegen Grits langer Karriere als Schulverweigerin, müssen flexible Formen der Beschulung gefunden werden, die Grit ermöglichen, eigene Zugänge zum Lernen zu finden. „*Dann habe ich mit Flex (Fernschule) angefangen nach ungefähr einem halben Jahr wo ich da war. Sehr sporadisch ist das gelaufen, ich hatte immer keinen Bock auf Schule. Ich hatte nicht wirklich den Nerv dazu. Ich war das auch nicht mehr gewohnt und dann auch, diese Selbstdisziplin aufzubringen und dieses ganze Schulmaterial durchzuarbeiten, das war auch immer so eine Sache. ... Ich habe es nach meinem eigenen Rhythmus gemacht. Ich habe auch – ganz ehrlich – so gut wie gar nichts gemacht. Ich habe das alles so ein bisschen schluren lassen, aber ... (die Betreuerin) hat mir sehr geholfen, gerade bei meinen Schwächen, in den Fächern, wo ich schwächer war."* (JUG) Über diese Entwicklung sind auch Grits Eltern ganz erleichtert: „Zum ersten Mal ging es ja dann los, dass sie da eine schulische Ausbildung weiter gemacht hat, wenn auch die Fernschule – schleppend, aber immerhin etwas." (Eltern)

Im HPG-Protokoll des Jugendamtes heißt es dazu: *„Es war eine deutliche Veränderung bei Grit zu spüren. Es war das erste Hilfeplangespräch, bei dem nicht geschrieen wurde, bei dem Grit nicht einem anderen die Schuld zugewiesen hat, sondern strahlend von ihren Erfolgen erzählt hat. Sie möchte auf jeden Fall die Maßnahme zu Ende machen und in Schweden die Zeit nutzen, um das Paket 3 in der Schule zu beenden."* (HPG-Protokoll, v. 21.9.06)

„Geplant war ein Jahr. Dann hat sich das um drei Monate verlängert, weil es auf die Abschlussprüfung zuging. Dann habe ich noch einmal freiwillig verlängert, um die Zeit noch einmal intensiver zu nutzen für die Vorbereitung auf die Abschlussprüfung mündlich." (JUG)

Während Grit ihren eigenen Anteil am letztlich erfolgreich erworbenen Schulabschluss herunterspielt – wohl auch weil das eigene Engagement für schulisches Lernen nicht so recht zu dem vorher gepflegten Selbstbild passt –, bescheinigt ihre Betreuerin ihr ein regelmäßiges und hohes Engagement. *„Schule war jeden Tag. Das war ein wichtiges Ziel, dass die Grit die Schule durchmachen soll. ... Wir haben sie bei dem Schulabschluss unterstützt. Sie hat auch sehr viel selbstständig gemacht."* (B)

Konflikte

Trotz dieser positiven Entwicklungen kommt es auch immer wieder zu Konflikten. Meist geht es darum, dass Grit Absprachen und Regeln nicht einhält, die Pflege der Pferde, die sie übernommen hat vernachlässigt, oder einfach wieder einmal ausgiebig ‚diskutieren' will. *„Zum Beispiel, dass sie nicht aufstehen wollte und dass sie keine Lust auf Abwasch hatte. Die Diskussionen gingen ja um Respekt und Zuverlässigkeit und solche Dinge. Sie war oft ganz sauer auf mich – wirklich. Ich auf sie auch."* (B)

Obwohl sich beide Frauen häufiger verbissen in den Haaren liegen, ist es genau das, was sie aneinander (auch) schätzen. *„Immer gerade drauf zu. Auch ein Dickschädel. Diese Diskussion, diese Wut, diese Energie. Ja, das war das, was mir sehr zugesagt hatte."* (JUG) *„Ich habe gedacht, diese Diskussionsfreudigkeit, die wir hatten, das hat uns auch näher zueinander geführt."* (B)

Auch Grits Eltern vermerken das konsequente Verhalten der Betreuerin positiv. *„Das war die Einzige, die ihr Paroli geboten hat ... Die Frau war sehr gut. Sie hat Grit wirklich mal die Grenzen aufgezeigt. ‚Bis hierher und nicht weiter. Wenn du das nicht machst, okay. Warum willst du das denn haben?' Das fand ich sehr gut von ihr. ... Das haben wir als sehr positiv empfunden, wo wir dachten: Aha, obwohl (die Betreuerin) konsequent ist und auf die Einhaltung der Regeln achtet, ist (Grit) da nicht absolut konträr, sondern sagt: ‚Nein, mit (ihr) bin ich gerne zusammen.'"* (Eltern)

Rückkehr nach Deutschland

Der eigentlich zunächst auf ein Jahr angelegte Aufenthalt in Schweden wird auf Antrag Grits um vier Monate verlängert, die sie für eine intensive Vorbereitung auf die Abschlussprüfungen (Hauptschule) nutzen will. Zugleich wird sie in dieser Zeit auf ihre Verselbständigung vorbereitet. *„Wir haben angefangen, den letzten Monat selbst zu kochen, zu putzen und* was weiß ich nicht was. Wie in einer eigenen Wohnung, weil es auch auf die eigene Wohnung hinauslaufen sollte. Das hat ganz gut geklappt, das muss ich sagen." (JUG)

„Ursprünglich war das (die Maßnahme) aus finanziellen Gründen, das wurde über die Abteilungsleitung genehmigt, sowieso nur für ein Jahr, dann war das wieder im Dezember zu Ende und dann haben wir einen Hilfeplan gehabt und haben gesagt: ‚In einem halben Jahr ist die Schulprüfung, also die externe Schulprüfung, sie kommt dann im März, April vielleicht runter.' Das war so eine Planung, dann habe ich noch drei Monate verlängert gekriegt, so nach dem Motto, dann kann sie sich vorbereiten, dann kann sie sich hier wieder eingewöhnen und dann diese Prüfung machen. ... Ja, sie hat dann die Prüfung bestanden, den Hauptschulabschluss. Dann hat sie noch die Wochen da verbracht und dann ist sie schließlich und endlich hier runtergekommen." (MA JA)

„Ich habe mich gefreut, wieder in Deutschland zu sein. Das ist ja auch wieder was Neues. Ich dürste immer nach Veränderungen. So, jetzt will ich was Neues. Ich will halt nirgendwo richtig ankommen. Ich habe meinen Platz noch nicht so gefunden. Deswegen habe ich mich auch wieder auf Deutschland gefreut. Das war interessant und spannend. Wie machst du das jetzt? Wirst du rückfällig? Wie erlebst du die Jugendlichen in deiner Umgebung?" (JUG)

„Grit war am Anfang erst einmal euphorisch, sie macht das und das. Es war ja auch abgemacht, mit der Schule weiterzumachen." (Eltern)

Grit kommt zunächst für drei Monate in eine Projektstelle nach K. und wird dort ambulant im eigenen Wohnraum in die Selbständigkeit begleitet. Dann zieht sie mit A., dem Jugendlichen, den sie in Schweden kennengelernt hat, in eine gemeinsame Wohnung. Auch dort werden sie noch einige Zeit ambulant betreut. *"Die Hilfe wurde beendet, da Grit die Schule abgebrochen hat. Sie hat sich entschieden, eine Berufsausbildung zu machen und Kontakt zur ARGE aufgenommen."* (Abschlussbericht des JA vom 20.1.2009)

4. Derzeitige Lebenssituation

Zwischenzeitlich hat sich Grit von ihrem Freund getrennt. Dieser ist aus der gemeinsamen Wohnung ausgezogen. *"Ich habe mir eine Freundin mit in den Hausstand genommen sozusagen, wir sind jetzt auch in einer Wohngemeinschaft."* (JUG) Nach eigener Aussage kommt Grit mit ihrem Alltag gut klar. *"Heute geht es mir eigentlich ganz gut. Ich kann mich nicht beklagen. Man ist jetzt 18 und steht auf eigenen Beinen komplett ohne Unterstützung. Ich muss selber gucken, wie ich klarkomme."* (JUG). Sie räumt allerdings ein, dass sie Probleme im Umgang mit Geld und mit Anträgen bei Ämtern hat und hätte sich gewünscht, darauf besser vorbereitet gewesen zu sein. *"Ich finde, sie hätten mich besser darauf vorbereiten sollen, noch einmal eindringlicher. Zum Beispiel: Wie funktioniert es auf Ämter zu gehen? Was kommt auf mich zu? Wie mache ich dies? Wie mache ich das? Wo kann ich nachfragen? Diese Sachen noch einmal durchgehen und nicht alles so Friede, Freude, Eierkuchen darstellen. Auch zeigen, dass es ziemlich hart werden kann. Was passiert, wenn es hart auf hart kommt?"* (JUG)

Bei solchen Problemen greift sie gern auf die KoordinatorInnen des Trägers zurück, die für die Durchführung der Maßnahme in Schweden zuständig waren. Weitere soziale Unterstützungsressourcen benennt sie nicht. Sie fühlt sich dennoch gut sozial eingebunden: *"Ich wohne mit meiner besten Freundin zusammen. Ich kenne genug Leute, ich bin sehr kontaktfreudig. Ich gehe auf die Leute zu."* (JUG)

Sie nimmt zur Zeit an einer Maßnahme der Bundesagentur für Arbeit teil. „*Ich bin zurzeit bei der ESTA beschäftigt, ein Bildungswerk. Das ist eine schulische Form mit Bewerbungshilfe, also Aktivierungshilfe wird das allgemein genannt.*" (JUG) Vorher hat sie – nach Aussage ihrer Eltern – zweimal vergeblich versucht, nach dem gelungenen Hauptschulabschluss den Realschulabschluss zu absolvieren. Sie sind überzeugt davon, dass Grit das Zeug dazu hätte und sogar das Abitur schaffen könnte. Grits Vorstellungen sind bescheidener. „*Meinen Schulabschluss habe ich jetzt schon, meinen Hauptschulabschluss. Mein Wunsch ist, dass ich weitermache, aber zurzeit erst einmal Ausbildung – Einzelhandel.*" (JUG)

Sie gesteht sich aber auch ein: „*Das ist ein Thema, was ganz ungewiss ist. Zum Beispiel dadurch, dass ich auch nicht zur Schule gegangen bin, da wirst du ja intensiv auf das Arbeits- und Berufsleben vorbereitet, darauf bin ich zum Beispiel gar nicht vorbereitet. Das ist eine komplett neue Erfahrung, wenn ich jetzt meinen Ausbildungsvertrag unterschreibe und jetzt wirklich tagtäglich arbeiten gehe. Daran bin ich überhaupt nicht gewöhnt. Meine Sozialisierung ist noch nicht so weit, dass ich sagen kann: ‚Ja, ich bin bereit dafür.'*" (JUG)

Auf die Frage nach Konflikten mit Polizei und Justiz antwortet Grit offen: „*Nein. Mit der Polizei oder dem Gericht gar nicht mehr. Ich hatte jetzt vor kurzem Stress mit der Polizei, aber nicht von meiner Seite aus, ich habe nichts gemacht – im Gegenteil, ich habe mich zwischen jemand gestellt und dabei ein bisschen was abbekommen, aber sonst habe ich gar keinen Kontakt mehr mit der Polizei. Gar nicht mehr. Gar nicht, das ist gelogen. Ich habe zwischendurch gekifft. ich glaube, ich kann an einer Hand abzählen in diesen ganzen zwei Jahren, in denen ich wieder in Deutschland bin, wie oft ich gekifft habe. Das war so gut wie gar nicht.*" (JUG)

Gefragt nach ihren Zukunftswünschen formuliert sie: „*Ja, mein Leben so auf die Reihe zu bekommen, wie ich das müsste. Ich bin auch ein sehr bequemer Mensch. Deshalb werde ich auch mein Leben lang meinen inneren Schweinehund besiegen müssen. Das sagt mir jeder und das sage ich selbst mir auch. Ich muss gucken, dass ich ein geregeltes Leben auf die Beine stelle. Was auch nicht so einfach ist.*" (JUG)

Ihre Mutter und ihr Lebenspartner berichten zu einem späteren Zeitpunkt, dass dies Grit doch nicht so gut gelungen ist. Sie hat ihre Wohnung verloren, weil sie versäumt hat, ihre Anträge auf Transferleistungen rechtzeitig zu stellen und die Miete zu bezahlen. „*Wir fahren jetzt am Samstag ... und holen Grit ab. Sie kriegt inzwischen null Euro von der ARGE, weil sie alles versemmelt hat, hat die fristlose Kündigung der Wohnung und ist im Prinzip obdachlos. So sieht das Ende der Maßnahme aus. Wir holen sie jetzt zurück. Sie darf erst mal bei uns wohnen.*" (Eltern)

5. Selbstbild, Selbstdeutung und Selbstwirksamkeit

Grit präsentiert sich im Gespräch sehr selbstbewusst. Klar und entschieden bezieht sie Position. „*Ich würde sagen, ich bin ein guter Redner auf jeden Fall, rhetorisch begabt.*" (JUG)

Dabei kann sie auf ein positives Selbstbild zurückgreifen und zugleich selbstreflexiv ihre Anteile an der Entwicklung erkennen und benennen. „*Ich reflektiere mich und meine Mitmenschen ganz viel. Ich kann mich ganz gut von außen betrachten. Ich kann Situationen ruhig angehen, wenn ich das möchte. Ich kann auch durchaus die Rolle einer Schlichterin spielen. Das* ist so das, was mir auf jeden Fall liegt. Ich würde sagen, ich bin schon eine führende Persönlichkeit. Ich kann sehr schnell Menschen für mich gewinnen." (JUG)

Den zurückliegenden Prozess reflektiert sie nachdenklich und ambivalent. „*Es ist sicherlich noch ein Stück von der alten Grit da. Das wird wohl auch immer so bleiben. Ich bin immer noch so ein bisschen rebellisch, ein bisschen aufmüpfig, dominant, temperamentvoll, aber das ist alles in Maßen, alles geregelt. Ich denke viel klarer. Ich denke nach wie vor, ich handele nur nicht mehr umgekehrt. Ich weiß es nicht, ich bin einerseits ein komplett neuer Mensch im Gegensatz zu früher, aber andererseits ist immer noch ein Stück von der alten Grit da.*" (JUG)

Obwohl sie im Rückblick den Verlauf der Betreuung in Schweden durchaus positiv beurteilt und an sich große Veränderungen bemerkt, hat sie sich nicht immer verstanden gefühlt. „*Ich hatte immer das Gefühl, die wissen nicht, wie man sich fühlt in so einer Situation. Ich meine, die können so und so viele Jugendliche gehabt haben, wenn man den Weg nicht selber gegangen ist, dann kann man darüber nicht reden, dann sollen die mir keine Geschichten erzählen. Immer dieser Gedanke: Moment mal, die sprechen aus irgendwelchen Lehrbüchern, super. Das bringt dich auch nicht weiter, die müssen mal in deinem Körper stecken. Ich weiß es nicht. Ich konnte immer schwer das annehmen, was sie mir gesagt haben, weil ich immer dachte: ‚Ihr habt doch keine Ahnung.'*" (JUG)

Aus diesem Grunde schätzt sie den eigenen Anteil, den sie am Verlauf und der Gestaltung des Prozesses hatte, selbstbewusst relativ hoch ein. Ebenso selbstbewusst bilanziert sie ihr bisheriges Leben: „*Ich bereue nichts, was ich bis jetzt gemacht habe, gar nichts, keine Scheiße, die ich gebaut habe, weil das ja auch zur Entwicklung dazugehört, man lernt aus Fehlern. Hätte ich die Erfahrung damals nicht gemacht, würde ich sie heu-*

te machen mehr oder weniger. Das Interesse ist ja trotzdem da, diese Dinge auszuprobieren. Ich habe sie durch. Ich habe sie zum Glück sehr jung gemacht. Ich habe es von unten nach oben wieder geschafft, und ich bin zufrieden so wie es ist. Es ist zwar noch nicht alles geschafft, aber ich bin zufrieden, dass es so gelaufen ist." (JUG)

6. Beurteilung der Ergebnisse und des Prozesses

Einschätzung

Grit hat sich nach eigener Aussage und Auffassung aller Beteiligten sehr verändert. *„Neu ist, dass ich alles ganz anders sehe. Ich kann Dinge ruhiger angehen. Ich betrachte das von einem ganz anderen Standpunkt, aus einem ganz anderen Blickwinkel, Dinge, die ich tue. Es ist einfach neu, wie ich die ganzen Dinge anpacke. Damals war es immer mit dem Kopf durch die Wand und heute ist alles ein bisschen ruhiger, ein bisschen gelassener."* (JUG)

Die Eltern konstatieren – bei aller sonstigen Kritik: „Sie hat sich nicht mehr mit den Freunden getroffen, auch nach Schweden nicht mehr. Sie hat mit denen nichts mehr zu tun gehabt. ... Ich glaube auch, ihre Haltung gegenüber den Drogen hat sich geändert. ... Das war ja so extrem vorher, einstweilige Verfügung, Einweisung nach G. und, und. Drogenmissbrauch, ziemlich exzessiv, das war dann hinterher so nicht mehr."

„Ob das jetzt ursächlich nur an Schweden liegt oder vielleicht noch am Reifeprozess des Kindes, das weiß ich nicht, aber das hat mit Sicherheit mitgespielt. Das haben wir als sehr positiv empfunden." (Eltern)

Nach Einschätzung der Betreuerin ist Grit *„... viel reifer. Sie hat noch ihre Probleme, wie sie mit anderen umgeht eigentlich, aber ich glaube, sie ist* auch stolz auf sich, was sie bis jetzt gemacht hat. Sie kommt besser klar mit ihrem Leben. ... Sie sieht besser aus, sie sieht gesünder aus, sie strahlt auch, wenn man sie trifft, und wir freuen uns echt, wenn wir uns treffen." (B) Und die Mitarbeiterin des Jugendamtes sagt voll des Lobes: „Das ist so was, wo ich das Gefühl habe, das war mal richtig gute Sozialarbeit und wo ich das Gefühl habe, da stimmte alles." (MA JA) Im Abschlussbericht des Jugendamtes heißt es dazu: „Grit hat eine enorme Entwicklung mitgemacht. Zu Beginn der Hilfe war Grit eine unzugängliche Jugendliche, die die Nacht zum Tag gemacht hat (und umgekehrt), die sich mit Gewalt (Prügel) im wahrsten Sinne des Wortes ihren Weg freigeboxt hat, die Schule verweigert hat und keine Beziehungen eingehen konnte. Jetzt hat sie den Hauptschulabschluss erreicht, hat sehr gerungen, ehe sie ihre Beziehung mit (ihrem Freund) beendet hat. Sie hat sich sehr verantwortungsbewusst mit dem Thema HIV-pos. auseinandergesetzt und kann sich realistischer einschätzen, was ihre Leistungsbereitschaft in Schule und Beruf angeht. Grit weiß, wo sie Hilfe bekommt und hat verstanden, dass sie etwas dafür tun muss, um diese auch zu bekommen." (Abschlussbericht des JA vom 20.1.2009)

Einflussfaktoren

Grit antwortet auf die Frage, was ihr bei den beschriebenen Veränderungen besonders geholfen habe sehr dezidiert: „Das war eigentlich das ganze komplette Paket. Irgendwas davon muss es wohl gewesen sein. Ich weiß es nicht. Wahrscheinlich, weil sie einem wirklich die Selbstständigkeit gelassen haben, dass man selbstständig darüber nachdenkt, dieses Ruhige, dieses Abgekapselte von der Außenwelt, das hat einfach geholfen ..."

„Der Abstand von Deutschland, würde ich sagen, ist auf jeden Fall auch ganz toll gewesen. Hier aus dem Sumpf herauszukommen, das ist nicht so ganz einfach. Wenn man einmal in dieser Schiene drinsteckt, zieht man solche Leute wie ein Magnet an und wenn man noch nicht weiß, wie man sich *davon distanzieren soll, dann passiert einem das immer wieder. Da hat man dann eine gute Möglichkeit, sich davon zu distanzieren, das zu lernen ..."*

„*Ich würde sagen, die ganze Situation. Erstens aus Deutschland raus, Zeit für mich, Zeit zum Nachdenken. Leute, die mich dabei unterstützen, die mir den Weg aufzeigen, mir Optionen liefern, den Weg kannst du gehen, den und den. Welchen Weg du nimmst, das ist deine Sache. Dich zwingt niemand, hier zu sein, du hast diese Eigenständigkeit, eine Begleitung zur Eigenständigkeit, sagen wir es mal so.*" (JUG)

In diesem komplexen Statement stecken viele Faktoren, die auch in den Interviews mit den anderen Beteiligten genannt werden: Partizipation, Selbstbestimmung, Ruhe und Entschleunigung, Distanz zu belastenden oder gefährdenden Kontakten. Hinzu kommt die Unmittelbarkeit der Erfahrungen. „*Ja, ich glaube die Ursprünglichkeit, ... dieses: Wenn es kalt ist, musst du einen Pullover anziehen und du ziehst nicht den Pullover an, weil die Mutter das will und sagt: ‚Grit, zieh einen Pullover an', sondern, die Natur hat sie das gelehrt. Wenn du Skifahren willst, dann musst du das lernen und dann musst du hinfallen. Wenn du Kontakte haben willst, dann musst du schwedisch lernen. Dieses Unmittelbare, was man hier nicht künstlich erzeugen kann.*" (MA JA)

„*Das ist der Abstand. Man sitzt da mitten im Wald, sie können die Sprache nicht. Es geht nicht, von da abzuhauen. Deswegen muss man die Konflikte, die da auftauchen, auch durchziehen. Man muss die Leute, mit denen man zusammenwohnt, treffen. So kann es auch weitergehen, so können sich auch gute Beziehungen entwickeln, dass man Konflikte überwinden kann und so entwickelt man auch liebevolle Beziehungen – denke ich, durch den Abstand. Grit ist, bevor sie zu uns kam, sofort wenn Auseinandersetzungen kamen, weg gewesen und war unterwegs mit komischen Typen. Sie hatte diese Fluchttendenzen. Das gab es einfach nicht.*" (B)

Grit stellt darüber hinaus die Bedeutung und Wirkmächtigkeit der Beziehung zu ihrer Betreuerin heraus. „Doch, sie war für mich eine wichtige Person. (Es) gab ganz viele Reibungspunkte, aber man hat sich trotzdem irgendwie verstanden. Sie war eine wichtige Person für mich. Gerade weil es mit (ihrem Mann) sehr, sehr viel gekriselt hat. Ich habe ein Problem mit männlicher Autorität und da war (sie) schon eine wichtige Person für mich, dass man auch einmal über Probleme reden konnte mit einer weiblichen Person ..."

„Sie war sehr konstruktiv, sie war sehr – wie soll ich das beschreiben – sie hat immer versucht, sich in jemand rein zu versetzen. Sie hat versucht, zu gucken, was denkt sie gerade, wie muss sie sich fühlen." (JUG) Auch aus Sicht ihrer Eltern hat weniger der Ort (Schweden) zur Entwicklung beigetragen als vielmehr die Persönlichkeit und Konsequenz der Betreuerin. Ebenso sieht es die Mitarbeiterin des Jugendamtes: „(Sie) war einfach eine sehr starke und sehr klare Frau, die hat sich auf die Diskutierereien nicht eingelassen, hat es aber der Grit nicht übel genommen, sondern hat gesagt: ‚Das nervt, du wirst bei mir nicht erleben, dass ich nur, weil es mich nervt, nachgeben werden, sondern dann gehst du in dein Häuschen.' Da war die sehr, sehr straight und das war sehr hilfreich." (MA JA) Ihre Betreuerin charakterisiert ihre Beziehung zu Grit mit den Worten: „Sie hat einmal gesagt, die (Betreuerin) ist die erste Frau, die mir Grenzen gezeigt hat. Ich glaube aber, sie auch gesagt, dass ich eine von den Ersten gewesen bin, die ihr auch Liebe gezeigt hat ..."

„Sie konnte mir mehr vertrauen als sie vorher jemand vertraut hat, obwohl sie mir nicht ganz vertraut hat, das glaube ich auch." (B)

Abgesehen von der Persönlichkeit der Betreuerin betont Grit die Bedeutung der 1:1 Betreuung für ihre eigene Entwicklung. „Im Heim hast du so gut wie keine Chance, dass du wirklich Aufmerksamkeit bekommst und sich *jemand mit dir intensiv befasst. Es ist einfach zuviel für einen Sozialpädagogen. Jetzt zum Beispiel (hier), die lassen sich auf dich ein, die haben ein offenes Ohr, wenn du Probleme hast und die können dich individuell unterstützen, so wie du es brauchst und nicht so wie dir irgendjemand es vorgibt, mach jetzt dies und das, weil das bestimmt hilft. Die können sich auf jemand einstellen. Das ist ein intensiverer Zeitaufwand, was man im Heim nicht kann, das ist einfach nicht möglich bei zwölf Kindern und hier lassen sie sich auf den Einzelnen ein. Das ist schon gute Arbeit auf jeden Fall."* (JUG)

Während die übrigen Beteiligten die Individualpädagogische Maßnahme durchweg eher positiv beurteilen, nehmen Grits Mutter und ihr Lebensgefährte, die während der Maßnahme regelmäßig Kontakt zu Grit hatten, eine eher kritische Haltung ein. Diese bezieht sich zunächst im Wesentlichen auf die Vorhilfen und dann besonders deutlich auf die Anschlussmaßnahmen in Deutschland. Grits Mutter beklagt zunächst, dass sie keine Chance hatte ihr Kind selbst zu erziehen. *„Ich denke, es soll ja auch nicht so sein. Man setzt Kinder in die Welt und man gibt die Verantwortung ab. Ich habe sie ja gar nicht abgegeben. Ich wollte sie ja gar nicht abgeben. Mir hat man ja keine Chance gelassen, um dieses Kind wieder zurückzubekommen. Mir hat man null Chancen gelassen. Die hätten ja auch sagen können: ‚Weißt du was, du hast dein Zimmer, also bitte halte deine Regeln ein. Du wirst nicht geschlagen, nichts. Bitte gehe zurück.' ..."*

„Ich will auch damit sagen, man sollte auch Eltern die Chance lassen, auch wenn das Kind abhaut, ist es nicht immer so, dass ein Kind geschlagen wird." (Eltern) Dieser Einschätzung entsprechend fühlen sich die Eltern auch in den Hilfeplangesprächen mit ihrer Position wenig berücksichtigt.

Weiter beklagen die Eltern, dass – wenn schon eine Fremdunterbringung erfolgt – in den betreffenden Einrichtungen nicht strenger und konsequenter gehandelt wird. *„Jetzt, da man im Nachhinein schlauer ist, hätten* wir viel früher und viel massiver darauf dringen müssen, dass Grit in irgendeine Einrichtung oder zu irgendeinem Träger kommt, der eben etwas konsequenter vorgeht. Grit ist alles andere als dumm. Wir wissen ja nicht mal, ob es das gibt, eine Einrichtung, wo sie ihre Möglichkeiten, ihr Potential hätte ausschöpfen können und nicht einfach so in den Tag hineinleben, sechs Jahre lang, mehr oder weniger." (Eltern)

Nachdem das aus ihrer Sicht fehlgeschlagen ist, finden sie: „*Schweden war das Einzige, was Grit in diesem Moment geholfen hat.*" (Eltern) Da sie in der Person der Betreuerin konsequentes pädagogisches Handeln erleben, beurteilen sie den Aufenthalt dort auch eher positiv. Verbittert sind sie hingegen über Grits Betreuung nach Rückkehr in Deutschland. Hier wurde Grit aus ihrer Sicht zu nachgiebig behandelt, zu sehr sich selbst überlassen, zu wenig motiviert und aktiviert. „*Grit ist ein Mensch, vielleicht sind alle Jugendlichen so, das kann man denen ja nicht einmal unbedingt vorwerfen, die sich immer für den einfachsten Weg entscheidet. ‚Weiter ein Jahr Schule – prima.' Schule heißt ja für sie, das ist etwas, da bin ich zwar pro forma angemeldet, aber da gehe ich nicht hin, aber ich habe erst einmal ein Jahr weiter Ruhe, ich brauche nichts zu tun.*" (Eltern)

Sie kommen daher zu dem bitteren Schluss: „*Die hätten sich das alles sparen können. ... Wir haben halt den Glauben an uns, dass wir es wahrscheinlich etwas besser hingekriegt hätten, vor allen Dingen ohne diesen immensen finanziellen Einsatz.*" (Eltern)

Melanie: „Ich hätte mich früher niemals untergeordnet."

1. Verlauf der Maßnahme

Vorgeschichte

Melanie – geboren 1991 – wächst zusammen mit ihrem jüngeren Bruder bei der Mutter auf, nachdem sich die Eltern getrennt haben als Melanie sechs Jahre alt ist. Stark übergewichtig und laut ist sie in der Familie sehr präsent und versucht mit zunehmendem Alter, das Regiment in der Familie zu übernehmen. *„Melanie war immer ein Mensch, der gerne im Mittelpunkt stand. Man fand es noch lustig, als sie klein war, aber später eben nicht mehr."* (Mutter)

Immer wieder kommt es zu starker Konkurrenz mit der Mutter. Der Großvater spielt als einziger erwachsener Mann in der Familie für Melanie eine große Rolle. Als er stirbt – Melanie ist jetzt neun – ist es für sie ein schwerer Verlust. *„Es war immer viel Stress. Meine Oma und meine Mutter wohnten in einem Haus und mein kleiner Bruder. Meine Eltern sind geschieden seit ich sechs Jahre alt war. Ich war immer ein Papa-Kind. Das war nicht so toll. Was mich sehr geprägt hat. Als ich sieben Jahre alt war, hat mein Vater den Kontakt abgebrochen, dann ist – als ich neun Jahre alt war – mein Opa gestorben, der wichtigste Mensch in meinem Leben, und dann fing es eigentlich an, dass mir alles egal wurde."* (JUG) *„Sie wurde dann mir* *gegenüber sehr aggressiv mit verbalen Ausfällen, bis zum Handerheben mir gegenüber und Androhungen, ihren Bruder die Treppe runterzuschubsen."* (Mutter)

Fortan lässt sie sich kaum noch etwas sagen, fordert die Mutter und Oma heraus und bedroht diese immer wieder. *„Ein pubertierendes Monster, mehr kann ich dazu nicht sagen. Sie war bösartig, wirklich bösartig."* (Mutter)

Als Melanie während eines Disputs die Großmutter tätlich angreift, sieht sich die Mutter nicht mehr in der Lage, Melanie zu bändigen, und bittet das Jugendamt, sie außerhalb der Familie unterzubringen. *„Es eskalierte, als dann Melanie meine Mutter geschlagen hat und da habe ich gesagt, dass es vorbei ist. Ich konnte nervlich nicht mehr. Ich habe dann auch mich selbst nicht wiedererkannt. Ich bin auch sehr aggressiv geworden gegenüber Melanie. Das ging auch bis zu Schlägen. Als ich erfahren habe, dass sie meine Mutter geschlagen hat, einen Tag später, ich hatte Nachdienst, da bin ich ausgeflippt. ... Es hat auch sehr lange gedauert, bis das Jugendamt reagiert hat. Es war sehr schwierig, denen die Situation zu erklären, was eigentlich bei uns zu Hause abläuft, dass ich um Hilfe geschrieen habe und nicht ein Kind, dass ich gesagt habe: ‚Hallo Leute, was muss passieren, muss ich wirklich mich vergessen, damit hier endlich mal was gemacht wird. Sie tyrannisiert die ganze Familie.' Das war schlimm."* (Mutter)

Melanie wird zunächst in einer stationären Einrichtung untergebracht. *„Zuerst war ich froh, dass sie untergebracht war, dass sie aus der Familie raus ist. Ja, das war ich. Das muss ich leider zu meiner Schande bekennen."* (Mutter) Die Erzieher dieser Einrichtung sehen sich schon nach kurzer Zeit nicht in der Lage, Melanie im Gruppenkontext zu halten. *„Dann bin ich zu Haus rausgeflogen, das kann man schon sagen, und ich bin dann in M. in ein betreutes Wohnen gekommen, halb Jungs und Mädchen in einem*

Haus. Ich glaube wir waren zehn oder zwölf. Das lief dann auch ein halbes Jahr ganz gut und dann habe ich mich von meinem damaligen Freund getrennt und dann ging es wieder bergab." (JUG)

„In den vier Monaten ist sie dann auch noch schwanger geworden mit 14, hat dann ihren damaligen Freund mit dem Messer bedroht, weil er sagte, er will mit ihr nicht zusammen sein, die hatten Schluss gemacht. Sie hat ihn dann wirklich massiv bedroht, dass wir dann gesagt haben: ‚Wir müssen eine Entscheidung treffen. Eine 14-jährige kann kein Kind kriegen.' Melanie wäre dazu auch gar nicht in der Lage gewesen, das hätte die überhaupt gar nicht gepackt. Es kam dann nachher auch zu einer Abtreibung. Irgendwie hat Melanie das aber nicht realisiert. Sie hat nie wieder darüber geredet, nie wieder." (Mutter)

Schon vorher war mehrfach versucht worden, durch psychologische Beratung und therapeutische Behandlung den Ursachen für Melanies Dominanz und Aggressivität auf den Grund zu gehen. „Sie war zuerst bei einem Verhaltenstherapeuten, sie kam in eine Gruppe, sie hat diese Gruppe gesprengt. Der hat dann gesagt, das ist ein psychologisches Problem. Dann war sie eineinhalb Jahre bei einem Psychologen in Behandlung. ... Da sind wir jede Woche hingefahren. Das hat nichts gebracht." (Mutter)

Melanie wird verlegt in eine Gruppe mit neun Mädchen. Nach kurzer Zeit hat sie dort die ‚Chefposition' inne und wiegelt die Mädchen gegen die Betreuerinnen auf. „Ich war der Chef der Gruppe. Ich verstehe es gut, Menschen gegeneinander auszuspielen. Das ist keine gute Eigenschaft, aber die habe ich damals gut ausgelebt und dann war tierisch Stress immer. Ich habe mich nicht an die Regeln gehalten und die Schule nicht mehr besucht oder nur ganz, ganz selten. Dann bin ich rausgeflogen. ... Ich wollte da auch raus. Ich habe alles daran gelegt, um raus zu kommen. Es war dann schon überraschend, als sie dann sagten: ‚Okay, jetzt musst du gehen', aber es war schon so, dass ich da raus wollte, weil ich auch selber sah, dass es für mich da nicht gut war. Da ist ein Betreuer für zehn Mädchen, da wird einfach nicht auf den einzelnen Menschen eingegangen." (JUG)

Offensichtlich ist, dass Melanie in gruppenpädagogischen Bezügen nicht zu halten ist. „Die Leiterin (der Mädcheneinrichtung) hat dann gesagt, Melanie müsste wirklich in eine Familie, in eine Pflegefamilie. Sie kann sich nicht integrieren, sie akzeptiert keinen neben sich. Egoist hoch drei und eifersüchtig bis zum Gehtnichtmehr. ... Da habe ich gesagt: ‚Nein, eine Pflegefamilie will ich nicht.' Da hatte ich Angst, dass man mir das Kind dann komplett entfremdet." (Mutter)

Da die Sommerferien bevorstehen und die Erzieherinnen Melanie auf keinen Fall mit auf Ferienfahrt nehmen wollen, wird nach einer kurzfristigen – möglicherweise auch zeitlich begrenzten – Unterbringung gesucht. Ein Träger erklärt sich bereit, für Melanie eine Projektstelle mit 1:1-Betreuung zu finden, die Leiterin besucht sie in der Einrichtung. Sie erinnert sich an ihren ersten Eindruck: „Ich habe sie wahrgenommen als absolut eiskalt und ablehnend. Ich kam da rein und sie hat mit verschränkten Armen da gestanden, hat mich von oben herab angeguckt, von oben bis unten, so in dem Stil: ‚Was wollen Sie denn?' Das war so der erste Eindruck. Total arrogant, kalt und ablehnend. Ich habe dann eben gesagt: ‚Okay, wenn hier keiner mit mir spricht, kann ich ja wieder gehen. Ich habe gedacht, ich bin hier zum Gespräch eingeladen.' Dann ist es sofort gekippt – sofort. Ich bin dann mit ihr in einen Nebenraum gegangen und da war sie eigentlich so nach ein paar Minuten ganz klein. Ich habe ihr dann gesagt: ‚Ich habe gehört, du kannst hier nicht bleiben. Das geht gar nicht. Ich bin Leiterin von einem individualpädagogischen Projekt und bin gebeten worden, für dich einen Platz zu suchen, der passt. Sag doch mal, was ist denn los.' Dann hat sie mir eigentlich in den ersten paar Minuten ihre Lebensgeschichte erzählt." (B) „Ich bin mit der (Leiterin) zu mehreren Mitarbeitern hingefahren, ich habe mich ... mit denen unterhalten, mit mehreren Leuten. Die einen waren mir zu weit weg. J. fand ich auf den ersten Blick ganz nett." (JUG)

„Ich hatte spontan die Idee, einerseits war ja da diese absolut harte Schale, dieses Arrogante, Ablehnende, dann habe ich aber gesehen, dass das sofort gekippt ist und dass sie eigentlich fünf Jahre alt war darunter. Ich hatte das Gefühl, ich musste sie da abholen, wo sie fünf Jahre alt ist. ... (Sie war) 15. 110 kg oder 120 kg. 170 cm groß. So ein richtiger Brummer. Und eigentlich aber da drunter fünf Jahre alt und ganz klein noch." (B)

Wechsel in die Projektstelle
Melanie zieht dann ziemlich schnell bei J. ein. Schon nach kurzer Zeit kommt es auch hier wieder zu massiven Auseinandersetzungen. „Melanie hat schon versucht, ihre Grenzen auszutesten. Sie hatte auch eine ziemlich große Klappe, war ziemlich anmaßend und rotzfrech. Und die Kollegin hat sich das nicht bieten lassen und ist einen starken Konfrontationskurs gefahren, den Melanie überhaupt nicht aushalten konnte ... Es ist dann soweit eskaliert, dass die Melanie der Kollegin angedroht hat, also sie stand mit dem Besenstil vor ihr und hat ihr angedroht, sie zusammenzuschlagen und die Treppe runterzuschmeißen." (B)

Wieder arbeitet Melanie darauf hin, dass die Betreuung beendet wird und wird schließlich vor die Tür gesetzt. „Doch, sie wollte schon da raus. Sie hat gemerkt, das funktioniert nicht. Sie wusste aber auch nicht wohin. Sie hatte gar keinen Plan. Zu dem Zeitpunkt habe ich noch nicht selber zu Hause betreut. Ich hatte zwar ein Notaufnahmezimmer für Klärungszeiten oder für Auszeiten von Kollegen, aber ich hatte nicht vor, Jugendliche bei mir dauerhaft aufzunehmen. ... Dann hat sie das Gästezimmer gekriegt und ich habe versucht, eine Projektstelle für sie zu finden. Ich habe für sie eine Projektstelle gesucht. Es waren noch Kollegen frei. Nachdem wie sie sich aber aufgeführt hat und wie sie sich eingeführt hatte bei uns, da haben mich eigentlich alle nur ausgelacht, überhaupt über die Vorstellung, Melanie aufzunehmen." (B)

Das Jugendamt wird darüber informiert, dass Melanie im Rahmen einer Inobhutnahme vorübergehend untergebracht ist und eine neue Projektstelle für sie gesucht werden soll. Im täglichen Zusammenleben während dieser Zeit zeigt sich, dass Melanie sich auf ihre neue Ansprechpartnerin gut einstellen kann. „Sie war ganz lieb, soweit ihr das möglich war. Soweit ihr das möglich war, hat sie versucht, sich anzupassen und versucht, mich davon zu überzeugen, dass es doch geht: ‚So guck doch mal, es ist doch eigentlich genug Platz. Guck mal, ich mach doch gar nicht soviel Arbeit und ich hindere dich auch nicht daran, deinen Job zu machen. Guck mal, ich bin doch nett.' Sie hat wirklich gekämpft um den Platz. Ich bin sie nicht losgeworden – muss ich einfach so sagen. Irgendwann habe ich gesagt: ‚Ja, okay, dann ist es jetzt auch so.' Das war wirklich so, als ob ich mir so ein Kuckucksei ins Nest gesetzt habe, aber ungewollt." (B)

So wird aus der vorübergehenden Inobhutnahme eine Individualpädagogische Maßnahme. „(Die Betreuerin) hat mir erklärt, was sie macht, das ist diese 1:1-Betreuung und dass es ganz, ganz selten ist, dass da noch mal ein Zweiter wohnt, dass ich in die Familie integriert werde und dass das gut klappt. Ich wusste von Anfang an, was das heißt." (JUG)

„Das Ziel war natürlich, sie sollte sich irgendwie integrieren, Schule machen, einen Schulabschluss, nicht so aggressiv sein, daran in irgendeiner Form was tun. Im Prinzip eine Umkehrung. Erst einmal eine Umkehrung von der Mängelliste." (B)

Alltag, Regeln und Konflikte
Nachdem etwas Ruhe eingekehrt ist und Melanie sich in der neuen Umgebung orientiert hat, versucht sie zunächst wieder ihr dominantes

Rollenmuster zu reproduzieren. „Melanie hat dann mehr oder weniger versucht, uns ihr Spielchen aufzudrücken. Es war einfach ein ständiger Aushandlungsprozess. Wer hat hier was zu sagen? Wer bestimmt, was es zu essen gibt? Wer bestimmt, ob im Wohnzimmer geraucht werden darf? Wer sitzt auf dem Sofa und hat die Fernbedienung in der Hand und kein anderer kann mehr ins Wohnzimmer?" (B) Allerdings stößt sie hier auf andere Bedingungen. Kam es zu Hause bei Melanies Dominanzstreben und Regelverstößen regelmäßig zu eskalierenden Aggressionen beiderseits, erlebt sie nun, dass der Versuch gemacht wird, ruhig mit ihr zu reden – auch wenn das nicht immer gelingt. „Mein persönlicher Stil ist immer erst erklären, erklären, erklären. Ich habe einen unheimlich langen Atem. Ich denke, das ist für Melanie unheimlich wichtig, dass ich nicht aggressiv bin. Ich bin vom Typ her nicht aggressiv. Es dauert sehr, sehr lange bis ich sauer werde, das musste aber ab und zu mal passieren, sonst hätte sie es mir nicht geglaubt, aber dann war sie vollkommen erschüttert." (B) „Ich kann das nicht, wenn mir jemand was vorschreibt, dann mache ich es nicht. Dann ist es mir scheißegal ... Jemand anders muss vielleicht Regeln haben, aber für mich ist das überhaupt nicht gut." (JUG)

„Eine Regel war natürlich, dass sie sich an unsere Hausordnung und unsere Hausregeln zu halten hatte, die aber ja quasi noch zu entwickeln waren. Melanie hat mich immer wieder verblüfft. ... Ich habe das immer so genannt, zwei Kulturen stoßen aufeinander, nämlich die Kultur (ihrer Herkunftsfamilie) und die Kultur (meiner Familie). Das ist, als käme man von zwei verschiedenen Planeten. Da mussten wir uns wirklich zusammenraufen und erklären. Da musste ich selber für kämpfen, dass mir nicht Melanies Kultur aufgedrückt wurde und dass ich in meinem Haus auch noch was zu sagen hatte. ... Eigentlich möchte Melanie gerne hier der Chef sein und uns allen sagen, wo es langgeht. Immer dann, wenn ich gesagt. ,So, Fräulein bis hier hin und nicht weiter' und sehr deutlich geworden bin und auch dann böse, dann ging es auf einmal wieder ganz gut weiter." (B)

Melanie entwickelt zunächst wenig Aktivitäten. Sie freundet sich mit den Kindern der Betreuerin an, unternimmt gelegentlich etwas gemeinsam mit ihnen, hält sich aber vorwiegend in der Familie der Betreuerin auf. Ihre Betreuerin erinnert sich: „*Sie hatte Freiräume, das selber zu gestalten, aber sie wollte das nicht. Ich glaube, das hat zwei Jahre gedauert, bis Melanie überhaupt was gemacht hat. Ich kann das jetzt nicht genau sagen, ob das eineinhalb oder zwei Jahre waren, aber ich hatte überhaupt nicht das Problem mit ihr, dass sie zu spät nach Hause kam oder abgängig war. Sie war immer zu Hause. Sie hat sich teilweise ja geweigert, in die Schule zu gehen. Sie hatte damals überhaupt keine Freunde. Das war teilweise herzzerreißend. Sie hat am Anfang ganz viele Mädchen angerufen und wollte sich verabreden, aber es wollte eigentlich keiner was mit ihr zu tun haben. Die fanden sie alle fies und komisch, das heißt, wir hatten sie echt immer am Bein kleben. Das heißt, Angebote konnte man machen, aber sie war eigentlich zu wenig zu begeistern: ‚Keine Lust, kann ich nicht.' Eher depressiv. Sie musste teilweise einfach mit, wenn wir was gemacht haben. Ich habe sie mit in den Stall genommen. Das war zum Teil fürchterlich.*"

„*Man kann sich so etwas nicht so vorstellen, wenn man sie heute sieht. Sie war 15 oder 16. Ein Riesenkalb und stand dann da aber wie eine Sechsjährige und wenn ich sagte: ‚Komm, jetzt mach mal dies oder mach mal das', dann hatte sie auf einmal Angst vor den Pferden oder konnte es nicht, dann wurde sie von irgendwas gepiekst und heulte fürchterlich. Sie war aus Versehen an den Zaun gekommen und dann lag sie da und schrie und heulte: ‚Ich will jetzt sofort nach Hause, es tut so weh, es tut so weh.' Das war kein Spaß. Es war überhaupt kein Spaß, sie mitzuschleppen. Das war eigentlich ein riesengroßes Baby, was man mit sich herumschleppte. Ich habe sie einfach überall hin mitgenommen und es war zum Teil grauenhaft. Sie ist eigentlich noch mal so richtig retardiert, die war wirklich wie fünf oder sechs, aber dann mit der Power und mit der großen Klappe von einer 15-jährigen.*"

„Eine absolut grauenhafte Situation war das Einkaufen mit ihr. Sie hatte ja immer Langeweile, sie wollte entweder Fernsehen gucken oder mit mir einkaufen. Das heißt, wenn sie mitkriegte, ich kaufe ein: ‚Kann ich mitgehen?' Melanie wollte immer mitgehen zum Einkaufen. Es gab immer einen Auflauf im Geschäft, man musste immer Angst haben, dass sie Leute angepöbelt hat und provoziert hat, dass ich eigentlich immer Angst hatte, dass sie wirklich mal von jemand richtig Dresche kriegt. Das heißt, dass sie entweder mit dem Wagen da herumgemacht hat oder gesagt hat: ‚Es geht auch schneller' oder an der Kasse auf einmal sagte: ‚Hier stinkt es schon wieder.' Ich habe Blut und Wasser geschwitzt und ihr gesagt: ‚Melanie, ich sage es dir, ich ziehe mir einen Mantel an und da steht Betreuer drauf. Wenn du dich wieder so benimmst, ich werde jetzt einfach sagen, dass du nicht meine Tochter bist und dass ich dich betreue.' Das ging nicht mehr, das war so grauenhaft. Es hat lange gedauert. Ich weiß gar nicht, wann sie damit aufgehört hat. Es war grauenhaft, mit Melanie einzukaufen. An jedem Bonbonstand Geknatsche, weil sie etwas haben wollte, sie wollte immer alles haben, Süßigkeiten, Chips. Sie hatte ja immer Übergewicht. Sie sieht jetzt wirklich gut aus, sie war noch viel, viel dicker. Todunglücklich über ihre Figur, aber sie wollte einfach immer alles haben und packte das in den Korb, und ich wieder raus aus dem Korb und sie wieder rein in den Korb und dann zum nächsten Stand. Es war ein Kampf. Es war eigentlich alles ein Kampf, was gegessen wird und so weiter." (B)

„Am Anfang habe ich immer versucht, mich durchzusetzen, (die Betreuerin) hat dann versucht, mich in die Schranken zu weisen, worauf ich gut reagiert habe. Irgendwann habe ich dann einfach angefangen, mich zu zügeln." (JUG)

Ein weiteres alltägliches Konfliktfeld ist der Schulbesuch. Ein regelmäßiger Schulbesuch und die Erlangung eines Schulanschlusses sind wichtige vereinbarte Ziele der Betreuung. Melanie soll die örtliche Hauptschule besuchen, tut das – wenn überhaupt – in der ersten Zeit nur widerwillig. „Ich bin krank gewesen, wenn ich keinen Bock hatte, war ich krank – basta. Irgendwann hatte ich keine Lust, morgens aufzustehen, dann ... (wurde ich) ... jeden Morgen geweckt. Dann bin ich auch aus dem Haus gegangen, auch zur Schule gegangen. Eine Zeitlang hat (die Betreuerin) mich zur Schule gefahren, damit ich auch wirklich da ankomme. Das war dann aussteigen und umdrehen und wieder nach Hause gehen. Ich habe meinen A-Abschluss mit 1,3 bestanden am Ende." (JUG)

„Sie hat immer versucht, nicht in die Schule zu gehen, sich einen bequemen Weg zu suchen. Da war ich froh, dass ich nicht mit ihr alleine war. Das hätte ich nicht geschafft." (B)

Melanies Betreuerin erinnert sich an eine typische Konfliktsituation: „Wir hatten ein Highlight, ein Erlebnis morgens, als sie wieder mal sagte: ‚Ich glaube, es ist mir heute nicht so gut.' Da ist mein Freund aufgestanden und hat zu mir gesagt: ‚Ich habe schon viele bekloppte Chefs gehabt, aber noch keinen 17-jährigen. Jetzt reicht es.' Und hat zu ihr gesagt: ‚Du stehst jetzt auf und gehst in die Schule.' Er ist richtig laut geworden. ‚Sonst stehe ich so lange hier vor der Tür und klopfe, bis du aufstehst.' Zack, zack, war sie auf und in der Schule. Das ist nicht noch mal passiert. Das hätte ich alleine nicht hingekriegt. Mit meiner sanften Art hätte ich es nicht geschafft gegen diese Trägheit, gegen die träge Masse anzugehen." (B)

Zwei wichtige Entwicklungen verändern Melanies Alltag. Nach erfolgreichem Abschluss der Hauptschule entschließt sie sich, über eine Abendschule den Realschulabschluss zu erwerben. „Sie hat wirklich den Hauptschulabschluss geschafft, da haben wir sie getragen und geschoben. Von der Intelligenz war es überhaupt kein Problem, aber sie in die Schule zu kriegen, war ungeheuer schwer. Dann hat sie ihn wirklich gehabt – den Hauptschulabschluss und ist dann zur Abendrealschule gegangen und da

gab es einen Sprung. Da waren erwachsene Schüler, da wurde man mit ‚Sie'
angesprochen und sie ging freiwillig dahin. Da hat sie dann zum ersten Mal
auch Freunde gefunden. Da hat sich was verändert, da ist sie auch aus dieser Kindchenrolle herausgekommen, da hat sich was getan." (B)

„Dann in der Abendschule, da ist man dann abends um fünf Uhr zur Schule
gegangen. Da habe ich viele neue Freunde gefunden und war abends dann
oft noch mit meinen Freunden weg bis nachts um zwei Uhr. (Meine Betreuerin) konnte sich darauf verlassen, dass ich immer nach Hause kam. ... Ich
habe dann auch einen eigenen Schlüssel bekommen, aber – wie gesagt –
da wurde es dann ein bisschen träger. Ich habe morgens länger geschlafen,
ich musste ja erst um fünf Uhr zur Schule. Ich habe alles schleifen lassen.
... Mein Zimmer habe ich schon mal schleifen lassen, aber ich hatte auf meiner Etage ein eigenes Bad, das habe ich geputzt, auch mal den Tisch ge-
deckt. Ich musste nichts Besonderes tun, aber ich habe es aus freien Stücken
dann trotzdem gemacht, weil es diese Regeln nicht gab, was für mich besser war. Jemand anders muss vielleicht Regeln haben, aber für mich ist das
überhaupt nicht gut. Ich kann das nicht, wenn mir jemand was vorschreibt,
dann mache ich es nicht. Dann ist es mir scheißegal." (JUG)

Heute auf Konflikte während der Betreuung angesprochen entwirft Melanie ein sehr harmonisches Bild des gemeinsamen Alltags: „Wenn ich
bedenke, wie andere Leute sich laufend streiten. In den ganzen drei Jahren
haben (meine Betreuerin) und ich uns vielleicht zweimal richtig gestritten,
dass wir einen Tag lang nicht miteinander geredet haben, sonst war nie
Streit. ... Es war immer jemand da. Wie soll ich es erklären. Es war viel har-
monischer, nicht auf Streit ..."

„Es war nie so, dass ich gesagt habe, ich will da weg oder so. Es gab ja nie
dafür Anlass oder Streit. Ich hatte eigentlich meine Freiheit. Ich hatte Freunde, die ich haben wollte, ich durfte raus, wann ich wollte. Klar, Hausauf-

gaben mussten gemacht werden, wenn ich welche aufhatte, mein Zimmer musste aufgeräumt sein." (JUG)

Kontakt zur Herkunftsfamilie
Der zweite wichtige Impuls für Veränderungen in Melanies Verhalten hängt mit ihrem – recht unkonventionellen – Versuch zusammen, regelmäßig Kontakt mit ihrer Mutter und ihren Geschwistern zu halten. „Und dann hat sie irgendwann den Computer gekriegt und dann wurde es besser. Dann passierte was total Verrücktes. Ihre Mutter ist – würde ich mal sagen – computersüchtig und die beiden haben zusammen ein Spiel gemacht, das heißt ‚World of Warcraft‘, ein Internetspiel. Ihr Bruder und die Mutter, die hatte zu der Zeit einen Freund, der auch, die vier haben alle in einer Gilde gespielt, so heißt das, und die waren dann online, das heißt die Melanie, die sonst zu ihrer Mutter viel zu wenig Kontakt hatte, auch deswegen immer geweint hat und traurig war, konnte über dieses Spiel mit ihrer Mutter Kontakt haben, tagsüber. Damit hat sie ihre Mutter gekriegt. Es war eine absolut verrückte Situation. Ich habe das mit dem Jugendamt besprochen. Ich habe gesagt, ich weiß nicht, ob das pädagogisch irgendwie noch zu vertreten ist, ich sehe das einfach so, dass Melanie auf die Art und Weise mit ihrer Mutter Kontakt hat, dass sie mit ihrer Familie da zusammen agieren kann und insofern lasse ich es zu. ... Im Urlaub konnte sie einfach drei Wochen ohne Computer sein, aber sobald wir zu Hause waren, musste sie immer gucken, ob Mutter ‚on‘ ist oder ‚off‘. Mama ist ‚on‘, also musste sie auch reingehen. Das war eine verrückte Situation." (B)

Im HPG-Protokoll des Jugendamtes heißt es dazu: „Melanie und Mutter begegnen sich immer wieder im Spiel ‚World of Warcraft‘, das sie online zusammen mit einer Mannschaft spielen. Hier gibt es ein Medium, sich eher in der Spielwelt ‚real‘ auseinander zu setzen. Beide finden diese Begegnungen sehr wichtig und spielen deshalb auch intensiv." (HPG-Protokoll vom 4.8.2006, S. 2) Diesem Protokoll ist auch zu entnehmen, dass zur Klärung der Beziehung zur Herkunftsfamilie eine systemische Familientherapie installiert ist. Dies alles zusammen, verbunden mit regelmäßigen Besuchen bei der Mutter, scheint erste positive Wirkungen zu haben. „*Die Annäherungen in den Begegnungen in der Projektstelle wie auch in den familientherapeutischen Terminen zeigen, dass sowohl Mutter als auch Melanie trotz ihrer gegenseitigen Dominanzstreben an der Harmonisierung orientiert sind. Das weckt immer wieder neue Motivation, einen anderen Weg des Miteinanders zu finden.*" (ebd., S. 3) Von ihren Erfahrungen in der Projektstelle berichtet Melanie ihrer Mutter wenig. „*Wenn sie was erzählt hat, dann hat sie meistens über (die Betreuerin) gemeckert und wie ungerecht die ganze Welt ist. Nein, sie hat nicht viel erzählt. Nicht so, dass man sagen könnte, dass sie jetzt über ihre Gefühle geredet hat. ... Höchstens dann zwischendurch mal so Vorwürfe, wenn es dann ganz extrem war, wenn sie dann da weg wollte, weil – ich weiß es nicht – (die Betreuerin) irgendwann mal konsequent war und Melanie das einfach nicht gepasst hat. ‚Ich will wieder nach Hause.' Da habe ich dann gesagt: ‚Nein, das gibt es nicht.' ‚Na ja, du hast mich ja sowieso immer abgeschoben.'*" (Mutter)

Verselbständigung und Beendigung der Betreuung
Obwohl Melanie sich in der Projektstelle wohlfühlt und nach eigener Aussage viele Freiheiten hat, drängt sie zunehmend darauf, eine eigene Wohnung zu bekommen. Auch das Jugendamt denkt über eine Beendigung der Maßnahme nach. „*Das Jugendamt hat dann schon mal gefragt, wie es so ist, das Kind wird jetzt 18. Die Maßnahme muss mal beendet werden.*" (JUG) Im HPG-Gespräch kommt man jedoch zunächst überein, dass eine Verselbständigung noch verfrüht wäre. Stattdessen wird das Erarbeiten einer „*Grundlage zum Wechsel in die eigene Wohnung (noch mehr Sicherheit im Umgang mit Geld erlernen, die recht gut funktionierenden lebenspraktischen Fähigkeiten von der ‚Lust und Laune' unabhängiger machen)*" vereinbart. (HPG-Protokoll vom 20.6.07, S. 3) Im selben Gespräch trägt Melanie den Wunsch vor, die Hilfe auch über das 18. Lebensjahr hinaus

fortzusetzen, damit sie nach Umzug in die eigene Wohnung weiterhin eine verlässliche und vertraute Ansprechpartnerin hat.

„*Es ist eigentlich auf eine ganz gesunde Art und Weise zu Ende gegangen. Melanie hat hier ihre Clique und ihre Freunde, die sind zusammen in Urlaub gefahren, das war auch alles altersgemäß und dementsprechend auch mehr das Bedürfnis, Freunde bei sich übernachten zu lassen, Party zu machen, ohne immer fragen zu müssen: ‚Ist dir das recht, wenn die heute kommen?' Also einfach mehr Freiheitsdrang. Ich will dich nicht immer fragen.*" (B)

Ein halbes Jahr später wird dann der Umzug in eine eigene Wohnung vollzogen. „*Die Wohnung wurde dann gemietet und dann bin ich da letztes Jahr im Sommer eingezogen und ziehe da jetzt übermorgen aus. Bis März, Anfang März wurde ich noch vom Jugendamt betreut, also voll, und seit März nur noch ein paar Stunden im Monat – zehn oder so was.*" (JUG)

„*Melanie ist in die Verselbständigung gegangen. Sie wollte viel eher. Wir haben gesagt, das gibt es nicht, wenn du 18 bist, bis dahin bleibst du bei (deiner Betreuerin). Das war auch in unser beider Interesse. Dann hat sie ja hier die Wohnung gekriegt, war dann noch sehr intensiv betreut worden und das lief dann so langsam aus.*" (Mutter) „*Das ist überhaupt nicht im Streit auseinandergegangen, sondern irgendwann sagte sie: ‚Was meinst du, ich bin doch jetzt 18.' Dann wurde hier die Wohnung frei und dann hatte sie schnell die Idee, das wäre doch was. Vor allen Dingen, weil es ja auch so schön nahe ist. Ich war ja sowieso jeden Tag auch hier unten im Büro und dann war das so ein gleitender Übergang.*" (B)

Melanie nimmt die Unterstützung gern an. „*Das war schon auch noch so, dass ich jeden Tag da war und dass wir am Anfang die Dinge zusammen gemacht haben. Wir haben zusammen eingekauft und solche Geschichten. ... Wir haben zusammen die Wohnung eingerichtet, gestrichen hat sie sie* mit ihren Freunden, da wollte sie mich gar nicht bei haben, weil ich ja sowieso so einen blöden Geschmack habe. Sie ist schon noch weiter betreut worden. Sie wird auch heute noch ganz geringfügig betreut. Jetzt noch zwei Monate und dann ist ganz Schluss. Den Umzug jetzt in die erste Wohnung mit ihrem Freund, den machen wir auch noch zusammen."* (B)

Mit der regelmäßigen Unterstützung und der Möglichkeit jederzeit ihre Betreuerin hinzuziehen zu können, bewältigt Melanie ihre Selbständigkeit recht erfolgreich. *"Melanie hat gezeigt, dass sie in der Lage ist, eine eigene Wohnung in Ordnung zu halten, mit ihrem Geld umzugehen und sich zu versorgen. Melanie hat sich weiter stabilisieren können. ... (Sie) hat zuverlässige Freundschaften geschlossen, die Beziehung zu ihrer Familie hat sich stabilisiert und verbessert, Melanie hat ein eigenes Konto und kann ihre Ausgaben planen."* (HPG-Protokoll vom 22.11.07) *"Angst, dass ich es nicht schaffe, hatte ich nicht. Wenn ich was hatte, hat (meine Betreuerin) mir dabei geholfen. Wir waren auch einmal die Woche zusammen einkaufen. Diese Sachen haben wir weiterhin gemacht. Jetzt kommt (sie) nur noch mal so zum Quatschen vorbei."* (JUG)

Lediglich als die Hilfe ausläuft kommt es zu einer kleinen Krise: Melanie äußert plötzlich den Wunsch wieder in die Nähe der Mutter zu ziehen. *"Als die Betreuung vom Jugendamt reduziert und fast eingestellt wurde, hat sie noch einmal kurz eine Krise gehabt und hat gesagt, dann gehe ich nach M. zurück, dann hat sie sich aber entschieden, das nicht zu tun und hat gemerkt, dass sie hier besser aufgehoben ist. Seitdem ist es gut. Sie hat dann noch mal so einen Angang gemacht, noch mal in ihrer Familie geklärt: ‚Wie ist es, wenn ich zurückkomme nach den ganzen Jahren, wollt ihr mich hier haben und wie wird das dann sein?' Das war nur schrecklich und da hat sie gesagt: ‚Nein, dann bleibe ich lieber hier.'* (B) Wie um sich selbst zu ermutigen hatte Melanie das Interview mit dem Satz begonnen: ‚Ich bin Melanie, 19 Jahre aus A. Jetzt in A. und ich bleibe auch in A.'"* (JUG)

2. Derzeitige Lebenssituation

Zum Zeitpunkt des Interviews steht der neuerliche Umzug bevor und Melanie packt aufgeregt Umzugskisten. Nach Aussage aller Beteiligten hält sie ihre Wohnung weiterhin selbständig in Ordnung und bewältigt die alltagspraktischen Dinge weitgehend allein. „Ich meine es ist Chaos, aber es ist kein schmutziges Chaos. Kein Dreck, sagen wir mal so. Aber es kann sein, dass ich länger ein Papier suche als andere Menschen." (JUG) Hin und wieder wird das Geld knapp. „Es klappt schon. Ich komme über die Runden, sagen wir es mal so. Als ich noch betreut wurde offiziell vom Jugendamt hat (meine Betreuerin) mir immer für die Woche das Essensgeld gegeben und auch so das Geld. Seit März kriege ich alles auf einmal und das ist schon schwieriger zu managen. Wo ist das ganze Geld hin? Aber es klappt schon." (JUG) „Ich hätte nicht gedacht, dass Melanie das so packt. Ich meine sie erzählt immer noch nicht sehr viel, ich meine, sie erzählt zwar viel, aber nicht das, was man dann hören möchte. Finanziell, ja gut – okay, das weiß ich nicht, die haben beide irgendwelche utopischen Vorstellungen, aber da denke ich mal, da sollen die selber durch, dass sie mit dem Geld gar nicht umgehen kann, dass sie überhaupt kein Verhältnis dazu hat." (Mutter)

Melanie hat während der Individualpädagogischen Maßnahme erfolgreich zunächst die Hauptschule, danach an der Abendschule die Realschule abgeschlossen. Ihr Versuch, durch den Besuch einer Höheren Handelsschule auch das Abitur zu machen, war hingegen nicht erfolgreich. „Was nicht so toll war. Das war die Höhere Handelsschule mit Wirtschaft und Verwaltung. Abitur mit Schwerpunktfach BWL. Das war mir nach einem halben Jahr zu blöd. Das war einfach zu trocken. Das war immer dieses Auswendiglernen der Paragraphen und das und dies. Das wollte ich eigentlich nicht mehr." (JUG) Zur Zeit befindet sie sich in einer Berufsfindungsmaßnahme der Bundesagentur für Arbeit. „Hätte eigentlich am 1.5. ein Praktikum angefangen ... in der Rehaklinik, aber da ich negativ bin – Hepatitis – darf ich das nicht, sechs Wochen lang, bis ich wieder positiv bin. (Das Praktikum dauert) erst einmal drei Monate und dann muss ich mal weiterschauen. Einen Ausbildungsplatz zu finden, das ist jetzt zu spät, die sind alle schon vergeben." (JUG) „Sie sollte irgendwie ein Praktikum machen ... Das kann sie nicht machen, da sollte sie angeblich einmal die Woche an irgendeiner Stelle erscheinen, damit sie ihr Geld bekommt. Ja, und das war es. Wo ich dann auch einfach sage, das geht nicht. Das passt nicht in mein Bild. ... Ich kenne das gar nicht, zu Haus herumzusitzen und nichts zu tun, mich von anderen finanzieren zu lassen. Selbst als ich Sozialhilfe bekam, bin ich noch arbeiten gegangen, damit ich nicht so viel von denen kassieren musste. Das ist das, womit ich einfach nicht mit klarkomme, aber das ist – glaube ich – mein Problem und nicht Melanies Problem. Das ist eher mein Problem." (Mutter)

Melanies Wunsch ist es, nach dem Praktikum eine Ausbildung zu beginnen. „Etwas in der Krankenpflege, das finde ich interessant, aber nicht so mit Menschen direkt. Mit alten Leuten, das ist okay, die reden ja meistens eh nicht viel. Klar, muss ich drei Jahre eine Ausbildung als Krankenschwester machen und überall werde ich eingesetzt, aber nachher könnte man sich ja fortbilden und dann würde ich gerne in den OP gehen." (JUG)

Ihre Betreuerin kommentiert: „Sie ist schon hin- und her gerissen, fifty-fifty, sie findet das auch ganz toll, dass ihre Mutter arbeitet, dass sie eine Ausbildung hat, darauf ist sie stolz, dass ihre Mutter examinierte Altenpflegerin ist, sie sagt auch examinierte Altenpflegerin. Darauf ist sie schon stolz. Sie würde das auch gerne tun, aber das andere ist auch das Bequeme ... Sie zieht jetzt mit ihrem Freund zusammen. Es könnte natürlich auch passieren, dass es ihr gelingt, schwanger zu werden, um davon freizukommen." (B)

Mit der Polizei oder Justiz hatte Melanie während der Betreuung und auch danach keinerlei Probleme. „Die erste Polizeisache war, bevor ich zu B.

gezogen bin und danach nie wieder. B. war ziemlich stolz auf mich. Ich war das einzige Kind in der Einrichtung, was keine Polizei brauchte, was nicht abhaute, keine Drogen nahm, nicht klaute und all solche Sachen. Das ist bei mir nie so ein großes Thema gewesen." (JUG)

Die während der Betreuung aufgebauten sozialen Kontakte und Freundschaften hat Melanie auch nach Beendigung der Maßnahme aufrechterhalten. Neben ihrem Freund und ihrer besten Freundin kennt sie viele Leute. *„Die erste Zeit war ich nicht viel alleine, weil meine Freunde alle sagten: ‚Ah, sie wohnt alleine.' Dann war man viel bei mir am Wochenende. Irgendwann wird es ja weniger. Man kommt ja nicht jeden Tag zum gleichen Menschen nach Hause. Irgendwann dachte ich: ‚Ich fühle mich einsam.' Sonst war immer viel Leben im Haus."* (JUG) Ihre Freunde sieht sie auch – neben ihrer Betreuerin – als wichtigste Ressource sozialer Unterstützung. *„Wenn ich zu Hause richtig Streit habe, dann telefoniere ich schon noch mit der (Betreuerin), aber mit meinen Freundinnen und Freunden kriege ich es eigentlich ziemlich schnell alleine hin."* (JUG)

Im Rückblick ist Melanie stolz auf das, was sie während der Betreuung geschafft und erreicht hat. Selbstbewusst sagt sie: *„Wenn meine Familie sauer ist, ... dann kriegt man immer zu hören: Du hast dich nicht verändert. Du bist noch genauso wie vorher. Dann denke ich mir: ‚Das denkt ihr so. Ich weiß, dass es anders ist.' (Meine Betreuerin) weiß, dass es anders ist. Das ist doch gut so."* (JUG)

3. Beurteilung der Ergebnisse und des Prozesses

Zielereichung

Zu Beginn der Unterbringung in der Projektstelle waren der regelmäßige Schulbesuch, die Erlangung eines Schulabschlusses, eine soziale Integration sowie eine Normalisierung Melanies Beziehungen zur Herkunftsfamilie (Mutter) als zentrale Ziele benannt worden. Heute konstatiert die Mutter eine Veränderung im Verhalten ihrer Tochter: „*Sie hat sich verändert, sich hat ein bisschen mehr Sozialverhalten bekommen, zwar immer noch nicht so, wie man das vielleicht von einem 19-jährigen Mädchen erwartet, aber doch schon. Auch Konflikten nicht aus dem Weg zu gehen oder dass man die nicht mit Brüllen und Schlägen und Drohungen bearbeiten kann, sondern mit Gesprächen. Das kann man nicht immer, aber es ist schon oft jetzt so, dass sie sagt: ‚Mama, darüber reden wir erst einmal.'*" (Mutter) Das sieht auch ihre Tochter so. „*Das Verhältnis zu meiner Mutter. Das ist auf jeden Fall viel, viel besser geworden. Ich meine, lange können wir immer noch nicht zusammen sein. Ich glaube, das wird immer so sein, wenn wir vier zugleich da sind, aber ich meine, wir haben regelmäßig Kontakt, ich fahre da oft hin und es klappt einfach alles super.*" (JUG) Melanie sagt von sich, dass sie gelernt habe, „*zum Beispiel mich zu beherrschen, wenn ich mich aufrege*", und führt dazu aus: „*Früher war es so: ‚Du machst deine Hausaufgaben!', und schon war das für mich ein Grund zu streiten, was heute – denke ich mir – Kinderkram ist, das machen kleine Kinder, aber nicht mehr ich. Einfach, mich zu benehmen und mit mir selbst klarzukommen und zufrieden zu sein.*" (JUG)

„Melanie war früher das schrecklichste Mädchen, an das man sich erinnern kann, was jemals in dieser Einrichtung war. Sie war wirklich der Teufel in Person. Die hat die ganze Einrichtung aufgemischt, war hässlich und gemein. Sie ist eine charmante junge Frau geworden. Sie kann lächeln, das konnte sie früher nicht. Sie hat einfach ihre anderen Potentiale auch entdeckt und kann die zeigen ... Sie hat es gelernt, finde ich, vielleicht noch nicht so, dass es wirklich hundertprozentig sitzt, aber ich finde immer besser, dass sie auch in Auseinandersetzungen sagen konnte, was sie wollte, außer nur herumzubrüllen und so zu versuchen, sich durchzusetzen. Es war schon ein hartes Stück Arbeit." (B)

Während der Maßnahme hat Melanie – wenn auch gelegentlich widerwillig – die Schule besucht und in der Regelschule ihren Hauptschulabschluss gemacht. In der Abendschule gelang ihr nicht nur der Realschulabschluss, hier fand sie auch Kontakt zu Gleichaltrigen und konnte Freundschaften aufbauen, die ihre soziale Integration befördert haben. Ihr Mutter kann das – mit Einschränkungen – anerkennen: *„Als positiv empfand ich, dass Melanie den Abschluss gemacht hat, dass sie mit den ganzen Schwierigkeiten ... den Abschluss gemacht hat. Wenn es auch das Einzige ist, was dabei rumgekommen ist. Sie hat ja keine Berufsausbildung, gar nichts."* (Mutter)

Das Jugendamt zeigt sich zufrieden mit den Lernerfolgen: *„Melanie hat insgesamt große Entwicklungsschritte innerhalb des letzten Jahres gemacht ...(sie)*

- *zeigt gute Ansätze, die Verantwortung zu übernehmen ...*
- *ist zuverlässiger, gruppen-, konfliktfähiger geworden und (ihre) sozialen Kompetenzen sind gestiegen ...,*
- *ist in der Lage Absprachen einzuhalten.*
- *ist in der Lage mit Geld (Taschen-/Bekleidungsgeld, Einkäufe) umzugehen,*
- *ernährt sich bewusster (16 Kilo abgenommen) und zeigt gute Ansätze ihr Freizeitverhalten zu verändern/erweitern ...*

hat einen Freund und übernimmt die Verantwortung für die Verhütung."
(HPG-Protokoll 9.11.06)"

„Letztendlich hat es ja mit Melanie dann geklappt ... Sie hat einen Schulabschluss gemacht, sie ist nicht in der Klapse, sie ist auch nicht im Knast. Sie hatte ja auch früher schon ein paar Anzeigen wegen Körperverletzung und Verleumdung. ... Alle schlimmen Prognosen sind nicht eingetreten. Ihre Mutter ist nicht zufrieden, die sagt: ‚Die ist immer noch faul und geht nicht arbeiten.' Ja, aber wenn man sich überlegt, was eigentlich alles prognostiziert worden ist, finde ich, ist es super gelaufen." (B)

Beziehung zur Betreuerin
Auf die Frage, was ihr bei diesen Entwicklungen besonders geholfen hat, nennt Melanie die vorbehaltlose Annahme durch alle Familienmitglieder. „Ich wurde nicht ausgeschlossen. Wenn es hieß, die Eltern haben Geburtstag, die haben zu der Zeit oben in E. gewohnt, ganz oben im Norden. Dann bin ich mitgefahren und durfte auch bei den Eltern schlafen und war auch willkommen. Wir sind nach Frankreich gefahren, ich glaube im ersten Jahr, und mein kleiner Bruder wurde mitgenommen. Wir waren dann drei Wochen in Frankreich. Als ich schwerkrank war, war (meine Betreuerin) immer für mich da. ... Ich habe mich so gut bei ihr gefühlt, weil ihre Töchter mich so integriert haben, als ob es wirklich meine Familie gewesen wäre, was es natürlich nicht war. Als ich noch zur Schule gegangen bin, auf die Abend-Real, und Leute fragten: ‚Wer ist das?', dann habe ich immer gesagt: ‚Das ist meine Mutter', weil ich keine Lust hatte, bei den Leuten immer wieder aufs Neue zu erklären, was da vorgefallen ist, warum das so ist, darum habe ich immer gesagt: ‚Das ist meine Mutter.' ... Ihre Töchter haben es auch gesagt: ‚Sie ist wie eine Schwester.' Es war immer gut." (JUG)

Sie lobt das hohe Engagement ihrer Betreuerin und sieht durchaus auch die Schwierigkeiten: „Als ich krank war, da war B. jeden Tag da. Das fand ich gut. Das hätte nicht jeder gemacht. Selbst meine Freunde waren nicht so oft da wie (die Betreuerin). – jeden Tag. ... Gut, manchmal ist es ihr dann auch zuviel. Klar, in zwei Fällen, wo wir uns gestritten haben, war es zuviel, aber sonst, ich weiß nicht, sie war immer ein guter Mensch und ruhig. Wir haben uns ausgeschrieen und dann haben wir zusammen geredet." (JUG)

„Melanie gehört schon irgendwie dazu. Ich denke mal, die Betreuung ist jetzt quasi beendet. Ich denke, dass wir Kontakt halten werden und uns an Feiertagen sehen und auch Postkarten schicken werden, so wie sie gesagt hat, wenn sie mal in den USA ist, dass sie dann trotzdem noch kommt und mich besucht. Das ist schon nett. ... Melanie ist durchaus in der Lage auch zu sagen: ‚Danke für alles.' Ab und zu kriege ich auch noch mal ein Kärtchen: ‚Und noch mal Danke für alles.' ..."

„Dass ich irgendwie nicht damit gerechnet habe, dass sie sich letztendlich so gut entwickelt. Ich freue mich riesig drüber. Ich finde es auch toll, was Melanie und ich jetzt für einen Kontakt haben. Ich hätte das nicht erwartet, dass das so prima werden würde, also fast liebevoll, und dieses Pampige und Rotzige ist ganz weg." (B)

Trotz ihrer positiven Einschätzung des Betreuungsverlaufs bemerkt Melanies Betreuerin aber auch selbstkritisch: „Ich denke, dass es vielleicht gut gewesen wäre, wenn ich öfter etwas strenger mit ihr gewesen wäre, wenn es um das Lernen ging. Ich habe auch oft mit Melanie darüber geredet. Wir reden immer wieder darüber, wie ist es eigentlich gelaufen und wie ist alles so gekommen wie es ist. Ich weiß nicht, ob es dann überhaupt weitergegangen wäre oder ob wir nicht auch an den Punkt gekommen wären, wo man so ganz konfrontativ Stirn an Stirn voreinander gestanden hätte und es wieder zu einem Machtkampf geworden wäre. Ich hätte vielleicht manchmal ein bisschen weniger großzügig sein können mit materiellen Dingen." (B)

„Es ist einfach so, dass es im Großen und Ganzen was gebracht hat. Das finde ich schon. Ich hätte mir jetzt noch gewünscht, dass Melanie eine Ausbildung hat oder machen würde. Das da ein bisschen mehr Druck von Seiten der (Betreuerin) käme, aber sie ist ja ein ganz anderer Typ." (Mutter)

Den Unterschied zu anderen Hilfeformen, die sie selbst erfahren hat, kann Melanie ganz konkret benennen. „Da ist ein Betreuer für zehn Mädchen, da wird einfach nicht auf den einzelnen Menschen eingegangen. Das ist das Gute an dieser Individualpädagogik, das heißt wenn was ist, dann ist einer da und man muss nicht um einen Termin bitten, um dann zwei Stunden später sein Problem zu erzählen ..."

„B. ist ja die Chefin, die ist ja auch nicht sehr viel zu Hause. Wenn sie da war, war sie für mich da. Ich war in die ganze Familie integriert. Das war (vorher) überhaupt nicht. (Dort) kennt man nur die Betreuerin, man weiß nicht, ob sie Kinder hat. Das ist einfach so. Sie arbeitet und dann geht sie nach Hause und dann ist es für sie vorbei." (JUG)

Im Rückblick ziehen Melanie und ihre Betreuerin ein – aus unterschiedlicher Perspektive – positives Resümee. „Im Nachhinein finde ich es auch gut, dass ich es gemacht habe, dass ich mich durchgesetzt habe. Das finde ich gut und da bin ich auch stolz auf mich, dass ich das geschafft habe mit diesem Brummer. Sie war ja echt ein Brummer und ich finde auch gut, dass ich sie nicht fallengelassen habe. Ich hatte da im Team wirklich heftige Diskussion. Es ist natürlich auch immer eine heftige Sache, wenn Kollegen sagen: ‚Es geht nicht mehr, die ist total bekloppt, raus damit, da muss eine Konsequenz erfolgen, die muss endlich eine Strafe kriegen, das geht überhaupt nicht.' Wenn man sich dann anders entscheidet, ist es natürlich schön, wenn man hinterher sieht, es hat sich gelohnt. Da bin ich froh, dass ich mich so für sie entschieden habe." (B)

Und Melanie freut besonders, *„dass ich mich selbst verändert habe. Ich bin ein ganz anderer Mensch geworden. Früher war ich so, ich habe das Sagen. Ich hätte mich niemals früher untergeordnet."* (JUG)

Mirko: „Ich meine immer, wenn ich nicht in Polen gewesen wäre, wäre ich – glaube ich – im Knast gelandet."

1. Verlauf der Maßnahme

Vorgeschichte

Mirko, geboren 1989, kommt im Alter von gut zwei Jahren in eine Pflegefamilie. *„Er ist – wie gesagt – als Kleinkind dort hingekommen und war immer so das ganz goldige, sehr charmante, sehr fröhliche Kind. Er kam in der Pubertät doch in eine sehr negativ besetzte Rolle auch innerhalb der Familie. Seine starke Beziehung auch zum Pflegevater wurde dann noch mal ganz kritisch. Da schon auch in so eine Sündenbockrolle rein."* (MA JA) Zunächst versucht der Pflegekinderdienst des Jugendamtes, die Situation in der Pflegefamilie mit einer Familienberatung zu stabilisieren. Es kommt jedoch weiterhin zu Konflikten, *„wobei aber auch gleichzeitig schulisch alles drunter und drüber ging und der Mirko sich ganz stark grenzüberschreitend verhielt, unruhig war, unkonzentriert, sehr provokativ und auch zum Teil immer sehr in Konflikten mit Mitschülern involviert."* (MA JA)

Zu diesem Zeitpunkt nimmt die Familie weitere Pflegekinder auf. Zwischen Mirko und seinem Pflegevater kommt es zu immer heftigeren Auseinandersetzungen, denen sich dieser immer weniger gewachsen fühlt. Wohl auch wegen dieser Überforderung wird M. mit 13 Jahren aus der

Pflegefamilie genommen und in einer stationären Einrichtung untergebracht.

„Vieles sprach schon zu dem derzeitigen Zeitpunkt ... dafür, ihn in eine Einzelsituation zu geben, in eine Einzelbetreuungssituation zu geben. Wir sprachen dann auch schon über Individualpädagogische Maßnahmen. ... Der Bereich des sozialen Lernens war ja noch ein ganz wichtiger Aspekt, sein Sozialverhalten. Was in Gruppen eigentlich auch noch mal korrigiert werden sollte. Es sprach insgesamt dann doch einiges mehr für eine Heimeinrichtung mit Intensivgruppenbetreuung." (MA JA)

In der relativ großen Heimeinrichtung schließt sich M. den älteren Jugendlichen an und begeht in dieser Clique mehrere Delikte. „Da hat er dann innerhalb von nur wenigen Monaten eine ganz beängstigende strafrechtliche Karriere hingelegt mit Ladeneinbrüchen, Raubgeschichten und Sachbeschädigungen. Es war eine Katastrophe und das ist eigentlich sehr spät erst aufgefallen. Genauso wenig fiel auf, dass der hin und wieder da kiffte. Er hat da auch einen Zugang bekommen zu Drogen, der hier sogar noch nicht Thema war. Er hat sich da noch ein paar Schwierigkeiten mehr eingehandelt. Als das dann auffiel, war im Grunde so eine Serie von Straftaten innerhalb von zwei, drei Monaten hingelegt. Er war zwar in vielen Fällen eher so der Mitläufer, aber es half ja nicht. Strafrechtlich verantwortlich war er nun ab 14 und auch schon vorher, gab es hier schon so kleine Delikte." (JA) M. bemerkt dazu lapidar: „In dem Haus gab es verschiedene Cliquen, da haben wir ziemliche Scheiße gebaut." (JUG)

Obwohl die Einrichtung konzeptionell auf besonders schwierige Jugendliche ausgelegt ist, hält sie M. für die Gruppe nicht mehr für tragbar. Außerdem wird M. vom Jugendgericht zu 14 Monaten Jugendarrest mit zwei Jahren Bewährung verurteilt. „Da weiß ich noch, ich habe die Gerichtstermine ja auch begleitet, dass dem Mirko da wirklich die Tränen kamen und er völlig schockiert war." (MA JA) Angesichts dieser Schockwirkung setzt sich sein Gruppenerzieher für eine Rückkehr M.s in die Gruppe ein. „Er ging dann wieder in die Gruppe zurück. Ich hatte an der Stelle schon die größten Bauchschmerzen, ich habe auch gesagt: ‚Mirko, ich glaube nicht, dass du wirklich das hier aushalten kannst. Deine guten Vorsätze in allen Ehren, ich glaube das dir auch im Moment, aber ich weiß, du hast nicht genügend Energien, dich vor diesen Verführungssituationen hier zu schützen.' Darüber haben wir schwer diskutiert, auch im Hilfeplangespräch. Er hat dann aber, weil auch die Gruppe gesagt hat: ‚Nein, wir haben ja mittlerweile den einen Mittäter hier herausgeschmissen und es ist hier alles viel besser, und wir haben ja jetzt den Überblick wieder und hier geht jetzt alles wieder richtig gut und Mirko will ja auch unbedingt und das war ihm jetzt eine Lehre.' Er wollte dableiben. Ich weiß noch, dass ich gesagt habe, eigentlich ist es nicht okay, aber alle waren der Meinung, er sollte bleiben und er wollte es unbedingt auch. Zwei Tage nach diesem Hilfeplangespräch kam ein Anruf, Mirko ist in der Gruppe erwischt worden beim Kiffen und jetzt ist Ende der Fahnenstange und ich war heilfroh. Ich habe gedacht: Gott sei Dank ist das jetzt entschieden. Ich hätte es im Grunde im Hilfeplangespräch schon entscheiden müssen, wusste aber, ich hätte den Jungen und seine Erzieher auch gegen mich gehabt. Von daher hatte ich mich auf diesen Sachverhalt noch erst eingelassen. Aber an der Stelle, wo die Gruppe ihn selber rausgeschmissen hat, war ich denen fast dankbar dafür und habe auch gesagt: ‚Sofort weg da.' Dann war er noch ein paar Tage in der Jugendschutzstelle in G. und selbst da hörte ich schon wieder nach einem Tag, er hatte da schon die Finger im Spiel mit irgendwelchen Drogengeschäften. Ich dachte um Gotteswillen, hoffentlich kriege ich den schnell genug hier weg." (MA JA)

Übergang

Das Jugendamt sucht nach einer Unterbringung, weitab von D. „Es war nicht gleich das Auslandsprojekt im Spiel oder im Gespräch. Es gab auch ein

Inlandsprojekt, aber mir war schon wichtig, dass der Mirko auch schon ein Stückchen weg kann, aber er war ja auch ein pfiffiger Junge und der hätte aus irgendeinem, weiß ich nicht, nördlich, südlichen gelegenen kleinen Dörfchen durchaus wieder hier nach D. gefunden. Der hätte durchaus die Kontakte wieder gesucht. Er hatte da auch ganz rege Kontakte, auch als er noch in Polen war, hatte er noch Kontakte nach D. Von daher war diese Entfernung schon nötig." (MA JA)

Zusammen mit dem Jugendhilfeträger entwickelt die Mitarbeiterin des Jugendamtes ein Konzept für eine Unterbringung in Polen. „Es gab zwei, drei Vorgespräche, da habe ich immer gesagt: ‚Nee, da will ich nicht hin.' ... Dann habe ich mich doch dazu entschlossen, dort hinzugehen, weil das Jugendamt gesagt hat, sonst bezahlen sie gar keine Maßnahme mehr. Dann sollte ich mir das drei Wochen angucken, das habe ich dann auch gemacht, fand es alles nicht gut und habe auch beim Jugendamt gesagt, dass ich das nicht machen werde. ... Und dann hat mehr oder weniger die Richterin das entschieden, dass ich dahin muss." (JUG)

„Ja, wir hatten erst einmal das Problem, dass wir ihn da hinkriegen. Es war schon so, dass wir mit ihm hart diskutiert haben. Es gab hier auch eine Szene, dass er aus dem Büro rannte und hier im Flur palaverte: ‚Ich will da nicht hin und überhaupt nicht.' Hin und her. Es war schon auch wichtig zu sagen: ‚Hör mal, wir sind hier Vormund.' Das war in Wirklichkeit, nur das Aufenthaltsbestimmungsrecht hatten wir übersehen, aber wir haben gesagt, wir sind Vormund für dich und wir wollen, dass das so läuft. Das war so wichtig auch, dass er keine Alternative hatte. An der Stelle konnte er auch mit mir ... nicht mehr diskutieren. ... Als wir dann im Hilfeplangespräch saßen, war im Grunde schon das Schwierigste überstanden, seine Zustimmung, auch so eine innere Zustimmung zu dem Projekt zu kriegen. Allerdings war der äußere Druck auch ganz klar. Ein cleveres Kerlchen, wie der Mirko, der hat genau gewusst, die Alternative war der Knast, das habe ich ihm auch immer wieder *gesagt. Von daher ist er zu seinem Glück – in Anführungsstrichen – dann ja auch gezwungen worden."* (MA JA)

Da M. bereits Polen besucht hat, ist die Vorbereitung kurz. *"Der (Betreuer) war da ... dann hat man mit dem Jugendamt einmal geredet, dann kam der noch ein zweites Mal zum Reden und hat mir auch Photos gezeigt, wie es da aussieht, und dann danach ging es eigentlich direkt los. Der hat mich abgeholt und dann habe ich eine Nacht bei ihm zu Hause geschlafen und dann sind wir morgens mit einem Flieger losgeflogen".* (JUG)

Auf seine erste Begegnung mit M. angesprochen gibt der Betreuer als Eindruck wieder: *"Ich erinnere mich an einen schmalen, käsigen, zugekifften jungen Mann, der oben im Bett lag. Eigentlich habe ich gar nicht viel mit ihm gesprochen. Ich weiß gar nicht, ob ich überhaupt mit ihm gesprochen habe. Er war sehr still, sehr verschlossen."* (B)

Alltag, Regeln und Schlüsselerlebnisse
Das neue Land und vor allen Dingen die ungewohnte ländliche Umgebung und sein Sprachproblem machen ihm zu schaffen. *"Ich musste die erste Zeit überhaupt nichts machen, es war einfach nur, um selber so nachzudenken und danach war es ganz normal. Ich war dort in Polen auf einer Straußenfarm, die hatten viele Strauße, und da musste ich halt mithelfen, alles saubermachen, die morgens füttern. Die hatten auch noch Ziegen. Es war wie so ein kleiner Bauernhof."*

"Die erste Zeit war es schon ein bisschen komisch. Ich konnte mich auch mit keinem richtig unterhalten ..."

"Es war erst nervig, auch weil das alles so klein dort war. Da haben viele Leute gewohnt. Aber nach einiger Zeit ging es eigentlich, denn da habe ich auch an so einem Zirkusprojekt mitgemacht und dann ging es eigentlich.

Denn sonst hat man sich wirklich nur gelangweilt, denn man hat gearbeitet und dann waren da nur die zwei Wirtspersonen, wo man gewohnt hat und sonst gar nichts." (JUG)

Der Tagesablauf sieht vor, dass M. auf dem Hof mithilft. *„Vor acht Uhr brauchte ich nicht aufzustehen die erste Zeit. ... Dann habe ich erst einmal selber ein bisschen was gegessen, nichts Großes, aber irgendein Brot oder so, dann habe ich die Tiere gefüttert oder wenn es anstand, den Stall ausgemistet. Dann reingegangen, was gegessen, normales Frühstück alle zusammen, dann, wenn irgendwelche Arbeiten anfielen, mitgeholfen, dann ab nachmittags war man nur noch drin und hat irgendwie Playstation gespielt oder Fernsehen geguckt."* (JUG)

Die erste Zeit gibt es Reiberein, weil er keine Lust hat, mit anzupacken, später gibt sich das; *„Das musste ja irgendwie gemacht werden."* (JUG) Über diese Zeit entspinnt sich während des Interviews folgender Dialog:

Gab es bestimmte Regeln, an die du dich halten musstest?
„Ich sollte schon immer mithelfen, wenn ich das nicht gemacht habe, dann kam der Betreuer vorbei und dann gab es Gespräche."

Ist es häufiger vorgekommen, dass du keinen Bock hattest?
„Die erste Zeit wohl. Da hatte ich einfach keine Lust – zu nichts."

Was hast du die erste Zeit gedacht, als die dich dahin verfrachtet haben?
„Mehr oder weniger so abgeschoben. Damit man den Stress hier nicht hat."

Und hast du das Gefühl, dass sich das irgendwann gedreht hat, dass du dann eine andere Stimmung hattest oder eine andere Haltung dazu?
„Man hatte viel Zeit nachzudenken. Wenn man da die ganze Zeit ist und

man versteht die nicht, dann denkt man viel nach. Später, als ich die Sprache konnte, da war das kein Problem."

Worüber hast du dann nachgedacht?
„Was vorher in meinem Leben alles schiefgelaufen ist und was man jetzt besser machen kann, wenn man jetzt eigentlich die Chance dazu hat." (JUG)

Erste Veränderungen nehmen auch die anderen Beteiligten wahr: „*Er war ja recht regelmäßig hier. Wir haben nicht die halben Jahre, die sonst üblich sind, für Hilfeplanfortschreibung gewählt, sondern immer kürzere Abstände. Ich weiß, er wirkte jedes Mal schon anders, das ist mir aufgefallen.*"

„*Er wirkte viel offener und auch kräftiger, hatte eine ganz andere Körperhaltung, eine ganz andere Körperspannung. Seine Stimme, alles war irgendwie klarer, kräftiger, und ich habe gedacht: ‚Ja, dem gefällt es da.' Man konnte es an ihm ablesen sozusagen. Er hat dann auch mal sehr begeistert erzählt.*"
(MA JA)

Im Hilfeplanprotokoll heißt es dazu: „M. hat sich bisher straffrei geführt und die vor Ort zu erfüllenden Bewährungsauflagen (Arbeitsstunden und sozialer Trainingskurs) erledigt. M. zeigt sich nicht nur im täglichen Arbeitsprozess auf der Straußenfarm engagiert und verantwortungsbewusst, er hat auch den Ehrgeiz entwickelt, seine enormen schulischen Defizite aufholen zu wollen, um einen Schulabschluss zu erreichen." (HPG-Protokoll vom 9.5.2006)

Wechsel der Projektstelle
Nach einiger Zeit wechselt er auch wegen der dort möglichen Beschulung in ein anderes Standprojekt, hier fühlt er sich sehr wohl, empfindet Anerkennung. „*Die Zeit fand ich sehr gut, ... da hat man gemerkt, dass die einen mag. Das war eigentlich eine tolle Zeit, ... weil man auch viel unter-*

nommen hat, auch mit ihrer Tochter, die hatte eine eigene Tochter, und dann war da noch ein Mädchen, das auch in Polen sein musste."

„Das war natürlich lustiger als das vorher, da ist man spazieren gegangen oder im Sommer zum See und nicht nur auf dem Bauernhof sitzen und nur arbeiten ..."

„Wir waren in vielen Städten. Man hat viel gesehen, da war auch einmal ein Urlaub für eineinhalb Wochen, da waren wir Skifahren und Snowboardfahren in den Bergen, und im Sommer waren wir zum Schluss, als klar war, dass ich wieder gehen musste, da waren wir einmal am großen Meer. Da hatten wir dann auch für eine Woche ein Haus gemietet. ... Und sonst waren wir öfter mal in größeren Städten, um Klamotten zu kaufen in den Ferien." (JUG)

Nebenher hat M. angefangen in einem Zirkusprojekt mitzuarbeiten. Hier lernt er Jonglieren und Einrad fahren und leitet jüngere Kinder an. Dieses Projekt organisiert regelmäßig Begegnungen mit deutschen und russischen Kindern und Jugendlichen, die dann gemeinsam üben und trainieren, um am Ende eine große Zirkusaufführung zu gestalten. Von diesen Aufführungen erzählt M. begeistert, hier erhält er Anerkennung und Zuspruch: „Und im Sommer haben die dann so Projekte gestartet, dass eine Gruppe aus Deutschland kommt und eine Gruppe aus Litauen oder Russland, das hat sich immer einmal im Jahr abgewechselt, und dann gab es eine große Gala. Wir haben zwei Wochen erst zusammen geübt – alle Gruppen, man hat ein Konzept erarbeitet, und das wurde dann vorgeführt in der Stadt auf einer Bühne. ... Dass man aufgetreten ist so vor 200, 300 Leuten. Und wenn wir beklatscht wurden und bejubelt wurden, das war schon gut." (JUG) Seine Jonglierbälle hat M. immer noch, manchmal holt er sie auch heute noch hervor und probiert, ob es noch klappt.

Im neuen Projekt arbeitet er in einer Sicherheitsfirma mit, „... *Alarmanlagen installieren, Kabelziehen und alles. Nachher war ich so gut, dass der mich sogar alleine auf eine Baustelle gelassen hat, weil er selber weg musste. Ich sollte da weitermachen ... Das war gut, da hat man auch gemerkt, dass man Anerkennung kriegt.*" (JUG)

Diese Anerkennung ist aus der Sicht des Jugendamtes auch ein Schlüssel zur positiven Entwicklung von M. „*Er hat sehr begeistert erzählt und auch von den Leuten mit sehr viel Wärme erzählt, wo ich dachte, er mochte sie einfach. Das war – glaube ich – für ihn mal eine neue Erfahrung. Da waren jetzt keine Erzieher, die immer so über Sprache von ihm was wollten, wo er sich dann über Sprache auch wieder wehren konnte. ... Dass er eben da auf Menschen trifft, die ganz klar von ihm was wollen und wenn er dann da herumpalavert, ich will das nicht oder keine Lust oder keine Zeit, die hören das nicht, die verstehen das nicht, er muss das machen. ... Auch seine sozialen Fähigkeiten kamen noch mal so raus im Rahmen dieses Zirkusprojektes. ... Das sind Sachen gewesen, wo ich eigentlich auch sehr überrascht war und mich auch gefreut habe, dass er noch mal die Chance hatte, seine positiven Potentiale auch zu zeigen.*" (MA JA)

Zu seinen (Pflege-) Eltern und seiner Herkunftsfamilie hat er keinen Kontakt, mit Freunden in Deutschland telefoniert er gelegentlich. Eine Rückkehr nach Deutschland reizt ihn zu diesem Zeitpunkt aber nicht. M. fühlt sich in Polen wohl und anerkannt und setzt sich selbst für eine Verlängerung der Maßnahme ein. „*... die haben ein Jahr gesagt, und ich habe dann aus einem Jahr aber zwei Jahre gemacht.*" (JUG)

Auch das Jugendamt hält eine Verlängerung für geboten. „*Weil wir gesagt haben: ‚Solange hier nicht alles klar ist, bleibst du noch schön in Polen, da geht es dir gut.' Ich habe auch selber immer dafür gesorgt, dass die Hilfe verlängert wurde, weil ich dachte, wir müssen diese Stabilisierung möglichst gut hinkriegen, damit er, wenn er zurückkommt, nicht dann ganz schnell auch wieder diesen ganzen verlockenden Anfeindungen ausgesetzt ist."* (MA JA)

In dieser Phase seines Aufenthaltes in Polen wird er durch seine polnische Betreuerin auch stundenweise unterrichtet und erhält Lernmaterial aus Deutschland. Er entwickelt den Wunsch, nach seiner Rückkehr in Deutschland seinen Realschulabschluss zu machen und dafür die Abendschule zu besuchen. *„Es war klar, dass es nach zwei Jahren auf jeden Fall wieder zurückgeht nach Deutschland, um den Schulabschluss zu machen. Das war schon klar, das war auch schon nach dem Jahr klar, als ich das verlängert habe. Und dann haben wir uns irgendwann entschieden, weil es gerade passte, so in Richtung Dezember zu gehen, weil im Januar die Schule losgehen sollte. Und dann bin ich aber statt im Dezember erst im Januar gegangen, denn die Schule ging erst ab 1. Februar los. Dann habe ich noch einmal mit denen Weihnachten gefeiert und dann war ich wieder hier."* (JUG)

Die Betreuerin, die ihn im Anschluss in Deutschland begleitet, bemerkt dazu: *„Ich glaube, dass ihm der Abschied von Polen sehr schwer geworden ist. Er hat sich dort sehr wohl und sehr sicher gefühlt und das war erst einmal eine ziemliche Verunsicherung wieder."* (B)

Rückkehr nach Deutschland

Ursprünglich war vorgesehen, dass M. gleich nach seiner Rückkehr in eine eigene Wohnung zieht. Betreuer und Jugendamt gehen allerdings davon aus, dass die in Polen erzielten Persönlichkeitsveränderungen und Lernprozesse noch stabilisiert werden müssen und M. daher noch einige Zeit einer intensiven Begleitung bedarf. *„Das war ein Punkt, der für uns wichtig war, dass er einfach ein Stückchen Nachreife erfährt, dass er ein Stückchen reflektieren kann über sein bisheriges Leben und eigentlich auch*

Ziele entwickelt für sein zukünftiges Leben. Ziele schon natürlich in Richtung bürgerliches Leben und das war auch sehr schnell für ihn klar." (MA JA)

Diese soll in einer familienähnlichen Struktur erfolgen und wird durch Besuche und Zwischenaufenthalte in der Familie seiner zukünftigen Betreuerin vorbereitet. *„Durch die Male, die er immer wieder zwischendurch hier war, war das für ihn – glaube ich – wichtig, dass er dann, wenn er wieder weggeht aus Polen, dass er dann auch hier erst einmal so eine Stelle hat, wo er zu Hause sein kann."* (B)

„Ich bin dann in die Familie von G. gekommen, da habe ich im Keller ein eigenes Zimmer gehabt, Mirkous (einer der Söhne der Familie, d.Verf.), hat nebenan gewohnt." (JUG) Mit Mirkous versteht er sich auf Anhieb gut, mit ihm zusammen nimmt er auch den Besuch der Abendrealschule in Angriff. *„Unser Sohn Mirkous war zu der Zeit vom Bund zurück und hatte noch keine Ausbildungsstelle. Er hat einen Realschulabschluss, aber er hat um einen Punkt oder was weiß ich irgendwie seinen Quali damals nicht gekriegt und hat dann gesagt: ‚Okay, ich gehe dann einfach auch zur Abendrealschule mit und versuche dann, solange ich nichts anderes habe, meinen Realschulabschluss zu machen. Vielleicht wird der besser.' Und so ist der Mirkous mit ihm immer zur Schule gefahren, sodass er da auch einen ganz festen Bezug hatte. Die beiden sind eben jeden Tag zusammen los und kamen dann abends um zehn, halb elf wieder. Dann war noch ein bisschen abhängen sagen wir, ja, oder chillen heißt das ja heute, ein bisschen fernsehen oder so. Ja, und dann hat er morgens ein bisschen länger geschlafen und hat dann auch mit Mirkous zusammen was für die Schule getan. Ich bin dann arbeiten gewesen, ich habe ja auch einen Fulltimejob. In der Mittagszeit haben wir zusammen gegessen und dann ist er eben nachmittags wieder zur Schule gefahren."* (B)

Mit Mirkous verbringt er auch einen großen Teil seiner Freizeit, mit ihm besucht er die örtlichen Diskotheken, nimmt aber auch gern an den familiären Ereignissen und nachbarschaftlichen Treffen der Familie teil. Darüber hinaus fällt ihm der Aufbau eines eigenen Freundeskreises schwer. *„Das wäre sicher ganz gut gewesen, dieses Finden dann eines neuen eigenen Freundeskreises. Er hat ja dann erst einmal auf den Freundeskreis unseres Sohnes zurückgegriffen. Es wäre vielleicht ein bisschen leichter gewesen. Da war das eben so, dass er nachher so komische Typen hatte. Er selber sagt ja auch, Holland ist ja nahe, und dann hat er wieder angefangen zu kiffen. Dadurch kriegt man natürlich dann auch die entsprechenden Kontakte, die ihm dann nicht nur gut getan haben, wo er sich sehr schwer getan hat, das auch zu erkennen und abzugrenzen ...“*

„Er hat am Anfang auch gezeigt, dass er in der Auswahl seiner Kontakte, die er ja selber suchte, diesen glücklichen Griff hatte immer nach irgendwelchen chaotischen Typen, die auch sein Leben zwischendurch ganz schön heftig wieder durcheinander gebracht haben, und da denke ich mal, war es ganz wichtig, dass er auch noch so eine soziale Anbindung hatte." (B)

Während sich M. in der Familie seiner Betreuerin – trotz gelegentlicher Konflikte um die Durchsetzung von Regeln des Zusammenlebens – aufgehoben und zugehörig fühlt und von ihr Dritten gegenüber von ‚seiner Familie' spricht, kommt es in der Abendrealschule zu disziplinarischen Problemen, weil er sich von den Lehrern nichts sagen lassen will. *„Da war der Direktor, der mochte mich nicht ... (er) hat mich immer in der Klasse vorgeführt. Und dann habe ich das mit ihm auch gemacht. Da bin ich von der Schule geflogen."* (JUG) Im Hilfeplanprotokoll liest sich das so: „M. überschätzte seine Möglichkeiten deutlich und trat gegenüber den Lehrern überheblich auf. In Folge dessen wurde er zu den Herbstferien vom Schulbesuch ausgeschlossen. Aus Sicht der Schulleitung ließ M. die notwendige Ernsthaftigkeit und persönliche Reife vermissen. M. war in Folge dessen gezwungen, *eine neue Perspektive zu entwickeln. Langfristig strebt er eine Ausbildung im Bereich Elektrotechnik an. ... M. möchte in der Zwischenzeit arbeiten gehen und ist überaus zuversichtlich, auch eine entsprechende Stelle zu finden."* (HPG-Protokoll 9.10.07)

M. möchte jetzt lieber arbeiten gehen und Geld verdienen. Er findet Anstellung bei einer Zeitarbeitsfirma und arbeitet dort (bis heute) im Schichtdienst als Aushilfe. *„Ich bin jetzt bei A., das ist eine Spedition. Da arbeite ich als Kommissionär. Man hat eine Liste und man muss es dann aus den Regalen suchen, auf eine Palette packen und dann auf seinen richtigen Platz stellen. Das kann man auch machen, das ist manchmal anstrengend, denn die haben wirklich alles, von Futtermitteln bis Dünger, und ich glaube 50-kg-Säcke oder so. Ich stelle die Lieferungen auf Paletten zusammen. Außerdem jobbe ich am Wochenende in einer Kneipe. Das Geld langt dann gerade so, um die Wohnung und alles zu bezahlen."* (JUG)

Allerdings kann die Zeitarbeitsfirma keinen verlässlichen Beschäftigungsumfang garantieren, sodass es doch immer wieder zu finanziellen Engpässen kommt. *„Die Zeitarbeitsfirma kann nicht versprechen, du kriegst jeden Tag sechs Stunden oder acht Stunden Arbeit. Da war er im letzten Monat zig Tage unbeschäftigt, verdiente kein Geld, hat aber seine Verbindlichkeit Mietzahlung und so weiter und wird von allen Seiten auch noch unter Druck gesetzt. Vom Vermieter: ‚Wo bleibt die Kohle?' und von der Telefonfirma: ‚Wo bleibt die regelmäßige Leistung?' und die Inkassounternehmen melden sich und so weiter. Es entsteht ein Teufelskreis, wo ich nachvollziehen kann, warum sie dann den Kopf in den Sand stecken und überrascht sind, was für eine Welle auf sie zukommt."* (B)

Seit Januar 2008 bewohnt M. im gleichen Ort eine eigene Wohnung, die er geschmackvoll eingerichtet hat und in Ordnung hält. Seine Betreuerin bescheinigt ihm die Fähigkeit, seinen Alltag organisieren zu können.

Dennoch gerät er gelegentlich wieder in schwierige Situationen, so kauft er von einem Kumpel eine Waschmaschine dubioser Herkunft und wird deshalb wegen Beihilfe zum Diebstahl zu zwei Wochenenden Jugendarrest und einer Geldbuße verurteilt. Auf die Frage, was sich für ihn durch die Betreuung verändert hat, antwortet M.: *„Ich bin allgemein ruhiger geworden, ich sehe manche Sachen ganz anders. Es sind viele Sachen besser geworden: Dass ich arbeiten gehe und das so schaffe, schon eine eigene Wohnung, einen eigenen Haushalt zu führen. ... Ich bin nicht mehr aggressiv, was ich früher war. Da gibt es schon viele Sachen, die sich verändert haben. Man geht auch allgemein mit Sachen anders um, wo man vorher eigentlich gedacht hat: ‚Oh nee, jetzt schon wieder so was und man könnte eigentlich direkt wieder ausrasten', da ist man eher ruhig geblieben."* (JUG)

2. Derzeitige Lebenssituation

Seit anderthalb Jahren wohnt M. jetzt in seiner eigenen Wohnung, die er liebevoll eingerichtet hat und in Ordnung hält. Nach Anfangsschwierigkeiten, bei denen er aus Freude über die erste eigene und sturmfreie Bude ausgelassen mit Freunden gefeiert hat und den Ärger von Nachbarn und seinem Vermieter erntete, kann er jetzt seinen Alltag gut organisieren. Wenn es trotz seines Jobs finanziell mal eng wird, leiht er sich Geld von seiner ehemaligen Betreuerin, das er in der Regel auch pünktlich zurückzahlt.

Er hat Freunde, mit denen er seine Freizeit verbringt und fühlt sich im Ort wohl. Von seiner Freundin, die fast ein Jahr mit ihm in seiner Wohnung zusammengelebt hat, hat er sich vor einiger Zeit getrennt, hat aber noch freundschaftlichen Kontakt zu ihr. Der enge Bezug zur Familie seiner

Betreuerin bleibt weiterhin bestehen. *„Er hat in dem Jahr lernen müssen, und das ist heute wirklich schön, dass man, wenn man auch noch darüber hinaus, über diese einem zustehende Betreuung, auch noch eine wirkliche Beziehung haben will, dass man dafür auch was investieren muss und dann aber auch was kriegt. Er wohnt ja gar nicht mehr hier. Er kommt hier vorbei und sagt: ‚Soll ich dir den Rasen schneiden?' Da hätte ich vor anderthalb Jahren ganz anders mit ihm umgehen müssen, bis er das überhaupt mal tut und dann hätte er noch gesagt: ‚Was kriege ich dafür?' Also dieser Prozess, dass man in so einem sozialen Gefüge auch Dinge selbstverständlich tut, aber auch Dinge selbstverständlich kriegt, das war sicher ganz wichtig noch in diesem Jahr, in dem er hier war, dass er das gelernt hat. Er hat sich gut darauf eingelassen."* (B)

Betreuerin und die Söhne der Familie bilden für M. eine zuverlässige Unterstützungsressource, die er aus Sicht seiner ehemaligen Betreuerin auch braucht: *„Ich glaube, dass er diese Anlaufstelle noch braucht. Jemand, der ihn auch mal deutlich damit konfrontiert, ihn immer wieder darauf stößt, so läuft das Leben ab und nicht so, wie du dir das wünschst und wie du meinst, wie das sein könnte, sondern wie das eben realistisch ist. Da braucht er noch Unterstützung, die holt er sich aber selber. Er braucht sie jetzt nicht so, dass ich sage, da muss man dann und dann mit ihm das und das machen, sondern die holt er sich selber. ... Das ist ein Punkt und der zweite Punkt ist ganz klar inzwischen, wenn er Kummer hat, dann ist er sofort hier. Vom Liebeskummer bis zum Ärger mit der Arbeit oder sonst was. Da ist er eben wirklich wie ein Kind inzwischen. Es ist auch manchmal so, dass er gar nicht erzählt, dass er nur hier ist, dass er auf dem Sofa liegt – nur da ist und da auch einfach die entsprechende Zuwendung braucht."* (B) Auch in den Freundeskreis und die Nachbarschaft der Familie bleibt er weiterhin eingebunden und nimmt an gemeinsamen Unternehmungen teil.

Trotz allen Bemühens kommt M. hin und wieder mit dem Gesetz in Konflikt. Neben der bereits erwähnten Verurteilung wegen Beihilfe zum Diebstahl, wird er des Dealens mit Cannabis verdächtigt, das Verfahren wird allerdings eingestellt. Zweimal kommt es auch zu körperlichen Auseinandersetzungen in der Disco. „*Er war dann sofort am nächsten Morgen hier, lief herum wie ein begossener Pudel, weil er genau weiß, dass er damit seine Bewährung riskiert, die er ja jetzt hat für zwei Jahre. Und er saß dann hier und sagte: ‚Mist, eigentlich kriege ich jetzt so vieles schon ganz gut geregelt und wenn das jetzt kaputt geht.' Davor hat er unheimlich Angst, dass das kaputtgeht, dass diese Konsequenz irgendwann sein könnte, jetzt muss ich doch in den Knast ...*"

„*Da muss er noch ganz viel lernen – glaube ich. Das ist auch nach wie vor ein Punkt, wo er gefährdet ist, wo er sich selber gefährdet und wo er nachher, habe ich immer den Eindruck, auch tieftraurig ist. Er kann das gar nicht verstehen, wie er da wieder hineingeraten ist. Dann wird er aber mit der Realität konfrontiert. Das ist dann eben so.*" (B)

Seine ehemalige Betreuerin sieht die Hauptursache für solche Vorfälle darin, dass M. immer noch zu vertrauensselig ist und sich die falschen Freunde sucht, denen gegenüber er sich dann nicht abgrenzen kann. Angesichts der großen Fortschritte, die M. während der Betreuung gemacht hat, wäre eine erneute Verurteilung aus ihrer Sicht fatal und kontraproduktiv.

Für die Zukunft wünscht sich M. weiterhin eine Arbeit, von der er leben kann. „*Erst mal arbeite ich weiter bei dieser Zeitarbeitsfirma, aber auf die Dauer ist das nichts. Ich würde gern Systemelektroniker lernen. Dafür ziehe ich dann mit Mirkous nach M., da gibt es mehr Möglichkeiten. Da kann ich dann noch mal die Abendschule machen. Ich arbeite dann wie jetzt, aber nur in der Frühschicht und um 16.00 Uhr gehe ich dann zur Schule.*" (JUG)

3. Beurteilung der Ergebnisse und des Prozesses

Das Jugendamt hatte mit der intensiven Betreuung die Erwartung verbunden:

- M. eine Distanzierung von den für ihn problematischen Einflüssen und Peer-Group-Beziehungen zu ermöglichen und die Bewährungszeit straffrei zu überstehen;

- in einer reizarmen Umgebung die Chance für Reflexion und die Entwicklung eigener Zukunftsperspektiven zu bieten;

- seine soziale Kompetenz im Hinblick auf die Übernahme von Verantwortung für eigenes Verhalten und die Reflexion seiner Konsequenzen zu fördern;

- M. durch Beschulung auf einen Schulabschluss vorzubereiten;

- eine Verselbständigung einzuleiten und M. in die Lage zu versetzen, in eigenem Wohnraum zu leben.

Die Distanzierung von ‚alten Kreisen' scheint nach einer Eingewöhnungszeit in Polen zunächst gelungen: M. selbst verspürt wenig Anreize, aus den relativ überschaubaren und sicheren Strukturen in Polen dorthin zu wechseln. In Polen bleibt er straffrei und nach seiner Rückkehr erscheint ihm ‚das alte Leben' nicht mehr attraktiv. So heißt es im Hilfeplanprotokoll: *„Nach seiner Rückkehr im Okt. 06 hat er noch mal seine ‚alten Kollegen'... besucht u. für sich festgestellt, dass er sich im Gegensatz zu ihnen entwickelt, d.h. Perspektiven für sein Leben gefunden hat."* (HPG-Protokoll 14.2.07, S. 2)

Auf den letztlich gegen seinen Willen vollzogenen abrupten Wechsel in eine ländliche Gegend in einem fremden Land, dessen Sprache er zunächst nicht beherrscht, reagiert M. zunächst mit Verweigerung und

Rückzug. „*Die erste Zeit, dass man da nichts machen konnte, mit keinem reden, das war ätzend. ... Es war erst nervig, auch weil das alles so klein dort war.*" (JUG) Gerade dieser Rückzug, dieses sprachlich auf sich selbst zurückgeworfen sein, führt für ihn zu einem intensiven Nachdenken über sein bisheriges Verhalten. „*Man hatte viel Zeit nachzudenken. Wenn man da die ganze Zeit ist und man versteht die nicht, dann denkt man viel nach. Später, als ich die Sprache konnte, da war das kein Problem.*" (JUG) Und tatsächlich lernt er relativ schnell Polnisch. „*Einfach so im Alltag. Ich hatte mir auch zwei Bücher gekauft, wo man mal nachgucken kann, denn wenn man selber in dem Land ist und alles ringsum die Sprache spricht, dann braucht man nicht lange dazu.*" (JUG) Seine neu erworbenen Sprachkenntnisse versetzen ihn in die Lage auch Kontakte mit Gleichaltrigen zu knüpfen. „*Da habe ich dann auch meine ganzen Freunde kennengelernt. Ich habe auch eine Freundin da gehabt und alles.*" (JUG)

Über diese erste Zeit heißt es in einem Entwicklungsbericht: „*M. hat durch den Wechsel von D. nach Polen in die überschaubaren und ihm konsequent und eindeutig zugewandten menschlichen Beziehungen viel erreicht. Er sieht sich inzwischen im Zusammenhang mit seiner Lebensgeschichte und Biografie und kann nun beginnen, das ‚Steuer seines Lebens' selbst in die Hand zu nehmen und ‚seinen Weg zu suchen'. Die konsequent auch grenzsetzende Erziehung einerseits und die gleichermaßen freundliche emotionale Zugewandtheit und Bestätigung andererseits haben ihm Orientierung und Sicherheit gegeben. Schulische Rückstände wurden abgebaut und berufliche Vorstellungen entwickelt. Berufliche Praxis in verschiedenen Bereichen geben nunmehr Aufschluss über Neigungen, Interessen und Leistungsvermögen.*" (Entwicklungsbericht 28.8.2006)

„*Er ... wollte irgendwann von dem leben, was er erarbeitet, ein Leben nicht eben sozusagen in der sozialen Hängematte, sondern auch so Werte wie: Ja, ich möchte arbeiten und ich möchte Geld verdienen.*" (MA JA)

Als Konsequenz aus diesen Überlegungen entwickelt M. den Wunsch, doch noch einen Schulabschluss zu erwerben und arbeitet in Polen zielstrebig darauf hin. Der Besuch der Abendrealschule in Deutschland scheitert letztlich, allerdings bleibt der Wunsch nach Schulabschluss und Ausbildung weiterhin bestehen und findet u.a. seinen Ausdruck in dem geplanten Wohnortwechsel nach M.

Den Wunsch nach eigener Erwerbstätigkeit sowie das – vom Jugendamt unterstützte – Streben nach Verselbständigung scheint erfolgreich umgesetzt. Auf die Frage, worauf er besonders stolz sei antwortet M. „*Dass ich arbeiten gehe und das so schaffe, schon eine eigene Wohnung, einen eigenen Haushalt zu führen.*" (JUG) Tatsächlich schafft es M., mit der Unterstützungsressource der ehemaligen Betreuerfamilie im Hintergrund, in weiten Teilen einen gelingenden Alltag zu gestalten, erwartbare gelegentliche finanzielle Engpässe eingeschlossen. M. hat gelernt: „*Sich auch an Regeln zu halten. Bestimmte Dinge einfach zu beachten, dass man nicht immer alleine irgendwo da steht, sondern dass man sich einfügen muss.*" (B)

Eine stärker überlegte Auswahl seiner Freunde, eine klarere Abgrenzung von deren delinquentem Verhalten und eine Weiterentwicklung seiner Selbstkontrolle und Selbstbeherrschung in eskalierenden Stresssituationen bleiben weiterhin notwendige Lernfelder. „*Ich glaube, dass er verlässliche Beziehung gelernt hat und auch erkannt hat, wie er das und dass er das schützen muss. Das glaube ich. Das ist was, was uns auch gut gelungen ist, dass er gelernt hat hier in so einer Gemeinschaft, wo es darauf ankommt, was man machen kann und was man nicht machen kann, was man für Sicherheit kriegt, aber was man auch dafür geben muss und dass er nicht blind in irgendwas reinfällt, sondern dass er merkt in dem Moment, jetzt komme ich in eine Enge, jetzt könnte mir was Blödes passieren.*" (B)

Die Beteiligten benennen weitgehend übereinstimmend als zentrale Wirkfaktoren:

Authentizität, vorbehaltlose Akzeptanz der Betreuungspersonen
„Es war wichtig, dass alle sehr klar waren, alle sehr authentisch waren und alle Erzieher oder alle Bezugspersonen, eigentlich alle ihm auch ganz stark signalisiert haben: Wir mögen dich, du bist ein toller Junge, aber an bestimmten Stellen ist das und das und das noch zu verbessern. Diese Akzeptanz, dass man klar war, dass man ihm ganz klar gesagt hat, hier ist dein Weg, hier kannst du gehen, so kann es gehen oder nur so kann es gehen."
(MA JA)

„Ich glaube zuverlässige Beziehungen waren für ihn ganz wichtig. Vielleicht hat er das auch zum ersten Mal so erlebt, dass Menschen auch ein Stück bedingungslos zu ihm stehen." (B)

Passung und Vorbildfunktion
„Das hat sich sehr schnell abgezeichnet, dass das richtig wie die Faust aufs Auge passte. Der M. hat immer irgendwo Menschen gesucht, die für ihn ein Stückchen auch Vorbild sein konnten. ... Da gab es durchaus noch immer so ein Stückchen, ich will jetzt nicht sagen, Vaterersatz, aber doch war er eine Person, die für M. einfach glaubwürdig war und Vorbild war und so ein Stückchen auch: ‚Er ist ein cooler Typ.' Den fand er klasse und das hat wirklich dem gesamten Prozess richtig gut getan." (MA JA)

Anerkennung für praktisches Handeln
„Auch, da hat er auch viel von erzählt, dass er da was tun konnte, und dafür auch entsprechende Anerkennung gekriegt hat. Letztendlich, dass er gefragt war, dass er nicht nur ein Chaot war, sondern dass er eben mit dem, wie er ist und was er getan hat, auch seine Anerkennung gefunden hat."
(B) M. bestätigt dies, wenn er auf seine Anerkennung im Rahmen des

Zirkusprojektes oder das Vertrauen in seine handwerklichen Fähigkeiten und seine Zuverlässigkeit bei der Sicherheitsfirma verweist.

Distanz vom Herkunftsmilieu

M. bestätigt letztlich die vom Jugendamt intendierte Herausnahme aus seinem sozialen Umfeld in Deutschland als wichtige Hilfe zur Entschleunigung und einen Neuanfang. *„Zum Beispiel als ich ... in die Jugendschutzstelle kam, bin ich ja auch immer nach D. gefahren. Ich glaube, wenn man hier irgendwo gewesen wäre, dann hätte man immer eine Möglichkeit gefunden, da hinzukommen, wo man möchte. Natürlich geht das in Polen nicht mal so einfach. Das war dann gut, dass man so ein bisschen abgekapselt wurde."* (JUG)

Zu seinen Pflegeeltern hat M. keinen Kontakt mehr. Gemeinsam mit seinem Betreuer wird aber seine Rolle als Sündenbock für den Pflegevater nachträglich thematisiert und bearbeitet. Der Wunsch, Kontakt zu seiner leiblichen Mutter aufzunehmen wird unterstützt. *„In der Regel arbeiten wir das Verhältnis zur Herkunftsfamilie während der Zeit, in der wir mit dem Jugendlichen beschäftigt sind, auf. So hat er schon während der Auslandsmaßnahme Kontakte zu seiner Mutter gehabt, während der Zwischenaufenthalte hier. Für diese Kontaktgestaltung habe ich ihn herübergeholt, hat er sich mit seiner Mutter noch mal auseinandersetzen können. Er hat mehr erwartet von ihr. Das konnte er auch, weil sie ihm da viel versprochen hat. Sie wollten für einen Ausbildungsplatz sorgen, sie wollten für den Führerschein sorgen, für das erste Auto sorgen. Sie hat sich auf ganz viele materielle Versprechungen eingelassen, und er hat daran geglaubt."* (B)

„Er war ganz euphorisch. Er dachte, er kann da jetzt jedes Wochenende hin. Das ist so gekommen, wie ich es auch dachte. Aber er hat es immerhin überprüfen können und seine eigene Position dazu entwickelt. Da war der Mirko mir gegenüber auch schon sehr offen. Ich konnte ihm da auch meine Beden-

ken sagen. ‚Ja, das finde ich gut, dass du das jetzt überprüfen kannst und dass du auch daran glaubst an die Versprechen, die deine Mutter dir macht, aber sei auch nicht enttäuscht, wenn sie sie nicht halten kann.'" (MA JA)

Heute hat M. kaum noch Kontakt zu seiner Mutter und ist aus Enttäuschung sehr schlecht auf sie zu sprechen. „Die Auseinandersetzung mit seinem Vater war nicht möglich. Der Vater hat sehr hohe Aggressionspotentiale, mit denen er über seine Kinder hergefallen ist. Das war auch der Grund für die Fremdunterbringung der Kinder." (B)

Auf die Frage, was die Maßnahme ihm gebracht hat, antwortet er knapp: „Ich meine immer, wenn ich nicht in Polen gewesen wäre, wäre ich – glaube ich – im Knast gelandet." (JUG)

Sameh: „Eigentlich habe ich alles selber geschafft."

1. Verlauf der Maßnahme

Vorgeschichte

Sameh wird 1987 als Sohn eines afrikanischen Vaters und einer deutschen Mutter geboren. Mit zehn kommt er in ein Heim, „*als es ziemlich eskalierte und die Mutter nicht mit ihm klar kam, er sich in der Grundschule auch schon verweigerte und da massiv auftrat. Wir haben ihn hier dann in O. in einer Einrichtung untergebracht, da hat die Mutter auch mitgespielt, immer im Schlepptau die Anwältin, die das Ganze so ein bisschen begleitet hat. Sameh war damals für einen Zehn-, Elfjährigen schon massiv auffällig."* (MA JA)

Im Heim schließt er sich älteren Jugendlichen an und verstößt immer wieder gegen die in der Einrichtung herrschenden Regeln. „*Da lernt man dann ja auch Jugendliche kennen, die dann schon irgendwie ein bisschen älter sind und auch schon härtere Sachen machen mit Drogen und solchen Sachen. Dadurch, dass ich noch so jung war, wollte ich dazu gehören und das ging dann auch relativ schnell mit Drogen und – was weiß ich – mehr so kleineren Sachen. Da haben wir dann mal ein Gewächshaus in Brand gesetzt oder mal geklaut."* (JUG) Aus diesem Grunde sieht sich das Heim innerhalb des bestehenden Rahmens nicht in der Lage, S. weiter zu betreuen, er kommt zunächst in eine Jugendschutzstelle. „*Das Heim hat dann irgendwann dicht gemacht, das hat gesagt, du bringst es nicht und dann war ich erst mal in der Jugendschutzstelle. Zwischendurch war ich auch mal in der Psychiatrie, aber da haben sie mich dann nach einem Monat wieder entlassen.*" (JUG)

„*Da kam dann die Überlegung, was tun mit so einem hoch auffälligen Kind. Er war ja wirklich noch ein Kind mit zwölf Jahren. Wo kann er in Zukunft leben und wer hat Einfluss auf ihn. Ich habe bei mehreren Einrichtungen mit Intensiv-Wohngruppen angefragt. Ich habe bei geschlossenen Einrichtungen, von denen wir ja so viele auch nicht haben, angefragt in Bayern, die alle abgewunken haben und gesagt haben: ‚Nein, das ist so ein Hammerwerfer, den nehmen wir nicht.'*" (MA JA)

Schließlich entsteht im Kontakt mit einem Jugendhilfeträger die Idee, Sameh im Rahmen einer Individualpädagogischen Maßnahme in Chile zu betreuen. S. wird das Projekt vorgestellt. „*Das hat sich alles ganz gut angehört, was der erzählt hat, so ein lockeres Leben. Nicht so viereckig wie in Deutschland sage ich mal. Das war schon ganz interessant. Man war ja auch noch jung, dann lässt man sich auch leicht ins Schwärmen bringen. Ja, dann bin ich mit, weil sich das interessant anhörte.*" (JUG)

„*Wir haben uns gedacht, also gut, Chile ist weit genug weg. Es hätte vielleicht auch Portugal gereicht, aber Ausland war uns klar, er spricht die Sprache nicht, er muss sich in einer fremden Umgebung mit fremden Leuten, mit einer Person auseinandersetzen und sich auf diese Person ganz einlassen, wenn er irgendwas erreichen will.*" (MA JA)

Übergang

Sameh wird zunächst zweieinhalb Monate von seinem zukünftigen chilenischen Betreuer in Deutschland auf seinen Aufenthalt in Chile vorbereitet. Die Mitarbeiterin des Jugendamtes besucht ihn dort und „... *hatte einen ganz guten Eindruck, dass das auch passt zwischen den beiden, dass man das auch machen kann. Es ist natürlich für das Jugendamt auch immer schwierig, wenn man die Leute nicht kennt, man muss so viel Vertrauen haben, dass das dann auch alles funktioniert ...*"

„*In erster Linie ging es da um Beziehungsaufbau zu dem Betreuer, dass er sich öffnen kann für einen Erwachsenen und in Beziehung wieder tritt, das war eigentlich das Ziel, Schule stand da noch gar nicht im Vordergrund, da war so viel im Argen.*" (MA JA)

Sameh wird durch die Vorbereitung in seiner Bereitschaft bestärkt, nach Chile zu gehen. „*... Mir gefiel das, was er erzählt hat von dem Land, und dann habe ich mir gedacht, das will ich auch einmal kennenlernen, ich komme mit. Dann haben wir das mit meiner Mutter abgestimmt und dann ging es ab nach Chile.*" (JUG)

In Chile angekommen muss sich Sameh zunächst mit der völlig anderen Kultur und Umgebung vertraut machen. „*Das war erst einmal ein Kulturschock, da fahren die Leute mit Kutschen auf der Autobahn. Aber es war interessant, es war viel Neues. Die Leute sind ganz anders, die Mentalität ist ganz anders.*" (JUG)

In der ersten Projektstelle, die in einer ländlichen Umgebung liegt, wird Sameh von Herrn A. betreut. Aus der Sicht des Jugendamtes geht es zunächst darum, ihn wieder an eine Tagesstruktur heranzuführen, seine Körperhygiene und -pflege zu verbessern und vor allem eine vertrauensvolle Beziehung aufzubauen. „ *... Das war so ein recht lebensfroher Typ,* der hat auch Musik gemacht, wir waren viel unterwegs, wir sind viel gereist. Er hat dann auch später ein Projekt angefangen, so eine Art Reiseagentur, und ist mit deutschen Touristen, dadurch, dass er auch ein bisschen deutsch konnte, in die Anden geritten, richtig mit Pferden und hat dann im Freien übernachtet. Das war eigentlich schön. Vor allem hat es auf andere Gedanken gebracht, wenn so viele neue Impressionen da waren. Man hat auf jeden Fall anders nachgedacht über die ganze Sache. Das war schon schön."

Wie sah denn da so ein Tagesablauf aus?
„Eigentlich recht unterschiedlich. Dadurch, dass wir immer so viele verschiedene Sachen gemacht haben, war das eigentlich nichts Geregeltes. Es war schön, weil es mal so ein Stück reales Leben war, das war nicht wie im Heim, wo denn alles gestaffelt ist. Aufstehen dann und dann und Frühstück und Zähneputzen und alles wird kontrolliert. Das war einfach wie Leben halt. ... Das war schön. Ich mag keine Routine. Das war auch schön, weil so viele neue Dinge da waren, an die man dann denken konnte." (JUG)

Neben der Alltagsroutine versteht es sein Betreuer aber auch immer wieder, Sameh zu fordern und ihm intensive Erfahrungen zu vermitteln. „Ich weiß noch einmal, das war zwar ziemlich anstrengend, da sind wir – glaube ich – 15 Stunden geritten und dann konnten wir mit den Pferden auch nicht mehr weiter und dann sind wir auf einen Vulkan, der war aber schon erloschen, mit einem See, der vereist war. Wir sind da hochgeklettert, es war kalt, wir kamen dann auch nicht mehr runter und dann mussten wir da übernachten. Das war richtig abenteuerlich. Das hat richtig Spaß gemacht. Das war zwar anstrengend und kalt, aber man hat richtig was erlebt." (JUG)

Wechsel der Projektstelle
Im HPG-Protokoll ist festgehalten, dass Sameh seinen Betreuer akzeptiert und in dieser ersten Phase weder Straftaten begeht noch Drogen nimmt. Diese anfänglich positive Entwicklung stagniert im weiteren Ver-

lauf. Nach einem knappen halben Jahr wechselt Sameh in eine zweite Betreuungsstelle zu Herrn S.

Das HPG-Protokoll hält dazu fest: „*Ein Betreuungswechsel war angezeigt, nachdem Samehs Entwicklung insgesamt stagnierte. Der vorherige Betreuer, Herr A. wurde von Sameh immer weniger als Autorität akzeptiert und konnte bei dem Jugendlichen keine entscheidenden Verhaltensänderungen mehr erzielen. Samehs Bindungsfähigkeit zu Herrn A. war zuletzt sehr ambivalent. Bei positiven Erlebnissen, wie Lob durch den Betreuer, war Herr A. positiv besetzt, bei Kritik an Sameh verweigerte sich dieser, z.B. mehr Ordnung in seinem Zimmer zu halten und provozierte Herrn A. massiv.*" (21.10.02)

„Ja, da gab es viele Konflikte. Um alles Mögliche, um das Verhalten. Ich musste ja auch mal helfen, wenn mal irgendeine Arbeit zu verrichten war. Am Anfang war ich dazu gar nicht bereit und dann gab es ziemlich viel Streit deswegen. Wenn man so lange auf einem Raum lebt, da ist Streit schon vorprogrammiert, das ist klar, aber es gab auch viele schöne Momente ..."

„Wir waren beide relativ dickköpfig und dann ging es darum, wer als Erster nachgibt und das war dann irgendwann am Ende meistens ich, auch wenn es immer eine Weile gedauert hat. ... Irgendwann war es dann ganz schön heftig mit der Konfrontation. Ich habe mir dann auch nicht mehr viel sagen lassen. Dann irgendwann ging es nicht mehr weiter. Ich war dann auf dem Punkt, wo es dann gereicht hat und wo dann auch kein Fortschritt mehr war. Dann stand ein Projektwechsel an. Ich war dann auch traurig und habe richtig geweint. ... Dann bin in die Nähe von V., das ist in Zentralchile, direkt an der Küste zu dem Juan (Herr S., d.V.), der da ein Stück Land hatte mit Kühen, eine richtige Farm mit Pferden. Das war dann erst einmal eine Umstellung. Er war mehr ein ernster Typ, der mehr gearbeitet hat als alles andere. Das war dann wieder ein anderes Stück Realität, als wenn es immer nur um Spaß geht. Die Zeit war jetzt nicht ganz so schön, aber es hat mir auf jeden Fall mehr gebracht ..."

„Er war relativ wenig da, war auch ein Mensch, der ziemlich viel alleine war und auch nicht unbedingt sehr gesprächig, gar nicht emotional und so weiter, ein Mann der Tat. Das war nicht so mein Ding." (JUG)

Sameh trauert der alten Projektstelle nach und fühlt sich bei der Entscheidung übergangen. „Ich war ja eigentlich ganz zufrieden bei dem Betreuer, bei dem ich vorher war. Mir hat es dort super gefallen. ... Die Entscheidung ist durch (den Träger) gefallen dann letztendlich, weil kein Fortschritt mehr zu sehen war. Es war zwar schön, aber es war kein Fortschritt mehr da ..."

„Wenn es nach mir gegangen wäre, dann wäre ich gar nicht irgendwo anders hingegangen. Den Betreuer haben sie ja auch nicht gefragt, der war ja auch nicht gerade darüber erfreut. Ich weiß auch nicht, ob er danach noch einen Jugendlichen gekriegt hat." (JUG)

In der neuen Projektstelle ist er einige Zeit zusammen mit einem anderen Jugendlichen untergebracht, der allerdings dann bald nach Deutschland zurückkehrt, weil seine Betreuung ausläuft. „Ich musste zur Schule gehen, das war eigentlich die einzige Regel. Ich hatte da auch eine eigene Holzhütte mit Wohnzimmer und Schlafzimmer und eigenem Badezimmer. Essen hat er uns immer gebracht. Wir waren ziemlich viel alleine, aber man konnte auch relativ viel machen. Man konnte sich einfach mal ein Pferd schnappen und irgendwo hinreiten oder weiß der Geier. Hunde hatten wir auch da ..."

„Ich habe da relativ viel gearbeitet, dadurch dass das so ein großes Stück Land war. Wir haben Gemüse angepflanzt, Kartoffeln. Dann habe ich mir da auch meine ersten paar Euros – sage ich mal – verdient. Aber so großartig was gemacht mit dem, das haben wir eigentlich nie. Wir sind ab und zu mal *in die Stadt gefahren, aber ansonsten war eigentlich gar nicht so viel. Wir haben meistens bloß zusammen gearbeitet. Gut, es gab auch öfters mal ein Wochenende, da wurden dann die Freunde und die Familie eingeladen. Wir hatten da einen Grillplatz und dann haben wir alle zusammen gegrillt. Das machte eigentlich auch immer Spaß. Wir haben abends dann am Lagerfeuer gesessen und uns unterhalten. Das war eigentlich auch ganz schön, aber die meiste Zeit habe ich – wie gesagt – alleine verbracht."* (JUG)

Betreuer und Jugendamt ziehen für diese Phase eine positive Bilanz. So heißt es im HPG-Protokoll dazu: „*Das Betreuungsverhältnis zwischen Sameh und Herrn S. ist nach wie vor positiv. Sameh akzeptiert Herrn S. als Autorität und erfüllt die meisten Anforderungen ohne Auseinandersetzung und Provokation. ... Seit März dieses Jahres besucht Sameh die 7. Klasse der Regelschule mit durchschnittlichen Leistungen. Ein Wechsel von der Abendschule war möglich geworden, nachdem Sameh sich dort durch regelmäßigen Schulbesuch und gute Leistungen bewährt hatte ... In der Schule wie im Freizeitbereich fällt auf, dass Sameh sich im Umgang mit anderen höflich verhält. Das Arbeiten auf dem Campo fällt im mittlerweile leichter. Auch das Sauberhalten seiner Kleidung hat sich verbessert ...*" (16.6.03)

Der für das Projekt verantwortliche Koordinator ergänzt: „*Da hat Sameh angefangen, sich mit Dingen dann auseinanderzusetzen, die auch – wie soll ich sagen – gesellschaftlichen Normerwartungen entsprechen, Schule und auch Aspekte von Leistung und Gegenleistung. Etwas erbringen, das wurde hier auch zum ersten Mal von ihm verstärkt eingefordert.*" (KO)

Da Sameh mittlerweile ganz passabel Spanisch spricht, entwickelt sich auch ein intensiverer Kontakt zu den einheimischen Gleichaltrigen. „*Als man dann auch die Sprache kannte. Man war ja auch relativ interessant dadurch, dass man Ausländer war. Da gibt es normalerweise höchstens Touristen, aber seltener jemand, der da richtig wohnt. Man ist schon ganz schön beliebt – eigentlich. Das war auch schön. Ich habe da richtig gute Freunde gehabt. Ich habe heute noch Kontakt."* (JUG)

Während seines Aufenthaltes in Chile sucht Sameh anfänglich noch den Kontakt zu seiner Mutter, die ihn auch einmal dort besucht. Dabei kommt es zu einer Auseinandersetzung in dessen Verlauf seine Mutter ihn ohrfeigt, *„ ... da wollte ich dann keinen Kontakt mehr haben."* (JUG) Zu seiner Mutter nimmt er erst sieben Jahre später wieder vorsichtig Kontakt auf, nachdem er schon wieder einige Zeit in Deutschland lebt. Dorthin zurückgekehrt hält er später auch regelmäßigen Kontakt zu seinem Vater und besucht diesen gelegentlich.

Auf die Frage, was er in dieser Phase besonders gelernt habe, antwortet Sameh: *„Erst mal hat man viel Zeit gehabt nachzudenken, man konnte über viele Sachen nachdenken. Man hat ein bisschen zu sich selbst gefunden und man hat auch gelernt, ein bisschen eigenständiger zu werden, dadurch dass ich diese enge Holzhütte hatte und viel auf mich alleine gestellt war. Das war schon nicht schlecht."* (JUG) Nach so langer Zeit im Ausland ist es für ihn jetzt auch in Ordnung, die Zeit in Chile zu beenden: *„Irgendwann war es ausgereizt. Ich sage mal, dann will man auch mal wieder ins ganz normale westliche Leben zurück."* (JUG) Die Fachkräfte nehmen dieses Signal auf: *„Dieses Einfordern jetzt von schulischer Leistungserbringung und dem Wunsch nach einer beruflichen Orientierung und auch dem klaren Signal: ‚Mir reicht es jetzt', aber nicht im Sinne von einem trotzigen oder erschöpften Genug und ich habe keinen Bock mehr, sondern wirklich im Sinne von, ich habe hier meinen Job gemacht. Das hat sich so im Kontakt mit Sameh herausgestellt. Das war dann auch stimmig."* (KO)

Rückkehr nach Deutschland
Nach etwa 27 Monaten Betreuung in Chile kehrt Sameh, jetzt 16 Jahre alt, nach Deutschland zurück und wird von Herrn F. in einem 1:2-Setting

gemeinsam mit einem weiteren Jugendlichen betreut. Seine erste Begegnung mit Sameh beschreibt Herr F. so: „*Da stand ein Junge mir gegenüber, der war damals so 16 oder 17. Groß gewachsen, sehr schlank, dunkelhäutig. Es klingt jetzt mal ein bisschen blöd, ein hübscher Junge stand vor mir. Die ersten Sekunden des Kennenlernens: Er lächelte mich an, er schmunzelte mich an und wollte mir sicherlich damit signalisieren: ‚He du, brauchst keine Angst zu haben, ich bin gemütlich.' Auf dem Bahnhof in B. war der erste Kontakt und so haben wir uns kennengelernt.*" (B)

Der Standort des neuen Betreuungsprojektes liegt im ländlichen Raum Ostdeutschlands. „*Was das Dorf anging ... war es ein ziemlich karges Setting in jeder Beziehung. Da war jemand, der zuverlässig war und gleichzeitig hat er den Jungen auch ein Stück auf sich zurückgeworfen. Das waren Rahmenbedingungen, die waren sehr klar, so etwas wie ein regelmäßig wiederkehrender Gleichlauf dort, berechenbar.*" (KO)

Eine klare Tagesstruktur und verbindlich vereinbarte Regeln sind zunächst für Sameh ungewohnt. „*Kein Alkohol auf dem Hof und kein Rauchen auf den Zimmern. Total neue Sachen, was ich gar nicht kannte. Ich durfte maximal bis um neun Uhr raus. Zu der Zeit war ich schon 16. Die ersten drei Tage durfte ich gar nicht raus, zu spät kommen ging gar nicht, schon zwei Minuten, das gab einen Heidenärger. Und es wurde gleich klargemacht, dass nichts mit Rumsitzen ist. Irgendwas war immer, also Praktikum, bis die Lehre kam, irgendwas musste ich immer machen. In der Woche musste ich immer früh aufstehen.*" (JUG)

Sameh lebt sich schnell gut ein und hat viele Kontakte zu Gleichaltrigen in seinem Umfeld. Sein Betreuer bescheinigt ihm hier eine hohe soziale Kompetenz und Akzeptanz in der Clique. Bei Anfeindungen aufgrund seiner Hautfarbe weiß er sich selbstsicher zu verteidigen.

Ein Wechsel von Arbeitserfahrung und Erlebnis prägt fortan seinen neuen Alltag in Deutschland. *"Ein Monat sieht dann meistens so aus, dass wir 14 Tage gemeinsam irgendetwas arbeiten und ein Arbeitsprojekt gestalten. Die Jugendlichen können sich das aussuchen, ich richte mich da auch nach denen. Also wenn die sagen Metall zum Beispiel, gehen wir in eine Schlosserei oder sie sagen Holz, dann machen wir eben Holzarbeiten oder irgendwie so etwas. Also arbeite ich mit den Jugendlichen dann erst einmal so zehn Arbeitstage, um zu gucken, was können die überhaupt ..."*

"Und wenn es wirklich super läuft und die lassen sich darauf ein, dann machen wir meistens zehn Tage oder 14 Tage gemeinsam Urlaub. Der erste Ukraine-Besuch, so genau weiß ich das gar nicht mehr, weil es schon so lange her ist, aber ungefähr, das war was Neues. Er kannte Südamerika, jetzt war es Osteuropa. Er bemüht sich auch, ich habe das so in Erinnerung, sich darauf einzulassen. Es war natürlich alles spannend, alles interessant." (B)

Diese Art von ‚Urlaub' dient vor allem der intensiven Erfahrung miteinander und dem Ausloten der Interessen und Perspektiven der Jugendlichen. *"Wir sind zum Beispiel nach Polen gefahren, da war gar nicht das Ziel, dort wo wir hinfahren, sondern zwölf Stunden Bahnfahrt, einen Tag die Stadt angeguckt, zwölf Stunden, nicht zwölf Stunden, 24 Stunden Bahnfahrt für 20 Euro, traumhaft, 1. Klasse. Eine Stadtbesichtigung, zum Beispiel Krakau, dann sind wir wieder 24 Stunden zurückgefahren. Da ging es mir nur um die Fahrt, in so einem Abteil, wir waren dann alleine in dem Abteil über 20 Stunden, da erfährt man mehr über den Jugendlichen als – was weiß ich – in einem Vierteljahr oder halben Jahr. Keiner kann abhauen, der Betreuer geht nicht weg, der Jugendliche geht nicht weg."* (B)

Dieser intensive Kontakt und eine akzeptierende Kommunikation, bei der der Betreuer auch schon mal eigene Schwächen zulässt und benennt, zeigt seine Wirkung. „Wenn wir uns zum Beispiel unterhalten haben, spürte ich als Betreuer, der hört zu. Bei anderen Jugendlichen geht es da links rein, rechts raus. Bei dem spürte ich tatsächlich, der hört zu und macht sich auch Gedanken. Im Gespräch schon merkte ich, wie er gearbeitet hat." (B)

„Es kam immer die Realität ganz plötzlich und hat mich eingeholt von meinem Vor-mich-hin-vegetieren. Wenn man dann Nachrichten geguckt hat, der Arbeitsmarkt und die Lehrstellen, irgendwie denkt man dann ja auch an später, dass man mal vernünftig irgendwie Geld verdienen will und nicht von Sozialhilfe leben möchte." (JUG)

Nach sechs Wochen in einem Schulprojekt für ehemalige Schulverweigerer wird Sameh in die 8. Klasse der Regelschule eingeschult. Er besucht regelmäßig den Unterricht und zeigt gute Schulleistungen, sodass er ein gutes Abschlusszeugnis erlangen kann. „Ich wollte unbedingt einen vernünftigen Schulabschluss haben, Abgangszeugnis 8. Klasse." (JUG) Anschließend absolviert er ein Berufsvorbereitungsjahr. Auch hier zeigt er sich zielstrebig und fleißig und hat keine Fehlzeiten. Danach nimmt er eine Ausbildung als Maler auf, die er erfolgreich abschließt, obwohl er sich ursprünglich unter diesem Beruf etwas anderes vorgestellt hatte. „Der Beruf Maler hat mir eigentlich auch nicht viel gesagt. Ich bin in diese Berufsvorbereitung gekommen und da konnte man sich dann Tischler, Metaller, Bürowesen und eben Maler aussuchen. Wir mussten dann ein paar Arbeitsproben machen und da ich schon immer gerne gemalt habe, habe ich mir gedacht, das ist ein kreativer Beruf, das wäre es normalerweise. Metaller oder so, für so was habe ich keinen Kopf. Ich bin nicht gut in Mathe, das ist für mich gar nichts. Dann bin ich halt Maler geworden. Ich habe als Maler die Arbeitsprobe auch gut bestanden und habe dann angefangen. Dann ist mir irgendwann aufgefallen, dass man als Maler auch tapezieren muss und verputzen muss ..."

„Dann habe ich mir aber gedacht, das hast du jetzt angefangen, dann machst du es jetzt auch zu Ende. Irgendeine Ausbildung muss man ja haben und dann habe ich das fertig gemacht. Es ging mir aber eigentlich mehr um den Schulabschluss. Dann war gleich beides, ich hätte mich danach selbst ernähren können und ich hätte mich danach fortbilden können. Das war mir wichtig und ich habe mir gedacht, danach kannst du immer noch was machen, was dir Spaß macht." (JUG)

Sameh möchte im Anschluss eine Erzieherausbildung aufnehmen. „Ich hatte schon öfter den Gedanken mal Psychologe zu werden. ... Und dann habe ich mir überlegt, wie ich es am besten mache und dann habe ich mir gedacht, dann fängst du erst einmal langsam an, erst mal kleine Brötchen backen, dann wirst du erst einmal Erzieher. Dann habe ich angefangen. Durch Herrn F. ... habe ich einen Praktikumsplatz bekommen und habe dann mit Jugendlichen mit ziemlich viel krimineller Energie – sage ich mal – gearbeitet, die sind alle aus Berlin aus Problembezirken. Es ist auch schon ziemlich heftig, was die durchgemacht haben. Das war so eine Einrichtung mit ziemlich vielen Sportlern, die waren Pädagogen dadurch, dass das mal alles Trainer waren. Das war so ein bisschen rauer, also sechs Uhr aufstehen und dann erst einmal eine Runde joggen und arbeiten und nach Feierabend noch Sport. Die Jugendlichen hatten rundherum was zu tun. Das hat mir eigentlich relativ gut gefallen. Dann musste ich dieses Praktikum erst einmal machen, damit ich überhaupt die Schule anfangen konnte. Danach hat es dann irgendwie nicht geklappt mit der Schule, weil die Klasse schon voll war und dann hat der Chef aber zu mir gesagt: ‚Wenn du willst, kannst du erst einmal bei mir anfangen, auf Minijob-Basis', weil ich zu der Zeit noch Hartz IV gekriegt habe, ‚du kommst nicht raus und kannst noch ein bisschen Erfahrung sammeln.' Für die Schule sieht es ja auch gut aus, wenn man dann schon ein bisschen mehr Arbeitserfahrung hat und auch später, wenn man sich irgendwo bewirbt. Ich habe bis letzten Monat dann da verbracht." (JUG)

Rückblickend spricht Sameh positiv über die Zeit seiner Schule und Ausbildung: *"Man musste immer irgendwas machen, man hat auch einen Fortschritt gesehen. Die Schule war dann auf einmal fertig und dann ging es los mit Ausbildung und man hat sein eigenes Geld verdient und dann war schon irgendwann mal die eigene Wohnung in Sicht ..."*

"Wenn ich bedenke, wie es aussah, bevor ich zu (Träger) gekommen bin, zwei Jahre keine Schule. Irgendwie hat es dann doch alles geklappt und ich habe noch rechtzeitig meinen Facharbeiter und meinen Schulabschluss in der Tasche gehabt und darüber bin ich eigentlich ganz froh." (JUG)

Während der Betreuung in Deutschland zeigt Sameh kein abweichendes Verhalten mehr. *"Sameh ist in der Zeit straffrei geblieben, drogenfrei. Die Tests, die Herr F. immer gemacht hat, die waren okay."* (JA)

Am Ende der insgesamt 42 Monate intensiver Betreuungsarbeit zieht die fallführende Mitarbeiterin des Jugendamtes eine positive und zuversichtliche Bilanz: *"Ich habe ihn so entlassen mit dem Gefühl, er ist lebensfähig, aber das heißt nicht, er überlebt nur, sondern er kann auch seine Fähigkeiten noch mehr entwickeln, der wird durchkommen, der wird das schaffen. Er wird auch irgendwann eine Beziehung eingehen können längerfristig, er wird arbeiten können, er wird noch ein paar Mal seine Schwierigkeiten haben und sicher auch merken, dass er durchhalten muss, da wird es noch Rückschläge geben, aber ich habe ihn schon mit einem sehr guten Gefühl entlassen, dass er es einfach geschafft hat."* (MA JA)

2. Derzeitige Lebenssituation

Sameh wohnt heute in eigenem Wohnraum und kommt nach eigener Aussage gut damit klar, seinen Alltag zu organisieren. Bis vor kurzem hat er in dem oben erwähnten Heim auf Mini-Job-Basis gearbeitet und praktische Erfahrungen in einem sozialpädagogischen Arbeitsfeld gesammelt, um später u.U. eine Ausbildung als Erzieher aufzunehmen. Jetzt allerdings ist er erst mal zum Wehrdienst einberufen worden, den er in wenigen Tagen antritt. *„Ich fange jetzt demnächst bei der Bundeswehr an und werde dort erst einmal eine Weile bleiben und danach dann mal gucken, ob ich die Erzieherschule dann irgendwie fertig bringe."* (JUG)

Mit Justiz und Polizei ist er nach Rückkehr aus Chile nicht mehr in Berührung gekommen. Drogen spielen – abgesehen von Zigaretten und mäßigem Alkoholkonsum auf Partys – in seinem Alltag keine Rolle mehr. Die Kontakte zu seiner Herkunftsfamilie haben sich jetzt – nach sieben Jahren – normalisiert. *„Jetzt fahre ich regelmäßig hin, ich habe sogar schon einmal daran gedacht, hinzuziehen. Ich habe noch zwei jüngere Geschwister, eigentlich drei, aber zwei, die noch ganz klein sind und die würde ich dann auch ganz gerne aufwachsen sehen. Noch mal so ein Stück das Familienleben nachholen."* (JUG)

„Er hat jetzt einen guten Kontakt zu allen Beteiligten aus seiner Familie, zu dem Vater, zu der Mutter und zu dieser riesengroßen Verwandtschaft aus Schwarzafrika in Frankreich." (KO)

3. Selbstbild, Selbstdeutung und Selbstwirksamkeit

Samehs Fähigkeit zur Selbstreflexion und Selbstdeutung ist stark ausgeprägt: Er kann sowohl selbstkritisch über seine ‚früheren Phasen' reflektieren, als auch überlegt und differenziert seine aktuelle Situation und seine Zukunftsoptionen beschreiben. Er ist sich des gewaltigen Entwicklungsschritts bewusst, den er gemacht hat, und kann den Beitrag, den die jeweiligen Betreuer dazu geleistet haben, klar benennen. Aus seiner Sicht stehen die drei Betreuer für drei Phasen seiner Entwicklung:

1. Distanz von Milieu und Familie, ‚ankommen', Beziehung erfahren

Für diese Phase sieht Sameh im Rückblick große Vorteile seiner Betreuung im Ausland. „*Dass man erst einmal total herausgenommen wird aus seinem Umfeld, dass man jetzt Drogen nimmt und was weiß ich nicht was. Egal, wo man in Deutschland hinkommen wird, man wird sofort Kontakte finden und kann das sofort fortsetzen, aber wenn man da ankommt, erst mal ist man gehandicapt dadurch, dass man die Sprache nicht kann, dann kann man schon mal keine Leute kennenlernen und zweitens gibt es so viele neue Eindrücke und Impressionen, dass man darüber erst mal gar nicht nachdenkt, irgendwie loszuziehen. Man ist total beschäftigt, erst einmal alles kennenzulernen und so weiter. Wenn die Phase dann vorbei ist, dann denkt man schon ganz anders. Vor allem in dem Alter verändert man ja relativ schnell seine Meinung und Weltansicht und alles. In solchen Fällen ist es schon besser für Jugendliche als in einem Inlandprojekt.*" (JUG) Als besonders hilfreich sieht er die vielen unterschiedlichen Erfahrungen, die ihm hier ermöglicht wurden. Zugleich nimmt er hier erstmals wieder einen konstruktiven Umgang mit Erwachsenen auf. „*In der Begegnung mit diesem Künstler und auch vielleicht etwas chaotischem Menschen, auf den er sich einlassen konnte und mit dem er Dinge entdeckt hat, die er – vor allen*

Dingen jetzt rückblickend – als sehr schön empfindet und wo sehr starke emotionale Seiten angesprochen worden sind, die Musik, die Schönheit der Natur." (KO)

„Das war schön. Ich mag keine Routine. Das war auch schön, weil so viele neue Dinge da waren, an die man dann denken konnte." (JUG)

2. Orientierung, Regeln und klaren Rahmen erfahren, regelmäßiger Schulbesuch
Den Wechsel in die zweite Projektstelle sieht er heute als Umstellung und neue Herausforderung: „Das war dann erst einmal eine Umstellung. Er war mehr ein ernster Typ, der mehr gearbeitet hat als alles andere. Das war dann wieder ein anderes Stück Realität, als wenn es immer nur um Spaß geht." (JUG) Der für die Betreuung zuständige Koordinator sieht ebenfalls eine deutliche Veränderung „…. die Begegnung mit einem väterlichen Begleiter, der andere Anforderungen an ihn stellt. Das sind tatsächlich dann so etwas wie auch nachvollziehbare Entwicklungsschritte, der Bruch oder der Wechsel von dem einen zum anderen …" (KO)

„Erst mal hat man viel Zeit gehabt nachzudenken, man konnte über viele Sachen nachdenken. Man hat ein bisschen zu sich selbst gefunden und man hat auch gelernt, ein bisschen eigenständiger zu werden, dadurch dass ich diese enge Holzhütte hatte und viel auf mich alleine gestellt war. Das war schon nicht schlecht." (JUG)

3. Schrittweise Entwicklung von Zukunftsperspektiven und ihre Umsetzung
Zum Betreuer in Deutschland sagt er im Rückblick: „Am Anfang habe ich gedacht, das ist so ein ernster Mensch, mit dem man nicht lachen kann. Wir sind dann ja auch öfter einmal in die Ukraine gefahren, da kennt Herr F. eine Menge Leute und dann hat man sich ein bisschen näher kennengelernt. Ich

sage mal, er ist schon ein gutes Vorbild. Er weiß viel, das war schon interessant. Er hat mir viel mitgegeben ..."

„Er lässt sich nicht beirren, wenn er irgendwas vor hat und er nimmt sich manchmal Sachen vor, wo man denkt, ach, das geht gar nicht, und dann macht er das trotzdem vor, mit einer Leichtigkeit, das ist schon interessant ..."

„Und dass er sehr vielseitig ist. Er hat sehr viele Berufsabschlüsse. Er ist Drogenberater und Betriebswirt und Schlossermeister. Er hat ziemlich viel erreicht in seinem Leben." (JUG)

Gefragt nach den spezifischen Anteilen der einzelnen Betreuer sieht Sameh eine Synthese: „*Unterschieden haben die sich völlig. Wenn man die drei zusammenfügen würde in eine Person, würden sie sich ergänzen. Das sind Unterschiede wie Tag und Nacht. Der eine hat in den Tag hineingelebt und nicht so wirklich an morgen gedacht und immer ein bisschen Spaß gehabt und der andere, dem war der Spaß völlig egal, der hat nur gearbeitet und Herr F. denkt so ein bisschen an beides ...*"

„Alle drei waren wichtig. Wenn ich gleich zu dem zweiten Betreuer gekommen wäre, dann hätte ich wahrscheinlich total geblockt, dann hätte ich das alles gar nicht gewollt, weil es wahrscheinlich viel zu hart gewesen wäre. Es war schon gut, dass man erst mal ein bisschen Spaß hatte." (JUG)

S. ist stolz auf das Erreichte (Selbstwirksamkeit) und freut sich über die verschiedenen Optionen, die ihm dadurch zur Verfügung stehen. Heute sagt er über sich: „*Langsam bin ich auch sehr anpassungsfähig, das muss ich sagen, durch diese ganzen Umstellungen. ... Auf jeden Fall, jemand, der etwas erreichen möchte würde ich sagen, der bereit ist, was dafür zu tun.*" (JUG)

Selbstbewusst sagt er auch: *"Eigentlich habe ich alles selber geschafft. Ohne meine Mithilfe wäre da ja überhaupt gar nichts passiert. Ich habe die Schule abgeschlossen, ich habe mich wirklich von Grund auf verändert zum Positiven würde ich sagen. Ich habe einen Beruf erlernt und ich mache noch weiter, ich bin ja noch nicht fertig."* (JUG)

Seval: „Vorher habe ich mich eher wie ein kleiner Wanderpokal gefühlt."

1. Verlauf der Maßnahme

Vorgeschichte

Seval wird 1991 geboren. Beide Eltern sind drogenabhängig. Seval wächst deshalb in einer Pflegefamilie auf. „Von meinem zweiten Lebensjahr bis zu meinem zwölften habe ich bei einer Pflegefamilie gelebt. Die Frau war wie meine Mutter, aber da gab es viele psychische Belastungen in der Familie, was mich auch sehr belastet hat." (JUG) Hier muss sie schon früh sämtliche Hausarbeiten übernehmen und trägt Verantwortung. „Ich musste immer den Haushalt machen. Putzen konnte ich schon mit zwölf Jahren. Meine Mutter hat früher Nachtschicht gemacht im Klinikum auf der Säuglingsstation, da musste ich mich morgens selbst versorgen, morgens Brote machen, abends mich selber für das Bett fertig machen. ... Ich war schon sehr selbstständig und eigentlich schon zu erwachsen." (JUG)

Für Kindsein bleibt da wenig Raum. Seval schließt sich einer Clique an, die nach der Schule rumhängt, Alkohol trinkt, kifft und Party macht. Sie sucht sich einen Weg, der Enge der Pflegefamilie zu entfliehen. Sevals Betreuerin kommentiert diese Situation mit den Worten: „Ich weiß ja, dass sie das Kind von drogenabhängigen Eltern ist, dass sie sehr verwahrlost war, dass sie dann in eine Pflegefamilie gekommen war, wo die Eltern gedacht *haben, sie tun dem Kind was Gutes und dass auch in dieser Pflegefamilie ein Missbrauch stattfand, ganz viel Schläge, ganz viel Gewalt. Sie hat teilweise auch Familienleben mitbekommen, sie war – glaube ich – immer das schwarze Schaf in dieser Familie, immer die Böse, wenn es Ärger gab, dann war sie schuld."* (B)

Seval entzieht sich zunehmend dem Einfluss der Pflegefamilie, bleibt über Nacht weg, schwänzt die Schule und proloziert, wenn sie in der Familie zur Rechenschaft gezogen wird. Nach einer eskalierenden Situation lehnen die sichtlich überforderten Pflegeeltern die weitere Betreuung von Seval ab. Kurzzeitig wird sie in einer Mädchen-Wohngruppe untergebracht. *„Dann bin ich wieder zu meiner Pflegemutter mit 14 gezogen. Da hat es gar nicht mehr geklappt. Meine Pflegeschwester war wieder schwanger und ich musste mir mit meiner kleinen Nichte ein Zimmer teilen. Das war da dann auch nicht so harmonisch zu Hause. Dann bin ich zu meinem Onkel gezogen, zu meinem türkischen Onkel für ein halbes Jahr. Das hat gar nicht geklappt, weil mein Opa meinte: ‚Jetzt bist du eine Türkin, jetzt musst du ein Kopftuch tragen', also noch sehr alttürkisch. Ich durfte nicht mehr raus. Das bin nicht ich. Ich bin deutsch aufgewachsen und ich habe mich auch so gefühlt. Ich wollte nicht türkisch leben."* (JUG) In der Familie ihres Onkels, in der die Regeln des Zusammenlebens, die Autorität der Erwachsenen und die Sanktionen noch strenger sind, kommt es immer wieder zu Konflikten, sodass Seval auch hier nach kurzer Zeit herausgenommen werden muss. *„Dann bin ich mit fast 15 dort wieder ausgezogen und bin dann zu Frau R. (Betreuerin) gekommen. ... Es war so, dass ich bei einer Freundin in H. war. Als ich bei meinem Onkel abgehauen bin, bin ich zu meiner Freundin nach H. gefahren. Dann habe ich da zwei Wochen gewohnt und dann haben die mich nach einer Woche angerufen und haben gesagt: ‚Ja, wir haben jetzt was für dich. Das ist eine nette Frau ... die kommt dich morgen abholen.' So kam es dann. Ich habe dann meine Siebensachen gepackt und bin dann zu A. (Betreuerin). Andere Heime wollten mich anscheinend nicht mehr. Ich* wollte auch nicht mehr dahin, wo viele Leute sind. Ich wollte eigentlich immer meine eigene Wohnung haben, weil ich ja schon so frühreif war. Und dann hat das Jugendamt mich angerufen und hat gesagt: ‚Wir haben ein betreutes Wohnen für dich.' Wo ich dann alleine für mich bin, mein eigenes Appartement hatte." (JUG) „Ich habe sie dann aufgenommen und habe sie eigentlich da abgeholt mit einem Karton voller Klamotten, einfach wahllos reingeschmissen. ... Für eine normale Familie oder eine normale Gruppe war sie wirklich nicht tragbar, sie hat jeden Rahmen gesprengt. Sie war aber auch sehr kaputt, sie war wirklich sehr fertig." (B)

„Es waren gemischte Gefühle. Man weiß nicht, was auf einen zukommt, wie die Person ist. Das war schon so ein bisschen komisch. Ich habe dann der (Koordinatorin) vertraut in dem Moment. Sie hat gesagt, dass die gut ist. ... Da habe ich erst einmal meine Freundin runtergeschickt, um zu gucken, wie die ist." (JUG)

Das Jugendamt schreibt folgende Ziele fest:
- Lösung von der alten Clique
- Verringerung der Gewaltbereitschaft
- Konstruktiver Umgang mit Kritik
- Therapie zur Aufarbeitung von Gewalt- und Missbrauchserfahrungen und Stimmungsschwankungen
- Vorbereitung auf ein eigenständiges Leben
- Entwicklung realistischer Zukunftsperspektiven. (HPG-Protokoll vom 28.4.2005)

„Erst einmal war das Ziel, das ist eine 15-jährige, die jeden Rahmen sprengt, die irgendwie zu betreuen und zu halten ist. Das Ziel war wohl auch, dass sie zur Schule ging – natürlich, dass sie aus diesen gefährdenden Beziehungen rauskommt, dass sie aus diesem Alkoholkonsum und diesem Drogenkonsum herauskommt. Aber das waren sehr ferne Ziele." (B)

Wechsel in die Projektstelle und weitere Entwicklung
„Es gab relativ wenig Vorbereitung. Das war gar nicht möglich. Das heißt, sie musste sofort untergebracht werden. Sie lebte eigentlich auf der Straße. Wir haben überlegt, ob es passen könnte. Von der ersten Einschätzung her konnte es auf jeden Fall passen. Das heißt, man versucht es ja dann erst einmal im Rahmen einer Probezeit." (B)

„Die ersten Tage waren schwierig. Das erste halbe Jahr war sehr schwierig." (JUG) „Sie war erst ganz freundlich und lieb und süß und hilfsbereit. Das dauerte aber auch nicht allzu lange, dann konnte sie das auch nicht mehr durchhalten. Erst einmal war sie froh, dass sie ihr eigenes Zimmer hatte, und wir haben geguckt, dass sie sich auch einrichten konnte, dass sie sich wohl fühlen konnte." (B)

In der Individualpädagogischen Maßnahme ist die erste Zeit konflikthaft. Seval testet die Grenzen aus, bleibt weiterhin der Schule fern, hält Regeln nicht ein und bleibt tagelang weg. „Wenn sie schon angerufen hat, dass sie nicht kommt, dann war das ja schon mal ein Erfolg, dann war das ja schon mal ein kleiner Schritt in die richtige Richtung oder wenn sie mehrere Tage durchgehalten hat, wenn sie mich nicht beschissen hat. Das ist aber auch ein Mädchen mit sehr vielen Facetten, die konnte auch unheimlich lieb sein und sich einbringen. Es gab schöne Zeiten und dann auch die Zeiten, wenn es zu schön war, musste das wieder gekippt werden." (B)

Als sie einmal sturmfreie Bude hat, bricht sie zusammen mit Freunden aus ihrer Clique in die (getrennte) Wohnung ihrer Betreuerin und deren Familie ein, entwendet Geld und Wertgegenstände und richtet durch Vandalismus erheblichen Schaden an. „Da habe ich mit Leuten verkehrt, *die dann auch da eingebrochen sind und dann haben die mir gedroht: ‚Wenn du sagst, dass wir das waren.' Die Eltern haben angefangen, mir zu drohen. Dann habe ich die Anzeige auf mich genommen. Das waren schon so Sachen. Das war kurz bevor wir in Urlaub gefahren sind. ... Zwischendurch sind die dann da eingebrochen. Dann war ich wieder zwei Wochen weg, bevor wir geflogen sind. ... Weil ich mich auch geschämt habe, weil das nicht meine Art war, irgendwo einzubrechen."* (JUG)

Seval rechnet fest damit, dass sie nun endlich rausgeschmissen wird und die Maßnahme beendet wird. Sie ist überrascht, dass die Betreuerin sie trotzdem in einen dreiwöchigen Familienurlaub mitnimmt. *„Dann wollte sie mich eigentlich schon abgeben und dann hat die (Koordinatorin) gesagt: ‚Jetzt warte mal, jetzt fahr erst einmal mit ihr in Urlaub und gucke wie es da läuft.' Dann hat sie mich doch mit in den Urlaub genommen und da war es eigentlich schon ein bisschen familiärer, wo man sich dann auch besser kennenlernen konnte. ... Für mich war der sehr harmonisch. ... Für mich hat es sich im Urlaub verändert, weil ich einfach gemerkt habe, ich hatte auch eine Anzeige wegen Einbruchs, dass es einfach nicht meine Art war. In H. habe ich mich auch oft geschlagen, die waren schon sehr kriminell in dem Sinne, und weil ich nie wie meine Eltern sein wollte, wollte ich das auch nicht. Ich musste mich entscheiden. Da habe ich mich dann für A. entschieden. Klar ist A. jetzt auch nicht die Stadt, wo die Rosen blühen, aber hier habe ich es anscheinend gecheckt. Ich habe mich hier nicht mehr geschlagen."* (JUG)

Durch die Distanz zum Alltag verändert sich auch das Verhalten von Seval. *„Sie war wie mit einer Familie unterwegs und sie wurde so genommen wie sie jetzt war. Es gab keine Vorurteile und gar nichts. Von da an konnten wir eigentlich anfangen zu arbeiten, da hat es so ein bisschen Klick gemacht – glaube ich."* (B)

Sie fühlt sich in der Familie aufgenommen und versucht sich nach Kräften an vereinbarte Regeln zu halten. Anfangs hatte sie noch den Kontakt zu ihrer alten Clique gehalten. „*Ich bin dann immer abgehauen, weil ich keine Lust auf die hatte. Wir haben immer getrunken, dann hat die Polizei mich auch mitgenommen – Ausnüchterungszelle, da hat (die Betreuerin) mich dann da immer abgeholt.*" (JUG) Einige Zeit nach dem gemeinsamen Urlaub nimmt Seval noch mal Kontakt zu ihrer alten Clique in H. auf. „*Das erste Jahr, wo wir dann zurückkamen, bin ich auch gar nicht mehr nach H. gefahren – ein halbes Jahr lang. Dann bin ich noch einmal nach einem halben Jahr hingefahren und dann habe ich auch gesehen, dass das nichts mehr für mich war.*" (JUG) „*Und irgendwann dann – Gott sei Dank – konnte sie diese Differenz sehen, zwischen sich, ihrem Lebensweg und den Jugendlichen dort. Dann war das Interesse gar nicht mehr so groß, dann hat das nicht mehr so gefunkt. Sie hatte dann ihr Ziel und hat dann auch gesehen, wie viel die getrunken und gekifft haben und dass sich da einfach gar nichts entwickelt oder geändert hat.*" (B)

Die Familie zieht in einen anderen Stadtteil um, Seval bekommt nun ihr lang ersehntes eigenes Appartement. „*Wir haben dann hier in dem Nachbarhaus gewohnt, zusammen und haben da das Dachgeschoss komplett renoviert und Fenster eingebaut, ganz andere Tapeten und sie hat mit aussuchen dürfen und sie hat mitgestalten dürfen. Das war – glaube ich – auch ganz wichtig, da sagte sie auch oft, dass sie das noch nie gedurft hat, dass sie da einfach mitreden konnte und als gleichwertiges Familienmitglied – in Anführungsstrichen – dann auch behandelt wurde.*" (B)

Der gemeinsame Umzug ermöglicht Seval, neue Freunde zu finden, zu deren Alltag und Normalität es gehört, regelmäßig zur Schule zu gehen und auf einen Real- oder Gymnasialabschluss hinzuarbeiten. Mit ihnen gemeinsam besucht sie wieder fast regelmäßig die Schule und kann sich von der alten Clique lösen. „*Vielleicht war das dann auch noch mal ein an-*

derer Bezug zur Schule. Auf jeden Fall war sie nicht mehr ganz so oft in diesem Raum. Sie bekam ja eine Auszeit, wenn sie sich ganz schlecht benommen hatte. Das ging immer besser. Das hatte sich auf jeden Fall entwickelt. Das waren – glaube ich – so Punkte, wo sie vielleicht eine Idee davon hatte, so funktioniert das nun mal, es ist doch nicht so schlecht." (B)

„Meine Lehrerin hat immer gesagt: ‚Du bist kein dummes Mädchen, du kannst ruhig kommen', weil ich mit dem Unterrichtsstoff auch mitkam. Ich saß da nicht rum, ich habe da auch mitgemacht." (JUG)

„Sie hat ja letztendlich sogar ihren Hauptschulabschluss gemacht. Die Lehrer haben nicht schlecht gestaunt, als sie sie dann da wieder getroffen haben bei der Abschlussfeier." (B)

Auch was den Kontakt zur Schule betrifft, möchte Seval behandelt werden wie die anderen Kinder in der Familie auch. „Es war ihr ganz wichtig, dass ich im Elternrat oder in der Schulpflegschaft war, irgendwo war ich auf jeden Fall dann noch mit drin, weil sie wusste, dass ich das bei meinem Sohn mache, und dann hatte sie es gerne, dass ich das dann für sie auch mache." (B)

Das Jugendamt resümiert nach einem Jahr Individualpädagogischer Maßnahme:

- „Seval ist nicht mehr kriminell geworden.
- Regelmäßiger Schulbesuch erfolgt.
- Regelmäßige Teilnahme an der Therapie.
- Seval hält sich an vereinbarte Termine.
- Seval kommt pünktlich zu vereinbarten Zeiten.

- *Seval ist positiv in die Betreuungsstruktur eingebunden.*
- *Seval hält Regeln relativ gut ein.*
- *Seval verbesserte ihre Impulskontrolle.*
- *Ihr Ordnungs-/Aufräumverhalten verbesserte sich. Es ist jedoch stimmungsabhängig."* (HPG-Protokoll vom 6.2.2006)

Obwohl es in der Familie immer wieder alltägliche Reibereien gibt, fügt sich Seval in das Familienleben ein. „*Nach dem Urlaub war es eigentlich so, dass wir jeden Tag zusammen gegessen haben. Abends war sie unten, ich war auch mal mit unten und dann bin ich irgendwann hochgegangen, wenn sie zum Beispiel Besuch hatte ... Ja, das war schon familiär."* (JUG) Mit ihrem fünf Jahre jüngeren ‚Bruder' lebt sie auch einen Teil ihrer Kindheit nach. „*Er war schon wie mein kleiner Bruder. Er war auch gern bei mir. (Die Betreuerin) hat mir erzählt, wenn sie sonst ein Mädchen hatte, war es nicht so bei ihm. Bei mir war er immer ganz offen und hat gerne was mit mir gemacht und hat auch bei mir eine Nacht geschlafen. Wenn sie mal feiern gegangen ist, dann hat er bei mir oben mit geschlafen, dass der Opa nicht aufpassen musste. Das war schon eigentlich schön."* (JUG) Neben den gemeinsamen Reisen und der Teilnahme am ganz normalen Familienalltag wird Seval in verschiedene Aktivitäten einbezogen, um ihr Anregungen zu geben. „*Ich bin auch mit ihr ins Sportstudio gegangen. Wir haben Sachen zusammen unternommen. Ich habe ihr gezeigt, dass es auch andere Dinge gibt, als auf dem alten Schulhof zu stehen und zu saufen und zu kiffen oder irgendwas zu randalieren. Dass es auch andere Menschen gibt, die nicht kriminell sind und trotzdem Spaß am Leben haben, dass es eine Möglichkeit gibt, ein Ziel zu verfolgen."* (B)

Die Situation verändert sich als Seval einen festen Freund hat und mit ihm viel Zeit verbringt. Mehrfach ertappt die Betreuerin sie beim Kiffen und es gibt dabei große Auseinandersetzungen. „*Dann habe ich ange-*

fangen zu kiffen mit 16. Was eigentlich nicht für mich so schlimm war, weil ich damit nicht übertrieben habe. Ich bin auch weiterhin zur Schule gegangen. Ich hatte nichts mit anderen Drogen zu tun und die (die Betreuerin) war voll dagegen." (JUG) Seval betont heute, dass sie nie härtere Drogen genommen hat und auf keinen Fall wie ihre Eltern werden will, aber das Misstrauen der Betreuerin ist erwacht. Seval fühlt sich im Vergleich zu ihren Freundinnen auch ungerecht behandelt, weil sie früher zu Hause sein muss und stärker kontrolliert wird. Sie regt sich dann auf, fügt sich meist aber dann doch. *"Oder ich habe gesagt, dass ich bei einer Freundin schlafe, und wir sind dann von da aus länger weggeblieben. Ich durfte nie bei Freunden schlafen. Das waren einfach so Sachen, wo ich mir gedacht habe: ‚Hallo, du musst dir keine Sorgen machen. Jetzt sage ich dir schon Bescheid, wo ich schlafen will und ich darf das schon wieder nicht.' Das sind einfach so Sachen, wo ich mir denke: ‚Hallo, vertraue mir doch jetzt endlich mal. Auch wenn der Einbruch war, meine Güte, aber das heißt doch nicht, dass man mir das ganze Leben nicht mehr vertrauen kann.' Dann hätte sie mich auch nicht mehr bei ihr wohnen lassen können. Ich hatte keinen eigenen Haustürschlüssel. Ich musste dann immer stundenlang warten, bis sie zu Hause war, das waren einfach so Sachen."* (JUG)

Das Gefühl, dass ihr nicht (mehr) vertraut wird, verletzt sie tief. *"Mir hätte ja der Schlüssel für unten gereicht, wir hatten ja getrennt alles, dass ich zu mir nach oben kommen konnte. ‚Nein, das geht nicht.' Da habe ich mir gedacht: ‚Hallo, was soll das denn jetzt.' Das sind einfach für mich so Sachen, die eigentlich selbstverständlich sind, die ich auch früher von meiner Pflegemutter kannte, da hatte ich auch einen eigenen Haustürschlüssel. Ich wäre ja nicht mal bei ihr in der Wohnung gewesen. Ich wäre ja nur in meinem eigenen Zimmer gewesen."*

Sie hatte natürlich die Erfahrung, dass du mal in ihrer Wohnung warst. *"Ja, klar. Aber da überlegt man sich ja, vertraue ich ihr noch oder vertraue* ich ihr nicht mehr. Das ist dann auch wieder für mich so ein Punkt, wo ich denke, wenn du mir nicht vertraust, dann gib mich einfach ab, dann versuche ich es woanders, aber wenn du mir vertraust, dann musst du mir auch so weit vertrauen, dass du mir den Schlüssel anvertrauen kannst." (JUG)

Im entsprechenden HPG-Protokoll des Jugendamtes heißt es zu diesem Zeitpunkt u.a.: „Der Umgang mit Seval ist zurzeit nicht immer einfach. Seval ist sehr impulsiv und verhält sich nach ihren Bedürfnissen. Das emotionale Verhältnis zwischen (ihrer Betreuerin) und Seval ist teilweise gespannt. Zwischen ihr und Seval besteht sehr viel Reibungsfläche in der aktuellen Situation. Trotz der aktuell schwierigen Phase verbesserte sich in den vergangenen Jahren Sevals Sozialverhalten wesentlich. Seval verfügt über einen neu gewonnenen Freundeskreis. Ihre unkontrollierten, emotionalen Ausbrüche finden weniger häufig statt und können von Seval reflektiert werden." (HPG-Protokoll vom 20.8.2007)

Konflikte und Ende der Maßnahme

Diese ‚Vertrauenslücke' sorgt im weiteren Betreuungsverlauf für zunehmende Konflikte. Neben dem gelegentlichen Kiffen, das immer wieder Anlass für Auseinandersetzungen bietet, sind Ausgangszeiten, Regelmäßigkeit im Tagesrhythmus und die Sauberkeit immer wieder geeignete Themen für Eskalationen. „*(Die Betreuerin) hat ja einen Putzfimmel, bei (ihr) muss alles immer hochglanzsauber sein. So bin ich nicht. Schau dich um, meine Güte, da lasse ich auch mal Klamotten herumliegen oder habe mal keinen Bock aufzuräumen oder mache morgens nicht mein Bett. ... Das hat sie nicht verstanden. ‚Du musst das und das und das machen.' Da habe ich gesagt: ‚Meine Güte, das ist mein Zimmer. Geh da einfach nicht rein. Keiner muss mein Zimmer sehen. Ich wohne hier, du wohnst doch nicht hier. Meine Güte, wenn der Rest der Wohnung sauber ist.' Das sind einfach so Sachen, wo ich dann denke: ‚Klar, will sie gucken, aber ich kann es ja.' Sie wusste ja, dass ich es kann, aber ich hatte eben nicht immer einen Bock dazu ...*

Da habe ich gesagt: ‚Meine Güte, du kriegst von mir Miete, du kriegst doch von mir was vom Jugendamt. Dann lass mich doch einfach so leben wie ich will. Das kann dir doch einfach egal sein.' ‚Nein, das ist aber meins und das ist mein Eigentum.' Immer dieses, das ist meins. ‚Ja, hallo, Familie oder nicht, aber dann behandele mich wie du willst, aber nicht auf der einen Seite, du gehörst zu uns, aber auf der anderen Seite, ja, aber das ist mein Eigentum.'... Dann wurde ich immer frech und laut. Ich bin ja dann auch jemand, der irgendwann ausrastet. Ich schlucke erst einmal, aber wenn die Bombe platzt, dann habe ich sie auch beleidigt, weil ich gedacht habe, sie hat sie nicht mehr alle. Das wird dann irgendwann auch zuviel." (JUG)

„*In guten Zeiten ist sie aufgestanden, selbstständig, hat sich geschminkt natürlich, was immer sehr wichtig war. Ich habe Brote gemacht und sie ist zur Schule gegangen und ist dann auch nachmittags wieder nach Hause gekommen. Wir haben zusammen gegessen, sie hat sich getroffen mit Freunden, mal mehr, mal weniger ... Wenn es um das Aufräumen ging, um das Aufstehen, zur Schule gehen. Es wird dann schwierig, wenn man anfangen muss, den Tagesablauf beizubehalten, Grenzen zu setzen. Das ging dann ziemlich schnell, wo es dann rund ging. ... Einfache Regeln, wie nach Hause kommen. Wann kommt sie nach Hause? Die waren schon kaum möglich. Das ging eine Zeitlang ganz gut, da hat sie sich auch Mühe gegeben, es ist aber auch sehr anstrengend für sie gewesen, dass dann einzuhalten. Sobald es dann mehr wurde, hat sie den Rahmen dann auch gesprengt."*

„*... Es gab Zeiten, wo sie den Kontakt gehalten hat, dann gab es aber auch wieder Phasen, wo sie wirklich eine Woche nicht gekommen ist. Man sucht sie, man erkundigt sich bei den Freunden, die man kennt. Man gibt die Anzeige bei der Polizei auf. Das ist so ein Auf und Ab."* (B)

Die so entstehenden Konflikte können kaum noch verhandelt werden. „*Weil ich wahrscheinlich auch immer schnell ausgeflippt bin. Ich weiß nicht,* wir konnten einfach nicht reden. Wenn ich irgendwas sagte, ich bin immer das Arschloch. Sie sieht immer nur meine Fehler, aber nicht ihre Fehler, die sie macht, weil sie meint, es ist nicht so. Nicht nur ich mache Fehler, sie macht auch ihre Fehler." (JUG)

Seval schluckt ihren Frust und ihre Verletzungen runter und rastet aus, statt ruhig zu kommunizieren. Ihre Betreuerin wird vorsichtig und misstrauisch und reagiert mit verstärkter Kontrolle.

Die Beziehung zwischen beiden wird, zumindest aus Sevals Sicht, auch empfindlich gestört, weil im Hause von der Betreuerin jetzt auch noch eine Mutter mit ihrem Kind betreut wird. Nach Sevals Aussage hat die Betreuerin dadurch kaum noch Zeit für sie. Seval fühlt sich subjektiv vernachlässigt und reagiert mit Provokation und Verweigerung. „Wenn sie mich eh fallengelassen hat, lass ich mir doch nichts mehr sagen." (JUG) Absprachen, Rücksichtnahme und Regeln werden von Seval weiterhin unterlaufen. Da im Hause auch der Vater der Betreuerin wohnt, ist Rücksichtnahme für ein gemeinsames Zusammenleben aber wichtig, sodass die Situation weiter eskaliert. Die Spannungen und Auseinandersetzungen sind für die Betreuerin und ihre Familie kaum noch auszuhalten, sodass es nach einem weiteren Konflikt schließlich zu einem abrupten Ende der Betreuung kommt.

„Mein Zimmer war nicht aufgeräumt, der Heizungsmann ist gekommen. Da kam ein Anruf: ‚Du kommst jetzt sofort nach Hause. Du kannst deine Sachen packen und gehen.' ... Ja, dann hat sie gesagt: ‚In zwei Stunden packst du deine Sachen, du kommst hier raus.' Dann habe ich gesagt: ‚Hör mal, hast du es immer noch nicht kapiert, in kann doch nicht meine ganzen Sachen in zwei Stunden einpacken.' Da sagt sie: ‚Wenn nicht, dann rufe ich die Polizei.' ‚Dann rufe sie doch, die lachen dich aus.' Da bin ich dann richtig ausgerastet und habe gesagt: ‚Du tickst einfach nicht mehr sauber. Du setzt mich jetzt einfach mal so auf die Straße, nur weil du jetzt gerade mal Lust dazu hast? Hast du sie noch alle?' Das war es dann." (JUG)

„Ja, das war schon sehr heftig. Sie hat wirklich mit Ach und Krach dann hier auch wieder diese Beziehung verlassen mit ganz viel Krach. ... Sie hat einfach nichts mehr gemacht. Ich denke, das Problem lag wieder bei dem Kiffen. Daran konnte ich auch mit ihr nicht mehr arbeiten. Sie ließ mich auch nicht mehr ran. ... Ich habe sie tatsächlich irgendwann rausgeworfen, weil sie sich absolut verweigert hatte. Absprachen gingen gar nicht. Sie hat es auch wirklich verkommen und verdrecken lassen. ... Super anstrengend. Das hat mich echt auch wieder ganz schön viel Nerven gekostet. Aber ich denke, da hätte noch einmal ein Betreuungsanschluss stattfinden müssen." (B)

Für Seval ist das eine weitere Bestätigung, dass sie Menschen nicht trauen kann und diese sie dann immer wieder fallenlassen.

Anschlussmaßnahmen und Nachbetreuung

Diese abrupte Beendigung der Betreuung ist für Seval dann doch ziemlich überraschend und schnell. Zwar war ohnehin ihre Verselbständigung und der Umzug in eine eigene Wohnung geplant, allerdings sollte dafür eine angemessene Vorbereitung erfolgen. Zudem ist die in Aussicht genommene Wohnung noch nicht frei. „Dann musste ich erst einmal gucken, wo ich schlafe, und dann habe ich bei unserem Nachbarn geschlafen, mit dem war ich eigentlich auch befreundet. Da habe ich eine Nacht geschlafen, da hat die (die Betreuerin) schon morgens Palaver gemacht auf dem Hof. ‚Sie sollte doch vom Hof sein, jetzt lasst ihr sie bei euch schlafen. Das geht ja gar nicht.' So dumme Sachen, ich wusste ja gar nicht, wo ich mit meinen Sachen hin sollte." (JUG)

„Da hat sie dann eigentlich eher versucht, mit Ach und Krach irgendwie das auf eine andere Art durchzusetzen, hat dann auch versucht, bei dem Freund unterzukommen, hat dann auch auf Zeit gespielt und hat gedacht: ‚Ach ja, wenn es jetzt so ganz schlimm ist und die böse (die Betreuerin) schmeißt mich raus, dann nehmen die mich da auf und dann kann ich da auch wohnen.' Dann haben die die tatsächlich auch für zwei Wochen oder so aufgenommen und dann konnte sie in eine andere Wohnung einziehen, aber es war kein schönes Ende." (B)

„Wann bin ich eingezogen? Im Oktober. Dann bin ich in eine (ambulante) Maßnahme gegangen und das war eigentlich cool. Ich konnte rauchen in meinem Zimmer. Ich konnte einfach einmal machen, was ich wollte. Ich konnte aus der Haustür rausgehen, ohne dass ein Anruf kommt: ‚Wo bist du und hast du nicht gesehen.'"

„… Es hat mich keiner darauf vorbereitet, worauf ich achten muss und was ich bezahlen muss. Das war für mich einfach ein tierischer Schock." (JUG) „Sie war dann auch 18,… aber wenn diese Mädchen 18 sind auf dem Papier, dann sind die noch lange nicht 18. Ich habe oft überlegt, aber da hatten wir auch keine Chance. Die hat drei Jahre vorher noch die (Benjamin)Blümchen-Kassetten gehört zum Einschlafen, weil sie überhaupt nicht alleine sein konnte vor lauter Angst, und dann soll sie drei Jahre später in der Wohnung ihr Leben auf die Reihe kriegen." (B)

Tatsächlich hat Seval zunächst eine Reihe von Schwierigkeiten bei der Bewältigung ihrer neuen Situation. „Ja, auf jeden Fall mit finanziellen Sachen. Was ich da beachten muss. Bei mir kamen auf einmal voll diese Sachen, da blieb mir irgendwie erst einmal das Herz stehen. Im Oktober habe ich dann eine Überweisung bekommen und habe dann natürlich gedacht, man kriegt die jeden Monat. Ich habe früher nie Strom selber bezahlen müssen. … Ich musste selber bezahlen oder einen Dauerauftrag machen. … Das hätte mir schon eher geholfen, dass die mir wenigstens das Geld einteilen, dass der Strom bezahlt wird, dass sie mich darauf vorbereitet hätten." (JUG)

2. Derzeitige Lebenssituation

Seval befindet sich zur Zeit des Interviews noch in einer Berufsvorbereitungsmaßnahme und wollte eigentlich im Anschluss daran eine Ausbildung im Restaurantfach beginnen. Da sie jetzt schwanger ist, wird sich stattdessen der Mutterschutz anschließen. „*Ich wollte Friseuse werden oder im Restaurantfach arbeiten, wo ich viel Bewegung habe und viele Menschen treffe. Die hätten mich auch auf jeden Fall übernommen. Das haben die auch direkt gesagt. ... Du wirst vorbereitet auf acht Stunden arbeiten. Du arbeitest dann in der Küche und dann gab es noch ein Café. Du musstest Service machen, Kuchen backen, kochen, weil da Suppen angeboten werden. Das mache ich jetzt noch bis zum 30.06. Dann hört meine Maßnahme auf und dann kommt der Mutterschutzurlaub. Danach nimmt mich dann eh keiner mehr.*" (JUG) Seval bereitet ihren Umzug vor und wird mit ihrem Freund eine gemeinsame Dreizimmerwohnung beziehen. Auf die Zeit in ihrer ersten eigenen Wohnung blickt sie zufrieden zurück, nicht nur, weil sie sich hier zum ersten Mal frei gefühlt hat, sondern auch, weil sie sich mit dem Mädchen, das in der anderen Wohnung gewohnt hat, gut verstanden hat. Da das Büro der Koordinatorin der Individualpädagogischen Maßnahme im gleichen Haus untergebracht ist, hat Seval zu ihr ein vertrauensvolles Verhältnis aufgebaut und holt sich hier Rat und Unterstützung. „*Wenn ich sie anrufe oder mich mit ihr treffe, ich kann sie direkt in den Arm nehmen. Da weiß ich, dass sie mich gern hat. Wenn es mir nicht gut geht, finanziell, oder so, dass sie immer für mich da ist (weint).*" (JUG)

Mit Polizei und Justiz hat sie wegen zweier Ladendiebstähle noch einmal zu tun gehabt. „*Ja, okay, ich habe noch zweimal geklaut. Dumm, zweimal, einmal eine Haarfarbe und einmal eine Whiskyflasche. ... Ich musste Sozialstunden machen, die waren noch gnädig mit mir, weil die gesehen habe, dass ich soweit okay war. Das war doof, aber ich habe daraus gelernt. Jetzt mittlerweile mache ich es nicht mehr, aber da war das Geld knapp. Ich hatte kein Geld, kein Taschengeld."* (JUG)

Befragt nach ihren Wünschen für die Zukunft sagt Seval: *„Auf jeden Fall, dass ich mit meinem Freund zusammenbleibe, dass mein Kind gesund auf die Welt kommt und dass vielleicht irgendwann mal mein Vater wiederkommt. (weint) Es ist einfach hart, wenn man seinen Vater im Knast kennenlernt, zweimal sieht und auf einmal ist er weg. Man kann immer nur mit ihm telefonieren. Klar ist er am Telefon für mich da, aber ich will ihn auch einmal wieder in den Arm nehmen. Die zwei Stunden, die ich ihn in meinem Leben gesehen habe. Weil er auch an uns hängt. Er hat meinen Namen in seinen Arm tätowiert. Ich bin für meinen Vater eigentlich sein ein und alles. Ihm tut das weh, mir tut das weh. Ich verdränge das dann immer am Telefon, weine dann auch nicht, damit er nicht traurig ist, aber für mich ist das einfach hart. Jetzt wird er Opa und kann seinen Enkel nicht sehen."* (JUG) Seval nimmt sich vor, ihren Vater, der in der Türkei lebt und kein Einreisevisum für Deutschland bekommt, weil er seinerzeit ausgewiesen wurde, mit ihrem Kind in der Türkei zu besuchen, wenn sie erst einen deutschen Pass hat. *„Das kostet 200 Euro, das zahlt ja keiner, darum hat sich ja früher auch nicht das Jugendamt gekümmert, die hätten es ja wahrscheinlich eher durchbekommen ohne Geld. Das sind einfach so Sachen, worum sich kein Arsch gekümmert hat, dass ich zwei Namen habe. Das sind einfach so Sachen, wo ich mir denke: ,Hallo, wofür ist das Jugendamt da gewesen?'"* (JUG) Im HPG-Protokoll des Jugendamtes vom 6.2.2006 ist die ,Beantragung der deutschen Staatbürgerschaft' als Ziel vereinbart. Anderthalb Jahre später vermerkt das Protokoll: *„Die Staatbürgerschaft ist beantragt, jedoch schwirig umzusetzen."* (HPG-Protokoll vom 20.8.2007)

Seval möchte vieles von dem, was sie nicht erfahren hat, ihrem Kind ermöglichen. *„Ich werde mehr mit meinem Kind machen. Ich finde es einfach wichtig, dass Kinder was machen oder was sehen oder was erleben.*

Was ich nicht hatte, das will ich jetzt meinem Kind geben. Das ist für mich wichtig, wenn man Kinder in die Welt setzt, dann soll man sich auch darum kümmern und wenn es nur in den Wald gehen ist. Darüber freut man sich auch, wenn man Picknick macht. Das sind einfach so kleine Freuden. Einen Weihnachtsbaum vollstellen, das ist für den Moment, aber die Seele ist dann trotzdem nicht beruhigt." (JUG)

3. Selbstbild, Selbstdeutung und Selbstwirksamkeit

Seval ist während des Gespräches sichtlich bewegt. Wenn sie über eine aus ihrer Sicht ungerechte Behandlung spricht, wird sie erregt und laut, spricht sie von ihrem Vater, der für sie das vorenthaltene harmonische Familienleben verkörpert, kommen ihr die Tränen. Sie selbst sieht sich als ‚Wanderpokal' und reflektiert differenziert und überlegt über ihre damit verbundenen Erfahrungen (wohl auch, weil sie eine längere Therapieerfahrung hat). *„Bei mir ist es so, dass ich im Moment jede Nacht Albträume habe von früher noch. Das ist jetzt für mich gerade wieder schwer zu verarbeiten. Aber ich kann gut damit umgehen. Ich heule dann zwar immer, ich bin sehr nahe am Wasser eigentlich. Ich heule dann, aber dann ist es auch wieder okay. Ich versuche immer gut damit umzugehen. Ich kann damit umgehen. Wenn mein Bruder ein Problem hat, geht der zum Klauen. Das mache ich nicht. Ich versuche so, damit umzugehen. Gut, ich greife dann eher zum Joint, dann rausch ich mich lieber ein und denke darüber nach als irgendwie kriminell zu werden. Ich mache das immer, um meinen Körper zu beruhigen. Nicht, um das zu verdrängen, das nicht."* (JUG)

Vor dem Hintergrund dieser Selbstbeschreibung interpretiert sie ihre Erfahrungen entlang der Pole Vertrauen – Misstrauen. Als ‚Wanderpokal' bleibt sie immer misstrauisch und rechnet mit Ablehnung und Ausschluss. So gesehen deutet sie ihre provokanten Aktionen als Tests für die Belastbarkeit der Beziehung. Vor diesem Hintergrund empfindet sie das Verhalten der Betreuerin ihr gegenüber als Kränkung: Zuwendung und Vertrauen der Betreuerin sind gebunden an Wohlverhalten, Ein- und Unterordnung, aber nicht vorbehaltlos. Deshalb empfindet sie die abrupte Beendigung der Betreuung auch als große Verletzung, fühlt sich fallengelassen. *„Auf jeden Fall. Das hat sie in meinen Augen auch. Am Ende hat sie mich fallengelassen. Sie war die drei Jahre nett und lieb, wie sie sein konnte, aber im Endeffekt war sie anscheinend wieder froh, dass ich weg war. So kam es mir echt vor."* (JUG)

Diese Erfahrung kann sie retrospektiv für sich nur erträglich machen, indem sie von ihrer Betreuerin abwertend und aggressiv spricht. Ihre eigenen Anteile und die Situation der Betreuerin und ihrer Familie kommen dabei nicht vor. *„Ich würde sagen, dass ich jetzt auf jeden Fall ein besserer Mensch geworden bin und dass ich viel gelernt habe, viel gesehen habe in meinem Leben und dass ich weiß, dass ich auf jeden Fall den Weg, den ich vorher gegangen bin, nicht noch mal gehen würde – nie mehr und dass ich das auch keinem wünschen würden, so einen Weg zu gehen."* (JUG)

Sevals Grundmotiv bleibt dennoch eine tiefe Sehnsucht nach harmonischen Familienstrukturen, Zugehörigkeit und Anerkennung. *„Ich merke jetzt schon, dass es noch ein paar Sachen gibt, die kriege ich auch noch verarbeitet, wahrscheinlich dann, wenn ich meine eigene kleine Familie habe. Mein Vater hat auch gesagt, du wirst wahrscheinlich ganz anders als deine Mutter, meine eigene, weil ich Kinder über alles liebe und immer gesagt habe, dass ich immer für mein Kind da sein werde. Da bin ich schon ganz, ganz anders. ... Auf jeden Fall bin ich ein starker Mensch und kämpfe mich* schon mal so durch. Ich bin eigentlich schon ein Mädchen, die immer mit dem Kopf durch die Wand geht, wenn ich was will."* (JUG)

4. Beurteilung der Ergebnisse und des Prozesses

Zielerreichung und Prozess

Seval sagt von sich, dass sie ein *„besserer Mensch"* geworden sei und viel gelernt habe, ohne das näher auszuführen bis auf ihren Kommentar: *„Ich habe 30 Kilo abgenommen. Ich bin ein viel offener Mensch geworden. Ich war ja auch bei der Therapie zehn Jahre dann."* (JUG) Sie hat – zumindest zwei Drittel der Betreuungszeit regelmäßig die Schule besucht und einen Hauptschulabschluss erlangt. Ihr Versuch, eine weiterführende Schule zu besuchen war nicht erfolgreich. Ihre delinquente Phase wurde durch die Maßnahme unterbrochen. *„Für Seval, fand ich, war es wirklich die Rettung in dem Moment. Da möchte ich mir nicht ausmalen, wo die gelandet wäre. Sie war noch klein, sie war gerade 15 geworden, sie war echt gefährdet."* (B) Seval hat heute eine Reihe von Freundinnen und Freunden und konnte eine stabile Paarbeziehung aufbauen. Sie freut sich auf ihre Rolle als Mutter und reflektiert die damit verbundenen Aufgaben und Herausforderungen.

Bezogen auf den Betreuungsverlauf resümiert ihre Betreuerin: *„Sie hat ganz viel gelernt in den drei Jahren. Am Anfang gar nicht, da war sie nur dagegen und da brauchte man auch nicht zu versuchen, mit ihr zu sprechen. Sie ist dann erst einmal zerknirscht gewesen, aber das hat sich schon deutlich gebessert in der Zeit, dass sie auch Reflektionsmöglichkeiten hatte für sich."* (B)

Obwohl Seval von der Beendigung der Maßnahme noch immer tief gekränkt ist, hat sie nach eigener Aussage viele Momente der familiären Harmonie genossen. „*Es gab auch viele Gespräche, wo sie echt darüber geweint hat und dass sie dann auch formulieren konnte, dass sie so froh ist, dass sie jetzt irgendwo ist, wo sie ein Zuhause hat. Dieses Zuhausehaben, das war auch ein ganz großer Punkt dabei.*" (B) Einig sind sich beide auch in der Einschätzung, dass es während der Betreuung für Seval möglich war, ein Teil ihrer Kindheit nachzuholen. „*Ich denke, sie hat sich schon noch gut entwickeln können, sie hat doch noch einige Jahre aufgeholt, sie hat noch Kindheit nachholen können, sie hat lernen können, wenn man an sich arbeitet, dass man dann auch Erfolge erzielen kann, dass man doch auch immer die Wahl hat. Das war ganz wichtig, ihr zu zeigen, dass es doch immer noch Wahlmöglichkeiten gibt.*" (B) Problematisch – wenn auch aus unterschiedlichen Perspektiven – sehen beide das abrupte Ende der Betreuung. Abseits der gegenseitigen Schuldzuschreibungen besteht bei beiden Einigkeit darüber, dass die Vorbereitung auf Ablösung und Verselbstständigung unzureichend war und im Nachgang eine formelle ambulante Betreuung sinnvoll gewesen wäre. Finanzielle und existentielle Krisen konnten so nur durch das informelle Engagement der Koordinatorin aufgefangen werden.

Die Beziehung zwischen Seval und ihrer Betreuerin unterlag großen situativen Schwankungen und war – wie wir gesehen haben – zum Ende der Maßnahme hin prekär. Beide betonen einerseits die gegenseitige Nähe. „*Ich weiß nicht, ob das eher so freundschaftlich oder mütterlich war. Auf einer Seite so eine beste Freundin, auf der anderen Seite wie eine Mutter, aber eher so beste Freundin. Ich konnte immer zu ihr gehen, wenn etwas war.*" (JUG) „*Insgesamt hatten wir doch eine sehr nahe Beziehung, ganz viel Reiberei, aber auch ganz viel Nähe. … Für mein Gefühl gab es eine sehr nahe Beziehung, die aber auch teilweise dann zu nahe wurde, dann wieder abgegrenzt werden musste. Seval hat unglaublich viel Energie. Sie sprengt echt* alles. Sie hat mich wirklich sehr oft an meine Grenzen gebracht. Mit ihrer Lautstärke, mit ihrer Aggression." (B)

In Konfliktsituationen überwog dagegen das wechselseitige Misstrauen. „Aber da überlegt man sich ja, vertraue ich ihr noch oder vertraue ich ihr nicht mehr. Das ist dann auch wieder für mich so ein Punkt, wo ich denke, wenn du mir nicht vertraust, dann gib mich einfach ab, dann versuche ich es woanders, aber wenn du mir vertraust, dann musst du mir auch so weit vertrauen, dass du mir den Schlüssel anvertrauen kannst." (JUG) „Sie ist ja nicht immer ehrlich gewesen, nicht ehrlich mir gegenüber, nicht ehrlich sich selbst gegenüber, wahrscheinlich auch nicht, aber sie hat auch viel Gesprächsbedarf gehabt und auch viel geweint." (B) „Wenn man sich so in eine Familie integrieren lässt, dann muss man ja auch so viel Vertrauen haben. Wenn sie sagt: ‚Ja, du bist wie meine Pflegetochter.' Ja, dann behandle mich auch so und mach nicht so viel Schnickschnack." (JUG)

Steffi: „Ich wusste immer, was ich wollte"

1. Verlauf der Maßnahme

Vorgeschichte

„Als meine Eltern sich getrennt haben, da war ich fünf. Meine Schwester, meine ältere, die ist mit zu meinem Papa gegangen und da habe ich gesagt: ‚Ich will auch zum Papa, weil meine Schwester da ist, da bin ich eben nicht alleine.' Was ich nicht wusste, mein Vater hat oft gelogen, war Alkoholiker eben, er wollte mich bei meiner Mutter einfach wegholen. Bei meinem Vater hatte ich es dann eine Zeit lang richtig schwer, ich habe auch die Schule geschwänzt, was ich ziemlich bereue. Dann bin ich irgendwann freiwillig zu Frau J. (Jugendamt) gegangen und habe gesagt, ‚Ich kann nicht mehr, ich will nicht mehr, ich will weg.'" (JUG)

S. kommt in eine familienähnliche Wohngruppe, in der sie nach eigener Aussage die Älteste ist. Sie fühlt sich deshalb für die jüngeren Kinder verantwortlich und versucht auf diese Weise auch die Aufmerksamkeit der Erzieherinnen zu erhalten. *„Kleine Kinder brauchen nun mal eben viel Aufmerksamkeit. Gerade bei den Kindern, die zu uns ins Heim gekommen sind, waren teilweise schwierige Fälle dabei, da habe ich permanent immer wieder versucht, mich mit den Betreuern zusammenzusetzen."* (JUG) Dennoch fühlt sie sich mit zunehmendem Alter zu wenig beachtet.

„Also die Steffi signalisierte immer stärker ... dass sie raus will. ‚Ich schlag hier alle zusammen', ganz aggressiv. Sie beschimpft die Leute auch, das zeigte sich dann auch später in der weiteren Entwicklung. ... Und in dieser Phase war sie und sie hatte mir irgendwie auch einen ganz großen Zettel geschrieben: ‚Liebe Frau J., ich will hier raus, tu was für mich', so ganz emotional. ... Und Steffi macht dann immer auch ganz viel Randale, wenn sie raus will." (MA JA)

Die Mitarbeiterin des Jugendamtes sucht darauf hin von vornherein nach intensiven Betreuungssettings. *„Bei einer Wohngruppe hätte ich die Befürchtung gehabt, dass die Steffi untergeht, dass sie sich ganz stark an – sage ich mal – den Stärkeren, an den Leitbildern da orientieren wird und dann vielleicht in eine ganz falsche Richtung geht, weil Steffi überhaupt nicht gefestigt war. Und zum anderen wollte ich ihr auch noch einmal ein Stück Beziehung bieten, Familienbeziehung vielleicht auch analog, zu dem, was sie erlebt hatte. Sie hatte ja nur ihre Mutter bis zu ihrem zehnten. Lebensjahr oder elften. Lebensjahr erlebt und danach die Phase bei ihrem Vater, und der war wohl ganz fürchterlich. Einfach auch noch mal ein anderes Bild zu kriegen, für sich. Ich hatte mir dann überlegt ..., dass sie ein bisschen intensiver vielleicht betreut werden sollte und auch noch etwas anderes kennenlernen sollte."* (MA JA)

Übergang

Nach einem ‚Schnupperwochenende' in der vorgesehenen Familie und zahlreichen Gesprächen mit dem als Betreuer vorgesehenen Familienvater kommt S. mit 16 deshalb in die Familie Z. Der Übergang selbst ist aus ihrer Sicht unproblematisch. Der Abschied vom Alten, die Einstellung auf neue Menschen, eine neue Schule fällt ihr nach eigener Aussage leicht: *„Ja, so etwas fiel mir relativ leicht. Ich füge mich schnell ein in ein anderes Feld. Das ist eigentlich kein Problem für mich. ... Für mich ist das – wie gesagt – ganz leicht durch meine Vorgeschichte, weil ich ja von meiner Mutter* *weggegangen bin und zu meinem Vater direkt gegangen bin. Da kann ich eigentlich sagen, habe ich nie wirkliche Probleme gehabt, das hatte ich noch nie, egal wo ich hingegangen bin."* (JUG)

Ungewohnt und fremd ist ihr aber der Familienkontext schon. „*Na ja, ich kannte das ja vorher nicht mit diesem Familienzusammenhalt. Das war für mich schon ein komisches, aber auch fremdes Gefühl."* (JUG)

Herr Z. beschreibt die Einstiegssituation so: „*Ich habe anfangs ein sehr offenes, unternehmungslustiges Kind kennengelernt, das, ja, ich sage jetzt mal, von sich aus viel ändern wollte. ... Sie kann ja bei uns im Anbau wohnen und da wäre sie dann halt alleine und hätte mit den anderen nichts zu tun. Diesbezüglich war das dann auch so, dass das für sie dann auch in Ordnung war. Wie gesagt, ich habe sie dann anfangs so kennengelernt, dass Steffi mit ihrer neuen Situation meiner Meinung nach erst einmal zufrieden war, das Umfeld kennengelernt hat, in die Schule gekommen ist ..."*

„*Sie hatte ganz gemischte Gefühle ..., weil sie ja nicht wusste, was sind das für Jugendliche in der Klasse, wie komme ich mit denen klar. Das hat jeder, wenn er wechselt, aber bei ihr war es doch ein bisschen extremer, weil sie ja ein paar Defizite hatte, lerntechnisch gesehen. Dann haben wir gesagt: ‚Probier das erst einmal und dann gucken wir mal, wie das aussieht und dann gucken wir hinterher, was wir machen müssen.'"* (B)

Auch die Mitarbeiterin des Jugendamtes hat den Einstieg in das neue Betreuungsverhältnis in positiver Erinnerung. „*Also ich erinnere mich an eine anfangs sehr angepasste Phase, wo alles wunderbar funktionierte ..., weil Steffi auch sehr eifrig bei allen Dingen dabei war, neugierig war, auch alles mitzubekommen. Jetzt weiß ich gar nicht, wie lange das gut ging. Da war sie auch in der Schule gut. Das lief eigentlich alles relativ gut, wo ich gedacht habe: ‚Bah, das ist ja ein richtig nettes angepasstes Mädchen, alles passt.' ..."*

„Ja, sie ging zum Beispiel regelmäßig zur Schule. Dann Fußballverein, nahm also auch wirklich mit Freude daran teil, wo man so das Gefühl hatte, oh Klasse, und sie konnte sich da auch einlassen. Also jetzt nicht irgendwie, ich haue zwischendurch dem Nebenmann eine drauf, sondern konnte da wirklich gut mit umgehen, dass ich dachte, Klasse, die übt jetzt ein bisschen, ihre soziale Kompetenz zu erhöhen. Ging ja dann leider nicht lange gut. Aber das waren so ganz wichtige Punkte. Und die hat auch wirklich Familienanschluss gesucht." (MA JA)

Bezogen auf diesen Wunsch äußert sich S. äußerst ambivalent. Sie ist fasziniert, ein anderes Familienleben, einen anderen Umgang miteinander zu erleben : „Ja, dieses Allgemeine, dieses Zusammensitzen, Zusammenreden. Das ist stressfrei einfach alles ging, ohne schlagen, ohne schreien, einfach normal zusammensitzen, wie der Tag zum Beispiel war. ... Das war schon schön, dieses Gefühl auch mal zu sehen, dass es auch anders geht in anderen Familien." (JUG)

Andererseits fürchtet sie immer wieder Ablehnung und Zurückweisung: „Ja, das war so komisch für mich. Manchmal habe ich mich so zurückgezogen, weil ich nicht dazwischenfunken wollte, weil ich wieder Angst hatte, wenn ich da jetzt zwischen gehe, dass ich eh das fünfte Rad am Wagen wieder bin ..."

„Ja, aber ich glaube, wenn man meine Vorgeschichte hat, dann ist das auch irgendwo normal, dass man dann sagt: ‚Hier ist eine Grenze, die willst du nicht überschreiten, weil man wieder Angst hat, da könnte wieder was zurückkommen aus der Vergangenheit und man möchte ja auch nicht immer über sein altes Leben reden.'" (JUG)

Eine zentrale Rolle spielt für sie in dieser Phase das gemeinsame Fußballtraining in der Mädchenmannschaft. „Die schönsten Situation war, dass ich mit dem Fußball angefangen habe und dass ich nicht nur alleine war, dass ich das Gefühl hatte, das ist meine eigene Familie, die um mich herum ist und die Hand auf mich hält und sagt: ‚So nicht.' Die jüngste Tochter, die hat auch mit uns in einer Mannschaft gespielt und der Sohn hat in der gleichen Fußballmannschaft gespielt, nicht bei uns Mädchen, sondern bei den Jungs im gleichen Verein. Deswegen waren wir fast jedes Wochenende auf dem Platz. Da ist mir dann doch schon klar geworden, eine Familie hält zusammen und erlebt alles zusammen." (JUG)

Diese überaus positive Erfahrung, die von allen Beteiligten bestätigt wird, findet aus organisatorischen Gründen ein abruptes Ende: „S. hat, ich bin noch Trainer einer Mädchenmannschaft, bei uns in der Mädchenmannschaft Fußball gespielt, und zwar haben wir sie für das Tor ausgebildet. Das hat ihr sehr viel Spaß gemacht. Da war sie auch am Anfang mit Herz und Seele dabei und hat auch eine tolle Saison gespielt. Diese Saison hörte natürlich irgendwann auf und dann war sie nicht mehr spielberechtigt für die nächste Saison, weil sie dann in die Damen gekommen wäre. Aber unser Verein ... hat leider noch keine Damen, sodass sie aufhören musste." (B)

Weiterer Verlauf – erste Konflikte
Während sie mit Unterstützung von Herrn Z. hart und entschieden an der Verbesserung ihrer Schulleistungen arbeitet, kommt es in und mit der Familie zunehmend zu Konflikten. „Wir hatten bei den Gesprächen mit ihr schon das Gefühl, ..., ob sie darauf hinarbeitete, dass wir sie rausschmeißen oder irgendwas machen. Sie hat mal so zu mir gesagt: ‚Wo liegen denn eure Grenzen?' Dann habe ich gesagt: ‚Wie meinst du das?' ‚Ja, kann ich doch auch mal fragen, oder?'. Habe ich gesagt: ‚Kann ich dir so nicht sagen, das kommt drauf an. Das muss man dann sehen.'" (B)

S. hält solche Konflikte für normal und betont, dass sie sich an die Regeln gehalten hat. *„Wie auch jeder Jugendliche, der mal Zicken macht in der Pubertät sagt man mal: ‚Nein, so nicht, so ist das nicht in Ordnung. Ich finde das so nicht cool.' Da bin ich dann schon hingegangen und habe versucht zu fragen, ob sich das irgendwie ändern lässt, manche Regeln ja, manche nein. Wie das nun mal so ist ..."*

„Zum Beispiel mit dem Aufräumen, aber dann nach einer Zeit, wenn ich dann dieses Geregelte habe, denn läuft das bei mir auch automatisch, dann mache ich das schon. Ich gucke und dann springe ich." (JUG)

Vor allem machen der Familie zu diesem Zeitpunkt der Umgang und der Freundeskreis von S. Sorgen. *„Sie hatte Kontakte zu Leuten aufgenommen, die bei uns in der Drogentherapie waren, also – ich sage mal so – Luftlinie zwei Kilometer entfernt. Dadurch ist ihre Freundschaft zu ihrem Freund Michael in die Brüche gegangen. Wir haben dann versucht, mit ihr einmal darüber zu reden. Sie hat es natürlich erst abgestritten. Aber Nachbarn haben es uns erzählt, dass sie sich immer mit den Leuten getroffen hat, haben es auch gesehen. Hinterher hat sie es dann auch zugegeben und hat uns natürlich auch dabei gesagt, dass sie auf gar keinen Fall diese Kontakte abbricht. Dann haben wir ihr gesagt, ob sie wüsste, dass das nicht ungefährlich ist. Davon können und werden wahrscheinlich auch einige HIV-positiv sein, dass sie bei diesen Kontakten sehr vorsichtig sein muss und so weiter und so fort. Aber das war ihr alles egal ..."*

„Dann hatte sie noch so zwei, drei Freundinnen, die es auch da hin zog, wo die Eltern, ich sage jetzt mal, Alkoholiker waren. Die sich also jeden Tag die Kante gegeben haben, wo auch so ein negativer Einfluss kam. Die hatten dann unweit von uns einen Garten mit Gartenhaus hinten, wo die Mädels dann da reingegangen sind, die konnten da dann machen, was sie wollten, so ungefähr. So ergab sich also – sage ich mal – zum Schluss eine allgemein schwierige Situation." (B)

S. erlebt diese Phase anders. „Eigentlich, wenn ich neue Leute kennenlerne, gucke ich mir die Leute an. Durch meine Lebensgeschichte kann ich mittlerweile abschätzen, wer gut für mich ist und wer nicht. ... Nein, wenn ich Freunde habe und die Freunde treffen sich mit mir oder zeigen, dass sie wirklich mich kennenlernen möchten als Menschen – natürlich, dann bin ich auch schon draußen gewesen und habe auch geguckt nach Leuten für mich, die auch in meiner Altersklasse waren." (JUG)

Die Konflikte eskalieren, als die Familie versucht, S. stärker zu kontrollieren. „Ja, dass ich gesagt habe irgendwann zu der Frau Z., ,ich finde das nicht in Ordnung, dass du so einfach in meine Räume reingehst und meine Sachen durchsuchst, das mache ich ja auch nicht bei dir.' Da – glaube ich – ist dann bei mir in so etwas Extremes angestiegen an Wut, dass ich dann überreagiert habe und wenn ich überreagiere, dass ich dann schnell mal was sage, was ich dann aber nicht so gemeint habe, oder dass ich dann so wütend werde, dass ich irgendwas schlagen muss, um mich abzureagieren ..."

„Ich habe mich einfach kontrolliert gefühlt, mich wie so ein Junkie gefühlt, der irgendwo Drogen versteckt hat, und nun kommt jemand, zum Beispiel die Polizei, und durchsucht dann alles, so habe ich mich in dem Moment gefühlt ..."

„Das war auch der Grund, wo ich gesagt habe: ,Nein, hier bleibe ich nicht mehr', weil ich mich so dermaßen kontrolliert gefühlt habe auch. Egal, auch wenn es was Privates war, sie hat alles gelesen von mir. Das finde ich doch schon ein bisschen über der Schmerzgrenze." (JUG)

S. wendet sich von der Familie Z. ab, beginnt, in der Nachbarschaft und in der Schule schlecht über sie zu reden und sucht das Jugendamt auf, um sich zu beschweren und eine Veränderung zu erwirken. „Auf jeden Fall hat sie da ganz fürchterliche Geschichten erzählt, dass sie nichts darf und die

Zs. ganz schrecklich sind und sie dauernd bestrafen, also ganz furchtbar." (MA JA)

Auch für die Familie wird damit nach insgesamt 14 Monaten das Ende der Betreuung eingeläutet. „Wir *kannten die Schwächen von Steffi, wir wussten, dass sie sehr, sehr viel lügt, haben das aber quasi toleriert, haben sie erst einmal erzählen lassen und haben nicht immer sofort gesagt: ‚Komm her, das ist doch Quark.' Wir haben erst einmal ausgewertet, was können wir daraus ziehen, was ist das jetzt, was sie uns da auftischt und so und haben dann festgestellt, wenn man sie einfach so ein bisschen machen lässt, und ihr dann nicht auf die Füße tritt deswegen und sagt: ‚Das stimmt doch alles gar nicht', dann lief das auch ganz easy ab. Was sie nicht vertragen konnte, wenn sie dann gleich mit der Realität wirklich in Zusammenhang gebracht wurde, man hat ihr das gleich vorgeführt, dann war das ein bisschen wild. Da kam sie nicht mit klar, mit dieser wirklichen Situation ..."*

„Zumal sie ja auch sich uns gegenüber dann in den letzten zwei Monaten sehr verschlossen hat, weil sie gemerkt hat, dass wir natürlich diese Kontakte nicht so gut fanden und mit Sicherheit auch nicht so positiv weiter begleiten wollten. Das war dann eben so der Punkt, wo ich jetzt sagen kann, wo es bei uns ein bisschen dann gekriselt hat, aber das haben wir dann hinterher auch so im beiderseitigen Einvernehmen beendet, letztendlich." (B)

Das Jugendamt macht sich Gedanken über geeignete Anschlussmaßnahmen: „*Und danach war uns natürlich klar, jetzt geht Familie nicht mehr. Und dann konnten wir sie aber nicht in die Verselbständigung, sprich ins betreute Wohnen geben, weil Steffi das noch nicht geschafft hätte, weil sie einfach nicht selbstständig genug gewesen wäre. Was sie heute natürlich nicht zugibt, vielleicht mittlerweile."* (MA JA)

Anschlussmaßnahmen

S. wird zunächst für einen Monat in einem 1:1-Setting von Frau T. betreut. S. fühlt sich hier an- und erstgenommen. „*Sie hat mich nicht gefragt, was damals war. Sie hat mich auch behandelt als wäre ich kein Kind mehr, sie hat mich direkt als Erwachsene angesehen. Das hat mich auch irgendwie berührt, dass ich sagen konnte: ‚Hey, ich werde jetzt endlich mehr respektiert.'... Oft, wenn ich von der Schule nach Hause gekommen bin, dann hat sie mal zu mir gesagt: ‚Wollen wir einkaufen gehen?' Es gab schon schöne Momente. Einfach nur, wo sie zu mir gekommen ist und gefragt hat: ‚Willst du das oder das machen?'*" (JUG)

Diese positive Beziehung – ohnehin nur als Auszeit und Übergang gedacht – endet nach einem Monat.

Die Betreuung wird von Frau E. weitergeführt, Ziel ist, S. in die Selbständigkeit zu führen und dafür mit ihr eine Wohnung zu suchen. „*Sie hatte eigentlich dann den Auftrag, sich um die Adressen zu kümmern, sie wollte ja selbständig werden. Dabei war dann auffällig, sie hat dann eigentlich den Auftrag an Freundinnen oder deren Mütter weitergegeben und hat dann eigentlich nur auf die Adressen gewartet. Es kamen höchstens zwei Besichtigungstermine zustande und irgendwann habe ich sie dann gefragt, ob sie eigentlich jetzt hier lieber noch eine Zeitlang wohnen würde. Geäußert hat Steffi sich eigentlich nicht konkret.*" (B2)

Die neue Betreuungsbeziehung gestaltet sich von Anfang an schwierig. Frau E.: „*Steffi hat, wie soll ich das sagen, eigentlich nur, wenn sie ein Bedürfnis hatte, dann hat sie sich auf ein Gespräch eingelassen. Zum Beispiel, vierzehntägig eigentlich, setzten wir uns hin: ‚Was passt dir, was passt dir nicht oder was möchtest du gerne bearbeiten?' Termine hat sie einfach eingehalten. Eigentlich eher so eine Arbeitsbeziehung würde ich schon sagen ...*"

„Es ist keine freundschaftliche Beziehung, also von meiner Seite würde ich auch immer gucken, dass die Jugendlichen nicht in so eine Situation kommen, einerseits, um die zu schützen, aber auch um mich zu schützen. Ich meine, sobald das kippt und Freundschaft ist, ist es schwieriger – glaube ich – direkt zu sagen, was man denkt." (B 2)

S. erlebt den Wechsel und die neue Beziehung drastischer: „Diese Frau bildet sich gerade um, sie sucht sich gerade was Neues aus ... und jetzt macht sie einen auf Psychobehandlung. Das hat sie immer versucht, aber da blocke ich sofort dann ab. Auf so etwas kann ich überhaupt nicht. Ich habe auch immer gesagt, wenn ich einen Psychiater brauche, dann gehe ich da auch hin, da brauchst du nicht versuchen, bei mir mit anzufangen. ... Die Frau hat mich behandelt, als wäre ich fünf Jahre alt. Auf so was kann ich ja gar nicht." (JUG)

Trotz dieser Spannungen kann Frau E. S. bei der Erreichung ihres Hauptschulabschlusses positiv unterstützen, sodass S. mit der zehnten Klasse den Hauptschulabschluss erfolgreich bewältigt. Im Alltag hält sich S. weitgehend an die vereinbarten Regeln, lediglich die Sauberkeit in ihrem Zimmer gibt immer wieder Anlass für Auseinandersetzungen. „Was immer wieder kam, das war die Sauberkeit in ihrem Zimmer, da brauchte sie jede Woche harte Auseinandersetzung. Allerdings hat sie bei dem, was wir gemeinsam hatten, Küche und so, da hat sie sich sehr ordentlich benommen. Sie hat sich da eigentlich meinen Regeln angepasst, da gab es keine Diskussion. Sie hat nicht ihre Sachen überall verteilt." (B 2)

Hin und wieder gelingt es sogar gemeinsam schöne Momente zu gestalten, gemeinsam zu kochen usw. Im Verlaufe des Jahres drängt S. zunehmend auf Verselbständigung.

„S. hat dafür gesorgt, wie es weiterzugehen hat. Darauf habe ich dann ganz wenig Einfluss. Sie ist da ja mit Krawall raus ... Sie hat uns vor vollendete Tatsachen gestellt. Wir haben zwar gesehen, dass wir uns wieder so einer Ablösung nähern. Na ja, aber wir waren nicht so schnell wie Steffi." (MA JA)

„Ich weiß, es gab eine Streiterei mit dem Sohn von der Frau E., dass die S. eifersüchtig war, dass der mehr darf als sie, das war da so im Hintergrund. Und dann wollte Steffi natürlich auch eine Wohnung haben, hatte das schon länger angesprochen und hatte von uns immer den Auftrag, sich um eine Wohnung zu kümmern, ist aber selbst natürlich nicht in der Lage gewesen, sich die zu suchen. Und wir haben dann auch gesagt, okay, dann ist sie noch nicht so weit, dann warten wir, wenn sie es wirklich will, dann schafft sie es auch. Aber S. ist dann ausgebrochen ..."

„Die ist da abgehauen. Ist dann in R. aufgetaucht und hat gesagt: ,Hier komme ich her, das ist meine Heimat, hier wollte ich noch nie weg', erst einmal ganz dramatisch. Ist dann zu ihrer Familie, sprich zur Tante. Ich glaube, das ist die Schwester des Vaters, irgendwie so, und hat sich da eingenistet. Hat dann so die arme S. gespielt und solche Leute neigen dann ja immer sehr stark dazu, Hilfe zu leisten. Sie kam ganz aufgeregt zu mir: ,Oh, die arme S., was die Frau E. da mit ihr gemacht hat. Meine Güte, sie müssen da anrufen, Gott im Himmel.' Also alles ganz furchtbar. Die kriegt da nichts zu essen und das läuft nicht und das lief nicht." (MA JA)

„S. war auf der Suche, mal hatte sie im Kopf, selbstständig zu werden und ein ganz großer Wunsch war ja zu ihrem Vater, sie wollte ja unbedingt zu ihrem Vater ..."

„Den Partner ihrer Tante, den hat sie sich dann ausgeguckt. Der ist auch im Heim groß geworden. Es war ganz schwierig sich mit ihm zu unterhalten. Den hat S. auf ihrer Seite gehabt und der hat ihr eigentlich dann geholfen.

Sie braucht auf jeden Fall irgendwo einen Pfosten, der ihre Gedanken dann eigentlich gut heißt. Das hatte sie in ihm und dann ging das eigentlich automatisch. Dann wollte sie erst ein paar Tage da hin. Sie ist da hin und ist nicht nach Hause gekommen und dann gab es ein Gespräch mit dem Jugendamt, ich glaube vier Stunden. Die habe ich bewundert, die Frau J., die das ausgehalten hat, S. Sichtweisen und schlecht machen. Das auszuhalten, dass sie also ihr Ziel erreicht, dass sie eben eigenständig wird. Da haben wir dann verabredet, dass sie ihre Sachen holt und bei dem Onkel wohnt und eine Wohnung wieder suchen sollte ..."

„S. suchte Gründe, um sich mit mir zu überwerfen. Das kannte ich bis dahin nicht. Das war sehr auffällig. Wir hatten ja angefangen, eine Psychologin für S. zu suchen, die hatte, wo S. eigentlich weg wollte, einen Platz frei. Im Nachhinein hatte die mich dann noch einmal angerufen und ich hatte mit ihr noch einmal ein Gespräch und die hat mir dann erklärt, dass Jugendliche in diese Richtung tendieren, wenn sie von jemand weg wollen, die dann dafür sorgen, dass der ganz schlecht ist. Das war schwierig für mich, damit umzugehen." (B 2)

„Ich fand das interessant, dass S. erst einmal ihre Ablösung selber gestaltet hat und S. ist immer in der Lage, ihr Leben zu regeln." (MA JA)

2. Lebenssituation nach Beendigung der Maßnahme

Nach einem kurzen Aufenthalt bei ihrer Schwester und dem damit selbst eingeleiteten Ende der intensiven Betreuung unterstützt das Jugendamt S. bei der Suche nach einer eigenen Wohnung, bewegt sie einen Antrag auf Gewährung von ALG II zu stellen und begleitet die Verselbständigung noch durch eine geringfügige ambulante Betreuung. Heute wohnt S. in einer eigenen Wohnung, bezieht finanzielle Unterstützung vom Arbeitsamt und bereitet sich auf eine Umschulung zur Sicherheitsfachkraft vor, die sie demnächst antreten wird.

„Ich habe mir jeden Beruf, den es gibt, wirklich einfach mal so überlegt, könnte ich das machen, passe ich in diesen Beruf rein, will ich das wirklich machen. Da sage ich mir dann, zum Beispiel Bürokauffrau, da kriege ich die Krise, weil das absolut kein Beruf für mich ist, weil ich schon ein kräftiger Mensch bin, der viel unterwegs sein muss, viel laufen auch, da passt einfach Security am besten ins Bild. Ich habe keine Angst, zum Beispiel, wenn einmal eine Schlägerei irgendwo ist, dazwischen zu gehen. Wenn ich mal einen mit abkriege, damit habe ich kein Problem, das stecke ich alles weg. Das ist optimal für mich. Das ist der einzige Beruf, wo ich mich wirklich drin sehen kann." (JUG)

„Das ist wenigstens schon mal ein Einstieg, wenn man das Ding in der Tasche hat, da kann ich schon mal irgendwo einen Pförtnerjob machen, darf auch mal eine Runde laufen und wenn ich dann hinterher meine, ich müsste weitermachen, dann kann ich auch noch eine spezielle Ausbildung in dem Bereich machen." (B 1)

Die ambulante Betreuung besteht noch: „... *in der Wohnung soll sie jetzt auch noch ein bisschen stabilisiert werden und dass sie auch noch so ein bisschen lernt, wie verselbständige ich mich, an wen wende ich mich und so weiter. ... Natürlich immer mit der Akzeptanz, Steffi führt ihr eigenes Leben, nicht so, wie ich mir das vorstelle. Die sagt einfach: ‚Ich habe Ende des Monats kein Geld mehr, gut, wo kriege zu Essen her, dann gehe ich halt zur Tafel.' Das haben wir ja auch gezeigt, da kann man hingehen, weil sie solche Dinge braucht.*" (MA JA)

Von Konflikten mit Polizei und Justiz ist nichts bekannt und S. fühlt sich in ihr soziales Umfeld gut integriert. „*Ich habe viele Freunde in H., auch von früher, wo ich damals da gewohnt habe, wo ich da auch zur Schule gegangen bin. Die melden sich jetzt wieder, wir treffen uns langsam nach und nach alle wieder. Vergessen tut man sich in H. nicht, weil das so ein kleines Dorf ist. Zu mir kommen auch viele Leute, und ich bin mittlerweile gerne draußen und gehe zu den Leuten.*" (JUG).

Eine gute Freundin ist ihre ständige Ansprechpartnerin. „*Die kennt auch meinen Vater und die kennt mich, seitdem ich ein Baby war. Mit dieser Frau, Freundin, das ist wie eine Schwester für mich, das ist auch so eine Art Mamaersatz für mich, sie ist immer da für mich. Sie hat jetzt zwar ein Kind bekommen, das nächste ist auch schon unterwegs, trotzdem hat die für mich immer noch ein Ohr. Genauso, wie ich das für sie habe.*" (JUG)

Die ausgeprägte Fähigkeit S.s, sich Unterstützung zu organisieren und neue Netzwerkkontakte aufzubauen bestätigt auch ihre Betreuerin: „*Irgendwie gibt es da immer diese Schnittpunkte und wenn denn Steffi wieder glaubt, jetzt braucht sie jemand, dann fängt sie an zu suchen, wer kann mir jetzt nützlich sein.*" (B 2)

S. plant nun auch, wieder Kontakt zu ihrer Mutter aufzunehmen, ist von dieser aber ziemlich enttäuscht: „*Meine Mutter hört sich immer nur eine Seite an, sie hört sich gar nicht meine Seite an. Dann ist direkt für meine Mutter klar, dass ich Fehler gemacht habe. Meine Mutter ist einfach ein Mensch, wo ich sagen kann, sie glaubt anderen mehr als ihren eigenen Kindern.*" (JUG)

Dank ihrer Erfahrungen in der Individualpädagogischen Maßnahme hat S. das Gefühl, jetzt mit Stress und Konflikten anders umgehen zu können. „*Früher hätte man mir nie irgendwie sagen dürfen, du hast das, das falsch gemacht, mach das mal bitte vernünftig. Da gab es schon oft Situationen, da habe ich gesagt, mach das selber, mach deinen Scheiß selber, das ist nicht mein Scheiß. Heute sage ich, ich höre mir das erst einmal an, dann sage ich, was habe ich denn falsch gemacht, zeige es mir bitte, damit ich beim nächsten Mal nicht den gleichen Fehler mache. Also ich bin da schon ruhiger geworden, ich höre auch schon mehr zu und – wie gesagt – ich lasse es mir im Notfall auch zeigen.*" (JUG)

Was ihre Zukunft angeht, ist S. zuversichtlich. „*Ich habe meine eigene Wohnung, ich habe alles in meiner Wohnung jetzt stehen. Ich kann sagen, ich mit meinen 19 Jahren, ich bin eine sehr saubere Person, ich habe auch einen Hund. ... Für meine Zukunft wünsche ich mir auf jeden Fall einen Mann, der wirklich zu mir hält, der zu mir steht und der mich einfach unterstützt. Irgendwann im Laufe der Zeit dann einen Haufen Kinder machen.*" (JUG)

Die Mitarbeiterin des Jugendamtes ist da etwas skeptischer: „*Ich denke, dass die Steffi ein sehr turbulentes Leben haben wird. Ich weiß auch nicht, ob sie die Maßnahme beenden wird. Es kommt auf ihre Situation an, würde ich sagen. Je nach dem, in welchem Freundeskreis sie sich bewegt, von wem sie beeinflusst wird. Und ich denke, sie ist dann auch sehr wankelmütig. Aber ich glaube schon, dass sie ihren Weg machen wird, irgendwie. Erstaun-*

lich ist ja, dass sie noch kein Kind hat. Viele in diesem Alter wollen ja dann Kinder haben und da kommt von ihr ja Gott sei Dank gar nichts erst einmal. Aber ich denke, es wird sehr turbulent werden, weil, Steffi will ja auch noch nicht so richtig hingucken, warum ihr Leben so turbulent ist." (MA JA)

3. Selbstbild, Selbstreflexion und Selbstdeutung

S. ist eine sympathische, selbstbewusste junge Frau mit viel Trauer und Sehnsucht nach Geborgenheit, die sie hinter einer ‚rauen Schale' versteckt. S. hat erreicht, was sie wollte! Sie ist stolz auf ihre Wohnung und zufrieden.

Sie grenzt sich deutlich von fast allen pädagogischen Bemühungen ab und reklamiert das Erreichte für sich. Sie erweckt einen abgeklärten Eindruck und weiß ziemlich genau, was Sozialpädagogen hören wollen. Sie erklärt ihr gegenwärtiges Verhalten gekonnt mit ihrer Familiengeschichte.

Auf die Frage, wie sie sich beschreiben würde, antwortet sie: „Ruhig, sportlich, zurückgezogen, sehr ordnungsliebend. Freundlich eben und hilfsbereit. ... Ich bin sehr kinderlieb. Bei Kindern bin ich wiederum ganz anders als bei Erwachsenen. Ich weiß nicht warum, vielleicht liegt es auch an meiner Vergangenheit, dass ich mich in diese Kinder ganz genau hineinversetzen kann."

Frage: Bist du sehr selbstbewusst?
„Viele sagen ja. Das kommt auf den Menschen an, der mir gegenüber ist. Manchmal denke ich mir, manchmal bin ich ganz klein mit meinem Selbst-

bewusstsein, aber dann wachse ich wieder über mich selbst hinaus. Bei meiner Freundin, die ich wirklich jahrelang schon kenne, bei der sitze ich oft vor dem Computer, sie ist mit einem türkischen Mann zusammen und bei dem Cousin von ihrem Freund, da bin ich sehr selbstbewusst. Ja, gesucht und gefunden eben einfach. Wir reden auch ganz offen miteinander und da sage ich auch – riesengroß – weil er mir das Gefühl gibt auch, ich bin was. Der hört sich wirklich alles bei mir an, wenn ich ihm was sage. Er fällt mir auch nicht ins Wort, da kriege ich ja dann voll den Rappel, da werde ich voll sauer, wenn man mir ins Wort fällt." (JUG)

Sehr selbstbewusst reklamiert sie den Erfolg der Maßnahme und das Erreichte für sich. Auf die Frage, welchen Anteil die Betreuerinnen und Betreuer daran haben, antwortet sie: „Gerade weil es die gegeben hat, habe ich mich in Abgrenzungen zu denen gut entwickeln können. ... Die ganze Zeit war ich nämlich, ich habe es mir zwar angehört, was die mir geraten haben, kann auch sein, dass ich zwischendurch mal gesagt habe: ‚Ja, okay, ich probiere es mal', aber ich bin eigentlich immer meinen eigenen Weg gegangen. Ich habe mir kaum was sagen lassen. Ich kenne das nicht so, auch von meinem Elternhaus nicht. Ich habe mir auch waschen, bügeln, putzen zum größten Teil alles selber beigebracht." (JUG)

Überhaupt hat sie das Gefühl, auf sich gestellt zu sein, als förderlich für ihre Entwicklung erlebt: So antwortet sie auf die Frage, was ihr besonders geholfen hätte. „Ich denke dieses Alleinsein, dieses ‚Ich muss es jetzt alleine machen, sonst macht es keiner ...' Wenn ich es mir selber nicht beweisen konnte, zum Beispiel gab es Situationen, wenn ich bei den Mathe-Hausaufgaben es nicht selber geschafft habe, das richtig zu machen, dann habe ich so ein Brett vor den Kopf gehabt, ich bin mit dem Kopf durch die Tür gelaufen, weil mich das so sauer gemacht hat, weil ich das selber nicht kann und da muss ich dann jemanden zur Hilfe holen, der es mir noch einmal erklärt, und ich es selber dann wieder nicht geschnallt habe, um was es dann da geht. Das sind Situationen, da werde ich sauer, wenn ich mir selber nicht sagen kann, du hast es alleine gemacht. " (JUG)

Diese Entwicklung deutet sie vor dem Hintergrund ihrer Familiengeschichte: „Ich bin immer schon mein eigener Mensch gewesen. Ich habe mir kaum etwas sagen lassen. Ich sage mir manchmal teilweise, ich wollte selber alles machen. Ich wollte selber – glaube ich auch – meiner Mutter zeigen, ich bin nicht wie H. und B. Ich schaffe das. Ich brauche dafür keine Hilfe unbedingt. ... Ja. Zum Beispiel meine älteste Schwester hat vier Kinder, die kann gar nichts, die hat ihre Schule abbrechen müssen. Meine andere Schwester hat auch ihre Schule abgebrochen und mein Bruder, mein ältester Bruder ist eigentlich der einzige, der arbeiten geht und jetzt ich dann. Ich glaube, das ist bei mir im Unterbewusstsein, dass ich meiner Mutter was beweisen will. So ist das – glaube ich – bei mir, sonst kann ich es mir irgendwie nicht erklären." (JUG)

Nicht nur im Hinblick auf ihre Familiengeschichte, auch hinsichtlich ihres eigenen Handelns zeigt S. eine erstaunliche Fähigkeit zur Selbstreflexion: „Ich sage auch ganz offen, ich habe früher Fehler gemacht, auch mit meiner Mama und meinem Papa, aber ich sage, Fehler macht jeder und aus unseren Fehlern lernen wir. Wenn man gerade als Mutter einem Kind nicht verzeihen kann, dann hat man auch kein Recht Mutter zu sagen" (JUG)

Dennoch ist ihre Bereitschaft, die Verletzungen ihrer Vergangenheit aufzuarbeiten begrenzt. Immer wieder äußert sie im Interview die Befürchtung, „in ein tiefes Loch zu fallen". Um dieser Gefahr auszuweichen, handelt sie nach dem Grundsatz: „... die Vergangenheit ist Vergangenheit und da habe ich jetzt auch schon lange einen Schlussstrich gezogen und habe ein neues Kapitel in meinem Leben aufgeschlagen." (JUG)

Es ist nicht unwahrscheinlich, dass hier mit ein Grund für die abrupte Beendigung der Betreuung liegt, war doch kurz vorher mit einer Psychologin ein Termin vereinbart worden, um die Familienerfahrungen aufzuarbeiten. „S. will ja auch noch nicht so richtig hingucken, warum ihr Leben so turbulent ist. Also das haben wir nicht geschafft, ich hätte es gerne gehabt, sie hätte zwischendurch mal Therapie gemacht ein bisschen, aber da war sie nicht bereit zu. Ich denke, sie kann auch noch nicht hingucken." (MA JA)

4. Einschätzung des Prozesses und seiner Ergebnisse

1. Zielerreichung

Für S. ist die Bilanz der Maßnahme unter dem Gesichtspunkt der Zielerreichung eindeutig: „Ich habe alles in der Tasche bzw. meine Ziele alle geschafft, jetzt verfolge ich mein nächstes Ziel, das schaffe ich auch noch." (JUG) Der erfolgreiche Hauptschulabschluss, die erlangte Selbständigkeit und die eigene Wohnung sowie die Aussicht auf eine berufliche Tätigkeit lässt sie Konflikte und Verletzungen vergessen. Da sie das Erreichte vor allem ihrer eigenen Zielstrebigkeit und ihrem Durchhaltevermögen zuschreibt, vermitteln ihr die Erfahrungen während des Betreuungsprozesses ein Gefühl hoher Selbstwirksamkeit, das ihr Zuversicht und Kraft für zukünftige Herausforderungen verschafft: „Also, gerade weil ich mir da nicht reinreden lassen wollte, bin ich so stark geworden." (JUG)

Die Mitarbeiterin des Jugendamtes benennt neben dem Hauptschulabschluss als wichtiges Ziel: „ ... das Sprunghafte bändigen bei der Steffi, weil ich dachte, die ist völlig orientierungslos, die weiß gar nicht wohin, dass wir das irgendwie in den Griff kriegen. Das war, glaube ich, so das Hauptziel, das haben wir auch ein Stück geschafft, im Nachhinein." (MA JA) Dieser Einschätzung stimmt der Betreuer zu: „ ... diese innere Einstellung, auf eigenen Beinen zu stehen, nicht zu sein wie die Schwestern oder wie der Vater. Das sehe ich auch als positive Entwicklung." (B 1) Zielstrebigkeit und mehr oder weniger klare Perspektiven von der eigenen Zukunft werden S. auch von den anderen Beteiligten bescheinigt. Ebenso haben sich die von den Betreuern wahrgenommenen Probleme mit Sauberkeit und Hygiene deutlich verbessert, sodass S. jetzt in der Lage ist, ihre Wohnung in Ordnung zu halten. Nach ihrer Einschätzung ist S. jetzt auch besser in der Lage mit Aggressionen umzugehen, was S. selbst bestätigt.

Während diese Ziele aus der Sicht der Professionellen also erreicht sind, bedauern diese andererseits, dass eine Selbstreflexion S.s und Aufarbeitung ihrer Familiengeschichte nicht gelungen ist, weil sie sich einer Therapie entzogen hat. Der Betreuer hätte sich außerdem noch gewünscht, dass S. den von ihm vorgeschlagenen qualifizierten Abschluss zumindest noch versucht hätte.

In der Gesamtbeurteilung des Prozesses zeigen sich die professionellen Fachkräfte ambivalent. Einerseits bewundern und anerkennen sie die Konsequenz, mit der S. sich ihre Bedingungen erzwungen hat und so selbst wesentlich den Verlauf des Betreuungsprozesses bestimmt hat. Andererseits sind ihnen dadurch aber auch die Grenzen der eigenen pädagogischen Einflussnahme aufgezeigt worden.

2. Schlüsselsituationen: Was hat geholfen oder gehindert

In der Rekonstruktion des Betreuungsverlaufs werden Schlüsselsituationen und Muster deutlich, die Hinweise auf die Wirkfaktoren in diesem konkreten Fall geben. Im Hinblick auf Grundbedürfnisse von S. wird ihr starker Wunsch nach Aufmerksamkeit, Zuwendung und Anerkennung sichtbar. Sieht sie diese als gegeben an, ist sie bereit, sich zu öffnen und auf andere Menschen und neue Beziehungen einzulassen. Im Verlauf der Maßnahme erlebt sie mindestens zwei Situationen, an denen ihre Bereitschaft, sich einzulassen massiv enttäuscht wird. Einmal erlebt sie subjektiv das Zusammenleben in der Familie als Konkurrenz um Zuwendung: „*Es war noch ein Pflegekind da. Mit diesem anderen Pflegekind habe ich mich nicht so besonders verstanden. Sie hat oft versucht, mich bei meinen Pflegeeltern schlecht hinzustellen. Dieses Mädchen hat dann einfach viel Mist erzählt und dann kam meine Pflegemutter oft auf mich zu und hat mich darauf angesprochen, wie es eben so ist ...*" (JUG)

Eine weitere Schlüsselsituation in dieser Hinsicht ist der von außen erzwungene Abbruch ihres Fußballspiels in der Mädchenmannschaft. Geradezu euphorisch berichtet sie davon, wie sie in dieser Situation die Anerkennung und Zugehörigkeit zur Familie unmittelbar erleben und gleichzeitig eigene Fähigkeiten entdecken und Fortschritte machen konnte. Als diese Möglichkeit aus organisatorischen Gründen abrupt endet, zieht sie sich zurück und wendet sich selbst gewählten Kontakten zu Gleichaltrigen zu. In diesem Zusammenhang benennt sie als weitere, von ihr negativ konnotierte Schlüsselsituation den Versuch, ihr in diese Kontakte zu Gleichaltrigen ‚reinzureden'.

Demgegenüber ist das Erstreben und Erreichen des Schulabschlusses eine solche positive Schlüsselsituation für S., in der sie erfährt, dass Menschen sie unterstützen und immer wieder motivieren und dass ‚dranbleiben' sich auszahlt.

Komplexer ist die Bewertung und Deutung der Geschichten, die S. während des Betreuungsverlaufs erzählt und die ihr Betreuer als ‚Lügen' bezeichnet. Die Funktionalität und der ‚Sinn' dieses Verhaltens stellt sich aus beiden Perspektiven sehr unterschiedlich dar. Für den Betreuer S's.

ist dieses Verhalten irritierend auch weil das Konstruierte und Erfundene an diesen Geschichten so offensichtlich ist, dass er schon pathologische Dimensionen (‚schizophren') vermutet Zudem verhindert dieses Verhalten eine zielgerichtete pädagogische Kommunikation und stellt die vertrauensvolle Beziehung in Frage.

Aus der Perspektive von S. dagegen kann das Erfinden einer eigenen Welt dagegen durchaus sinnvoll sein, abgesehen davon, dass Unwahrheiten zuweilen auch als geeignetes Mittel erscheinen, etwas Vorteilhaftes beim Gegenüber zu erreichen. Untersuchungen zur Resilienz von Kindern in schwierigen Lebenssituationen haben gezeigt, dass das Phantasieren besserer Verhältnisse (*„mein Vater besucht mich"*) diesen hilft, die aktuellen Verhältnisse zu bewältigen und gestärkt auch aus belastenden und herausfordernden Situationen hervorzugehen (vgl. Furman 1999). Auch diese Funktion könnte man in diesem Fall in Betracht ziehen.

3. Beziehung zu den Betreuungspersonen

Vor ihrer Unterbringung in einer Jugendhilfemaßnahme wurde das Vertrauen von S. in Erwachsene bereits nachhaltig erschüttert. Konflikte im familiären Alltag, die Trennung der Eltern und die anschließenden Auseinandersetzungen um den Aufenthaltsort haben ihr die Erfahrung vermittelt, dass soziale Beziehungen fragil und wenig verlässlich sein können. In der Wohngruppe konnte sie zunächst die Aufmerksamkeit der ErzieherInnen durch ‚Mitarbeit' bei der Betreuung der kleineren Kinder in der Gruppe gewinnen. Als dies nicht mehr in ausreichendem Maße möglich ist, bricht sie aus und drängt auf Veränderungen. In der Familie Z. verhält sie sich abwartend und vorsichtig: Einerseits genießt sie Alltag und Zusammenhalt in der Familie (‚Gegenerfahrungen'), die ihr durchaus erstrebenswert erscheinen. Andererseits befürchtet sie, letztlich doch nicht dazuzugehören, zieht sich zurück und bleibt auf Distanz. Konflikte und Konkurrenzen in der Familie deutet sie als Beweis dafür. Sie fühlt sich auf sich selbst zurück verwiesen und schöpft daraus ihre Kraft, statt zu resignieren.

Deutlich wird in ihrer Schilderung ihre Sehnsucht nach (vorbehaltloser) Liebe und Anerkennung, wenn sie sich an eine Umarmung durch ihren Vater, das Familienleben bei Z. und ihre Zeit in der Fußballmannschaft erinnert oder von ihrem Freund spricht. Vor diesem Hintergrund erlebt sie die verschiedenen Betreuungspersonen unterschiedlich. In der Familie Z. erlebt sie beide Eltern als gleichberechtigte Ansprechpartner: *„Einfach nur eine Stunde zum Beispiel spazierengehen und reden, über alles einfach."* (JUG). Vorbehalte und Ablehnung entstehen sofort, wenn diese Forderungen stellen, auf der Einhaltung von Regeln bestehen oder Grenzen setzen wollen. S. möchte nicht wie ein Kind behandelt, sondern als Erwachsene ernst genommen und beteiligt werden. Dies erlebt sie positiv während der kurzen Auszeit bei Frau T. In der anschließenden Betreuung durch Frau E. fühlt sie sich wiederum entmündigt und zum Objekt psychologischer Analysen gemacht.

4. Kontakte zur Herkunftsfamilie

Aus den Berichten der Professionellen geht nicht explizit hervor, dass mit den Eltern von S. systematisch gearbeitet wurde, während diese in der Maßnahme betreut wurde. Das liegt vermutlich auch daran, dass die Perspektive der Hilfe eine Verselbständigung und nicht eine Rückkehr dorthin war. Aufgrund der Aussagen gewinnt man eher den Eindruck, dass der Kontakt hergestellt wurde, wenn S. dies durch ihr Verhalten erzwang und ‚Schadensbegrenzung' notwendig wurde. S. selbst schwankt sehr stark zwischen mehrmonatiger Kontaktvermeidung einerseits und spontanem ‚Hereinholen' einzelner Familienmitglieder andererseits. Motive dabei sind entweder tiefe Enttäuschungen und Kränkungen oder Idealisierungen und übergroße Hoffnungen. *„Ich kann meine Mutter schwer einschätzen. Ich versuche es manchmal, aber dann fällt es mir doch schwer.*

Das war kurz vor meinem Schulabschluss, da sind wir auch noch zur Kirche gegangen, da habe ich meine Mutter auch zum Beispiel angerufen und gesagt: ‚Kommst du vorbei zur Kirche? Da kannst du einmal zeigen, dass deine Tochter was erreicht hat.' ‚Nein, ich muss arbeiten.' Da war vorbei, da habe ich meinen Vater angerufen, um zu gucken, ob der wenigstens kommt, ob ich ihm dann wichtig genug bin, dass er kommt, und der ist gekommen. Danach habe ich meine Mutter wieder angerufen und dann habe ich zu ihr gesagt, ich war richtig wutgeladen: ‚Sag mal, kannst du nicht einmal stolz auf mich sein? Du willst es noch nicht einmal sehen, dass ich das geschafft habe. Wenn du es nämlich sehen wollen würdest, dann wärest du vorbeigekommen, aber so kannst du ja gar nicht wissen wollen, wie es mir geht, ob du stolz sein kannst überhaupt oder nicht.' Dann hatte ich monatelang wieder keinen Kontakt zu meiner Mutter." (JUG)

„Highlight war eigentlich für mich, dass sie auch wieder zu ihrer Mutter fahren konnte, dass sie da auch ein Wochenende bleiben konnte, dass die sich auch einigermaßen verstanden haben, manchmal kam sie dann, obwohl sie dann freitags, samstags, sonntags bleiben wollte, schon Samstagabend wieder an, dann haben sie sich gezofft und dann kam sie eher. Das war aber nur ein paar Mal der Fall. In der Regel hat es eigentlich schon hingehauen." (B 1)

Immer dann, wenn ihre Mutter die Erwartungen, die S. an sie hat nicht erfüllt, wendet sie sich ihrem Vater zu. „... *Drei Tage vorher rief sie ihre Mutter an und die hat dann gesagt: ‚Ich kann nicht, ich kriege kein frei.' Und dann wird es ganz extrem, dann hat sie zu ihrem Vater, sie hatte vorher keinen Kontakt, über die Schwester von ihrem Vater Kontakt gesucht.*" (B 1) „*Der trat dann auch mit seiner neuen Frau bei mir auf, die hochschwanger war, und entsprechend Muttergefühle wohl entwickelt hat, und dann: ‚Ach Steffi, meine Liebe.' Und Steffi war ganz glücklich, dass alle Menschen sich so um sie kümmerten. Sie war im Mittelpunkt und alle sorgten für sie.*" (MA JA)

Sven: „So viel lernt keiner in den paar Monaten."

1. Verlauf der Maßnahme

Vorgeschichte

S. kommt mit 17 Jahren in die Individualpädagogische Maßnahme. Zu diesem Zeitpunkt verbringt er als Punk seine gesamte Freizeit in seiner Clique. Mehrere kleinere Diebstähle und provokantes Verhalten lassen ihn auffällig werden und in Kontakt mit der Justiz kommen. Schon vorher ist er längere Zeit der Schule fern geblieben. „*Ich war in der Schule, aber ich bin da immer rausgeflogen, und nach dem habe ich nichts mehr getan. Dann kamen ja auch die ganzen kriminellen Sachen und alles.*" (JUG)

Vor Beginn der Maßnahme wohnt er schon einige Zeit in einer Jugendwohnung, nachdem er sich mit dem Partner der Mutter überworfen hat. „*Ich kann mich daran erinnern, dass er damals in der Jugend-WG war, weil er zu Hause nicht bleiben wollte und dass er da mit den falschen Leuten zusammengekommen ist, mit denen er dementsprechend auch Mist gebaut hat.*" (Mutter)

„*Ich denke, dass der Sven zum Teil mit sich und der Welt ziemlich unzufrieden war, dann ein ziemlich auffälliges Äußeres hatte, er sich sehr schnell ins Gedächtnis einprägte, wenn man ihn schon allein sah. Er war relativ nervös. Er hatte aber zu dem Zeitpunkt auch selten wirklich eingestanden, dass das, was er da machte, eigentlich nicht in Ordnung ist. Das schien ihm alles so ein bisschen egal zu sein. Es kam ja auch eine Suchtproblematik bzw. Alkoholproblematik noch mit rein."* (MA JA)

Aufgrund der Diebstähle und eines versuchten Einbruchs bringt ihn das Gericht für zwei Monate in einer Jugendhaftanstalt unter. Dann wird er vor die Wahl gestellt, dort zu bleiben oder einer Intensivmaßnahme zuzustimmen. *„S. sollte nicht in den Knast. Das wollten die verhindern, weil ja auch die Aktenlage, keine Vorgeschichte, das berechtigte. Der Hilfegedanke war mehr im Vordergrund als der Straf- und Bewährungsgedanke."* (B)

Jugendamt und Mutter sind sich einig: S. muss aus dem Umfeld raus. *„Für mich kam das wie gerufen, weil ich gesagt habe, dann kriegt er andere Leute zu sehen, lernt was anderes kennen und entwickelt vielleicht auch ganz andere Interessen."* (Mutter)

„Das erste Ziel, das war auch die Anfrage gewesen damals, war, den S. irgendwie aus seiner gewohnten Umgebung rauszuholen und ihm die Möglichkeit zu geben über ein paar Wochen, vielleicht ein, zwei Monate was Neues auszuprobieren, mal die Gelegenheit zu haben, über sein bisheriges Leben, über seine Zukunftsvorstellungen nachzudenken und da ein Projekt zu entwickeln, wie er sich weiterentwickeln sollte." (MA JA)

Eine Individualpädagogische Maßnahme mit einer intensiven 1:1-Betreuung erscheint den Beteiligten als das geeignete Mittel dafür. *„Das Konzept fand ich gut, allein schon weil er ja in Eigenverantwortung gehen musste, das musste er in dem Moment ja, auch wenn jemand dabei hat, aber er musste selber mit Entscheidungen treffen, und ich denke mal, in dem Alter kann ihm nichts Besseres passieren, als dass er merkt, dass es einfach nicht geht, indem er mit dem Kopf durch die Wand rennt. Von daher hatte ich dem auch nichts entgegenzusetzen oder zu verbessern."* (Mutter)

Auch S. findet – zumindest im Rückblick – die Entscheidung in Ordnung. „Hätte ich es bestimmen können, dann wäre dabei nichts rausgekommen. Ich hatte früher eigentlich noch nicht so einen eigenen Willen. Ich habe zwar gedacht, das war gut oder nicht, aber eigene gute Vorschläge konnte ich zwar auch machen, aber nicht wirklich alles machen, wie es war. Ich hätte – ehrlich gesagt – gar nichts anders gemacht. Das war eigentlich ganz gut." (JUG)

Übergang
Der Übergang erfolgt abrupt: S. sieht seinen Betreuer im Gerichtssaal das erste Mal und wird von diesem dort abgeholt. „Also wir haben uns ja im Gerichtssaal zuerst gesehen. Er war, ja, er war verängstigt. Er wusste jetzt nicht, was kommt hier auf mich zu. Er hatte erst mal auch kein schlechtes Gewissen, was er getan hat. Das war ihm erst einmal ziemlich wurst. Er wollte nur irgendwie heil aus der Situation herauskommen und deswegen hat er die Bewährungsstrafe erst mal angenommen ..."

„Nach der Verhandlung sind wir nicht gleich losgefahren, sondern wir sind mit der Mutter und mit seiner Schwester essen gegangen. Und da habe ich gesehen, wie er mit seiner Schwester umgegangen ist. Und da habe ich gemerkt, der ist nicht weg vom Leben, weil er sich so um sie gekümmert hat. Er hat sich stark um sie gekümmert, hat sie beschützt und hat ihr gleichzeitig gesagt: ‚Lass das sein, sei ruhig', also war auch gleichzeitig großer Bruder. Ich habe dann gleich gemerkt, das wird nichts Schlimmes. Wer so mit seiner Schwester umgeht, der hat andere Probleme, aber keine, sage ich mal so, echte Verwahrlosung." (B)

Schon vorher ist vereinbart worden, dass im Zentrum der Betreuung zunächst eine mehrwöchige Wanderung stehen soll. Ziel ist es herauszufinden „... wo hapert es, was ist so ein Lebensproblem, was ihn immer wieder scheitern lässt, sonst würde ich ihn ja gar nicht kriegen, sonst würde er irgendwo landen. Darum kann sich dann jemand anders kümmern. Warum braucht er eins-zu-eins? Irgendwas finde ich dann meistens, wo das berechtigt ist." (B)

„Doch, von der Wanderung wusste ich. Ich konnte mich ja vor Gericht entscheiden, und ich habe mich so entschieden. Die haben mich ja so ein bisschen vorgewarnt, was da passieren würde. ... Wir haben den Reisepass und alles organisiert und dann sind wir los. Erst einmal nach R., irgendwie da oben, da hatte er eine eigene Wohnung. Wir sind da eine Woche geblieben, haben alles für die Wanderung vorbereitet und dann sind wir los bis nach Polen." (JUG)

Obwohl die Wanderung zunächst für S. eine körperliche Herausforderung ist, gelingt es ihm, relativ schnell Vertrauen zu U., seinem Betreuer zu finden. „Nein, das war nicht anstrengend, das war nur unbekannt. Ich kannte ihn ja nicht und nach ein, zwei Wochen vertraut man trotzdem noch keinem Menschen, aber eigentlich spannend war die Wanderung und eigentlich ganz schön lustig mit dem Typ ..."

„Wir haben viel gequatscht, wir hatten ja auch Zeit genug. So haben wir uns kennengelernt, das Schachspielen und solche Sachen hat er mir beigebracht. Das hat auch ganz gut geklappt ..."

„Doch das war komisch. Vorher habe ich mir nichts sagen lassen von den Leuten und dann plötzlich musste ich mit dem da rumlaufen auf deutsch gesagt. Ich wusste auch zuerst nicht, was mich genau erwartet auf dieser Wanderung und alles ... Ja, eigentlich war es ein ganz gutes Verhältnis." (JUG)

S. fühlt sich ernst genommen und beteiligt: „Wir haben alles quasi zusammen abgesprochen. Er hat nicht allein entschieden. Den Weg selbst haben wir uns zwar zusammen angeguckt, aber er kannte die Route schon quasi. Das war auch nicht weiter schlimm. Ich kannte mich sowieso nicht aus." (JUG)

Auch sein Betreuer sieht klarer, was S. aus seiner Sicht braucht: „*Der brauchte jemand, der mit ihm redet, der bei ihm ist. ... Der war alleine, der war wirklich alleine, so schätze ich das einmal ein. Seine Freunde, die waren alle böse, die haben ihn alle in so schlechte Dinge reingezogen, und er hatte praktisch niemanden, mit dem er mal reden konnte. Sonst hätte das alles nicht funktioniert. Er war eher derjenige, der ja auch was suchte.*" (B)

Die Mutter von S. nimmt ebenfalls wahr, dass ein gutes Verhältnis zwischen beiden besteht: „*... ich habe gemerkt, dass er mit dem (Betreuer) ein relativ gutes Verhältnis hatte. Ich hatte auch das Gefühl, er hört auf ihn, wenn der irgendwas sagt. Nicht jetzt, dass er etwas sagt durch Bevormundung, dass er den Uwe eher als Kumpel akzeptiert hat, was die Kooperation viel einfacher macht, wenn er sich so auf jemanden einlässt, sagen wir es einmal so.*" (Mutter)

Neben dem Anliegen, S. aus der für ihn nachteiligen sozialen Umgebung herauszulösen, ihn körperlich zu fordern und eine vertrauensvolle Beziehung zu ihm aufzubauen, soll die Maßnahme dem Ziel dienen, Perspektiven mit S. für sein weiteres Leben zu entwickeln. „*Von mir aus und auch von der Trägerseite aus war das ja auch ein Clearing. Das war ja nicht nur jemanden zu parken, sondern man sollte ja auch etwas entwickeln. Was kann man mit dem machen, was liegt an. Das eine ist natürlich das Thema Schulverweigerung. Ich will keine Schule machen, ich möchte keinen Beruf lernen und am liebsten würde ich gerne zu Hause leben bei meiner Mutter und würde Sozialhilfe bekommen für eine eigene Wohnung. Also letztlich war kein eigener Plan. Woran ist er interessiert, was juckt ihn, also Musik oder so. Ich sage mal so, wenn man sich auf eine Reise begibt, kommen* immer irgendwelche Anlässe bei Jugendlichen, die verstecken sich ja nicht. Also zum Beispiel, ich kann wirklich extrem schlecht jonglieren, aber das hat ihn begeistert. Und dann fing er an, Jonglieren zu lernen, und da merkte ich, aha, der will was lernen. Dann mit Englisch, ich fing an, die ersten paar Worte auf Englisch zu reden. Er fragte dann auch zurück. Dann nähen. Er hat praktisch sein ganzes Taschengeld für das Nähen ausgegeben. Er konnte kaum gucken, Sven hat ein schlechtes Augenlicht, er ist wirklich halbblind. Dann war er noch dabei und hat dann immer irgendwas genäht. Dann habe ich ihm gesagt: ‚Hör zu, ein Freund von mir würde gerne zum Drehen so ein Tabaksbeutel haben. Hättest du da eine Idee?' Ja, hätte er. Dann fing er an. Er hatte immer sein Nähzeug mit und dann hat er da genäht. Also da waren das Jonglieren, Englisch, Nähen. Da war noch was, habe ich jetzt vergessen – das Angeln. Das waren so vier Themen, was nicht nur Freizeit war. Er hatte immer so eine Art, das zu planen und sehr genau zu sein und minutiös. Er war nicht luschig. Das passte nicht zu seinem Äußeren, er sah ja aus wie ein Punker, aber er war kein Punker. Er war vom Inneren für mich keiner, aber er hatte sich so ein wildes Aussehen irgendwie zugelegt. Wir sind dann losgegangen und die Probleme sind ja dann, manchmal kriegt man keine Unterkunft, dann muss man natürlich in der Wildnis irgendwo was finden, halb legal, sage ich mal. Und dann sind da die Mücken und Fliegen, die einen nerven. Da guck ich ihn mir natürlich an, wie kann er mit Stress und Frustration umgehen, hält er das aus oder läuft er gleich hier Amok. So haben wir uns Tag für Tag durchgehangelt. Man muss ja mal etwas zu Essen haben, man muss sich irgendwie kümmern, man muss ja gucken, wie viele Kilometer man so schafft. Er war ja stärker als ich, er hätte locker zehn Kilometer länger als ich geschafft. Ja, wir haben uns so durchgehangelt." (B)

Verlauf und Schlüsselsituationen

S. setzt sich diesen Anforderungen bereitwillig aus. Er ist begeistert von der Natur und den Landschaften, die sie kennenlernen, und bereit, das eine oder andere von seinem Betreuer zu lernen. Er hält sich an die vereinbarten Regeln und lernt sogar ein bisschen für die Schule: *"Ich habe ein bisschen Englisch gemacht. Ich habe dann freiwillig mit dem U. eigentlich die ganze Zeit über englisch geredet – mit ihm, jeden Tag 20 Wörter auswendig gelernt, wie man sie schreibt und ein bisschen deutsche Grammatik und das war es auch schon."* (JUG)

Im Standprojekt des Betreuers in Polen angekommen, trifft S. auf andere Jugendliche, die Exklusivität seiner Beziehung zu U. wird dadurch aufgebrochen, es kommt zu kleineren Konflikten. *"Später als meine Anforderungen anderer Natur wurden, da gab es dann schon Streitereien und Stress, aber das war auch immer auf einem normalen Level, wenn man mit Jugendlichen zu tun hat. ... Aber am Anfang sagte ich dann zu ihm: ‚Hör zu, ich erwarte von dir ...' oder ‚ich erwarte von meinen Jugendlichen ...', so mache ich das. Und dann sagte er: ‚Ja, ich bin aber nicht einer deiner Normalen.' Ich sagte: ‚Ja, ich bin auch nicht einer deiner normalen Betreuer', oder was auch immer man sich da so ausdenkt. Und letztlich war ihm klar, dass alles, was mit Sorge um sich selber zu tun hat, selbstverständlich ist. Probleme gab es immer beim Waschen. Waschen war einfach das, was er sehr lange behalten hat als seins – nicht waschen. ... Es gab auch andere Situationen, wo er sehr wütend war und dann hat er was kaputtgemacht. Ich warte dann eine Stunde oder zwei und dann habe ich in einem stillen Moment gesagt: ‚Die Tasse, die bezahlst du. Das war dein Ärger und du hast nicht aufgepasst.' Das hat er immer gleich gemacht. Er hat nicht diskutiert."* (B)

Nach weiteren intensiven Wanderungen zu zweit kommt es bei einem anschließenden Aufenthalt im Standprojekt zu einer Schlüsselsituation. *"Wir hatten davor einen Riesenstress, weil er sich nicht gewaschen hat und ich habe ihm gesagt: ‚Das ist deine Aggression gegen uns. Du sagst uns, ihr könnt mich mal.' Weil er immer gesagt hat, wir sind diejenigen, die ihn ... – und ich habe es umgedreht. Da hat er seine Sachen gepackt und hat gesagt: ‚(Name des Betreuers), ich gehe jetzt.' Ich habe gesagt: ‚Bitte, die Tür ist of-*

fen, aber in Polen musst du selber klarkommen. Ich gebe dir nichts mit. Du bist mit mir. Ich werde dir jetzt nichts geben.' ‚Nein, nein, ich werde schon selber klarkommen.' Es hat draußen geschüttet. Seine Entscheidung war relativ schnell klar, ich komme wieder, aber ich glaube der Regen hat mehr getan, als nur, ihm zu sagen, dass das ein bisschen härter wird für ihn. Am nächsten Morgen hat er alles das, was ich ihm vorgeworfen habe, gemacht und hat gesagt: ‚(Name des Betreuers), du hattest Recht.' Er hatte plötzlich eine Einsicht, die sehr überraschend kam, aber die hatte auch was mit dem Vertrauen zu tun, das er zu mir hatte. Sonst hätte er das nicht gesagt. Dann hat er seiner Mutter einen Brief geschrieben und hat gesagt: ‚Ich will nach Hause, ich möchte auch Schule machen, und ich möchte praktisch ein braver Mensch werden.' Er hatte plötzlich gemerkt, dass das von ihm ausging und nicht von uns, nicht dass wir was von ihm wollen, sondern dass er etwas nicht möchte. Das war für mich sehr überraschend, weil ich ihm das zu dem Zeitpunkt nicht zugetraut habe, dass er schon so weit ist, dass er überhaupt so reflektiert ist. Das war mir nicht klar. Ich war dem Regen ziemlich dankbar, dass er da zum Denken gezwungen wurde." (B)

Zugleich bricht S. auch symbolisch mit seiner Vergangenheit. Ist er bisher – auch während der ersten Wochen in der Maßnahme – noch im Punker-Outfit rumgelaufen. Diese legt er jetzt ab. „Meine Frau hatte Geburtstag, und dann hat er sein ganzes Kleidergeld, was er bekam, für neue Kleidung ausgegeben, völlig anders. Er hat sich einen Schlips gekauft, hat sich einen Hut gekauft, eine normale Hose. ... Man konnte an seinem Blick sehen, dass er entspannter war. Das war eigentlich schon relativ früh. Wir sind im Projekt angekommen, das war so nach zweieinhalb, zwei Wochen vielleicht. Er machte das erst mal für meine Frau, für den Anlass. Ich habe Fotos davon. Wir haben natürlich alle geguckt, was ist denn mit dem jetzt plötzlich los. Es hatte dann so ein bisschen was spießiges auch. Es war auf jeden Fall konträr zum alten und es war nach dem Brief von der Mutter. Er hatte eine Orientierung, einen Wunsch, den er erst einmal ausleben wollte und diese Uniform, die hat er ziemlich lange getragen. Das hat er ziemlich lange beibehalten. Das war keine Eintagsfliege, sondern er wollte in die Richtung gehen. Den Hut hat er sogar auf dem Schiff mitgehabt. Da wurde er dann eingetauscht gegen was anderes, aber das macht ja nichts. Ich habe es noch vor Augen. Schade, ich habe das Bild einfach nicht mehr im Computer gefunden, weil das einen anderen Sven zeigt, das war nicht dieser verhärmte. Das war einfach ein offener Typ, der was Neues ausprobiert und irgendwie ein bisschen glücklich war für eine Minute." (B)

Kurz danach kommt es zu einer weiteren, für S. Entwicklung wichtigen Phase. Es ergibt sich die Möglichkeit für S., zusammen mit seinem Betreuer auf einem alten Segler mitzufahren. Neben der Mannschaft und den beiden ist auf diesem Ostseetörn noch eine Schulklasse mit an Bord. „Auf diesem Schiff gab es Aufgaben, die streng eingeteilt waren, von Küche bis sonst was. Die Aufgaben auf einem Schiff müssen naturgemäß ja streng sein wegen der Sicherheit und aus vielerlei Gründen ist da alles sehr geregelt. Auf der anderen Seite vermittelt ja dieser Mast diesen Hauch von Freiheit. Das ist ja kein Wunder, dass so viele das, also die Segelei, lieben. Ich sage mal, dieses Spiel, was heißt Spiel, dieses Angebot, sich auf der einen Seite frei zu fühlen und auf der anderen Seite klare Strukturen, Teil eines Großen und Ganzen zu sein, überschaubaren Großen und Ganzen, so ein Schiff ist ja überschaubar. Ich glaube, das hat ihn doch sehr angeregt. Er ist die ersten 40 Stunden nicht ins Bett gegangen. Ich wusste, wenn ich ihn anspreche, dann würde er mir sofort sagen: ‚Du kannst mich mal.' Ich habe das dann anders gemacht, ich habe einfach dem Gruppenführer, wir hatten ja Gruppenführer, er war in einer anderen Gruppe, ich habe dem Gruppenführer gesagt: ‚Schick den ins Bett.' Dann ist er auch ins Bett gegangen, wenn ich das gesagt hätte, wäre gar nichts passiert. Was ja von der Interpretation her auch gegenüber Vaterfiguren, Figuren den er gehorchen musste, war. Das zeigte ja was, seine Haltung. Es war nur so frappierend, dass das auf dem Schiff war. Danach war das kein Problem mehr, davor war das kein Problem *gewesen, aber auf dem Schiff wollte er einfach frei sein oder er wollte sich anderen Autoritäten, den lokalen Autoritäten unterordnen, denen hat er sich auch untergeordnet. Es war zum Beispiel ein Diebstahl dort, er war nicht verdächtigt, aber er war derjenige, der das Wort geführt hat, wie man damit umgeht. Er war innerhalb dieser Schulklasse, obwohl ganz klar war, dass er nicht von deren Welt ist, das war eine sehr starke Realschulklasse. Ich habe das ja gemerkt, das waren sehr gute Schüler, die waren sehr überlegen, was das schulische Wissen angeht. Aber er war der Typ da. ‚Ich bin ein Typ'. Die Mädchen mochten ihn sofort. Er hatte sofort Anschluss und er war sich für keine Arbeit zu schade. Er hat auch, was er ja eigentlich nicht durfte, er wollte auch woanders anpacken. Er hat dann die Grenzen überschritten. Da hat man ihm dann zwar gesagt: ‚Komm, Junge, nun mal langsam.'"* (B)

Auch aus der Sicht seiner Mutter hat S. überraschend die Herausforderung gemeistert: *„... wo ich ein bisschen Angst hatte, weil er Schwierigkeiten hatte, sich in das soziale Umfeld einzuordnen oder im Team zu arbeiten, dass er so ein bisschen beklemmt erwartete, dass es da wahrscheinlich zum Knies käme, wenn er sich in das Team integrieren müsste. Danach kriegte ich dann die Info, es hätte bombig geklappt und Sven hätte wohl auch geäußert, das wäre wohl der coolste Törn in seinem ganzen Leben gewesen. Das ist wahrscheinlich auch der Punkt gewesen, wo sein Herz angefangen hat, für die Seefahrt zu schlagen, und er kam – laut (Betreuer) – auch super mit den Leuten klar. Ganz anders als erwartet. Also er hatte gar keine Schwierigkeiten mit der Teamarbeit."* (Mutter)

Nach Abschluss des Segeltörns, der zugleich die sechswöchige Clearingphase beendet, muss sich S. wieder dem Gericht vorstellen. Dort erscheint er in seinen neuen Klamotten und macht Eindruck. Er will wieder zu seiner Mutter ziehen, wünscht sich aber, dabei von U. begleitet zu werden. *„Ich habe mir dann überlegt, okay, er wollte ja bei seiner Mutter einziehen, dann müssen wir mit dem Stiefvater reden, der Stiefvater hatte ja* *große Bedenken, dass er überhaupt kommt, wegen der Geschichten, die da vorgefallen sind – vorher, und er hatte keine Lust, dass die Polizei wieder aufkreuzt und er wollte schon von S. das eine oder andere wissen. Da die beiden nun von sich aus nicht reden konnten, habe ich dann in die Familienhilfekiste gegriffen. Ich bin hingegangen, habe Gespräche angefangen, das Haus war ja zu renovieren, ich habe einfach mit Sven angefangen zu tapezieren. Da gab es ja auch eine Diskussion, das habe ich ja gerne, das ist ja auch gut für ihn, nämlich pünktlich aufstehen, eine Sache auch zu Ende bringen, ein Plan und so etwas. Dann kriegte ich einen Anruf, dass unser Mitarbeiter im Projekt verstorben ist und dann war klar, weil S. sowieso ausläuft, aber ich sollte ihn eigentlich noch eine Woche oder mehr haben, dann war klar, dass ich den S. sofort verlassen muss."* (B)

Anschlussmaßnahmen
Übergangslos muss U. seine Arbeit mit S. beenden, die Intensivphase wird durch eine etwas später einsetzende ambulante Betreuung abgelöst. Nachdem es im Hause der Mutter wieder schwierig wird, geht S. mit seinem neuen Betreuer nach H. und findet Unterkunft in einem Segelprojekt. Hier kann er seinen Wunsch „*was mit Schiffen*" zu machen realisieren und wünscht sich „*Segelmacher*" zu werden. „*Ein Segelschiff, darauf habe ich gewohnt, habe darauf gelebt, gearbeitet, mit gesegelt, alles was man auf einem Schiff so macht – fünf Monate lang. Wir sind auch viel gesegelt, Werftarbeiten und solche Sachen. Schade, dass ich darauf jetzt nicht mehr bin, die Möglichkeit besteht leider nicht mehr. Ich weiß nicht warum. ... Auf dem Schiff würde ich jetzt gerne immer noch sein. Nach den fünf Monaten bin ich wieder runter. Wo bin ich dann hin? Nach B. in Schleswig-Holstein. Ich bin da in einen Bauwagen eingezogen. Ich habe da eine kennengelernt, die im Bauwagen lebte und die hat mir da einen Platz angeboten. Da habe ich ungefähr einen Monat gewohnt. Dann gab es da so ein autonomes Jugendhaus und dann habe ich da später zwei, drei Monate den Hausmeister gespielt und habe da auch gewohnt. Und dann bin ich nach H.*

auf die Straße gegangen, quasi nach dem G8-Gipfel, Anfang des Jahres, weil es da nicht geklappt hat, ich bin mit einem Streetworker gegangen, die haben mir dann schon ein paar Sachen möglich gemacht. Ich habe dann auch Hartz IV und so Kram gekriegt. Das hat dann aber später alles nicht mehr geklappt. Ich habe keine vernünftige Wohnung gekriegt, nur die Notunterkunft (Name der Notunterkunft). Dann bin ich irgendwie wieder abgehauen, weil alles überhaupt nicht mehr lief. Es gab keine richtige Hilfe, dann bin ich einfach wieder gegangen." (JUG)

Die Hilfe ist mit Vollendung seines 18. Lebensjahres ausgelaufen. Auf sich allein gestellt, ohne jegliche pädagogische und materielle Unterstützung kehrt S. nach Hause zurück. Die Mutter: *„Ich habe einen jungen Mann gesehen in total verschlissenen Klamotten, der nichts mehr hatte außer dem Krempel, was er auf sich trug. Der Wind pfiff zwischen den Klamotten durch, würde ich mal sagen. Nach dem ersten Reden hatte ich nicht das Gefühl, dass er sich selber große Perspektiven gab."* ... *„Ich war ein bisschen enttäuscht. Das endete im Mai mit dem Schiff in 2007 und was ich anfangs nicht wusste, dass er danach mehr oder weniger auf Platte hauste. Da ist die Maßnahme beendet, jetzt wird er fallengelassen wie eine heiße Kartoffel. Er hat sich dann an die Streetworker gewandt, die ihn auch hier und da so eine Notunterkunft besorgt haben, wo die ganzen Penner drin liegen ..."*

„Er hatte zwischendurch kein Telefon und nichts mehr, er konnte sich also auch nicht melden, weil er kein Geld und nichts hatte. Das waren so Sachen, dass habe ich dem Herrn R. (Koordinator) dann auch zwischen Weihnachten auf den Kopf zugesagt, ich habe gesagt: ‚Ich finde das ein starkes Stück, von wegen hier fallenlassen wie eine heiße Kartoffel. Er mit seiner Vorgeschichte und dann – auf deutsch gesagt – lasst ihr ihn alleine in Hamburg rummachen.'..."

„Für mich ist es unverständlich, wenn ich so etwas machen würde, angenommen ich wäre Sozialarbeiter, ich hätte ein schlechtes Gewissen, wenn ich jemanden so entlassen müsste. Ich hätte so ein bisschen Bammel, dass derjenige untergeht. Selbst wenn man nur Monate mit jemand arbeitet, entwickelt man irgendwie eine persönliche Beziehung. Da kann man nicht einfach eine Wand runtermachen und sagen: ‚Tschüß', und das war es. ... Es wäre besser gewesen, wenn er einen besseren Start gehabt hätte, wenn ihm da jemand geholfen hätte, eine Wohnung zu finden, dann hätte er sich auf andere Dinge konzentrieren können, den Schulabschluss nachzumachen. Wenn man gar nichts hat und total verdreckt und mit verschlissenen Klamotten irgendwo hinkommt, schon mal gar nicht, wenn man so jung ist, dann wird man als asozial abgestempelt." (Mutter)

2. Derzeitige Lebenssituation

Sven bewohnt außerhalb von E. in einem ziemlich heruntergekommenen Haus ein kleines Zimmer mit zwei Katzen. „Wir haben unsere eigene WG, der gerade hier rein gekommen ist, das war G., mit dem war ich gestern noch Kart fahren. Wir machen schon viele Sachen zusammen, so ist das nicht. Ich möchte jetzt nicht tauschen. Mit U. konnte ich auch Sachen machen, weil da mehr möglich war, mehr Kontakt und so. Und was da geplant wurde, wurde da auch ausgeführt. Hier ist es so, da planen wir schon was und dann haben wir doch keine Lust mehr." (JUG)

S. ist auch nach der Maßnahme nicht zur Schule gegangen und unterliegt jetzt nicht mehr der Schulpflicht. Noch immer würde er gern eine Segelmacherlehre machen, sieht aber – weitab von H. – dazu keine Möglichkeit mehr. Auch einer Tätigkeit geht er derzeit nach einem schweren Verkehrsunfall nicht nach. „Ich muss von Sozialhilfe momentan leben, weil ich ein bisschen arbeitsunfähig bin, ich habe ein kaputtes Bein, einen gelähmten Fuß. Das Problem ist, die machen ihre Anträge einmal im Monat, die müssen alle durch, vor den Rat oder so, und dann wird schon einmal abgelehnt und dann wird es noch mal durch den Rat geschickt. Mir wurde eigentlich schon die Kohle für diese Woche versprochen, aber ich habe immer noch nichts." (JUG)

Aus seiner Zeit in H. hat er noch finanzielle Verpflichtungen, denen er bislang nicht nachgekommen ist. „Ich habe da Probleme mit Schulden, finanziell, also Geldschulden. Mir muss unbedingt einer helfen, da herauszukommen, mein alter Streetworkerverband. Die Staatsanwaltschaft sucht mich, ich weiß es nicht. Ich musste Geld bezahlen, damit die nicht vor Gericht gehen damit. Bevor das nicht geklärt ist, würde ich auch gar nicht nach H. gehen." (JUG) Dazu kommen noch anhängige Verfahren wegen verschiedener Schlägereien, Alkoholdelikten und Schwarzfahren. Auch diese stammen allerdings aus seiner Zeit in H. In E. hält er sich von seiner alten Clique fern und fährt auch nicht in die Stadt, um seinen ehemaligen Kumpels nicht zu begegnen. Den anstehenden Problemen, Behördengängen und Antragswegen steht er weitgehend allein gegenüber. Gelegentlich hilft seine Mutter, die ihn auch finanziell unterstützt. Er wünscht sich da mehr Unterstützung: „Was weiß ich, zum Beispiel mir mal in den Arsch treten, damit ich mal da anrufe oder mal ins Internet gucke oder so. Jetzt alleine, sage ich jeden Tag, das mache ich morgen, aber ich mache es erst zwei Wochen später. Es versackt meistens. Wenn ich einmal anfange, dann hört das so schnell auch nicht auf, aber dazu muss ich mich erst einmal bewegen." (JUG)

Dabei hat er durchaus Vorstellungen davon, wie es weitergehen soll. „Eigentlich (bin ich) optimistisch, aber trotzdem weiß ich nicht genau, ob das alles klappt, wie ich es mir manchmal vorstelle. Ich meine, so wie es jetzt ist, stelle ich es mir nicht vor – ein Zimmer hier. Ich bin eigentlich mehr optimistisch, nur es dauert mir manchmal alles viel zu lange." (JUG)

Kann S. auf soziale Unterstützung zurückgreifen? Er betont zunächst, dass sich während seines längeren Krankenhausaufenthaltes keiner seiner Kumpel hat blicken lassen. „Mit den alten Kumpels wollte ich auch nichts zu tun haben, das sind jetzt andere Freunde, die ich jetzt hier habe. Das sind neue Freunde. In der Vergangenheit habe ich hinhalten müssen für irgendeinen Scheiß, den ich mal gemacht habe. Das ist wieder ein neuer Aufbau von Vertrauen, den ich bei den anderen nicht hatte, weil die mich entweder nur abgezogen oder nur Mist erzählt haben und solche Sachen, und das machen die mit Sicherheit nicht." (JUG)

Der neu aufgebaute Freundeskreis scheint ihm aber noch nicht tragfähig genug, um bei der Bewältigung der anstehenden Probleme zu helfen. „Aber ich wüsste jetzt nicht, wie ich es da alleine machen würde. Ich bräuchte schon jemand, der mir dabei hilft. Das ist das Problem. Ich mache schon alles alleine, aber vielleicht ruft meine Mutter hin und wieder mal irgendwo an, aber das war es auch schon. Im Endeffekt mache ich alles alleine. Ja, das kann man so sehen ... Das werde ich schon irgendwie hinkriegen, dass ich das auch alleine schaffe. Wenn es unbedingt sein muss, frage ich auch meine Mutter." (JUG)

3. Selbstbild, Selbstreflexion und Selbstdeutung

S. wirkt während des Interviews – trotz zunehmendem Vertrauens – ruhig, zurückhaltend, fast schüchtern und sensibel. Liebevoll geht er mit seiner kleinen Schwester um, die im Raum ist und mahnt sie freundlich zur Ruhe.

Trotz aller Enttäuschung über den abrupten Abbruch der Individualpädagogischen Maßnahme und des Kontaktes zu U. sowie die mangelnde

Unterstützung im Rahmen der ambulanten Betreuung danach zieht S. eine positive Bilanz: *„Ich bin ruhiger geworden. Ich kann mich besser konzentrieren und habe mehr dazugelernt, das auf jeden Fall, mehr als genug. So viel lernt keiner in den paar Monaten ..."*

„Vorher habe ich immer alles zugelassen, egal wo was passiert und wie, wenn es um mich ging. Jetzt bin ich ehrlich gesagt vorsichtiger und gucke, mit wem ich mich anfreunde, informiere mich ein bisschen. Es gibt immer wieder Leute, mit denen man auf die Fresse fliegt, aber da kann man nichts machen." (JUG)

Als weitere ‚Erfolge' nennt S.: *„Ja, so Kleinigkeiten, ein bisschen englisch trainieren, mich zu beherrschen, wenn es Streit gibt. Früher bin ich immer ausgerastet, das mache ich jetzt nicht mehr so direkt. ... Meine Redensart hat sich auch ein bisschen verändert, vorher habe ich mit Schimpfwörtern herumgeredet ..."* (JUG)

Auf die Frage, wodurch er das gelernt hat antwortet S.: *„Durch die Konflikte, die es öfters gab. Da hat er mir ein paar Sachen beigebracht, die man vielleicht anders machen könnte. Das man erst redet, bevor man ausrastet, dass man auch mal was akzeptiert, egal warum. Wie genau er das gemacht hat, fragen Sie mich was anderes."* (JUG) Offensichtlich haben für S. auch der Rahmen und die Regeln an Bord eines Schiffes dazu beigetragen. *„Ich war ja auf dem Schiff nicht selbstständig. Ich unterstand ja quasi dem Käpt'n. ... Auf einem Schiff von 40 qm, jeder ist verschieden, da muss man sich anpassen, wenn nicht, dann fliegt man. So einfach ist das."* (JUG) Auf die Rückfrage, ob diese Unterordnung und die notwendige Disziplin ihn gestört haben, antwortet S.: *„Nein, weil das genau die Art Leben ist, die ich immer machen wollte, durchgehend machen wollte, das hat mich einfach total begeistert. Mir war das auch egal mit dem Käpt'n. Ich habe mir alles sagen lassen. Da gab es auch keine Probleme. Jeder musste da mitspielen."* (JUG)

Er fasst seine Erfahrungen prägnant zusammen: *"Man hat sich halt geändert. Irgendwie denke ich jetzt vorher nach, bevor ich was mache. Außerdem denke ich auch daran, was passieren könnte, wenn ich was mache, weil ich das jetzt ja weiß."* (JUG)

Eine ähnlich positive Bilanz zieht – trotz ihrer massiven Kritik an der Nachsorge – auch die Mutter: *"Er war verändert. Er war ruhiger, auch irgendwo interessierter. ... Was hat er gelernt? Ich würde sagen, die Verantwortung für sich und seine Taten zu übernehmen. Er ist ein Stück weitergekommen mit seiner Selbsteinschätzung. Was kann ich mir zutrauen. Was lasse ich besser außen vor, weil ich das nicht erreichen kann. Ich denke mal, er weiß, wo er seine Grenzen hat ..."*

"Gut gelungen ist, würde ich sagen, dass er Ideen für die eigene Zukunft entwickelt hat, dass er sich Dinge vorgenommen hat, an sich selber zu verändern. Ich hatte das Gefühl, dass er auch angefangen hat, seinen Typ zu finden, also nicht dieses Ich-weiß-nicht-wer-ich-bin und dieses Ich-muss-unbedingt-auffallen." (Mutter)

Allerdings sind aus ihrer Sicht nicht alle Möglichkeiten ausgereizt worden: *"Ich denke mal, er hätte noch ein bisschen mehr an seinem Selbstwertgefühl arbeiten können, weil da ja immer mehrere junge Leute waren und auch vom Umfeld her sich noch Freundschaften ergeben hätten. Was auch immer früher auf dem Gericht zur Sprache gekommen war, wenn er nicht weiterkam, dieses aggressive Verhalten, dieses, wie soll man das sagen, diese Explosion, sage ich jetzt mal. Das dann irgendwas knallte oder im Geschrei endete, weil er nicht weiterkam, weil er auch nicht mehr kompromissbereit war. So etwas lernt man ja nicht in zwei Tagen."* (Mutter)

4. Beurteilung des Prozesses und seiner Ergebnisse

Folgt man den Berichten der Beteiligten, ist die sechswöchige Intensivphase dieser Maßnahme bezogen auf wichtige Ziele der Betreuung positiv verlaufen. Durch die Herausnahme aus seinem bisherigen Umfeld wurden die nachteiligen Einflüsse seiner Peer-Group gekappt. Die unterschiedlichen Aktivitäten (Wandern, Segeln) haben S. neue Erfahrungen ermöglicht und Optionen für die Zukunft eröffnet. Gleichzeitig trugen der Aufbau einer engen Beziehung zu seinem Betreuer und die Kopplung der alltäglichen Auseinandersetzungen und Gespräche an eben diese Aktivitäten offensichtlich dazu bei, eine offene Kommunikation möglich zu machen. *„Eigentlich war es ein ganz gutes Verhältnis, wir haben Quatsch gemacht. Das war ganz in Ordnung, das war nichts Pädagogisches mehr."* (JUG)

Dieser – auf den ersten Blick – unkomplizierte Zugang öffnet für andere Fragen: *„Diese ganzen Lebensdiskussionen oder die Diskussion, was ist richtig, was ist falsch, das kommt sofort, das dauert nicht lange und man ist relativ sehr schnell nahe an dem, was so einen Menschen ausmacht, was für Ängste der hat, was der versucht zu vermeiden, auch was er von dem Betreuer eigentlich möchte. Sven war ja nicht der Erste, der hungrig ist, die sind ja alle hungrig, die wollen ja alle irgendwie ihren Bruder, ihren Vater haben, beim Mädchen ja auch. Ich bin ja nun mal männlich, aber ich denke, es gibt ja auch weibliche Mitarbeiter, die das machen. Man kriegt ganz schnell eine Intimität zustande mit Menschen, die das nicht können oder die da gestört sind, nicht gestört, die Einschränkungen haben, da gibt es ja auch Wahrnehmungsstörungen, die ich bei dem Sven nur ganz am Anfang gesehen habe."* (B)

Genau dies ist es auch, was vom Mitarbeiter des Jugendamtes intendiert ist: „*Ich finde, das Reizvolle daran ist, dass diese Art der Wanderung oder Bewegung einen gewissen therapeutischen Effekt hat, den man nicht so erreicht, wenn man sich einfach mit den Jugendlichen hier hinsetzt, so wie wir jetzt hier sitzen, und diskutiert. Ich denke, dieses Inbewegungsein und Laufen, irgendwas tun, bringt da eine ganze andere Dynamik rein, und es werden Sachen erlebt zwischen dem Jugendlichen und dem Begleiter dann, die sofort bearbeitet werden können. Es ist nicht so eine sterile Situation. Diese Individualpädagogischen Maßnahmen, die schlagen wir da vor, wenn es um Jugendliche geht, wenn wir sehen, dass die schon im Bereich Sozialkompetenzen noch Schwierigkeiten haben, von denen wir vor allem nicht den Eindruck haben, dass sie in der Gruppe, auch in der kleinen, sehr gut klarkämen. Das sind zum Beispiel auch Jugendliche, die selbst in der kleinen Gruppe untergehen würden und zum Mitläufer würden, oder das sind Jugendliche, die sich da durch irgendwelchen Unfug profilieren müssten.*" (MA JA)

Dieses Setting, verbunden mit einem vereinbarten Regelwerk, bietet den Rahmen, den Alltag zu gestalten, Entscheidungsprozesse zu erproben und Konfliktsituationen gemeinsam zu durchleben. Im Falle von S. wurden manche dieser Konfliktsituationen zu Wendepunkten in seinem Selbstentwurf und in diesem Sinne zu Schlüsselsituationen in seinem Entwicklungsprozess. Dabei handelt es sich eben nicht um pädagogisch inszenierte Situationen, sondern diese ergeben sich aus den Handlungsvollzügen des Alltags oder – im Falle des Segeltörns – aus den speziellen Bedingungen des Umfeldes. Die Selbstreflexion von S. und die diesbezüglichen Rückmeldungen seines Umfeldes bestätigen in dieser Hinsicht deutlich wahrnehmbare Veränderungen seiner Persönlichkeit und seines Verhaltens nach Abschluss der Maßnahme.

Weniger erfolgreich ist die Zielerreichung im Hinblick auf Schule und berufliche Perspektiven. S., der schon vor der Maßnahme längere Zeit der Schule ferngeblieben war, lernt lediglich ein bisschen Englisch durch seinen Betreuer, einen (späteren) Schulbesuch fasst er zum Zeitpunkt der Maßnahme nicht ins Auge. Der Segeltörn allerdings trägt wesentlich dazu bei, einen künftigen Berufswunsch – Segelmacher – zu entwickeln. Dieses Interesse verfolgt er in der anschließenden ambulanten Betreuung in H. für seine Verhältnisse zielstrebig, leider endet diese Möglichkeit mit Auslauf der Hilfe. So kommt der Mitarbeiter des Jugendamtes in dieser Hinsicht auch zu einer resignierenden Bilanz: *„Wenn alles gut geklappt hätte, dann hätte ich mir für den Sven vorgestellt, dass er eine Berufsausbildung abschließt und dass er irgendwo einen Wohnort findet, wo er auch in irgendeiner Form arbeitet. Einen Wohnort findet, vielleicht nicht unbedingt hier, am Anfang zumindest. Das hätte ich mir gewünscht. Ich hätte mir für ihn vorgestellt, in H. zu bleiben"*. (MA JA)

Die gegenwärtige Lebenssituation ist für S. überaus unbefriedigend. Er wünscht sich eine eigene kleine Wohnung und möchte arbeiten. Beides wird auf absehbare Zeit schwierig sein. Nach seinem schweren Unfall wird er noch einige Zeit mit den gesundheitlichen Folgen zu kämpfen haben, zudem belasten ihn Schulden und u.U. deswegen anhängige Gerichtsverfahren aus seiner Zeit in H. Ohne Verantwortlichkeiten hierfür an dieser Stelle abschließend klären zu können, bleibt dennoch festzuhalten, dass das Ende der Intensivphase und deren Übergang in eine ambulante Betreuung in H. sowie deren Gestaltung überaus unglücklich und kontraproduktiv gelaufen sind. Offensichtlich ist es hier nicht gelungen, die in der Clearingphase ausgelösten Veränderungsimpulse und entwickelten Perspektiven konstruktiv zu unterstützen und zu festigen.

Wenngleich S. dadurch zeitweilig in frühere Verhaltensmuster und in das Punker-Milieu zurückgekehrt ist, scheint er jetzt wieder an die während der Intensivphase entwickelten Perspektiven anzuknüpfen. Er hält sich von den Kumpeln seiner alten Clique fern und entwickelt klare Vorstellungen seiner nächsten Schritte: *„Ich würde mir von hier aus irgendwie eine Wohnung suchen, alles abklären, wie ich mit den Behörden alles rüber bekomme und dann würde ich erst einmal alles in die Bude stellen, mich anmelden und gucken, dass ich irgendwie Geld bekomme, damit ich erst einmal alles erledigen kann für meine Wohnung und dann entweder da – was weiß ich – zur Schule gehe oder mir eine Arbeit suche, die Grenzen sind ja offen. Da kann man ja viel machen."* (JUG)

Timo: „Jetzt arbeite ich als Drag-Queen ..."

1. Verlauf der Maßnahme

Vorgeschichte

Timo wird 1988 von seiner damals 17-jährigen Mutter zur Welt gebracht, sein Vater ist zu diesem Zeitpunkt 19. Er fällt zuerst mit zwölf Jahren auf, als er in einem Rock zur Schule geht und dort für Aufsehen sorgt und bei Mitschülern und Lehrern auf Ablehnung trifft. Seine Mitschüler lachen ihn aus und er verlässt nach mehrmaligen derartigen Auftritten die Schule.

„Dieses Mobbing in der Schule, wir haben ja auch ein Attest gehabt, das war ja schon eine Phobie, eine Schulphobie, wie man so schön sagt, also den Timo in die Schule stellen und er fängt an zu klappern. Deswegen hat er sich immer geweigert, zur Schule zu gehen." (Mutter)

Seine Eltern sind über seine sexuelle Orientierung betroffen, besonders sein Vater, ein Bundeswehrsoldat, in dessen Wertehierarchie Männlichkeit eine hohe Bedeutung hat, ist über seinen schwulen Sohn entsetzt. Dieser erfährt auch in der Familie immer mehr Ausgrenzung. Sein Betreuer erfährt später, dass „... er auch zu Hause ausgeschlossen war, unten im Keller zum Teil sein Essen hingestellt bekommen hat, wo er leben sollte. Die Schlösser im Haus waren mit BKS-Sicherheitsschlüsseln versehen, sodass er einen Teil des Hauses nicht begehen konnte." (B).

„Wir hatten zu Hause Sicherheitsschlösser eingebaut. Er stand dann aber immer wieder bei uns vor der Tür und all solche Dinge, da habe ich gesagt, irgendwas ist nicht richtig mit ihm. Ich wusste auch da wieder nicht, was ich machen sollte. Dann bin ich vor Gericht gegangen, weil der Terror auch wieder relativ groß war. Da habe ich es dann versucht mit der Zwangseinweisung, aber dann ist er auch da wieder freiwillig hingegangen für zehn Tag und da haben sie ihn auf den Kopf gestellt. Ich meine dumm ist der Junge nicht und dann war der wieder entlassen. Es wäre keine Auffälligkeit da."* (Mutter)

Timo selbst berichtet: *„Es war so, dass wir alle in einem Haus zusammengelebt haben, meine Eltern, meine Großeltern und ich. Es ist später so gewesen, wenn ich meinem Vater begegnet bin im Haus, dass ich doch aufpassen musste, dass ich kein Messer in den Rücken gesteckt bekomme. Es war schon eine sehr, sehr krasse Situation. Eigentlich hat sich mein Vater das ganze Leben lang nicht wirklich um mich gekümmert, und nur dann wurde mein Name gerufen, wenn ich irgendwie verprügelt worden bin ..."*

„Denn jeden Tag habe ich von meiner Mutter oder von meinem Vater zu hören bekommen: ‚Ja, warum haben wir dich eigentlich auf die Welt gesetzt.' Und wenn man das über die ganzen Jahre hört, fragt man sich das natürlich dann selber. Dann war ich an einem Punkt, wo ich gesagt habe: ‚Okay, ich kann nicht mehr, ich will nicht mehr.'" (JUG)

Timo pendelt zwischen Elternhaus und Trebe. An den Wochenenden fährt er nach K., konsumiert große Mengen Alkohol und ist immer wieder mit älteren Männern unterwegs. Die Schule besucht er nicht mehr. Während sein Vater ihm mit unverhohlener Ablehnung begegnet, positioniert sich die Mutter nach Aussage des Betreuers widersprüchlich. *„Die Mutter ist sehr, sehr jung, ... und hat eine intensive Geschwisterbeziehung zu ihrem Sohn entwickelt, die meiner Ansicht nach ganz ungesund war.*

... Die Mutter muss wohl schon sehr früh dem Jungen immer gesagt haben, wie hässlich er ist und dass er eigentlich nur geschminkt auf die Straße kann. ... Also eine sehr eigenartige Form des Umgangs und trotzdem fast symbiotisch." (B)

Das Jugendamt beurteilt die häusliche Situation ebenfalls kritisch und sieht dringenden Handlungsbedarf. *„Ich glaube, das Verhältnis zwischen Mutter und Sohn war auch ein sehr spezielles, sehr enges, aber auch ein nicht sehr gesund enges Verhältnis. Ich hatte so das Gefühl, dass die Mutter ihn auch so brauchte, manchmal, als Freund und Freundin, aber wenn nicht, wenn es zu schwierig wurde, dann lieber nicht. ... Es gibt einen Punkt, wo mir dann klar war, dass der Timo da keine Entwicklung machen konnte, nicht gut aufgehoben war im Elternhaus, weil die Mutter sich sehr egoistisch verhielt, der Vater nicht mehr da war, der Timo diese besondere Neigung auch hatte und niemand da war, der ihn stützte und er auch unterschiedliche Freunde hatte."* (MA JA)

Die Mutter fühlt sich durch die permanenten Spannungen in der Familie und das Verhalten von T. zunehmend überfordert. *„Da hat irgendwann meine Mutter gesagt, dass sie das nicht mehr kann, ist zum Jugendamt gegangen und dann ist die Situation wegen einer 900-Euro-Telefonrechnung eskaliert und dann bin ich in diese Jugendmaßnahme gekommen, in diese Wohngruppe."* (JUG)

„Ja, ich bin dann irgendwann so entnervt und so kaputt gewesen, weil ich das dann ja schon drei Jahre mitgemacht habe dieses Theater, dass ich dann wirklich zum Jugendamt gegangen bin, habe meinen Sohn da hingestellt und habe ... gesagt: ‚Den nehme ich nicht wieder mit.'" (Mutter)

T. fühlt sich dadurch doppelt ausgeschlossen: *„Es ist so gewesen, dass meine Mutter sich natürlich als erstes an das Jugendamt gewandt hat und* ich gar nicht damit einverstanden gewesen bin, weil ich denke, wenn man ein Kind auf die Welt setzt, sollte man es nicht irgendwann, wenn es zu anstrengend wird, einfach abschieben. Ich konnte mich am Anfang mit der Situation, auch in dieser Wohngruppe, gar nicht anfreunden und die Vorschläge, die mir gemacht worden sind, wollte ich eigentlich gar nicht annehmen, ich wollte unbedingt wieder zurück zu meinen Eltern." (JUG)

T. ist mittlerweile 16 Jahre alt. „Und da waren eben für Timo keine Einrichtungen, weil er eben mit der besonderen Neigung immer auf Widerstand gestoßen wäre. Es sind in den Einrichtungen immer Jugendliche, wo es dann noch schwieriger ist. Das heißt, er brauchte zwar einen Raum für sich und Menschen um sich, die Verständnis dafür hatten. Man hätte es auch in einer Einrichtung probieren können, aber wir fanden auch keine. Dann bot sich quasi so eine Individualpädagogische Maßnahme an." (MA JA)

Die Unterbringung in einer Wohngruppe ist von vornherein nur als Überbrückung gedacht. Währenddessen bemüht sich die Mitarbeiterin des Jugendamtes um eine geeignete Intensivbetreuung durch einen schwul identifizierten Sozialpädagogen. T. werden drei mögliche Maßnahmen und Betreuer vorgestellt. Er entscheidet sich für Herrn S. „Ich hatte den Eindruck, ... ihm war sofort klar, das ist in Ordnung hier. Ich hatte den Eindruck, dass es ihm sehr gut getan hat, dass er wusste, da ist ein schwuler Mann." (B)

T. bestätigt dies: „Was mich angesprochen hat, war seine extrem freundliche Art, auch mit sehr viel Humor. Wir haben sehr viel gelacht und er ist extrem selbstsicher. Ich war ja in der Situation wirklich sehr, sehr niedergeschlagen und dann kam noch dazu, dass mich meine Eltern dafür verurteilt haben, dass ich schwul bin und dass ich als Drag-Queen arbeiten möchte. Ich habe Herrn S. getroffen, und ich war sofort begeistert von dieser Lebensausstrahlung, die er vermittelt an die Leute. Das habe ich ja auch in der

Maßnahme Schritt für Schritt erlernt, und ich glaube, ich bin dadurch doch ein besserer Mensch geworden." (JUG)

Auch die Mutter ist von der Persönlichkeit des Betreuers angetan und fasst wieder Mut. *„Ich habe von Anfang an dieses Vertrauen zu ihm gehabt. Ein unheimlich gutes Gefühl. Er ist – wie soll man das erklären, das kann man jetzt schlecht sagen, er ist nett, lieb, hilfsbereit, er ist aber auch konsequent, in dem, was er tut. ... Als Timo von Anfang an gesagt hat, da gehe ich hin und der kann mir helfen, da war mir eigentlich schon klar, wenn das Kind das sagt, dann ist da schon was dran, sonst hätte der Timo ja wieder blockieren können und das hat er ja nicht gemacht."* (Mutter)

Das Jugendamt verbindet mit der intensiven Betreuung von T. folgende Ziele:

- Entwicklung und Stabilisierung der Persönlichkeit
- Verhinderung der Abgleitung in die Schwulen- bzw. Stricherszene
- Entwicklung einer beruflichen Perspektive
- Verselbständigung. (vgl. Schreiben vom 30.7.2004)

Der Wechsel

„Mein erster Eindruck war von einem androgynen Wesen, sehr zart, sehr schmal, fast ausgehungert, sehr stark geschminkt, im weißen Hosenanzug mit langen Fingernägeln und mit dem Versuch sehr transsexuell aufzutreten. ... Ich hatte den Eindruck, ich hatte es mit einem sehr viel jüngeren Jugendlichen zu tun. Er war schon vier Monate 16 und ich hatte den Eindruck, da kommt ein 12-, 13-jähriger. Schon in dem Gespräch, aber später noch deutlicher ist mir das alles sehr maskig vorgekommen. Ich habe das später den Panzer genannt, hinter dem er sich versteckt. Das ist so eine Höhle, in der gelebt hat, die ihn irgendwie schützen konnte oder mit der er sich schützen konnte. Das Gefühl hatte ich sehr deutlich, dass er sich schützen wollte. Er

kam sehr armselig, ... mit einem Bündel von Lumpen in kaputten Kartons. Das war so ein extrem auseinanderdriftendes Bild zwischen diesem überstylten Jungen und dem – ich sage mal – dem Müll, den er mitgebracht hat." (B)

T. erinnert sich: „Wenn ich die Fotos angucke, die gerade gemacht worden sind, wo ich nach K. gekommen bin, sah ich doch ziemlich fertig und kaputt aus. Ich war ziemlich zerbrechlich und habe versucht, mich hinter einer Maske zu verstecken. Ich bin nicht selbstsicher gewesen, ich hatte kein Selbstvertrauen, gar nichts. Das war ziemlich chaotisch alles." (JUG)

„Die Regelung war, dass er zum 1. September kommt und er sofort ein leeres Appartement von mir bekommt. Das hatte ich hier um die Ecke angemietet und das konnte er beziehen. Es war nichts drin außer einer Matratze. Die Absprache war, er darf diesen Raum frei entwickeln. ... Dann haben wir zusammen Möbel besorgt und dieses erste Einkaufen war für ihn – glaube ich – ein reines Vergnügen. Sich ein Bett auszusuchen, ein paar Möbel zu kaufen, sein Zimmer zu streichen, sein eigenes Reich zu bekommen und darin hat er sich ausgetobt. ... Er hat ständig gestaltet und das Einkaufen war für ihn ein sehr stolzer Prozess. Das ging aus dieser Armseligkeit in etwas zu bekommen und haben. Eine Form von – sagen wir mal – ganz kleinem Reichtum." (B)

T. genießt den Wechsel und lebt sich schnell in der neuen Umgebung ein: „... ich habe vorher bei meinen Eltern im Haus später im Souterrain gewohnt und das war total furchtbar. Ich habe mich auch gar nicht wohl gefühlt und das über die ganzen Jahre nicht und dann hatte ich meine erste eigene Wohnung. Das war für mich mein Ruhepol. Ich konnte mich immer zurückziehen, wann ich wollte, und ich war mein eigener Herr und musste nicht unter Druck jetzt irgendwelche Sachen erledigen, und ich konnte auch mal ein bisschen was gehen lassen und erst einmal wieder tief durchatmen, denn ich habe vorher eigentlich das Leben nicht als positiv gesehen, sondern eher als negativ. Das hat sich dann mit der Zeit geändert, und ich glaube, hätte ich jetzt unter anderen Bedingungen gewohnt, jetzt zum Beispiel hier direkt mit im Haus oder so, dann wäre es schon anders gewesen, aber es war schon in Ordnung, dass ich direkt in der Nähe gewohnt habe und meine eigene Wohnung hatte. Ich habe auch sehr oft den Herrn S. eingeladen, damit er auch sieht, dass alles in Ordnung ist. Ja, das war mein Ruhepol." (JUG)

Alltag, Regeln und Rituale
Während die räumlichen Rahmenbedingungen für den Neuanfang von T. geschaffen werden, beginnt die alltägliche pädagogische Arbeit. Beide vereinbaren grundsätzliche Regeln für den Umgang miteinander und den Alltag. „Ich habe im Vorgespräch Regeln aufgestellt, nämlich ich möchte nicht, dass er Drogen nimmt und wenn er Drogen nimmt, wird das schwierig mit dem Zusammenarbeiten. Zweiter Punkt war, ich wusste, dass er ein völlig chaotisches Leben führt und habe die Regel aufgestellt: Frühstück ist um sieben Uhr, und zwar bei mir. Das heißt, er musste dann diese acht Minuten zu Fuß hierher gehen und musste um sieben Uhr hier sein. Da er nie ungeschminkt aus dem Haus geht, musste er dann um halb fünf, fünf aufstehen, um zwei Stunden sich zu schminken und dann ja auch im vollen Ornat auftauchen. Das war eine wichtige Regel."

„… Und der nächste Rahmen heißt, es gibt immer eine Lösung, egal, was dir passiert, du brauchst nicht zu lügen, du brauchst nicht irgendwas zu schummeln, sondern du hast das Recht auf Wahrheit sagen können und du wirst sehen, dass es immer einen guten Schritt in eine Richtung geht, die ihn unterstützt. Das hat er ausprobiert und ich habe Ehrlichkeit immer belohnt, auch wenn er richtig Mist gebaut hat und das schafft natürlich eine völlig offene Atmosphäre." (B)

T., der in der Szene immer wieder die Erfahrung übergriffigen Verhaltens anderer Männer gemacht hat und sich auch von seiner Herkunftsfamilie ausgeschlossen fühlt, braucht einige Zeit, der akzeptierenden Haltung seines Betreuers mit Vertrauen zu begegnen. „*Wir haben sehr intensive Gespräche geführt und da haben wir direkt die Ziele herausgefunden und dann als oberste Kategorie gesetzt. Herr S. hat mit dann doch geholfen, diese Ziele zu erreichen, die ich mir setzte. Am Anfang ist es so gewesen, dass ich sogar morgens um sieben Uhr, wenn ich hier zum Frühstück gewesen bin, komplett aufgebretzelt, geschminkt, gestylt, da gesessen habe und mich immer noch weiterhin versteckt habe hinter dieser Maske. Das erste, was sie halt gemacht haben, ist diese Maske zu brechen. Ich brauchte mich nicht mehr zu verstecken. Es gab keine Bedrohung mehr. Das hätte ich nie gedacht, dass das alles so positiv gelaufen ist, auch das Zusammenleben mit dem Herrn S. ..."*

„*Ich hab (ihn) immer als Freund gesehen und der hat mich, weil ich jeden Tag mit ihm zu tun hatte, mit seiner Lebensausstrahlung so motiviert, dass ich gesagt habe: ‚Okay, so will ich auch mal leben, wenn ich älter bin.' Das hat mit jeden Tag Mut gegeben.*" (JUG)

Zu den Vereinbarungen zwischen T., dem Jugendamt und seinem Betreuer gehört auch, dass er wieder regelmäßig zur Schule geht oder eine Ausbildung aufnimmt. Schnell stellt sich heraus, dass seine alten Ängste wieder wirksam werden: „*Ich habe später angefangen, die Schule zu besuchen, aber da ich so eine extreme Schulphobie habe und nie gerne zur Schule gegangen bin, weil ich selbst in der Schule in einem kleinen Kuhdorf dafür verurteilt bin, wie ich lebe, war es ziemlich schwierig. Da war dann halt schon wieder so ein bisschen dieser Druck da, weil das Jugendamt gesagt, du musst richtig zur Schule, Ausbildung, und dieser Druck hat mich dann schon wieder so angespannt, dass ich dann später die Schule auch nicht mehr besucht habe, weil ich nebenher meine Karriere als Drag-Queen aufgebaut habe. In dem Moment war für mich meine Karriere dann doch wichtiger als ein Schulabschluss.*" (JUG)

Im Rückblick bedauert T. diese Entscheidung. „*Also, wenn ich es jetzt betrachte, dass ich mich früh für meine Karriere entschieden habe, dass hätte ich anders gemacht. Ich wäre doch lieber zur Schule gegangen. Dass das Jugendamt natürlich nach zwei Jahren drängelt, der Junge muss was tun, ist natürlich auch klar, aber ich habe erst mal diese zwei Jahre für mich gebraucht, um mich überhaupt zu erholen und einen klaren Kopf überhaupt zu bekommen, denn ich bin so zu gewesen, dass ich gar nicht – so gesehen – das erlernen konnte, was jetzt in der Schule gefordert wird, sondern ich wollte für mich die Sachen machen, die mir Spaß machen, das heißt, was ich mein ganzes Leben lang nicht machen konnte, jetzt bei meinen Eltern. Das hätte ich anders gemacht – zur Schule gehen.*" (JUG)

T. stellt die Tragfähigkeit der Beziehung seines Betreuers zu ihm immer wieder auf die Probe. „*Wir sind dann auch Klamotten kaufen gegangen. Das war für mich schon auch ein Erlebnis, zum Kaufhof zu gehen und einen Damenbody zu kaufen, wo die Körbchengröße passt und wo er seine selbstgemachten Busendekorationen, sage ich mal, aus Strümpfen mit Reis gefüllt, irgendwie da reinstopfen konnte, und ich dann mich plötzlich in dieser Damenabteilung sah, wo ich dann mit diesen Dingern durch die Gegend gerannt bin und Preise vergleichen sollte mit ihm. Ich glaube, das war für ihn eine sehr deutliche Prüfung, wie weit ich ihn akzeptiere, verstehe und erst einmal so lasse wie er will.*" (B)

„*Es gab viel Auseinandersetzung und Absprachen in der Art, wie er auftritt, wie er sich präsentiert. Ich habe ihm immer gesagt: ‚Du kannst auch anders aussehen.' Das ist ihm im Anfang sehr schwergefallen, im Laufe der Zeit ist er dann irgendwann ungeschminkt zum Frühstücken gekommen. Das heißt, er konnte das auch ablegen. Als er dann zur Schule ging, ist er auch wieder sehr geschminkt gegangen und hat da dann auch nach einer Zeit das dann auch ein bisschen weniger tun können.*"

„Er hatte dann auch noch mal eine Phase, wo er sich sehr intensiv mit seiner Identität beschäftigt hat und hat mir in der Zeit einmal einen Zettel hingelegt, auf dem stand: Ich bin transsexuell. Er wollte sich umoperieren lassen. In diesem – ich sage mal – innerem Toben, in dieser inneren Auseinandersetzung hatte er sich sehr viel mit sich selbst beschäftigen müssen, und ich habe ihm immer gesagt: ‚Jede Form, die für dich richtig ist, ist dann auch in Ordnung. Ich werde dich unterstützen, so wie du bist, aber nicht so wie du sein willst. Schau, was für dich richtig ist. Wenn du dich operieren lassen willst, völlig in Ordnung, aber mit 18, nicht mit 16. Es gibt alle möglichen Formen, das zu operieren, und es gibt eine klare gesetzliche Regelung. Wenn du dich dem Thema richtig nähern willst, dann wirst du merken, wenn du erwachsen bist, dass dann auch die richtige Zeit da ist und bis dahin hast du alle Möglichkeiten der kosmetischen Gestaltung.' Und die hat er weidlich ausgenutzt in sehr bunter Form. Er wurde sehr kreativ. Allerdings war es im Anfang doch sehr schwierig. Ich glaube viermal hat er Suizidversuche vorgenommen. Das war sehr intensiv für uns beide, dieses Nicht-so-sein-wie-andere, aber Anders-sein-wollen, dieses Gezerre an ihm außerhalb dieser Betreuungssituation, wenn er in Lokale ging oder sonst was. Dieses Nichtwissen, was er damit macht, das war wirklich turbulent für ihn. So etwas wie eine klare Perspektive, aufzutreten, eine Travestie-Show zu machen, Drag-Queen zu werden, vielleicht Schauspielunterricht zu nehmen, Tanzunterricht, Gesangs- oder Sprachunterricht, das waren alles Möglichkeiten, die immer wieder in Betracht gezogen wurden, dann wieder verworfen wurden. Er war sehr in diesem Spannungsfeld zwischen ich bin nichts, ich kann nichts, ich bin nichts wert und eigentlich kann ich alles und bin der Beste." (B)

Im Rückblick ist für T. die Erfahrung einer vorbehaltlosen Akzeptanz ein zentrales Erlebnis und wichtiger Faktor für seine Fortschritte in der Betreuung. „Er hat mir immer vor Augen gehalten, du musst für dich gucken, was für dich gut ist, was du für richtig hältst. Er hat mir nie irgendwie eine

Entscheidung aufgezwängt wie meine Eltern, sondern hat mir immer die Wahl gelassen, du kannst es so machen oder du kannst es so machen, entscheiden musst du dich selber. Das war für mich eine Situation, die ich gar nicht kannte, dass ich für mich einmal gucken kann, was tut mir gut. Dass ich überhaupt mal an mich selber denke, das war schon mal – glaube ich – das Wichtigste." (JUG)

In der eigenen Auseinandersetzung mit seinen inneren widerstreitenden Impulsen kann T. deutliche Fortschritte machen. „*Der erste wichtige Entwicklungsschritt war auf Distanz mit den Eltern zu gehen. In einer ganz tiefen Suche nach Nähe und trotzdem eine Entscheidung zu treffen, auf Distanz zu gehen und langsam zu spüren, dort werde ich keine Zuneigung bekommen."*

„*Der zweite Schritt war, dass er eine Freundschaft finden konnte, er hat sich mit jemand befreundet, der ein Stück älter war als er, aber auch so ein Spätentwickler, sodass das gar nicht mal so auseinander war, mit dem war er über ein Jahr oder noch länger zusammen, das hat ihm auch ermöglicht, sich von der familiären Atmosphäre in eine Beziehungsatmosphäre zu bringen und die hat er sehr stark mit mir immer reflektiert. Er hat das schnell annehmen können ..."*

„*Schwierig war sein Drogenkonsum. Er hat Speed genommen, um seine Nachtausflüge zu machen, aber er hat das einigermaßen im Griff gehabt. Er hat das bis jetzt – glaube ich – gemacht, er hat jetzt aufgehört oder sagt es zumindest, aber das war für ihn immer eine Entlastung, wobei ich sagen muss, er hat sich dort nie wirklich verrannt. Er ist immer bei einem gewissen Level geblieben. Weiterentwicklung war, dass er in seiner Beziehung und auch zu mir im Anfang immer versucht hat, die Fäden in der Hand zu halten, also sich niemals außer Kontrolle zu bewegen, immer die Macht der Steuerung zu haben und das konnte er auch ändern. Er kann sich auf die Situation* einlassen, auch in Situationen, deren Ende er nicht kennt und ist mittlerweile in der Lage, sich Prozessen zu stellen, und das finde ich ist ein sehr wertvoller Schlüssel, wenn ich das bewerten darf, dass er aussteigen konnte aus dieser ganz starren Festlegung wie andere mit ihm umzugehen haben und wie er mit anderen umgeht in einer sehr festgelegten Form der Kontaktabläufe, die natürlich deswegen waren, weil er traumatisiert ist durch Missbrauch und durch Vergewaltigung und solche Dinge, die in diesen vier Jahren zwischen dem ersten ‚Coming-out' und dem Maßnahmenbeginn." (B)

Diese Traumatisierung und seine innere Zerrissenheit machen es für T. notwendig, die Beziehung zu seinem Betreuer klar zu definieren und durch verbindliche Regeln des Umgangs mit Nähe und Distanz zu festigen. Besonders Körperkontakt ist hier ein sehr sensibler Bereich. „Wir haben lange überlegt, was bin ich denn für ihn. Wir haben überlegt, ich bin sein Coach und das kommt ja gut an. Betreuer, das wollte er nicht, aber der Coach, das fand er klasse. Damit konnte er wieder so was wie Frieden schließen, wo er von jemand was annehmen konnte, etwas diskutieren, sich sortieren durch Äußerung von außen. Nach diesen vielen Jahren in der inneren Welt zu verbringen, war das – glaube ich – auch ein sehr wichtiger Schritt raus zu gehen. ... Wir haben zwei Verabredungen oder sagen wir zwei Traditionen eher in Kontakten gehabt, nämlich wenn ich mit etwas sehr zufrieden war, dann habe ich ihm gesagt: ‚Komm mal her, ich will dir auf die Schultern klopfen.' Nach einer Zeit, wenn er was Gutes gemacht hat, hat er mir immer die Schultern hingehalten und hat gesagt: ‚Du darfst mich loben.' Wenn ich ganz unzufrieden war, habe ich auf seinen Kappe getippt, auf seine Base-Kappe und habe gesagt: ‚Junge, da musst du aber noch einmal drüber nachdenken.' Und auch da hat er sehr schnell, wenn er selber gemerkt hat, das war jetzt nicht so super, dann mir seine Kappe hingehalten. Das waren so Rituale, die im Umgang die einzigen waren und klar definiert in so einer näheren Form." (B)

Derartige Rituale und klare Vereinbarungen haben offensichtlich dazu geführt, dass T. die Betreuung annehmen, positiv erleben und konstruktiv für sich nutzen konnte, sodass er seinen ‚Coach' im Rückblick als ‚Freund' bezeichnen kann: „... *das war bis jetzt das Tollste, das war immer so ein Geben und Nehmen. Ich denke, wenn ich das mit einer anderen Person gemacht hätte, hätte ich nicht diese Qualität von der Maßnahme gehabt, wenn ich den Herrn S. nicht gehabt hätte.*" (JUG)

Diese Klarheit hat auch dazu beigetragen, dass es – aus der Sicht von T. – kaum ernsthaften Streit gegeben hat. „*Zoff gab es selten, ganz, ganz selten. Ich hab schon gemerkt, wenn ich jetzt einen Fehler gemacht habe, dass er nicht direkt jetzt zornig wurde, aber ich habe es dann schon direkt gemerkt, an seiner Art, wie er dann sich mir gegenüber verhalten hat, aber so richtigen Streit oder Zoff eigentlich gar nicht.*" (JUG)

Auch das Jugendamt zieht eine positive Zwischenbilanz: „*T. hat inzwischen viele positive Entwicklungsschritte gemacht. Er ist in der Lage, seine Situation realistisch einzuschätzen. In den von ihm erarbeiteten Perspektiven übernimmt er die Verantwortung für sich. T. fühlt sich in K. wohl und möchte dort auch bleiben. In den letzten Wochen ist T. damit beschäftigt, die Veränderungen, die die Volljährigkeit auch im Jugendhilfebereich mit sich bringt, positiv zu nutzen. So hat er die Aussicht auf den Abschluss eines Ausbildungsvertrages als Friseur. T. möchte in keinem Fall Hartz IV beantragen, sondern ist sehr motiviert, seinen Lebensunterhalt durch eigene Arbeit zu bestreiten. Angedacht ist eine Tätigkeit im künstlerischen Bereich (Variete o.ä.):*" (HPG-Protokoll v. 10.1.2006)

T. bezieht nach längerer Suche eine eigene Wohnung in der Nähe seines Betreuers, der ihn bei der Einrichtung und Eingewöhnung unterstützt. Daneben bereitet sich T. auf den Besuch der Abendschule vor. „*Sowohl der schulische als auch der berufliche Bereich sind für T. schwierige Themen, de-*

nen er sich jedoch mit Hilfen immer wieder stellt und sich hier auch seinem Ziel annäherst. T.s Tagesablauf ist in der Vorbereitung auf einen Schulbesuch an einer Tagesschule/Realschule in K. strukturiert durch verschiedene Kurse an der VHS als auch durch privaten Unterricht sowie entsprechender Nacharbeitung/Hausaufgaben." (HPG-Protokoll v. 26.10.2006) Tatsächlich besucht T. anschließend regelmäßig die Abendrealschule, dennoch gelingt es ihm trotz seiner Anstrengungen und intensiver Nachhilfe nicht, nach zwölf Monaten den Hauptschulabschluss zu erlangen. Er bleibt jedoch weiter motiviert und will den Schulbesuch fortsetzen.

Beendigung der Maßnahme

„Es gab einen ersten Schritt in der Nähe seines 18. Geburtstages, wo er sehr hin- und hergerissen war, ob er die Schule weitermacht, und er wusste, nur wenn er die Schule weitermacht, kann er die Maßnahme weitermachen. Fast dramatisch zum Schluss mit zeitlicher Enge hat er sich entschlossen, die Schule weiter zu besuchen, weil er gespürt hat, die Maßnahme ist für ihn noch nicht zu Ende. Ein Jahr später hat er dann im Sommer gesagt: ‚Jetzt ist eigentlich für mich die Zeit.' Die Schule ist nicht der Reiz für ihn, er möchte sich selbstständig machen, er möchte weiterkommen, er möchte seine Auftritte so gestalten, dass er darüber auch Geld verdient. Er hätte genug Angebote und er möchte die Schule beenden." (B)

„Ich habe mich ganz bewusst dafür entschieden, dass ich als Künstler weiterarbeiten will, damit ich mich weiterentwickele. Irgendwann so nach einer gewissen Zeit hier mit Herrn S. ist es so gewesen, dass ich mich in meinen Augen nicht mehr so weiterentwickelt habe, ich vom Jugendlichen zum Erwachsenen übergehen muss. Ich habe mir gedacht, das geht nur, wenn ich die Verantwortung hundertprozentig auf mich nehme. Dann habe ich mich dafür entschieden, dass ich die Maßnahme beende, damit ich mich weiterentwickele." (JUG)

„Das haben wir dann mit dem Jugendamt und mit … (Träger) besprochen und haben dann noch eine dreimonatige Abschlussphase besprochen, in der ich mit ihm eine Art Existenzgründungstraining gemacht habe, mit Angebotsdefinition, mit Finanztraining, mit all diesen Dingen. Das war richtig verwendungsbezogen, absolut praktisch, mit allen Unterlagen, mit Mappe erstellen, sodass er richtig gebrieft war, und er dass auch wirklich dankbar annehmen konnte. Er hat sich dafür auch beim Jugendamt noch mal bedankt. Er hat nämlich das Jugendamt und die Erziehungsleiterin von … (Träger) und mich richtig zu einem Abschlussessen, zum Kaffeeklatsch eingeladen, und wir haben richtig den Abschluss gefeiert. Der wirkliche Abschluss war am 31. Dezember, da hat er mich dann zu einem Auftritt eingeladen, den er in einer Disko gemacht hat und da haben wir um 24.00 Uhr das Ende seiner Maßnahme und das neue Jahr gefeiert und dann habe ich mich verabschiedet und das war wirkungsvoll. Das war sehr schön." (B)

Die Mutter beurteilt die Beendigung der Maßnahme im Nachhinein negativ. „Timo hat die Maßnahme leider selber beendet. Er wollte aus der Maßnahme raus …"

„Ich habe es nie verstanden, weil es ihm ja eigentlich immer gut gefallen hat. Ich glaube, dass er gedacht hat: ‚Gut, ich bin jetzt 18. Es wird langsam Zeit, dass ich mal auf eigenen Füßen stehe und ich werde denen das mal zeigen, wie das geht.' Und das war der größte Fehler, den er gemacht hat. … Er war noch nicht fest genug. Er war noch nicht stark genug dafür. Er hätte ruhig noch bis 21 das durchziehen können, dann hätte alles ein bisschen besser auch geklappt und man hätte da ja auch die Ziele ändern können." (Mutter)

2. Derzeitige Lebenssituation

T. wohnt in seiner eigenen Wohnung und kommt dort nach übereinstimmender Aussage der Beteiligten gut klar. Er lebt weiterhin die Beziehung zu seinem etwas älteren Freund und hat in der Szene eine Reihe von Freunden, auf die er sich mittlerweile verlassen kann. Zunächst waren es „... *doch 20, 25 sehr, sehr gute Freunde. Wo es aber dann nicht mehr so toll gewesen ist, wo ich dann doch etwas Unterstützung gebraucht habe, sind dann sehr, sehr viele Leute abgesprungen und jetzt sind ungefähr noch zehn übriggeblieben, wenn überhaupt, die mich dann aber auch immer weiterhin unterstützt haben, aber es sind auch Leute darunter, wo ich das gar nicht erwartet hätte. Das fand ich auch sehr interessant.*" (JUG)

T. hat das Gefühl, sich auf diese Menschen verlassen zu können. „*Geben und Nehmen. Das steht für mich an oberster Stelle, gerade bei einer Freundschaft. Ich habe immer gegeben, aber nie genommen. Ich glaube, wenn ich mit meinen Freunden unterwegs bin, jeden zweiten Tag hören die den typischen Satz von mir geben: Geben und Nehmen. Einfach nur so. Das geht ziemlich gut ... Ich bin aber auch so fürsorglich, dass ich dann auch regelmäßig Essen koche, wenn die vorbeikommen. Deswegen Mutti. Ich bin auch manchmal so: ‚Oh, geht es dir gut? Wirklich, wirklich?' Ich bin dann doch schon manchmal etwas nervig, aber ich glaube, dass mich das doch sehr auszeichnet. Das, was ich nie bekommen habe, gebe ich halt den anderen.*" (JUG)

Über Konflikte mit Polizei oder Justiz ist nichts bekannt. Seine anfänglich ganz erfolgreiche Rolle als Drag-Queen ist nach seiner eigenen Aussage derzeit etwas problematisch. Ich habe mich dafür entschieden als Drag-Queen professionell dann zu arbeiten und „*meine Aufträge zu machen, sodass es reicht, dass ich meine Wohnung bezahlen kann. Das Problem ist, es gibt in diesem Showbusiness sehr, sehr viele Neider und das Problem ist dann gewesen, dass das Publikum mich ziemlich runtergemacht hat, ich* dann nicht genügend Aufträge bekommen habe und ich mich dann Monat für Monat immer mehr in die Schulden reingerast habe, wo ich jetzt Gott sei Dank einen Kredit bekommen habe." (JUG)

T. arbeitet hart an seinem Comeback, sollte das nicht von Erfolg gekrönt sein, will er in einem einjährigen Kurs den Hauptschulabschluss nachmachen. „Mein Ziel ist es, irgendwann mit meinen Erfahrungen, die ich die ganze Zeit gesammelt habe, mal an die Oper zu gehen und als Maskenbildner zu arbeiten oder halt selber eine Bühnenshow zu verkaufen. Das steht noch in den Sternen. Wenn ich erst einmal ein Jahr Schule gemacht habe, werde ich dann wahrscheinlich erst mal ein Jahr als Drag-Queen arbeiten und irgendwann mit dem Ziel, eine Ausbildung als – ja – Maskenbildner zu machen." (JUG)

Kontakt zu seinen Eltern hat T. nur sporadisch, zu oft fühlte er sich enttäuscht und zurückgewiesen. „Am Anfang ist es so gewesen, dass ich mit meinen Eltern gar nichts zu tun haben wollte. Später war es dann so gewesen, dass ich doch einen ziemlich guten Kontakt zu meiner Mutter hatte. Jetzt ist es halt so, dass mein Vater noch mit meinem Großeltern im Haus lebt, meine Mutter sich aber von meinem Vater getrennt hat, aber W. ist ein kleines Kuhdorf, wo immer der Schein gewahrt werden muss. Ich habe ... jedes Mal die Augen geöffnet, dass meine Mutter eigentlich die Vorsätze, die sie mir vorgelebt hat: ‚Ach, ich will nur hören, wie es dir geht', dass das eigentlich damit zusammenhing, okay ich will wissen, welchen Stand hat er jetzt, damit er schön weit weg bleibt. Sobald es dann irgendwie wieder Richtung W. wieder ging, wie am Ende des Jahres, wo ich fast meine Wohnung verloren hätte und zurück nach W. gehen sollte, hat meine Mutter dann gesagt: ‚Nein, dich nehme ich nicht auf. Du gehst wieder zum Jugendamt.' Und da habe ich mir gedacht, wenn man ein Kind auf die Welt setzt, sollte man dafür sorgen. Seitdem habe ich eigentlich gar keinen Kontakt mehr. Seitdem habe ich den Kontakt endgültig abgebrochen, denn so was macht man nicht. Gerade als 34-, 35-jährige sollte man doch ein bisschen mehr Lebenserfahrung und ein bisschen mehr Weisheit haben – na ja." (JUG)

Seine Mutter hingegen betont, dass T. nur dann den Kontakt gesucht hat, wenn er Geld brauchte: „Er hatte die eigene Wohnung noch, hat dann aber versäumt, Miete zu zahlen und all solche Dinge. Man kann ja Geld von den Eltern holen und Terror machen, mich wieder bedrohen. Das war dann diese Phase, die ich meinte, Telefonterror und all solche Geschichten und mir per SMS drohen. Dann bin ich hart geblieben, bin auch nicht mehr ans Telefon gegangen, habe auf nichts mehr reagiert." (Mutter)

3. Selbstbild, Selbstdeutung und Selbstwirksamkeit

Timo ist ein schmaler, aber selbstbewusster junger Mann, der im Verlauf des Gesprächs ein hohes Maß an Selbstbewusstsein und Selbstdeutung entwickelt. Er spricht reflektiert über seine Lebensgeschichte, seinen Entwicklungsprozess und die Effekte der Maßnahme sowie die Zeit danach. Er formuliert klar seine Zukunftswünsche und Perspektiven sowie die Möglichkeit ihrer Umsetzung.

Die Gesprächsatmosphäre ist offen und ruhig. Anfänglich ist Timo vorsichtig und verspannt, lockert sich aber im Verlaufe des Gespräches zusehends. Die Aussagen werden komplexer, reflektierter und konkreter. Timo stellt klare Zusammenhänge zwischen seinen Motiven, seinem Handeln und den möglichen Konsequenzen her (Selbstwirksamkeit). Er weist auf die hohe Bedeutung der Person und Persönlichkeit des Betreuers hin.

Heute sagt er von sich: „*Ich weiß, wer ich bin, ich habe Selbstbewusstsein, ich achte mehr auf mich, ich habe einfach Freude am Leben und lass auch andere Leute daran teilhaben, und ich bin ein Mensch, sobald ich sehe, dass es einem schlecht geht, helfe ich dann schon eher als andere Leute. Ja, ich bin so gesehen für meine Freunde eigentlich die Mutti, denn ich bin sehr fürsorglich und achte auch darauf, dass es nicht nur mir gut geht, sondern auch meinen Freunden. Ich glaube, das zeichnet mich als Mensch aus.*" (JUG)

Das eine solche Entwicklung möglich war, führt er darauf zurück, „*dass ich halt meine Sachen für mich selber machen konnte und selber entscheiden konnte, aber dass ich auch, wenn ich mal Fragen hatte, immer zu R. gehen konnte und der mich nicht direkt so motiviert hat, sondern eher gesagt hat: ‚Okay, da hat die Sache jetzt einen Haken, da solltest du eher ein bisschen aufpassen und auf dich achten', und das habe ich halt gelernt.*" (JUG)

Gleichzeitig reflektiert er offen über eigene Grenzen und Schwächen. „*Der (Betreuer) hat dann versucht, in den letzten paar Monaten mir noch zu helfen, dass ich meine Selbstständigkeit als Drag-Queen gut hinbekommen, wo er aber definitiv hätte strenger mit mir sein müssen und nicht einfach das so hätte durchgehen lassen sollen, als ich gesagt habe: ‚Das ist ja alles toll, was mache ich denn?' Ich habe mir nur die guten Sachen angeguckt und nicht die schlechten. Jetzt habe ich noch so ein großes Fragezeichen wie es weitergeht, aber ich bin ein paar Erfahrungen wieder reicher.*" (JUG)

4. Beurteilung des Prozesses und seiner Ergebnisse

Betrachtet man die Lebenssituation von T. vor Beginn der Maßnahme und die Ziele der intensiven Betreuung, ihn vor Diskriminierung, Ausgrenzung und Übergriffen in der Familie und in der Schwulenszene zu schützen, zu stabilisieren und bei der Herausbildung einer seiner sexuellen Orientierung entsprechenden Identität zu unterstützen, wird die Maßnahme von allen Beteiligten als beachtlicher Erfolg bewertet.

T. erlebt in dieser Betreuung das erste Mal, dass er vorbehaltlos als Person angenommen und in seiner Zerrissenheit hinsichtlich seiner sexuellen Orientierung akzeptiert wird. Den ‚Luxus', eine Betreuungsperson *„ganz für sich"* zu haben, erkennt er als deutlichen Unterschied zu anderem Settings. *„Also im Allgemeinen bin ich doch sehr, sehr froh, dass es überhaupt so eine Individualmaßnahme gibt, denn dieses unter einem Dach, jeder sein Zimmer und WG das fand ich zwar immer ganz toll vom Hören und Sagen, aber wo ich es selber erlebt habe, fand ich das ganz grauenhaft. So gesehen ist es so gewesen, dass die ganzen Erzieher halt nicht speziell auf einen zugehen konnten und nicht so viel Zeit hatten und nie richtig zugehört haben, sondern immer nur mit einem halben Ohr. Das ist das Gute, dass es so angeboten wird, dass es nur einen Erzieher oder einen Pädagogen für eine Person gibt. Ich glaube, das ist doch schon eine ganz gute Sache."* (JUG)

Das dadurch aufgebaute Vertrauen hält über die Maßnahme hinaus. So antwortet T. auf die Frage, wie er jetzt – lange nach Abschluss der Maßnahme – seine Beziehung zu seinem ehemaligen ‚Coach' bezeichnen würde: *„Eigentlich noch wie vorher, nur dass wir uns nicht so oft sehen, aber der (Betreuer) hat mir in einer Zeit geholfen, wo es mir sehr, sehr schlecht ging, dass ich das halt abgelegt habe und das erlernen konnte, dass es auch* anders geht, da bin ich dem ... sehr, sehr dankbar für und deswegen bleibt er immer ein guter Freund und deswegen suche ich auch schon regelmäßig den Kontakt, ob jetzt irgendwelche Sachen zu klären sind oder um einfach nur rauszugehen und Spaß zu haben." (JUG)

Der Betreuer, Herr S., setzt noch einen weiteren (anderen) Akzent in der Beurteilung der Maßnahme: „Die spezifische Qualität besteht aus meiner Sicht darin, dass es in erster Linie einen Rahmen der Entwicklung gibt, der nicht in erster Linie durch meine Regeln oder durch fremde Regeln gestaltet ist, sondern durch Regeln, die gemeinsam entwickelt werden, jemand mit einer parteilichen Form diesen Prozess begleitet. Ich glaube auch, dass es einen weiteren ganz wichtigen Rahmen gibt, der für mich in das Thema der Haltung gehört, nämlich so was wie eine grundsätzliche Wertschätzung und so was wie einen Glauben an ihn, dass er das schafft." (B)

Damit verbunden ist eine Haltung, die sagt: „... es gibt immer eine Lösung, egal, was dir passiert, du brauchst nicht zu lügen, du brauchst nicht irgendwas zu schummeln, sondern du hast das Recht auf Wahrheit sagen können und du wirst sehen, dass es immer einen guten Schritt in eine Richtung geht, die ihn unterstützt. Das hat er ausprobiert und ich habe Ehrlichkeit immer belohnt, auch wenn er richtig Mist gebaut hat und das schafft natürlich eine völlig offene Atmosphäre, indem das, was wir pädagogisch Vertrauensentwicklung nennen, auf eine Weise entsteht, die tatsächlich dann auch vorhanden ist, die ich aber ganz häufig in anderen Settings vermisse. Das geht natürlich nicht immer in Gruppenzusammenhängen, aber in einer Individualpädagogischen Maßnahme, wo ich keine Rücksicht auf Gerechtigkeit und Absprache mit anderen einhalten muss, ist das wirklich ein nicht zu unterschätzender Rahmen, der hier geboten wird." (B)

Kritisch beurteilt er hingegen im Rückblick, dass er nicht frühzeitig und entschiedener auf eine therapeutische Begleitung hingewirkt hat. Nach den Erfahrungen in dieser Maßnahme ist es aus seiner Sicht unerlässlich, für derartige oder vergleichbare Problemlagen spezifische Konzepte und Settings zu entwickeln und Menschen als Betreuerinnen und Betreuer zu gewinnen, die mit der Szene und den Herausforderungen eines ‚Coming-out' aus eigener Erfahrung vertraut sind. Das dies bei dieser Individualpädagogischen Maßnahme ermöglicht wurde, ist aus seiner Sicht eine wichtige Voraussetzung für ihren sichtbaren Erfolg.

Das Jugendamt zieht eine verhalten positive Bilanz: *„Wir haben immer wieder die Ziele angeglichen, also runtergebrochen, weil das alles nicht so ging, als höchstes Ziel, die abgeschlossene Ausbildung eben, Schulabschluss und eine Perspektive. Das ging alles nicht. Das heißt, die Ziele wurden immer viel kleiner gemacht und Möglichkeiten wurden dann gesucht. Timo hatte an vielen Punkten immer durchgehalten, man sah immer ein Stückchen Entwicklung. Das war was, wobei letztendlich hatte er dieses Ziel ja nicht erreicht, aber ein ganzes Stück an Entwicklung gewonnen ..."*

„Das war dann so, wo wir sagten: ‚Ja, er ist ein Stückchen erwachsener geworden. Bestimmte Dinge sieht er heute anders als damals. Die Intelligenz hat er.' ..."

„Es war mehr so, dass wir zum Schluss dann auch gesagt haben: ‚Er hat jetzt nichts vorzuweisen, wie eine abgeschlossene Schulausbildung und eine Lehre, also eine Ausbildung, aber er hat durchaus Stärke entwickelt. Er weiß, wie manche Sachen gehen und könnte das, wenn er wollte, alles auch alleine machen.'" (MA JA)

Die Mutter ist erleichtert über die Selbständigkeit ihres Sohnes. *„Was Timo jetzt auch macht, mit sich selber kämpfen, eine neue Wohnung suchen, ein neues Umfeld finden und alles selber in die Hand nehmen, die Schule anmelden, alles macht er ja jetzt alleine. Das ist das, was ich eigent-*

lich auch immer wollte, was ich erreichen wollte, dass er selbstständig denkt und handelt und nicht immer die Schuld bei anderen sucht, sondern auch mal bei sich selber." (Mutter)

Die Mitarbeiterin des Jugendamtes resümiert schließlich am Ende unseres Gespräches nachdenklich: *„Einmal denke ich, seine Einstellung zum ganz normalen Leben hat sich ein Stückchen verändert. Wie soll ich das sagen, der hat ja durchaus bürgerliche Anteile in sich auch gehabt und diese bürgerlichen Anteile ein Stück auch gut leben können. Das heißt, er hatte auch ein Stück Verantwortung für sich übernommen. ... Er hat Beziehungen auch gehalten, andere Beziehungen aufgelöst und trotzdem noch einen Halt in sich gefunden. Vielleicht hätte er das auch ohne Jugendhilfe geschafft. Das ist ja gut möglich, dass er solche Ressourcen auch in sich hatte. Deshalb kann man das gar nicht so sagen, ob das jetzt auch an dieser Maßnahme lag."* (MA JA)

Prozesse,
Schlüsselsituationen
und Wirkfaktoren
Individualpädagogischer
Maßnahmen

5.1 Fallübergreifende Prozessaspekte

Die prozessualen Verläufe von Individualpädagogischen Maßnahmen entwickeln sich in der Regel nicht gradlinig und in allen Aspekten plan- und vorhersehbar, sondern sprunghaft mit Schleifen und Umwegen, Rückfällen und Exkursen. Dies gilt auch für ihre Wirkungen und Effekte: sie zeigen sich nicht unbedingt im Prozess selbst, sondern u.U. sehr viel später. Die hier aus der Perspektive der Beteiligten rekonstruierten Entwicklungslinien einer Betreuung widerlegen den technokratischen Mythos von der perfekten Planbarkeit pädagogischer Prozesse, wie er im Rahmen des Diskurses über die wirkungsorientierte Steuerung erzieherischer Hilfen[36] und der Ausdifferenzierung und Etablierung psychologischer Diagnostik[37] in diesem Feld immer wieder gepflegt wird. „Es ist (eben) nicht so, dass ein geplantes ,Treatment' auf die Objekte der Veränderung ,einwirkt'. Ergebnisse sind ... ein Produkt der Koproduktion zwischen Adressaten und Fachkräften. Individuell ausgehandelte und abgestimmte Problemdefinitionen, Ziele und Arrangements, die Art und Weise der Gestaltung der Begleitung sowie die ,Passung' zwischen den Beteiligten sind Wirkfaktoren, die wesentlich für das Zustandekommen von ,Erfolg' sind."[38]

Persönlichkeitsveränderungen und das Lernen in Individualpädagogischen Maßnahmen ist nicht umfassend didaktisierbar und methodisch

---

36   vgl. Otto 2007
37   vgl. kritisch dazu Langhanky 2005
38   von Spiegel 2006, S. 275

durchzuplanen wie ein Unterricht in der Schule (wo das bekanntermaßen auch nicht so richtig klappt), sondern die pädagogische Stärke dieses pädagogischen Settings besteht gerade in seiner Flexibilität im Hinblick auf den jeweiligen Entwicklungsschritt, der für den jeweiligen betreuten Jugendlichen gerade ansteht. „Also: nicht Ziele erreichen, sondern Angebote machen und Situationen gestalten – als Person, kommunikativ, offen und persönlich. Die Ereignisse sind nicht Output eines pädagogischen Plans (auch, wenn wir gerne so tun), sondern ein nicht berechenbares Konglomerat aus Anforderungsfaktoren der Situation."[39]

Bei der Betrachtung der rekonstruierten Prozesse fällt auf, dass von außen chaotisch erscheinende Verläufe aus der Perspektive der Beteiligten durchaus sinnvoll sein können. Wenn auch die Betreuung selbst während ihres Verlaufs die professionellen Fachkräfte mit unerwarteten Situationen vor neue Herausforderungen stellt und beileibe nicht alles so ablief, wie es vorab geplant war, gelingt es immer wieder, das jeweilige Setting und die pädagogischen Handlungsstrategien zeitlich und passgenau auf die unterschiedlichen Anforderungen der Jugendlichen einzurichten und dabei letztendlich mehrheitlich ein zufriedenstellendes Ergebnis zu erreichen. Dazu trägt sicher auch bei, dass Individualpädagogische Maßnahmen wegen ihrer individuellen Ausrichtung die sich verändernden Perspektiven der Jugendlichen ernst nehmen und angemessen auf deren partizipative Koproduktion reagieren (müssen). „Die Betreuungswirklichkeit entfaltet ihre Kräfte nicht in kodierten Lern- und Bildungsumgebungen, sondern vielmehr durch den informellen Handlungs- und Situationskontext des alltäglichen miteinander Lebens und Arbeitens. Damit befinden sich informelle Erfahrungsräume im Vordergrund ... , die ihre Besonderheit aus der wechselnden Bedürfnislage der Jugendlichen, den vorhandenen Erfahrungen ihrer Betreuer, der je eigenen Ausbildung

---

39 *Hinte 1992, S. 28*

des intensivpädagogischen Beziehungsverlaufs, instrumentellen Umgebungsbedingungen sowie aus den funktionalen Aufgabenzuschreibungen der Alltagsarbeit gewinnen."[40]

Phasen des Prozesses

Trotz aller individuellen Ausrichtung lassen sich in den rekonstruierten Prozessverläufen Gemeinsamkeiten und Schlüsselsituationen identifizieren, die auf deren Verlauf einen bedeutenden Einfluss haben und aus diesem Grunde sensibel wahrgenommen und bewusst gestaltet werden müssen.

In der Gesamtsicht auf die beschriebenen Verläufe individualpädagogischer Betreuung werden verschiedene Phasen der Entwicklung erkennbar, die zwar nicht in jedem Fall scharf voneinander getrennt sind, aber dennoch Grundthemen der pädagogischen Arbeit erkennen lassen.

Pädagogische Interventionen, die mit einer Herausnahme aus gewohnten Bezügen und sozialen Bindungen verbunden sind, haben biografische Brüche zur Folge. Ob diese Brüche produktiv für die biografische Entwicklung der AdressatInnen sind oder nur weitere Glieder einer Kette von Beziehungsabbrüchen und Enttäuschungen im Laufe einer Jugendhilfekarriere, hängt von deren Gestaltung ab.

Hierzu haben Villanyi und Witte[41] ein einleuchtendes Phasenmodell vorgelegt, das die Folie für eine solche systematische Betrachtung abgeben könnte.

---

40 Fischer/Ziegenspeck 2009, S. 187
41 Villanyi/Witte 2006, S. 38 ff

In ihrem Modell unterscheiden sie insgesamt sechs Phasen:

- Diagnostizieren: Für die in dieser Phase notwendige Beobachtung, Beschreibung und Erklärung von Merkmalen des betreuten Jugendlichen und die darauf aufbauende Formulierung konkreter und realistischer Ziele fordern die Autoren eine Verbindung diagnostischer Verfahren mit einer ‚fallrekonstruktiven Erschließung der je konkreten Wirklichkeitskonstruktionen' der AdressatInnen und betonen so den koproduktiven Charakter des Settings.
- Delegitimieren: Dies meint das Erschüttern bislang funktionaler Handlungsroutinen und -logiken.
- Neustrukturieren: Nachdem vertraute Handlungsroutinen nicht mehr greifen, werden in der neuen Umgebung und einer engen Vertrauensbeziehung zur BetreuerIn neue Verhaltens- und Handlungsmuster erworben.
- Konsolidieren: In dieser Phase werden die schrittweise erworbenen neuen Kompetenzen und Strategien erprobt, stabilisiert und ggf. weiterentwickelt.
- Transfer: Mitnahme und Übertragung des bisher Gelernten in den Alltag.
- Normalisierung: Etablierung der erworbenen Handlungskompetenzen und -muster als neue, selbstverständliche Routinen.

Diesem Modell folgend sind Strukturbrüche zwischen Phase 1 und 2 (Distanzierung vom Herkunftsmilieu und Herausnahme aus dem gewohnten Alltag) sowie zwischen den Phasen 4 und 5 (Rückkehr) für Individualpädagogische Maßnahmen (insbesondere im Ausland) charakteristisch.

5.2 Schlüsselsituationen in der individualpädagogischen Betreuung

Aus diesen Phasen ergeben sich zwangsläufig verschiedene pädagogische Schlüsselsituationen und spezifische Prozessvariablen.

Vorbereitung

Die Herausnahme aus den aktuellen räumlichen und sozialen Alltagsbezügen muss durch eine angemessene, am individuellen Orientierungsbedürfnis des jeweiligen Jugendlichen orientierte Vorbereitung begleitet werden. Dazu gehört neben den notwendigen formalen Notwendigkeiten (Passformalitäten, Impfungen, Diagnostik etc.) und sachlichen Informationen über den künftigen Aufenthaltsort vor allem eine sozioemotionale Abfederung. Dazu können neben einer engen personalen Begleitung ein ‚Probewohnen' am neuen Ort oder der Kontakt mit ‚Ehemaligen' beitragen, die authentisch über ihre persönlichen Erfahrungen berichten. Eine solche Vorbereitung erfordert eine Entschleunigung und Zeit, die offensichtlich nicht immer herstellbar ist (Bsp. Sven, Seval). Fischer und Ziegenspeck stellen in ihrer Studie fest, dass durchschnittlich 17 Tage für eine Vorbereitung Individualpädagogischer Maßnahmen (im Ausland) zur Verfügung stehen.[42] Die hier untersuchten Maßnahmen liegen zeitlich in diesem Spektrum.

---

42 Fischer/Ziegenspeck 2009, S. 202

Ankommen am neuen Ort
Die Ankunft und der ‚Empfang' am neuen Ort sind aus der Sicht aller Beteiligten pädagogische Schlüsselsituationen, die Weichen für den anschließenden Betreuungsprozess stellen. Die betreuten Jugendlichen betonen im Rückblick den ‚Schock', den sie zu Beginn in der neuen Umgebung erfuhren, entweder weil die Trennung von der Herkunftsfamilie so schmerzhaft war (Armin) und/oder die neue Umgebung so fremd und ungewohnt (Sameh, Grit, Alex). Da der Bruch mit der vertrauten Umgebung und damit verbundenen Alltagsroutinen Teil des pädagogischen Konzeptes ist, kann nur sehr individuell bestimmt werden, welche pädagogische Rahmung angemessen ist. Zwischen einer sehr nahen Begleitung (Armin) und der bewussten Entscheidung, den Jugendlichen für sich erst mal zur Ruhe und ankommen zu lassen (Sameh, Alex, Mirko) steht ein breites, abgestuftes Spektrum pädagogischer Handlungsstrategien zur Verfügung. Bezogen auf Maßnahmen im Ausland, bei denen die Diskrepanzen zum bisher gelebten Alltag und den gewohnten Verhaltensroutinen am größten sein dürften betont Witte jedoch die Bedeutung intensiver Kommunikationsoptionen. „Die Phase des Delegitimierens sollte – das zeigen die Fallrekonstruktionen – eine hoch verdichtete Kommunikationsphase sein, da sonst die bisherigen routinemäßig praktizierten Handlungsmuster des Adressaten nicht erschüttert werden. Die Delegitimierungsphase kann als eine Phase der Anbahnung und damit als ‚Bedingung der Möglichkeit' pädagogisch intendierter Arbeit im Ausland begriffen werden."[43]

Alltagsstrukturen, Regeln und neue Kommunikationsformen
Um in einem sicheren und vorhersehbaren Rahmen alte Handlungsmuster aufgeben und neue Verhaltensformen erproben zu können, spielen klare Alltagsstrukturen und gemeinsam vereinbarte Regeln eine zentrale

---
43 Witte 2009, S. 242

Rolle. Aus der Sicht der Jugendlichen sind diese leichter akzeptabel und nachvollziehbar, wenn sie sich aus den Bedingungen und Erfordernissen der alltäglichen Umgebung plausibel und geradezu zwangsläufig ergeben („in einem Holzhaus raucht man nicht!").

„Lebensweltliche Strukturen sind dynamisch und in ihrem Neuaufbau äußerst fragil. Es lässt sich beobachten, dass der Zugang des Betreuers zum Adressaten in der Regel zunächst über gemeinsame Aktivitäten gesucht wird, da die Jugendlichen insbesondere zu Beginn ... für eine intensive und direkte verbale Kommunikation mit dem (fremden) Betreuer noch nicht bereit sind."[44] Diese indirekten Zugänge erweisen sich gerade zu Beginn einer Betreuung als besonders geeignet, Vertrauen und Bindung herzustellen. Der ‚Einstieg' von Alex in die Betreuung in Schweden ist dafür ein eindrücklicher Beleg.

Wichtig erscheint darüber hinaus – das betonen Jugendliche und BetreuerInnen gleichermaßen – dass die Gestaltung des Alltags mit seinen Anforderungen und Regeln eingebettet wird in eine akzeptierende, vertrauensvolle und offene Kommunikation, die für die Jugendlichen häufig völlig neu ist, weil sie diese weder in ihrer Herkunftsfamilie noch in den vorherigen Betreuungsbezügen (i.d.R. stationäre Einrichtungen) in dieser Weise erfahren haben. Freilich stellt die Realisierung solcher Kommunikationsbezüge die BetreuerInnen gelegentlich vor große Herausforderungen, sind doch Akzeptanz und Einhaltung vereinbarter Arbeitsaufträge und Regeln häufig mit Konflikten verbunden.

Einbindung in die neue Umgebung
Ein wichtiger Aspekt der bereits genannten Alltagsstrukturen ist die Einbindung des betreuten Jugendlichen in die sozialen Strukturen und

---
44 a.a.O. S. 240

Beziehungen vor Ort. Dies gilt zunächst für die Familie der Betreuerin oder des Betreuers. Die Rolle des Jugendlichen in diesem Kontext muss klar beschrieben, ständig reflektiert und orientiert an der Beschreibung gelebt werden. In unseren Interviews wird deutlich, dass in dieser Hinsicht eine unterschiedliche Wahrnehmung und Deutung durch Jugendliche einerseits und BetreuerInnen andererseits nicht selten ist. So betonen BetreuerInnen bei familienähnlichen Settings häufig, dass für den betreuten Jugendlichen die gleichen Regeln gelten wie für die eigenen Kinder und er genauso behandelt werde. Nicht nur, dass eine Umsetzung dieses (hohen) Anspruches relativ unrealistisch erscheint, die Jugendlichen nehmen auch eine deutliche Differenz wahr und sehen sich in deutlicher Konkurrenz zu den leiblichen Kindern der BetreuerIn. Eine realistische Rollenzuschreibung erscheint daher notwendig: Der betreute Jugendliche steht im Fokus der pädagogischen Bemühungen und der aufrichtigen, authentischen Zuwendung der BetreuerIn, aber er ist eben nicht ihr leiblicher Nachwuchs mit allen emotionalen Konsequenzen. Manche Konflikte und Provokationen der Jugendlichen, die sich in den rekonstruierten Betreuungsverläufen finden, können vor diesem Hintergrund auch als Versuch verstanden werden, dieses Missverständnis aufzudecken und zu klären.

Eine solche Rollenklärung ist in gleicher Weise notwendig für das weitere soziale Umfeld (Verwandtschaft, Nachbarn). Je mehr Klarheit hier sowohl dem Jugendlichen als auch den Außenstehenden vermittelt wird, umso natürlicher entwickeln sich die Beziehungen (Bsp. Mirko).

Eine u.U. besondere Herausforderung stellt die Einbindung des Jugendlichen in der Schule und in gleichaltrige Peer-Groups dar. Die besondere Situation an vielen Standorten Individualpädagogischer Maßnahmen ermöglicht und fördert nicht automatisch den Kontakt zu Gleichaltrigen. Im Gegenteil ist die (zeitweilige) Unterbindung solcher Kontakte gelegentlich Teil des pädagogischen Programms. Gleichwohl sind Beziehungen zu Gleichaltrigen, das Erproben von Verhalten in der Clique und Kontakte zum anderen Geschlecht selbstverständliche und notwendige Bedürfnisse im Jugendalter, die wichtige Funktionen für Sozialisation und Identitätsbildung haben. Im Rahmen individualpädagogischer Projekte – zumal wenn sie an zivilisationsfernen Orten stattfinden – müssen daher bewusst Gelegenheiten für solche Sozialkontakte und Begegnungen mit Gleichaltrigen geschaffen werden, je nach den Wünschen der jeweiligen Jugendlichen. Diese zeigen sich nämlich je nach Entwicklungsphase durchaus ambivalent: Einerseits genießen sie die Exklusivität ihrer Beziehung zum Betreuer oder zur Betreuerin und die Möglichkeit abseits des ‚Szenestresses' zur Ruhe zu kommen, andererseits beklagen sie, dass sie an den Orten wenig Gleichaltrige vorfinden (oder andere als sie als ‚Städter' gewohnt sind).

Witte fasst in seiner Studie zusammen, dass in dieser Phase neben dem Aufbau eines Vertrauensverhältnisses, „... die Ausgestaltung des Raumes zu einem pädagogischen Setting ... eine weitere Voraussetzung für die Neustrukturierung der subjektiven Wirklichkeit des Jugendlichen (ist). Diese Strukturen des Betreuungsmikrosystems müssen dem Adressaten plausibel erscheinen."[45]

Konflikte innerhalb und außerhalb der Betreuungsbeziehung
Der Abschied von vertrauten Verhaltensmustern, die räumliche Entfernung von wichtigen Bezugspersonen und der eigenen Clique sowie die Anpassungsprozesse an die neue Umgebung und Lebenssituation sind für die betreuten Jugendlichen mit erheblichen inneren Spannungen und Konflikten verbunden. Ein Teil dieser Spannungen dringt nach außen und schlägt sich in Abgrenzungen und Auseinandersetzungen im sozia-

---

45 Witte 2009, S. 246

len Umfeld nieder. Erste Adresse sind dabei natürlich die Betreuerin oder der Betreuer, können aber darüber hinaus auch deren Familien oder das weitere Umfeld (Nachbarn, Schule) sein. Aus den rekonstruierten Betreuungsverläufen wird deutlich, dass es im Umgang mit solchen Konflikten nicht nur um professionelles, deeskalierendes Handeln der BetreuerInnen geht. Vielmehr deuten die Jugendlichen den Verlauf solcher Konflikte vor allem unter dem Gesichtspunkt, wie belastbar die Beziehung tatsächlich ist und wie ernst es mit der (unbedingten) Akzeptanz und Offenheit gemeint ist. Geraten die BetreuerInnen in dieser Hinsicht ‚außer Fassung', was angesichts der Herausforderungen häufig durchaus verständlich erscheint, ist die mühsam aufgebaute Beziehung ernsthaft gefährdet und der von den Fachkräften formulierte (Selbst-)Anspruch an diese wird von den Jugendlichen dann als ‚vorgetäuscht' interpretiert. Sie fühlen sich fallengelassen und hintergangen. Aus ihrer Sicht unterscheidet sich die Beziehung in der Individualpädagogischen Maßnahme dann in keiner Weise mehr von den funktionalisierten Beziehungen in stationären Betreuungsarrangements. Seval ist von den untersuchten Fällen hier sicher das tragischste Beispiel, aber auch Anna und Steffi äußern sich in ähnlicher Weise.

Gelingt es jedoch, im Konflikt die Konfrontation mit alltäglichen Regeln und Anforderungen und die Auseinandersetzung um deren Durchsetzung in einer Weise zu bearbeiten, die die aufgebaute Beziehung nicht in Frage stellt, ist das Vertrauen der Jugendlichen in die Belastbarkeit dieser Beziehung nahezu grenzenlos (Bsp. Alex, Melanie, Timo).

Transfer: Vorbereitung auf die Zeit danach
Die Zeit in der Individualpädagogischen Maßnahme ist begrenzt und kennzeichnet eine Ausnahmesituation (selbst wenn manche Jugendliche überraschend lange dort verbleiben). Die dort erzielten Lernerfolge und Verhaltensänderungen sollen über diese Lebensphase hinaus verfügbar

sein und wirken. Aus diesem Grunde kommt dem Transfer in und der Vorbereitung auf den Alltag danach eine zentrale Bedeutung für die Nachhaltigkeit dieser Maßnahmen zu.[46] Dabei umfasst diese Vorbereitung zweierlei: Einerseits geht es darum, für den Anschluss an die Maßnahme geeignete strukturelle Bedingungen zu schaffen, also Wohnen, Schulbesuch oder Ausbildung und den Lebensunterhalt zu organisieren. Zum anderen bedeutet dies, die Jugendlichen mit Kompetenzen und Unterstützungsressourcen auszustatten, die sie in die Lage versetzen, ihr Leben und ihren Alltag im Anschluss an die Betreuung gelingend zu gestalten. Betrachten wir die von uns rekonstruierten Betreuungsverläufe unter diesem Aspekt, zeigt sich, dass dafür in manchen Fällen wenig Chance bestanden hat. Dies gilt einmal für die Fälle, in denen die Beendigung der Maßnahme sich kurzfristig und ungeplant ergeben hat, weil einer der Beteiligten (Jugendliche, BetreuerInnen oder Jugendamt) seine Mitwirkung überraschend aufgekündigt hat. Eine weitere Einschränkung ergibt sich in einigen Fällen aus den institutionellen Rahmenbedingungen: Da die Mehrzahl der Maßnahmen bis zum 18. Lebensjahr andauerten, wurde in vielen Fällen die Hilfe seitens des Jugendamtes mit Erreichung der Volljährigkeit beendet. Damit hatten die BetreuerInnen zwar noch die Möglichkeit, die betreffenden Jugendlichen individuell für ein Leben in eigenem Wohnraum fit zu machen, jedoch keinen Einfluss mehr auf die Gestaltung der konkreten Rahmenbedingungen nach Beendigung der Maßnahme. In diesen Fällen sind die Jugendlichen häufig gescheitert, wenn BetreuerInnen nicht aus persönlichem Engagement heraus dem Jugendlichen noch zur Seite standen. Knapp zusammengefasst lässt sich vor dem Hintergrund der Auswertung der Prozessverläufe sagen:

- Die individuelle Vorbereitung auf die Zeit nach der Maßnahme muss rechtzeitig begonnen werden. Dazu gehört die Entwicklung von

---

46 Vgl. zum Beispiel Klawe/Bräuer 2001, S.85 ff

Lebens- und Berufsperspektiven ebenso wie die Vermittlung der für deren Realisierung notwendigen Kompetenzen. Die Jugendlichen mahnen aber auch die Vermittlung instrumenteller Kompetenzen (Umgang mit Geld und Bank, Anträge bei Behörden, Rolle als Mieter) an.

- Die in der Individualpädagogischen Maßnahme erreichten Fortschritte und Erfolge werden in ihrer Nachhaltigkeit gefährdet, wenn die Gestaltung der Lebensumstände danach dem Zufall oder dem Jugendlichen allein überlassen bleibt. Jugendämter sind aus diesem Grunde gut beraten, durch eine geringfügige ambulante Betreuung im Anschluss Jugendlichen einen vertrauten Ansprechpartner an die Seite zu stellen, der ihnen bei Fragen oder Problemen zu Verfügung steht. ‚Einbrüche' wie bei Anna, Grit oder Sven hätten so vermieden werden können. Auch eine größere Flexibilität der Bundesagentur für Arbeit wäre hier wünschenswert.

Witte verweist in seiner Studie darauf, dass der von den Jugendlichen vorgenommene Transfer in ganz unterschiedliche Transformationsleistungen münden kann, die durchaus nicht alle pädagogisch intendiert sein müssen, dennoch aber eine gelungene (Re-)Integration in den Alltag darstellen können.[47]

Umgang mit der Herkunftsfamilie / Elternarbeit
Die Einbeziehung der Herkunftsfamilie in Entscheidungen und in die Betreuungsarbeit selbst kann – so zeigen die Prozessverläufe – zum Schlüssel für Kontinuität und Gelingen der Individualpädagogischen Maßnahme werden. Frühere Studien haben gezeigt, dass eine pädagogische Arbeit gegen und in Konkurrenz zu Eltern und Herkunftsfamilie in

---

47   vgl. Witte 2009, S. 250 ff

der Regel zum Scheitern verurteilt ist.[48] Ein solcher Versuch bringt die Jugendlichen in massive Loyalitätskonflikte, in denen sie sich in der Regel auf die Seite ihrer Eltern stellen (Bsp. Armin). „Während der Jugendliche sich also bereits im Betreuungssetting ... befindet, ist er nach wie vor an Lebensbereiche der alten Lebenswelt geistig wie auch emotional stark gebunden. Dies gilt es im Auge zu behalten – erschwert der (nicht-intendierte) Einfluss des geistigen Mikrosystems Familie doch in erheblichem Maße die pädagogische Arbeit."[49]

Erforderlich ist daher eine systemische Sicht, die den Jugendlichen als eingebunden in soziale Bezüge begreift, die in einem spezifischen Wechselspiel sein Handeln beeinflussen und unterstützen. „Die Beziehung zu den Eltern zu klären und weiterzuentwickeln, auch um sich von ihnen lösen zu können, ist eine unvermeidbare und für die betreuenden Jugendlichen oft besonders heikel zu bewältigende Entwicklungsaufgabe. Gelingt dies, hat es positive Wirkungen über diese Beziehung hinaus."[50] Eine solche Sichtweise, verbunden mit zeitgleicher Arbeit mit der Familie trägt auch dazu bei, dass sich nicht nur der Jugendliche verändert, sondern – im Idealfall – auch seine wichtigsten Bezugspersonen. Eine solche (getrennt gemeinsame) Entwicklung setzt zusätzliche Unterstützungsressourcen frei und wirkt der gegenseitigen Entfremdung entgegen.[51]

Daneben ist aber eine Beteiligung der Eltern an den Betreuungsprozess betreffenden Entscheidungen im Hilfeplanprozess und u.U. auch darüber hinaus notwendig und sinnvoll, da diese sonst die Absichten der Betreuung unterlaufen und initiierte Prozesse konterkarieren können (Bsp.

---

48 vgl. z.B. Kreszmeier 1994
49 Witte 2009, S. 241
50 Wolf 2007 b, S. 39
51 dazu: Klawe/Bräuer 2001, S. 185

Anna, Armin, Arnd). Hier sind kreative Lösungen gefragt, wie sie etwa im Falle Armins mit dem ‚Frauenfrühstück' erprobt wurden. Selbstverständlich sind auch Konstellationen denkbar, in denen die Eltern nicht mitwirken können oder wollen (Bsp. Seval, Timo).

In der konkreten pädagogischen Arbeit mit den Jugendlichen in Individualpädagogischen Maßnahmen muss die Auseinandersetzung mit der Herkunftsfamilie gerahmt werden durch eine systematische Biografiearbeit. Erst wenn die Jugendlichen (zumindest ansatzweise) ihre sozialen Bezüge systemisch erkennen und in ihren Auswirkungen auf die eigene Lebensgeschichte reflektieren können, werden neue Beziehungen akzeptiert und nachhaltig in den eigenen sozialen Bezugsrahmen integriert. Zugleich werden nur so auch die dem Familiensystem innewohnenden Ressourcen und Unterstützungspotentiale deutlich. Eine solche Biografiearbeit unterstützt zugleich die Herausbildung eigener Identitäten und damit letztlich Ablösung und Verselbständigung.[52]

---

52 vgl. ähnlich Witte 2009, S. 247ff; Gehres 1997b, S.30

5.3 Wirkungen und Wirkfaktoren Individualpädagogischer Maßnahmen

Zusammenhang Wirkungen – Wirkfaktoren

Die Frage nach den ‚Wirkungen' und ‚Erfolgen' von Interventionen in der Sozialen Arbeit ist so alt wie die Sozialarbeit selbst. Schon früh wurde darauf hingewiesen, dass solche ‚Wirkungen' schwer zu ‚messen' sind und eine Kausalbeziehung zwischen Intervention und ‚Wirkung' kaum herstellbar ist (Technologiedefizit der Pädagogik).[53] Gleichwohl ist – auch vor dem Hintergrund knapper öffentlicher Haushalte – die Forderung nach einer wirkungsabhängigen Finanzierung sozialer Interventionen in den letzten Jahren immer lauter geworden. Das bundesweite Modellprogramm ‚Wirkungsorientierte Jugendhilfe' beispielsweise hat für die Hilfen zur Erziehung die Möglichkeiten einer solchen Finanzierung erprobt und Instrumente für ihre Umsetzung entwickelt.[54] Dies hat in der Jugendhilfe eine kontroverse Diskussion darüber ausgelöst, was eigentlich die Wirkungen erzieherischer Maßnahmen sind, wie sie sich beschreiben und ‚messen' lassen und auf welche Impulse und Interventionen sie zurückgeführt werden können.[55] Eindeutige und konsensuale Ergebnisse dieses Diskurses stehen noch aus. „Die Soziale Arbeit, hier konkret Praxis der HzE, befindet sich also in einem Dilemma: Einerseits muss sie Auskunft über die Wirkungen des eigenen Handelns geben können, andererseits ist dies nicht unmittelbar möglich, zumindest nicht

---

53 *Luhmann/Schorr, 1982*
54 *Struzyna, K. 2007, Nuisken, D. 2007*
55 *vgl. u.a.: Otto 2007; Krause, H.-U./ Wolff, R. 2005; von Spiegel, H. 2006*

im Kausalzusammenhang. Aus diesem Dilemma gibt es keinen Ausweg sondern nur das gekonnte ‚Balancieren von Widersprüchen'".[56] Nuisken fährt fort: „Versteht man Wirkungsorientierung als an Wirkungen bei den Adressaten bzw. Nutzern orientierte soziale Dienstleistung, so ist es zunächst notwendig, die potentiell am zu Stande kommen einer Wirkung beteiligten Akteure und ihre Beziehungen in den Blick zu nehmen."[57]

Dies haben wir mit der vorliegenden rekonstruktiven Studie getan, ziehen es allerdings vor, von Wirkfaktoren statt von Wirkungen zu sprechen. Wirkfaktoren beschreiben das empirisch nachweisbare Potenzial einer Hilfeform. Ob und in welchem Umfang dieses Potenzial für Lernprozesse von den AdressatInnen genutzt wird, hängt nicht allein von der professionellen Gestaltung der jeweiligen Maßnahme und der Eröffnung von Möglichkeitsräumen für Erfahrungen und Lernen ab, sondern eben auch von der Koproduktion der betreuten Jugendlichen. Diese kann pädagogisch gefördert und unterstützt, aber letztlich nicht vollständig gesteuert werden. Mit anderen Worten: Das pädagogische Geschehen einerseits und die subjektiven Deutungs- und Verarbeitungsleistungen der Jugendlichen andererseits unterliegen einer komplexen Dynamik und sind durch lineare Ursache-Wirkungsmodelle nicht hinreichend zu beschreiben und zu erklären.

Die Rede von Wirkfaktoren unterstellt daher keine zwingende lineare Ursache-Wirkungs-Logik, sondern identifiziert aufgrund der Aussagen aller Beteiligten und der Analyse der Prozessverläufe plausible Einflüsse, die die Entwicklung des Prozesses und der AdressatInnen in maßgeblicher Hinsicht beeinflusst haben. Aus konstruktivistischer Sicht entstehen Wirkungen durch eine Gemengelage unterschiedlicher Einflussfaktoren,

---

56 Merchel 2006, S. 6 (zit. nach Nuisken 2007, S. 142)
57 Nuisken 2007, S. 143

deren Kombination und Ausprägungsgrad variieren können. In diesem Sinne ist zunächst jede Umweltbedingung eines pädagogischen Prozesses ein potentieller Wirkfaktor. Wenn hier die spezifischen Wirkfaktoren von Individualpädagogischen Maßnahmen identifiziert und in ihrer Wirkung beschrieben werden, so handelt es sich um bedeutsame Einflussfaktoren oder gestaltete Interventionen, die über den Einzelfall hinausweisen und plausibel als wiederkehrende Einflussgrößen beschrieben werden können, deren Anwendung und bewusste Gestaltung dazu beitragen können, Betreuungsverläufe zu optimieren.

Manche der identifizierten Wirkfaktoren entfalten ihre besondere Wirkung in den oben beschriebenen Schlüsselsituationen.

Wirkfaktoren: Individuelle Ausrichtung und Flexibilität
Lorenz betont in ihrer Charakterisierung Individualpädagogischer Maßnahmen: „... kein anderes Angebot ist so konsequent und passgenau am Bedarf des Einzelfalles orientiert; die Bedingungen der Hilfe sind prinzipiell jederzeit neu aushandelbar, um eine Anpassung an das individuelle Tempo der Entwicklungen und an aktuelle Erfordernisse zu ermöglichen."[58] In den von uns untersuchten Fällen ist diese Erfahrung der zentrale Grund für die Wahl dieses pädagogischen Settings. Bei allen Jugendlichen wird von den Beteiligten mehrheitlich festgestellt, diese seien im Gruppenkontext einer stationären Einrichtung nicht tragbar. Die Berichte der Jugendlichen über ihre Erfahrungen und Karrieren in der Heimerziehung und die diesbezüglichen Protokolle der Jugendämter belegen diese Einschätzung eindrücklich. Das individuell ausgerichtete Angebot einer Individualpädagogischen Maßnahme ist aus diesem Grunde für Jugendliche, Betreuer und Jugendämter gleichermaßen attraktiv.

---

58 *Lorenz 2008, S. 99*

Den befragten Jugendlichen ist diese besondere Qualität durchaus bewusst. So sagt Grit: *„Im Heim hast du so gut wie keine Chance, dass du wirklich Aufmerksamkeit bekommst und sich jemand mit dir intensiv befasst. Es ist einfach zuviel für einen Sozialpädagogen. Jetzt zum Beispiel (hier), die lassen sich auf dich ein, die haben ein offenes Ohr, wenn du Probleme hast und die können dich individuell unterstützen, so wie du es brauchst und nicht so, wie dir irgendjemand es vorgibt, mach jetzt dies und das, weil das bestimmt hilft. Die können sich auf jemand einstellen. Das ist ein intensiverer Zeitaufwand, was man im Heim nicht kann, das ist einfach nicht möglich bei zwölf Kindern und hier lassen sie sich auf den Einzelnen ein. Das ist schon gute Arbeit, auf jeden Fall."* (JUG) In der Wahrnehmung der Jugendlichen ist das Signal dieses Settings: mein Betreuer ist exklusiv nur für mich da. *„So gesehen ist es so gewesen, dass die ganzen Erzieher halt nicht speziell auf einen zugehen konnten und nicht so viel Zeit hatten und nie richtig zugehört haben, sondern immer nur mit einem halben Ohr. Das ist das Gute, dass es so angeboten wird, dass es nur einen Erzieher oder einen Pädagogen für eine Person gibt. Ich glaube, das ist doch schon eine ganz gute Sache."* (Sameh)

Aus der Perspektive des Betreuers bedeutet diese Exklusivität die Chance, sehr nahe am Jugendlichen ‚dran' zu sein, Entwicklungen und Krisen schnell und direkt im Blick zu haben und vor diesem Hintergrund zeitnah und authentisch agieren zu können. Diese Nähe eröffnet außerdem zusätzliche Chancen für frühzeitige präventive Interventionen.

Den Jugendämtern bietet diese Hilfeform die Möglichkeit, Jugendliche, die im Gruppenkontext nicht tragbar sind oder nicht angemessen gefördert werden können, individuell betreuen zu lassen.

Die untersuchten Prozessverläufe zeigen, dass aufgrund wechselnder Situationen, sprunghafter Entwicklungen oder eskalierender Konflikte immer wieder Veränderungen des Settings oder ‚Nachjustierungen' der Alltagssituation erforderlich sind. Flexibilität wird damit zum zentralen Wirkfaktor schlechthin: wenn es nicht gelingt, angemessen und zeitnah auf neue Herausforderungen zu reagieren, ist eine erfolgreiche Fortführung der Betreuung insgesamt gefährdet. Die Tatsache, dass es in der Regel jeweils um nur einen Jugendlichen geht, erleichtert dabei den Aushandlungsprozess und einen personenzentrierten Zuschnitt der Lösung oder Veränderung. Freilich müssen Träger und Jugendamt einen ähnlich flexiblen Rahmen gewährleisten, weil sonst dieser zentrale Wirkfaktor seine Wirkung nicht entfalten kann.

Abgesehen davon, dass individualisierte Kriseninterventionen und flexible Aushandlungsprozesse besser geeignet sind, nachhaltige Lösungen zu finden und zu vereinbaren, vermitteln sie dem Jugendlichen darüber hinaus auch das Gefühl: ‚Es geht um mich!'. Gleichwohl darf diese Flexibilität nicht zu einem ‚Schlingerkurs der Beliebigkeit' werden. Sie ist begrenzt durch einen Korridor, der durch die in Hilfeplangesprächen vereinbarten Ziele und die damit verbundenen Lebensentwürfe der Jugendlichen markiert ist. Innerhalb dieses Korridors kann sich Flexibilität geplant und vorausschauend erweisen (Bsp. Sameh) oder stärker situativ notwendig werden.

Wirkfaktor Beziehung

Bereits frühere Studien haben auf die Bedeutung der Beziehung als Wirkfaktor gelingender pädagogischer Prozesse hingewiesen und die Passung zwischen Jugendlichem und Betreuer als wichtige Voraussetzung identifiziert.[59] „Durch die Zusicherung einer kontinuierlichen Beziehung

---

59 vgl. Fröhlich-Gildhoff 2002, S.115 f

zum Betreuer, den neuen Sozialraum und den relativen Inselstatus der Maßnahme, die den Jugendlichen zusätzlich an den Pädagogen bindet, öffnet sich für den Jugendlichen ein enormer persönlicher, zeitlicher und örtlicher Raum zur Veränderung."[60]

Müller beschreibt vor dem Hintergrund entwicklungspsychologischer Erkenntnisse unterschiedliche Funktionen, die Erwachsene für Kinder und Jugendliche in pädagogischen Prozessen haben. Kinder und Jugendliche brauchen Erwachsene als elternähnliche Personen,

- als Repräsentanten der Welt, in der sie aufwachsen,
- „die es ihnen ermöglichen, sich nach dem Bild, das sie sich vom ‚Großwerden' machen, zu formen",
- die sie als ‚andere Erwachsene' bei der Ablösung von den eigenen Eltern unterstützen,
- die zwischen der Erfahrung mit Gleichaltrigen und Erfahrungen mit der Erwachsenenwelt vermitteln.[61]

Nohl hat diese Zusammenhänge auf den Punkt gebracht: „Die Grundlage der Erziehung ist also das *leidenschaftliche Verhältnis* eines *reifen Menschen* zu einem *werdenden Menschen*, und zwar *um seiner selbst willen*, dass er zu seinem Leben und seiner Form komme." (Hervorhebungen d.A.)[62]

Die AdressatInnen Individualpädagogischer Maßnahmen haben bereits in ihrer Herkunftsfamilie erfahren müssen, dass ihre Eltern diese Funktion oft nur unzureichend übernehmen konnten. Überdies stehen viele der

---

60 Rauh/Wildhues 2005, S.618
61 vgl. Müller 1995
62 Nohl 2002, S.169

Jugendlichen in Individualpädagogischen Maßnahmen am Ende einer verfestigten Jugendhilfekarriere oder verfügen zumindest über ausgeprägte Erfahrungen in Einrichtungen der Jugendhilfe mit allen damit verbundenen Beziehungsabbrüchen, Misserfolgen und Stigmatisierungen. „Kinder und Jugendliche, die an einem anderen Ort leben, haben häufig keine kontinuierlichen oder nur qualitativ unzureichende Beziehungen. Deshalb sind sie in Hinblick auf Beziehungsabbrüche besonders verletzlich. Auch wenn Heimkinder Beziehungswechsel scheinbar gleichgültig und ohne Widerspruch hinnehmen, drücken sie darin aus, dass sie sich daran gewöhnt haben, mit Diskontinuitäten und Unverbindlichkeiten umzugehen."[63] Sie sind deshalb oft schwer zu erreichen und bedürfen für die pädagogische Arbeit eines verbindlichen und verlässlichen intensiven Betreuungssettings.[64] Unsere vorausgegangene Untersuchung kam zu einem ähnlichen Befund: „Ein verlässliches, akzeptierendes Beziehungsangebot, eine belastbare, authentische Betreuerpersönlichkeit und die Einbindung in familienähnliche Strukturen sind ... offensichtlich zentrale Faktoren für einen gelingenden Betreuungsprozess."[65]

Eindrücklich formuliert dies Timo, wenn er über seinen Betreuer sagt: *„Ich hab (ihn) immer als Freund gesehen und der hat mich, weil ich jeden Tag mit ihm zu tun hatte, mit seiner Lebensausstrahlung so motiviert, dass ich gesagt habe: ‚Okay, so will ich auch mal leben, wenn ich älter bin.' Das hat mir jeden Tag Mut gegeben."*

Auch die von Jugendlichen ganz konkret als hilfreich erlebten Haltungen, Einstellungen und Verhaltensweisen konnten in dieser Studie genauer beschrieben werden. Bei der Frage, was dem Jugendlichen während der

---

63 Normann 2003, S. 135
64 vgl. Blandow 1997, Freigang 1986
65 Klawe 2007, S.73

Maßnahme (besonders) wichtig war, bestätigt sich die den Individualpädagogischen Maßnahmen zugrunde liegende besondere Bedeutung der Beziehung und der sozialen Verlässlichkeit. 27,7 % der Jugendlichen benennen eine „verlässliche Beziehung" als mit Abstand wichtigstes Element. Zusammen mit der Aussage „ein Zuhause haben" (10,0 %) sind damit ein Gefühl persönlicher Wertschätzung und die Erfahrung sozialer Zugehörigkeit die zentralen Aspekte dieser Maßnahmen. Gerade in dieser Hinsicht bieten die Erfahrungen in den Projekten offensichtlich einen überzeugenden Gegenentwurf zu denen in den Herkunftsfamilien und in den Einrichtungen der Jugendhilfe.[66]

Die Ergebnisse unserer vorangegangenen Studie ergaben auch Hinweise auf die Haltungen und Verhaltensweisen der Erwachsenen, die aus Sicht der Jugendlichen für eine gelingende Beziehung im Betreuungsprozess besonders förderlich sind und auf was dabei besonders geachtet werden sollte.[67]

Im Rahmen der vorliegenden Studie wurde den Jugendlichen im Anschluss an das qualitative Interview hierzu ein Einschätzungsbogen vorgelegt. Während bezogen auf die Fragen

- Mein Betreuer / meine Betreuerin hatte immer ausreichend Zeit für mich

- Mein Betreuer / meine Betreuerin war auch für mich da, wenn ich mal Mist gebaut hatte

- Mein Betreuer / meine Betreuerin hatte klare Regeln, war konsequent und hat sein Wort gehalten

---

66 *a.a.O S. 48*
67 *a.a.O. S. 51*

ausschließlich und deutlich im positiven Bereich gewertet wurde, sind die Einschätzungen zu den Fragen

- Mein Betreuer / meine Betreuerin hat mir immer gut helfen können,
- Mein Betreuer / meine Betreuerin hat mich richtig gefordert,
- Mein Betreuer / meine Betreuerin war immer offen und ehrlich,
- Mein Betreuer / meine Betreuerin hatte die Ruhe weg

etwas skeptischer.

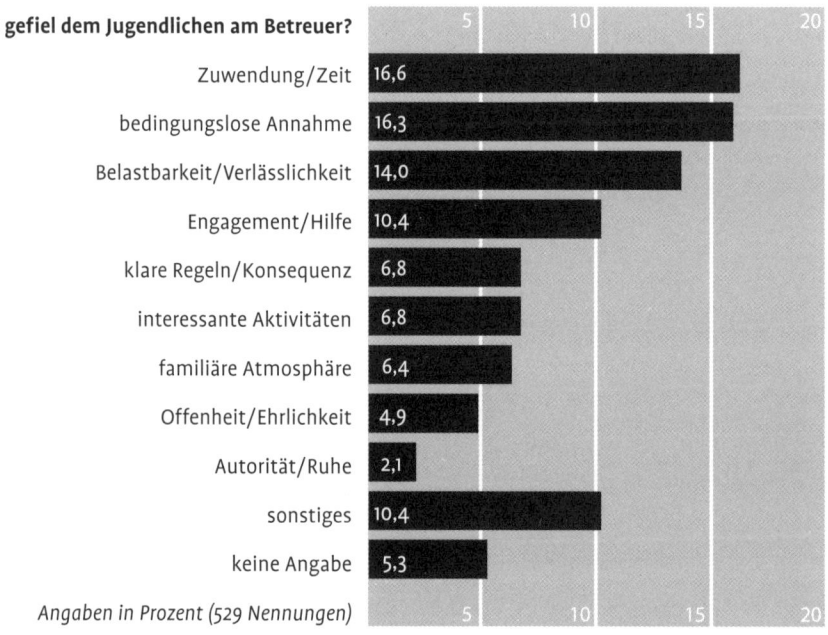

Was gefiel dem Jugendlichen am Betreuer?

	Prozent
Zuwendung/Zeit	16,6
bedingungslose Annahme	16,3
Belastbarkeit/Verlässlichkeit	14,0
Engagement/Hilfe	10,4
klare Regeln/Konsequenz	6,8
interessante Aktivitäten	6,8
familiäre Atmosphäre	6,4
Offenheit/Ehrlichkeit	4,9
Autorität/Ruhe	2,1
sonstiges	10,4
keine Angabe	5,3

Angaben in Prozent (529 Nennungen)

Setzen wir diese Einschätzungen in Beziehung zu den rekonstruierten Betreuungsverläufen, bildet sich hier offensichtlich die tiefe Enttäuschung darüber ab, dass sich manche Beziehung als nicht belastbar erwiesen hat (Bsp. Anna, Seval). Anna drückt diese Skepsis aus: „*Verstanden habe ich mich immer gefühlt. Ich weiß nur nicht, ob das immer gespielt war oder ob das ernst gemeint war.*" (JUG)

Dies belegt, wie stark die soziale Beziehung zu Betreuerin oder Betreuer sowie eine stimmige Einbindung in deren Familien- und Sozialsystem das zentrale Instrument der Individualpädagogischen Maßnahme werden. Damit werden die Persönlichkeit des Betreuers, seine sozialen Kompetenzen, seine Haltung und seine soziale Einbindung vor Ort zum wichtigsten Faktor für einen gelingenden Verlauf und Erfolg des Betreuungsprozesses. „Das Verhältnis zwischen den betroffenen Adressaten der Heimerziehung und deren Betreuern ist kein freiwilliges, auf emotionaler Zuneigung basierendes Zusammenspiel, sondern ein Zweckbündnis, das sich von familiärer Erziehung in vielfältiger Weise unterscheidet."[68]

Pollak weist in diesem Zusammenhang zu Recht darauf hin, dass die Beziehung zwischen professionell handelnden Pädagogen und den betreuten Kindern und Jugendlichen immer einen widersprüchlichen Doppelcharakter hat und unterscheidet einen spezifischen und einen diffusen Beziehungsanteil.

Der spezifische Beziehungsanteil drückt sich aus im formalisierten beruflichen Rollenhandeln, das sich vorrangig in theoriegeleitetem, wissenschaftlich begründbarem Expertenhandeln widerspiegelt und sich auf identifizierbare (Lebens-) Themen bezieht.

Der diffuse Anteil einer pädagogischen Beziehung entspricht eher der Struktur in primären Sozialbeziehungen. Diese „... sind nicht auf ein Ende, eine bestimmte Dauer hin angelegt, eine Trennung ist nicht re-

---

[68] *Normann 2003*, S. 140

gelhaft vorgesehen; Trennungen erfolgen aufgrund der Entwicklung im Lebenszyklus oder signalisieren ein Scheitern der Beziehung. Es liegt eine wechselseitige Unkündbarkeit der Beziehung ... und ein unmittelbarer Anspruch auf den anderen vor; es besteht ferner eine generalisierte wechselseitige, extrem belastbare affektive Bindung sowie eine Form der persönlichen Vertrauensbildung und Vertrauenssicherung, die nicht an standardisierbare allgemeine Kriterien gebunden ist. Eine grundlegende Differenz zwischen diffusen und spezifischen Beziehungen besteht ferner in der Auswahl der Themen: In spezifischen Beziehungen bedarf es der Begründung, wenn Themen, die nicht im Geltungsbereich der jeweiligen Berufsrolle liegen, angesprochen werden. In diffusen Beziehungen gilt umgekehrt, dass begründet werden muss, wenn ein bestimmtes Thema aus der Kommunikation ausgeschlossen bleiben soll."[69]

Wir finden diese Thematik in unseren qualitativen Interviews wieder, etwa, wenn Alex über seinen Betreuer sagt: *"Ich habe ihn so als Vaterersatz dann angenommen, obwohl er es nicht wollte. Aber sonst sind wir Kumpels."* Oder wenn Seval äußert: *"Ich weiß nicht, ob das eher so freundschaftlich oder mütterlich war. Auf einer Seite so eine beste Freundin, auf der anderen Seite wie eine Mutter, aber eher so beste Freundin. Ich konnte immer zu ihr gehen, wenn etwas war."* (JUG)

Auf der anderen Seite bleibt immer auch die Angst, verletzt zu werden und alte (gescheiterte) Beziehungserfahrungen zu wiederholen: *"Ich glaube, wenn man meine Vorgeschichte hat, dann ist das auch irgendwo normal, dass man dann sagt: ‚Hier ist eine Grenze, die willst du nicht überschreiten', weil man wieder Angst hat, da könnte wieder was zurückkommen aus der Vergangenheit und man möchte ja auch nicht immer über sein altes Leben reden."* (Steffi)

---

69   *Pollak 2002, S. 81*

Dies verweist auf ein weiteres sensibles Thema im Zusammenhang mit der spezifischen Beziehungsstruktur in Individualpädagogischen Maßnahmen. Die Dualität der Beziehung und die in den meisten Fällen angestrebte Einbindung der betreuten Jugendlichen in die familialen Strukturen des Betreuers während der Individualpädagogischen Maßnahme macht es in besonderem Maße notwendig, in der professionellen Reflexion der eigenen Arbeit auch darauf zu achten, dass kein Konkurrenzverhältnis zu den Eltern der betreuten Kinder- und Jugendlichen aufgebaut wird. Auch Böhnisch u.a. betonen in ihrer qualitativen Studie diesen Aspekt: „Bei einigen Interviewpartnern war die Sehnsucht nach einer normalen, intakten Familie als nicht zu hinterfragende Normalität nicht zu übersehen, nach einer (idealen) Familie, die sie bisher zumeist auch nicht in ihrer Kindheit kennengelernt haben."[70]

Die Prozessrekonstruktion und die Verläufe, die hier Gegenstand der Untersuchung sind, zeigen allerdings auch, dass nicht immer von einer Kontinuität der Beziehungen in Individualpädagogischen Maßnahmen auszugehen ist. Dies liegt sicher einmal an der überdurchschnittlich langen Dauer der hier untersuchten Maßnahmen: Im Laufe einer Betreuung von drei Jahren verändern sich die Lebensbedingungen von Betreuer und Jugendlichen und damit der Rahmen der Betreuung u.U. entscheidend, sodass äußere Bedingungen einen Betreuerwechsel erzwingen (externe Faktoren). Aber auch innerhalb der Individualpädagogischen Maßnahme selbst können Entwicklungen einen Wechsel der Betreuungspersonen notwendig machen.

Die Analyse der vorfindbaren, rekonstruierten Projektverläufe lassen vor allem drei Auslöser (interne Faktoren) erkennen:

---

70   *Böhnisch u.a. 2002, S.48*

- Die biografische Entwicklung des Jugendlichen und / oder die Erreichung von wichtigen Zwischenzielen in der Betreuung machen ein neues Arrangement mit veränderten Anforderungs- und Förderungsbedingungen notwendig, mit dem ein Orts- und / oder Betreuerwechsel als Folge verbunden ist. (Bsp. Sameh)

- Einzelne Vorfälle, Eskalationen oder Grenzüberschreitungen der Jugendlichen bringen die professionellen Akteure selbst oder die konkreten Gegebenheiten der Maßnahme an Grenzen, sodass die Betreuung abgebrochen und mit einer neuen Person an anderem Ort fortgesetzt werden muss. (Bsp. Seval)

- Die persönliche Entwicklung des Jugendlichen lässt aus pädagogischen Gründen eine Entschleunigung von Prozessen (Auszeit), eine (Selbst-) Klärung nächster Schritte (Clearing) oder eine Herausnahme aus einer Konfliktkonstellation (Distanzierung) als pädagogische Intervention ratsam erscheinen. (Bsp. Arnd, Mirko, Sven)

Diskontinuität in der Beziehung zwischen Jugendlichem und Betreuer muss also keineswegs als ein Anzeichen für eine Aufgabe zentraler Handlungsprinzipien Individualpädagogischer Maßnahmen gelten, sondern kann durchaus sinnvoll sein und natürlich ein Mittel pädagogischer Steuerung sein. Sie wird auch von den Jugendlichen durchaus nicht selbstverständlich als Problem empfunden, sondern auch als Chance wahrgenommen (Bsp. Alex, Sameh).

Allerdings wäre eben auch verfehlt, davon auszugehen, dass jede (gelingende) Individualpädagogische Maßnahme mit dem gleichen Betreuer endet, mit dem sie begonnen wurde.

In einem Überblick über vorliegende Untersuchungen zur Beurteilung von Erziehungshilfen durch die AdressatInnen fasst Wolf die Befunde zusammen: „Die Qualität der unmittelbaren pädagogischen Beziehung wird in mehreren Untersuchungen als eine Schlüsselkategorie beschrieben. Da sie außerdem in Wechselwirkung zu einigen anderen bedeutsamen Dimensionen steht, ist sie der einschlägigste Indikator (...). Besonders günstig ist die Verbindung von vertrauensvoller, verlässlicher Beziehung und klaren, Orientierung vermittelnden Strukturen. Dabei ist die vertrauensvolle Beziehung eine unverzichtbare (...) Voraussetzung. Sie entfaltet bereits für sich günstige Wirkungen, sie fördert in der Kombination mit Orientierung gebenden Strukturen Stabilität und Deeskalation, persönliche Entwicklung und Sozialintegration."[71]

Wirkfaktoren Alltagsorientierung und Selbstwirksamkeit
‚Authentizität' und ‚Natürlichkeit' der angebotenen Lebenswelt sieht Lorenz als charakteristisch für Individualpädagogische Maßnahmen an und erläutert: „Die Settings sind nicht konstruiert, sondern finden ihren Raum in der Regel im tatsächlichen, privaten Lebensumfeld der betreuenden Personen, sie orientieren sich vielfach an gesellschaftlich integrierten Familienbildern oder aber bieten bewusste Alternativen zum ‚Normalentwurf' des Lebens in einer Familie an."[72] Sie konstruieren einen neuen Alltag der Akteure und bieten die Chance, Erfahrungen und Lernen nicht künstlich inszenieren zu müssen, sondern wo immer es geht aus den Notwendigkeiten des alltäglichen Lebens abzuleiten.

Alltagsorientierung in Individualpädagogischen Maßnahmen erhält so eine mehrfache Bedeutung:

- Der Alltag und die aus ihm erwachsenden notwendigen Handlungsvollzüge bieten die Impulse und Anlässe für die Aktivitäten des Jugendlichen;

---
71 *Wolf 2007b*, S. 39
72 *Wolf 2007b*, S. 39

- Der Alltag ist zugleich der Raum und das Feld für Erfahrungen und Lernen;
- Der Alltag bietet Strukturen, die das Einüben von Regelmäßigkeit und Regelhaftigkeit erleichtern;
- Mit der Alltagsorientierung ist zudem die Vorstellung verbunden, dass im Alltag der Maßnahme für den Alltag danach wichtige Fähigkeiten und instrumentelle Kompetenzen vermittelt werden;
- Die Alltagsorientierung ermöglicht die Herstellung einer größtmöglichen Normalität:

Wolf verweist in diesem Zusammenhang auf die ‚Unterkomplexität von Erziehungskonzepten' in stationären Erziehungshilfen, die sich ausschließlich auf eine zielorientierte Pädagogik beziehen. „Es fehlen das Arrangieren von Lernchancen und erziehungsträchtigen Situationen und implizite Formen der Erziehung, ... also die Einbettung von Erziehungsvorgängen in das alltägliche Zusammenleben von Erwachsenen und Kindern, in dem sehr viel mehr Ziele und sehr viel mehr für die Erziehung relevante Wege, Arrangements und Situationsdeutungen möglich sind."[73]

Die qualitativen Interviews unserer Studie zeigen, dass die Betreuerinnen und Betreuer diese verschiedenen Ebenen bewusst für die pädagogische Rahmung des Zusammenlebens genutzt haben. Einige Beispiele:

„Das war bei uns dann schon ganz anders, dass er regelmäßig aufstehen musste und das hat er eigentlich auch gut hingekriegt, dass er zu bestimmten Uhrzeiten ins Bett ging, das hat er auch gut hingekriegt. Er hat seine Freiräume gehabt, aber auf der anderen Seite waren – ganz klar – so bestimmte Sachen vorgegeben ..." (Betreuer von Alex)

---

[73] Wolf 1999, S.116f

„Die Anna hat von Anfang an von mir zur Aufgabe gemacht bekommen, sich um ihr Zimmer zu kümmern, und zwar einmal wöchentlich und zwar am Wochenende, und das beinhaltet Saubermachen, Aufräumen. Sie musste ihre Bekleidung selber waschen, aufhängen und in den Schrank sortieren und musste bei Kleinigkeiten im Alltag helfen. Tisch decken, Salat umrühren, was weiß ich, Tisch abräumen und was weiß ich. Das war inbegriffen, da musste sie mit." (Betreuerin von Anna)

„Ich erinnere mich, dass es länger gedauert hat, er aber doch dann Erfolge hatte und auch selbst leichter damit dann klar kam und sich daran gewöhnt hat, an dieses morgendliche Aufstehen, Körperhygiene, pünktlich anfangen." (Betreuerin von Arnd)

„Ich habe im Vorgespräch Regeln aufgestellt, nämlich ich möchte nicht, dass er Drogen nimmt und wenn er Drogen nimmt, wird das schwierig mit dem Zusammenarbeiten. Zweiter Punkt war, ich wusste, dass er ein völlig chaotisches Leben führt und habe die Regel aufgestellt: Frühstück ist um sieben Uhr, und zwar bei mir. ... Das war eine wichtige Regel." (Betreuer von Timo)

Diese Äußerungen benennen zugleich auch die wesentlichen Gestaltungsmittel alltagsorientierter Arrangements in Individualpädagogischen Maßnahmen. Handeln, Aufgaben und Pflichten ergeben sich – soweit möglich – vor allem aus den (einleuchtenden) Herausforderungen des Alltags und bedürfen (im Idealfall) nicht einer besonderen Begründung. Das alltägliche Handeln ist gerahmt und strukturiert durch transparente, aus dem Alltag abgeleitete Regeln und eingespielte Rituale[74], die eine klare Orientierung bieten (sollen) und soweit als möglich konsequent umgesetzt werden. Interessant dabei: Je konsequenter diese Um-

---

74 *vgl. Friebertshäuser 2001*

setzung erfolgt, umso stärker werden BetreuerIn und Regeln akzeptiert, Inkonsequenz wird von den Jugendlichen eher negativ konnotiert. Bezogen auf die von uns untersuchten Maßnahmen bewerten die befragten Jugendlichen die Aussage „Mein Betreuer/meine Betreuerin hatte klare Regeln, war konsequent und hat sein/ihr Wort gehalten" in acht Fällen mit „stimmt genau" und in vier Fällen mit „stimmt überwiegend". Vor diesem Hintergrund wird die orientierende und strukturierende Funktion von Regeln und Ritualen deutlich, die nicht abstrakt gesetzt, sondern aus den Notwendigkeiten des Alltags abgeleitet sind. Ein solcher direkter Bezug und eine Individualisierung von Regeln und Ritualen fällt – so zeigt die Rekonstruktion der Betreuungsverläufe – in individuellen Betreuungssettings (Bsp. Timo) u.U. verknüpft mit erlebnispädagogischen Elementen (Bsp. Sven) leichter als in familienähnlichen Strukturen, in denen bei der Aushandlung von Regeln Rücksicht auf das gesamte Familiensystem genommen werden muss.

Auch wenn in den Äußerungen der Jugendlichen anklingt, dass ihnen die Anpassung an gemeinsame Alltagsstrukturen und die Bewältigung alltäglicher Anforderungen nicht immer leicht fällt und – wie wir den rekonstruierten Betreuungsverläufen entnehmen können – nicht selten auch Anlass zu Konflikten gibt, erkennen die Jugendlichen den Unterschied zu Heimregeln doch deutlich: *„Es war schön, weil es mal so ein Stück reales Leben war, das war nicht wie im Heim, wo denn alles gestaffelt ist."* (Sameh)

Neben der Einübung von Alltagsregeln und der Bewältigung alltäglicher Anforderungen spielen praktische Arbeitserfahrungen oder Arbeitsprojekte im Rahmen der Alltagsorientierung eine große Rolle. *„Ein Monat sieht dann meistens so aus, dass wir 14 Tage gemeinsam irgendetwas arbeiten und ein Arbeitsprojekt gestalten. Die Jugendlichen können sich das aussuchen, ich richte mich da auch nach denen. Also wenn die sagen Metall* zum Beispiel, gehen wir in eine Schlosserei oder sie sagen Holz, dann machen wir eben Holzarbeiten oder irgendwie so etwas." (Betreuer von Sameh)

„Wir haben dann hier in dem Nachbarhaus gewohnt zusammen und haben da das Dachgeschoss komplett renoviert und Fenster eingebaut, ganz andere Tapeten und sie hat mit aussuchen dürfen und sie hat mitgestalten dürfen. Das war – glaube ich – auch ganz wichtig, da sagte sie auch oft, dass sie das noch nie gedurft hat, dass sie da einfach mitreden konnte ..." (Betreuerin von Seval)

Fischer und Ziegenspeck stellen in ihrer Studie fest, dass in 93 % der von ihnen untersuchten Auslandsprojekte neben familienähnlichen Betreuungsstrukturen produktive Formen der Arbeitserziehung dominieren.[75] Zwar ist davon auszugehen, dass dieser Prozentsatz bei Projekten im Inland geringer ist, dennoch ist diese Kombination sicher ein Charakteristikum vieler Maßnahmen. Sie entfaltet ihre Wirksamkeit in einer doppelten Alltagsorientierung: Die Einbindung in familiale oder familienähnliche Strukturen vermittelt ansatzweise die Normalität des Familienalltages mit seiner notwendigen Regelhaftigkeit und Regelmäßigkeit und der Notwendigkeit von Anpassung und Aushandlung. Arbeitsvorhaben und -projekte ergänzen diese um Arbeitserfahrungen und Regeln des (künftigen) Arbeitsalltags. Sie dienen zugleich der Erprobung und Ausbildung meist handwerklicher Fähigkeiten oder bieten ein Erfahrungsfeld für Berufswahl oder Berufsvorbereitung. Die von uns rekonstruierten Projektverläufe zeigen, dass es ganz unterschiedliche Möglichkeiten gibt, dieses arbeitsorientierte Erfahrungsfeld im Rahmen der Maßnahme strukturell zu verankern.

---

75 *Fischer/Ziegenspeck 2009, S. 169*

Dies kann

- anknüpfend an Hobbys und Freizeitaktivitäten relativ niedrigschwellig geschehen, etwa wenn Anna die Pflege der Pferde übertragen wird oder sich wie im o.g. Bespiel im Falle von Seval mit der Renovierung der künftigen Wohnung verbindet;
- ebenfalls niedrigschwellig als Möglichkeit organisiert werden, sich sein Taschengeld aufzubessern, wie im Falle von Armin;
- als konkreter Arbeitsauftrag formuliert werden wie im Falle von Mirko oder Sameh, die auf dem Bauernhof die Tiere versorgen und mitarbeiten oder
- wie ebenfalls im Falle von Sameh explizit als Arbeitsprojekt konzipiert werden.

Gelingt es, die Jugendlichen hinreichend für diese Arbeiten zu motivieren, werden damit nicht nur neue Fähigkeiten und Fertigkeiten vermittelt, sondern auch das Vertrauen in das eigene Können gestärkt. Dazu berichtet der Betreuer von Alex ein treffendes Beispiel: *„Wir hatten – glaube ich – schon zehn Stunden gearbeitet, und ich merkte, dass meine Kräfte ein Stückchen nachlassen, wo er dann gesagt hat: ‚Nein, nein. Das Ding ziehen wir durch und machen das fertig.' Und dann hat er noch eine Stunde drangehängt und dann haben wir es auch fertig gekriegt und da war er total stolz."*

Dieses Gefühl, mit seinem eigenen Handeln etwas bewirken zu können, gilt in der Psychologie als wichtiges Element einer starken, resilienten Persönlichkeit[76]. Selbstwirksamkeit beschreibt die Fähigkeit, an sich und seine Kompetenzen zu glauben, Einfluss zu nehmen auf die Gestaltung seines Lebens, zuversichtlich zu sein und mit unvorhergesehenen Situ-

---

76   Zur Resilienz vgl. Wustmann 2004, Fröhlich-Gildhoff/Rönnau-Böse 2009

ationen klarkommen zu können. Die eigene Auffassung über die Selbstwirksamkeit wirkt als selbsterfüllende Prophezeiung. Wer an sich und seine Fähigkeiten glaubt, wird sein Leben aktiv gestalten. Dabei erlebt er sich als selbstwirksam. So entsteht ein Prozess einer sich immer weiter verstärkenden Selbstsicherheit, gewissermaßen eine positive Rückkopplung. „Selbstwirksamkeit meint etwas Doppeltes. Zum einen: Ich bin jemand, der sich eine Handlung vornehmen und diese auch ausführen kann. Zum anderen: Mit den Handlungen, die ich plane und ausführe, erreiche ich das von mir anvisierte Ziel. Erst beides zusammen führt zu dem Gefühl: Es lohnt sich, etwas zu planen und es dann auch zu tun; ich kann damit etwas erreichen."[77]

Wer aber der Überzeugung ist, dass in erster Linie andere Menschen, die gesellschaftlichen Umstände oder das Schicksal für alles verantwortlich sind, wird gar nicht erst erwarten, dass er etwas Besonderes in seinem Leben erreichen könnte – und sich deshalb auch keine entsprechenden Ziele setzen. Er empfindet sich als Opfer der Umstände und nutzt deshalb den Gestaltungsspielraum nicht. Menschen mit einer niedrig ausgeprägten Selbstwirksamkeit haben wenig Vertrauen in ihre Fähigkeiten. Sie sind in Situationen, die sie als schwierig erleben, oft unsicher und vermeiden diese, wenn möglich. Sie glauben nicht daran, Schwierigkeiten mithilfe ihrer eigenen Fähigkeiten meistern zu können. Selbst offensichtliche Lösungen können sie nicht erkennen, da wenig oder gar kein Vertrauen vorhanden ist, etwas bewirken zu können.

Ein eindrückliches Beispiel für die positiven Wirkungen selbstwirksamen Handelns bietet Mirko, der noch heute begeistert von den Vorstellungen und dem Zuspruch in seinem Zirkusprojekt erzählt und das dort gewonnene Selbstvertrauen auf spätere Arbeitstätigkeiten übertragen

---

[77] *Schwabe 2005, S. 221f*

kann. Von seiner Arbeit in einer Sicherheitsfirma, in der er Alarmanlagen installiert, berichtet er: „Nachher war ich so gut, dass der mich sogar alleine auf eine Baustelle gelassen hat, weil er selber wegmusste. Ich sollte da weitermachen. ... Das war gut, da hat man auch gemerkt, dass man Anerkennung kriegt." (JUG)

In ihrem Einschätzungsbogen zu ausgewählten Aspekten des Betreuungsprozesses geben 75 % der befragten Jugendlichen an, sie hätten im/den Alltag in hohem Maße mitbestimmen und gestalten können.

Wirkfaktor Beschulung

In jedem der von uns untersuchten Fälle sind Schulverweigerung, unregelmäßiger Schulbesuch, häufiger Schulwechsel oder schlechte Schulleistungen der Individualpädagogischen Maßnahme vorausgegangen. Mehrheitlich wurden deshalb in den Hilfeplanvereinbarungen die Heranführung an einen regelmäßigen Schulbesuch und – je nach individuellen Möglichkeiten – die Erreichung eines Schulabschlusses vereinbart. In allen Fällen konnte eine regelmäßige Beschulung erreicht und umgesetzt werden, auch Jugendliche mit einer schlechten Bildungsprognose in ihren Hilfeplanprotokollen konnten dabei einen Schulabschluss erlangen (wenn auch nicht immer den optimalen). Wie konnte dies gelingen?[78] Unsere Rekonstruktion der Betreuungsverläufe gibt darüber Aufschluss und verweist damit auf einen wichtigen Wirkfaktor Individualpädagogischer Maßnahmen.

---

[78] In unserer vorangegangenen Studie (Klawe 2007) konnte gezeigt werden, dass 74,9 % der in IPM betreuten Jugendlichen beschult werden konnten und 38,8 % einen Schulabschluss erreicht haben. Von den Schulabbrechern oder -verweigerern (42,8 %) erreichten immerhin mehr als ein Drittel einen qualifizierten Schulabschluss (ebd. S. 57)

Zunächst ist festzustellen, dass die mit einer solchen Maßnahme eingeleitete Individualisierung der Erziehung verbunden ist mit einer (möglichen) Individualisierung der Bildung. So wie in den untersuchten Fällen die stationären Einrichtungen der Hilfen zur Erziehung im Rahmen ihrer Strukturen den besonderen Bedingungen der Jugendlichen nicht (mehr) gerecht werden konnten, war es vorher dem System Schule nicht gelungen, die Jugendlichen hinreichend zu binden und individuell angemessen zu fördern. Dies scheint jedoch in den Maßnahmen gelungen. Einmal gab es die Möglichkeit, sehr individuell ausgerichtete Lernformen zu etablieren oder den Besuch der Regelschule durch individuelle Förderung nachhaltig zu unterstützen. Der Ausbau eines zielgruppenorientierten Fernschulsystems (Web-Individualschule, Flex-Fernschule) ermöglicht dies mittlerweile durch Bereitstellung von Unterrichtsmaterialien, die auf den individuellen Leistungsstand des jeweiligen Jugendlichen abgestimmt sind und durch E-Learning individuell begleitet werden. In Einzelfällen konnte darüber hinaus Nachhilfe und Unterstützung durch den Betreuer/die Betreuerin manche Lernhürde ausräumen.[79]

Zum Zweiten ist der Besuch der Regelschule (wo dies möglich ist) in neuer Umgebung aus zweierlei Gründen für die Jugendlichen attraktiver als zu Hause. Einmal bietet die Schule die Möglichkeit des Kontaktes zu Gleichaltrigen, der für die soziale Einbettung im neuen Umfeld notwendig und hilfreich ist, die ihm hier nicht wie am bisherigen Lebensort durch das Aufwachsen automatisch zuwächst. Zum anderen starten sie diesen Neuanfang an der Schule als gewissermaßen ‚unbeschriebenes Blatt' und müssen nicht gegen negative Zuschreibungen und Ausgrenzungen antreten.

---

79 vgl. auch Verein für Kommunalwissenschaften 2008, S. 97 ff

Zum Dritten schließlich sind Betreuerin oder Betreuer in der Regel besser in der Lage und bereit als Eltern oder Gruppenerzieher, einen engen Kontakt zur Schule zu pflegen und gemeinsam mit den Lehrkräften die notwendige Unterstützung zu organisieren, aber auch engmaschig Schulbesuch und Lernfortschritte zu kommunizieren.

Insgesamt sind dies gute Voraussetzungen für eine individuelle Bildungsförderung, ohne auch hier unterstellen zu wollen, dass die erreichten Erfolge ausschließlich darauf zurückzuführen sind.

Die hier genannten Faktoren sind in den untersuchten Maßnahmen in unterschiedlichen Kombinationen zur Wirkung gekommen. Im Falle von Alex betont die Mitarbeiterin des Jugendamtes, dass die Beschulung über eine Fernschule von vornherein mit ein Entscheidungskriterium für die Maßnahme war und Alex selbst stellt heraus: *„Ich habe viel Schule gemacht. (Die Frau des Betreuers) war Lehrerin, sie hat uns dann ein bisschen geholfen und dann haben wir da jeden Morgen Schule gemacht, vier, fünf Stunden."* Anna, die vorher lieber Party gemacht hat als zur Schule zu gehen *„... hat auch sehr schnell an der Schule teilgenommen, sie hat sich sehr ehrgeizig gezeigt von Anfang an."* Arnd beginnt sich mit Unterstützung der Web-Individualschule wieder für sein schulisches Fortkommen zu interessieren und beginnt ein Praktikum im Nachbarort. Obwohl er zugibt, bei der Bearbeitung der Web-Schul-Unterlagen ziemlich faul gewesen zu sein, resümiert seine Betreuerin, er habe *„aber durch viel Druck von außen, letztlich so viel von diesem Schulstoff bearbeitet, dass es dann mit dem Hauptschulabschluss ganz im Endeffekt ja geklappt hat. Das war aber eine sehr mühselige Angelegenheit."* (B)

Grit *„... fand die Idee anfangs ganz toll mal wieder Schule zu machen. Ich musste auch nicht viel dafür tun, um meinen Abschluss zu kriegen. ... Ich habe das alles so ein bisschen schluren lassen, aber ... (die Betreuerin) hat* *mir sehr geholfen, gerade bei meinen Schwächen, in den Fächern, wo ich schwächer war."* (JUG)

Melanie versucht anfangs noch, sich vor dem Schulbesuch zu drücken, hat während der Individualpädagogischen Maßnahme aber dann erfolgreich zunächst die Hauptschule, danach an der Abendschule die Realschule abgeschlossen. Auch Sameh besucht regelmäßig den Unterricht und zeigt gute Schulleistungen und erreicht einen guten Schulabschluss. Mirko wird durch seine polnische Betreuerin stundenweise unterrichtet und erhält Lehrmaterial aus Deutschland. Er entwickelt den Wunsch, nach seiner Rückkehr in Deutschland seinen Realschulabschluss zu machen und dafür die Abendschule zu besuchen. Seval *„... hat ja letztendlich sogar ihren Hauptschulabschluss gemacht. Die Lehrer haben nicht schlecht gestaunt, als sie sie dann da wieder getroffen haben bei der Abschlussfeier."* (B)

Auch Steffi geht wieder regelmäßig zu Schule, ihre Betreuerin kann sie bei der Erreichung ihres Hauptschulabschlusses so positiv unterstützen, dass sie mit der 10. Klasse den Hauptschulabschluss erfolgreich bewältigt. Dieser Erfolg ist für sie eine positive Schlüsselsituation, in der sie erfährt, dass Menschen sie unterstützen und immer wieder motivieren und dass ‚dranbleiben' sich auszahlt.

Bei Sven und Timo schließlich ist es mit der Schule schwierig geblieben. Sven, der zu einem zeitlich befristeten Clearing in der Maßnahme betreut wird, hat während dieser Zeit mit mehreren Ortswechseln und ganz unterschiedlichen – auch erlebnispädagogischen – Anforderungen zu tun, sodass der für eine regelmäßige Beschulung notwendige Rahmen fehlt. Timo resümiert etwas bedauernd: *„Ich habe erst mal diese zwei Jahre für mich gebraucht, um mich überhaupt zu erholen und einen klaren Kopf überhaupt zu bekommen, denn ich bin so zu gewesen, dass ich gar nicht –*

so gesehen – das erlernen konnte, was jetzt in der Schule gefordert wird, sondern ich wollte für mich die Sachen machen, die mir Spaß machen, das heißt, was ich mein ganzes Leben lang nicht machen konnte, jetzt bei meinen Eltern. Das hätte ich anders gemacht – zur Schule gehen." (JUG) Timo hat sich jetzt in der Abendschule angemeldet, um seinen Schulabschluss nachzuholen.

Insgesamt bieten Individualpädagogische Maßnahmen Rahmenbedingungen, die geeignet sind, negative Schul- und Bildungserfahrungen und Schulverweigerung nachhaltig zu verändern und so zu befriedigenden formalen Bildungsabschlüssen beizutragen. Gelingt es, die Jugendlichen zu motivieren und letztlich bei der Erreichung eines individuell angemessenen Schulabschlusses zu unterstützen, wird dies – wie andere Lernerfahrungen und -erfolge während der Maßnahme auch – die Erfahrung der Selbstwirksamkeit für die betreuten Jugendlichen verstärken und die Grundlage dafür schaffen, klarere und realistische Vorstellungen für die anstehende Berufswahl und deren zielstrebige Realisierung zu entwickeln.

Wirkfaktoren Partizipation, Koproduktion und Freiwilligkeit
Unter Partizipation versteht man die Einbindung von Individuen in Entscheidungs- und Willensbildungsprozesse. In der Jugendhilfe wird unter dem Begriff der Partizipation die Einbindung von Kindern und Jugendlichen bei allen das Zusammenleben betreffenden Ereignisse und Entscheidungsprozesse verstanden.

Kinder und Jugendliche sollen durch Partizipation[80]

- Lösungsprozesse und Alltag gestalten und mit Leben füllen,

---

80 vgl. Petersen 1997

- ihre individuellen Interessen und Bedürfnisse in Entscheidungen berücksichtigt finden,
- ‚Machtquellen' wie z.B. materielle Versorgung, Sinnkonstruktion, Orientierungsmittel u.a. übertragen bekommen,
- Handlungsspielräume für eigene Erfahrungen erhalten.

Diese Einbindung ist politisch und pädagogisch bedeutsam, da sie zum Aufbau von „sozialem Kapital"[81] führt und soziales Vertrauen stärkt. „Als zentraler Wirkfaktor pädagogischer Arbeit zeigt sich die Kooperation mit Eltern und/oder jungem Menschen. Gelingt diese aktive Mitarbeit im Rahmen der Hilfe, verbessert sich die Aussicht auf Erfolg erheblich – unterbleibt sie, ist ein Misserfolg der Hilfe hochwahrscheinlich."[82]

Die Partizipation von Kindern und Jugendlichen soll in der Jugendhilfe einen Beitrag zur besseren Qualität und Flexibilisierung der Angebote leisten und eine Orientierung im organisatorischen und professionellen Alltag bieten. „Darüber hinaus hat die Erfahrung, beteiligt zu sein und gehört zu werden, auch ohne eine solche Funktionalisierung prinzipiell positive Effekte. Sie wirkt wie eine Methode mit der die Mitgestaltung und damit die Verantwortungsübernahme angeregt wird."[83] Partizipation in der Jugendhilfe findet sich in unterschiedlichsten Formen, die sich jeweils im Hinblick auf den Grad und die Reichweite der Partizipation auswirken.

Formale (strukturelle) Partizipation

Von formaler oder struktureller Partizipation können wir sprechen, wenn es für die Mitwirkung von Kindern und Jugendlichen eigens vor-

---

81 Bourdieu 1983
82 Macsenaere 2009, S. 8
83 Wolf 2007b, S.39

gesehene Anhörungs- und Entscheidungssituationen oder Foren gibt. Ein Beispiel für eine solche strukturell vorgesehene Mitwirkung ist die Teilnahme am Hilfeplangespräch gem. §36 KJHG. Weitere Beispiele sind Mitwirkungsgremien in Einrichtungen (Kinderversammlung, Jugendrat o.ä.), aber auch weniger formalisierte Formen wie Familienrat, Tagesrunde, Beschwerdemanagement usw. Diesen Formen der Mitwirkung ist gemeinsam, dass sie ein erhebliches Maß an kommunikativen Kompetenzen, Äußerungsfähigkeit und Geduld bei den Kindern und Jugendlichen voraussetzen, das bei AdressatInnen der Kinder- und Jugendhilfe nicht immer vorausgesetzt werden kann.[84]

Bezogen auf die gesetzlich vorgeschriebene Mitwirkung der AdressatInnen bei den Hilfeplangesprächen hat dies mittlerweile zu schwerwiegenden Zweifeln geführt, ob dies tatsächlich gelingen kann.[85] „Diese Schwierigkeiten lassen sich im Wesentlichen in drei Komplexe bündeln: die strukturelle Ambivalenz der Jugendhilfe in der Spannung von Hilfe und Eingriff, die mit dieser institutionellen Einbindung einhergehenden Macht-Asymmetrien sowie Kompetenzproblemen auf Seiten der Kinder, Jugendlichen und Eltern."[86]

Ohne dass im Rahmen dieser Studie die Verläufe und Entscheidungsprozesse der Hilfeplangespräche im Einzelnen untersucht wurden, kann gesagt werden, dass diese Bedenken auch für die hier betreuten Jugendlichen gelten. Eine Durchsicht der Protokolle der Hilfeplangespräche zeigt, dass die Jugendlichen zum Teil nicht regelmäßig beteiligt wurden und der Raum, der ihnen gegeben wurde sehr unterschiedlich war. Selbst dann, wenn sie beteiligt waren, fühlten sie sich in Einzelfällen nicht äu-

---

84   vgl. Schwabe 2005
85   siehe dazu auch den Abschnitt: Wirkfaktor Steuerung durch die Jugendämter
86   Merchel 2006, S. 74

ßerungsfähig, nicht hinreichend von den anwesenden Fachkräften verstanden oder gar unter Druck gesetzt. „Ich hätte das nicht freiwillig alles so mitgemacht. Man hat mich jetzt nicht richtig gezwungen, aber man hat schon auf mich eingeredet: ‚Mach doch mal mit und hier und da.'" (Alex). Ähnlich äußert sich Grit. Auch Armin ist nicht mit allen Entscheidungen einverstanden: „Ich weiß das jetzt nicht mehr genau, ob die mich gefragt haben. Die Mama hat es auch entschieden, weil es das Beste wäre. ... Ich hätte es auch anders gemacht, zum Beispiel ein Internat, dass ich dann am Wochenende nach Hause komme, aber das ging leider nicht." (JUG) Einzelne Jugendliche nutzten hingegen das Hilfeplangespräch als Forum, eigene Vorstellungen durchzusetzen (Bsp. Mirko, Timo). Unter Umständen geschieht dies auch expressiv und mit Nachdruck (Bsp. Grit, Melanie).

Entsprechend antworten die Jugendlichen auf die Aussage „Das Jugendamt hat mich immer gut informiert und bei Entscheidungen angehört" mit Einschätzungen im gesamten Spektrum von „stimmt genau" bis „stimmt überhaupt nicht".

Partizipation durch Mitgestaltung des Betreuungsprozesses im Alltag
Zentrales pädagogisches Medium der Partizipation in Individualpädagogischen Maßnahmen ist hingegen die alltägliche (ganz praktische) Mitgestaltung im Alltag. Diese ‚gelebte Partizipation' wird vor allem auch deshalb von den Jugendlichen als echte Mitwirkung erlebt, weil sie spürbare Konsequenzen im und für den Alltag hat. Individualpädagogische Maßnahmen sind von ihrem Setting her für diese Form der Partizipation besonders geeignet, weil sie durch ihre Alltagsorientierung hierfür zahlreiche niedrigschwellige Situationen und Anlässe bieten. Wiederkehrende Themen dieser partizipativen Aushandlungsprozesse sind Regeln und Vereinbarungen, Absprachen über Tagesablauf und Aktivitäten usw., sowie natürlich der aktive Part, den die Jugendlichen bei der Klärung von Konflikten im Betreuungsverlauf übernehmen müssen. „Aus den Beteiligungs- und Partizipationsmodellen der Kinder- und Jugendhilfe haben

wir gelernt, dass Motivation und Engagement sich erst in einem authentischen Umfeld entfalten. Partizipation, Teilhabe und Mitwirkung, aber insbesondere die Bereitschaft zur Übernahme von Verantwortung ist deswegen auf ein konkretes Umfeld, auf Authentizität, Wahrhaftigkeit und Sinnlichkeit verwiesen, um Begeisterung, Engagement und Anstoß für einen sozialen Lern- und Kreativvorgang zu geben."[87]

Beteiligung meint hier die Gestaltung eines permanenten Lernprozesses, in dem es um Auseinandersetzungen über eigene Interessen, die Interessen der anderen und den Interessenausgleich geht. In diesem Lernprozess müssen die beteiligten Jugendlichen die Möglichkeit haben, tatsächlich und konkret Verantwortung zu übernehmen und ihre individuellen wie kollektiven Angelegenheiten (mit) zu bestimmen. Wie schon an anderer Stelle sei hier noch mal betont: „Individuell ausgehandelte und abgestimmte Problemdefinitionen, Ziele und Arrangements, die Art und Weise der Gestaltung der Begleitung sowie die ‚Passung' zwischen den Beteiligten sind Wirkfaktoren, die wesentlich für das Zustandekommen von ‚Erfolg' sind."[88] Brocke spricht in diesem Zusammenhang von „Sozialer Arbeit als Koproduktion"[89] und unterstreicht damit den Zusammenhang, dass nachhaltiges Engagement für Veränderungen im eigenen (Lebens-)Alltag ohne die ‚Koproduktion', also die Motivation und konkrete Mitwirkung der Betroffenen, nicht erreichbar ist. Konkret versteht er unter Koproduktion einen Lern- und Entscheidungsprozess, bei dem unterschiedliche Akteure an der Lösung eines Ziels arbeiten und betont, dass es sich um einen dialogischen Prozess handelt, der auf Kontinuität und Partizipation ausgerichtet ist. „Das bedeutet für die beteiligten Institutionen, dass nicht nur die Wirkfaktoren, auf die z.B. die Mitarbei-

---

87 Brocke 2002, S. 4
88 von Spiegel 2006, S. 275
89 Brocke 2002

terInnen im Heim Einfluss haben, isoliert werden können, sondern dass es immer auch um das Zusammenspiel zwischen den Institutionen und (weiteren) relevanten Personen – z.B. der Eltern, anderer Verwandter und Bezugspersonen – geht."[90]

Deshalb sind Partizipation und Teilhabe über die bereits benannten Bereiche hinaus besonders wichtig, wenn es um die Bedürfnisse und ganz persönlichen Lebensentwürfe der betreuten Jugendlichen geht. Statt gängige Normalitätskonzepte ‚überzustülpen', deren Realisierung letztlich am Widerstand des Einzelnen scheitern wird, müssen die Jugendlichen als Subjekte ihrer eigenen Lebensgestaltung gesehen und ernst genommen werden. Gerade der spezifische individuelle Bezug in Individualpädagogischen Maßnahmen bietet hierfür einen hervorragenden Möglichkeitsraum. Der Umgang mit dem ganz speziellen Lebensentwurf von Timo zeigt in beeindruckender Weise, was das individualisierte Setting der Individualpädagogik hier an Unterstützung leisten und an Stabilisierung erreichen kann, wenn Timo über seinen Betreuer sagt: *„Er hat mir immer vor Augen gehalten, du musst für dich gucken, was für dich gut ist, was du für richtig hältst. Er hat mir nie irgendwie eine Entscheidung aufgezwängt wie meine Eltern, sondern hat mir immer die Wahl gelassen, du kannst es so machen oder du kannst es so machen, entscheiden musst du dich selber. Das war für mich eine Situation, die ich gar nicht kannte, dass ich für mich einmal gucken kann, was tut mir gut. Dass ich überhaupt mal an mich selber denke, das war schon mal – glaube ich – das Wichtigste."* (JUG)

Der Gedanke der Koproduktion gepaart mit der Einschätzung einer hohen Selbstwirksamkeit wird auch bei Sameh deutlich: *„Eigentlich habe ich alles selber geschafft. Ohne meine Mithilfe wäre da ja überhaupt gar*

---

90   Wolf 2007 b

nichts passiert. Ich habe die Schule abgeschlossen, ich habe mich wirklich von Grund auf verändert zum Positiven würde ich sagen. Ich habe einen Beruf erlernt und ich mache noch weiter, ich bin ja noch nicht fertig." (JUG) Und beachtlich ist es schon, wenn die Mitarbeiterin des Jugendamtes am Ende der Betreuung von Steffi feststellt: „Ich fand das interessant, dass S. erst einmal ihre Ablösung selber gestaltet hat und S. ist immer in der Lage, ihr Leben zu regeln." (B)

Die Möglichkeiten einer erfolgreichen Koproduktion und produktiven Partizipation werden allerdings deutlich reduziert oder gar konterkariert, wenn die Freiwilligkeit der Entscheidung für eine Beteiligung an der Maßnahme eingeschränkt wird. Freiwilligkeit wird hier so verstanden, dass aufseiten des Jugendlichen ein Problembewusstsein im Hinblick auf die eigene Lebenssituation besteht, Veränderungsbereitschaft signalisiert und eventuell sogar selbst der Wunsch nach Distanz zum Herkunftsmilieu artikuliert wird. Diese Freiwilligkeit ist eingeschränkt, wenn andere (,härtere') Sanktionen drohen und die Individualpädagogische Maßnahme als das ,kleinere Übel' angesehen oder die Teilnahme sogar gerichtlich angeordnet wird[91]. Bezogen auf Auslandsmaßnahmen stellen Fischer und Ziegenspeck in ihrer Studie jüngst fest, dass bei den von ihnen untersuchten Fällen nach Aussage der Jugendlichen lediglich 36 % der Maßnahmen auf uneingeschränkter Freiwilligkeit beruhten.[92] Dieser Prozentsatz erscheint überraschend gering und müsste sicher noch näher überprüft werden, dennoch sind tatsächlich eine Reihe von Maßnahmen auch nach Aussage der von uns befragten Jugendlichen ,unter Druck' verfügt worden, wie weiter oben im Zusammenhang mit der Beteiligung am Hilfeplanverfahren bereits dargestellt wurde. Wie die dokumentierten Fallverläufe zeigen, muss indes mangelnde Freiwilligkeit

---

91   vgl. Klawe/Bräuer 2001, S. 62
92   Fischer/Ziegenspeck 2009, S. 162

zu Beginn der Maßnahme nicht zwangsläufig deren Scheitern zur Folge haben. Allerdings stellt eine solche Ausgangssituation die Betreuerinnen und Betreuer vor erhebliche zusätzliche Anforderungen, die betreffenden Jugendlichen zu motivieren und für einen Prozess konstruktiver Kooperation zu gewinnen (Bsp. Armin).

Wirkfaktor Ausland

Die Durchführung von Jugendhilfemaßnahmen im Ausland wird seit Jahren kontrovers diskutiert.[93] Während die eine Seite Auslandsmaßnahmen als ‚Export von Problemfällen' diskreditiert, betonen die Befürworter die Chancen, die aus ihrer Sicht in einer räumlichen und kulturellen Distanz zum Herkunftsmilieu bestehen. Die räumliche Distanz – so diese Position – verhindert das Entweichen und zwingt damit die jugendlichen AdressatInnen, sich dem pädagogischen (Beziehungs-) Angebot zu stellen. Die neue kulturelle Einbettung des Alltags hingegen erleichtert und befördert die Aufgabe hergebrachter und gewohnter Alltagsroutinen und eröffnet u.U. neue Perspektiven zur Entwicklung alternativer Handlungsmuster.

Diese Diskussion ist gegenwärtig keinesfalls abgeschlossen. Immerhin hat die Bundesregierung vor dem Hintergrund dieser Diskussion durch die Verabschiedung des Kinder- und Jugendhilfeweiterentwicklungsgesetzes (KICK) 2005 die Durchführung von Jugendhilfemaßnahmen im Ausland zum Ausnahmefall erklärt. Mithin unterliegen Maßnahmen im Ausland besonderer Sorgfalt, spezifischen rechtlichen und formalen Voraussetzungen und einem besonderen Legitimationszwang.

Fischer und Ziegenspeck fanden in ihrer Studie zu Auslandsmaßnahmen heraus, dass sich in den von ihnen untersuchten Falldokumenta-

---

93 vgl. Verein für Kommunalwissenschaften 2007, 2008; Witte/Sander 2006

tionen und Hilfeplanprotokollen kaum Hinweise fanden, „die das Ausland als zusätzlichen oder partikulären Sozialraum verständlich werden lassen."[94] Dazu würde aus ihrer Sicht „zum Beispiel der Kulturerwerb gehören, der für Persönlichkeitsbildung, toleranten Umgang, Integration oder Spracherwerb stehen könnte." (ebd.) Dieser Befund ist nicht neu, er deckt sich mit Ergebnissen früherer Studien und gilt letztlich auch für die im Ausland durchgeführten Betreuungen der von uns untersuchten Individualpädagogischen Maßnahmen.[95]

Witte stellt im Rahmen seiner Studie dazu fest: „Primäre Ziele der Phase im Ausland sind zum einen das Delegitimieren, d.h. das Außerkraftsetzen der bisherigen, originären lebensweltlichen Strukturen des Jugendlichen, zum anderen die Strukturierung und Konsolidierung einer neuen Lebenswelt."[96]

Auch hier werden die spezifischen Erfahrungsoptionen im Ausland nicht sonderlich ausführlich herausgestellt. Dennoch zeigen sich in den Prozessrekonstruktionen gute Gründe für eine Durchführung der jeweiligen Maßnahme im Ausland. Nur werden diese nicht aus den spezifischen Möglichkeiten der Kulturbegegnung abgeleitet. Vielmehr erhält der Standort Ausland seine Funktion und Begründung als ‚Nicht-Inland'. Die zentralen Aspekte dabei sind:

---

94 Fischer/Ziegenspeck 2009, S. 159
95 vgl. Klawe/ Bräuer 2001, Klawe 2007
96 Witte 2009, S. 238

Innerer Abstand

So begründet die Mitarbeiterin des Jugendamtes den Aufenthalt von Alex in Schweden mit den Worten: *„Ich fand diese Kombination, raus, ganz raus, auch aus den Bezügen hier, überhaupt der deutschen Kultur, in der er sich immer als Versager gefühlt hat, einfach gut."* Und Alex selbst sieht das Ausland als Unterstützungsressource: *„Okay, ich probier es, weil ich da nicht so schnell an Alkohol komme in Schweden."* Auch Grit formuliert das ähnlich: *„Der Abstand von Deutschland, würde ich sagen, ist auf jeden Fall auch ganz toll gewesen. Hier aus dem Sumpf herauszukommen, das ist nicht so ganz einfach. Wenn man einmal in dieser Schiene drinsteckt, zieht man solche Leute wie ein Magnet an und wenn man noch nicht weiß, wie man sich davon distanzieren soll, dann passiert einem das immer wieder. Da hat man dann eine gute Möglichkeit, sich davon zu distanzieren, das zu lernen."*

Räumliche Distanz

„... Mir war schon wichtig, dass der Mirko auch schon ein Stückchen weg kann, aber er war ja auch ein pfiffiger Junge und der hätte aus irgendeinem, weiß ich nicht, nördlich, südlichen gelegenen kleinen Dörfchen durchaus wieder hier nach D. gefunden. Der hätte durchaus die Kontakte wieder gesucht. Von daher war diese Entfernung schon nötig." (MA JA) Mirko bestätigt diese Sicht: *„Ich glaube, wenn man hier irgendwo gewesen wäre, dann hätte man immer eine Möglichkeit gefunden, da hinzukommen, wo man möchte. Natürlich geht das in Polen nicht mal so einfach. Das war dann gut, dass man so ein bisschen abgekapselt wurde."* (JUG)

Sameh, mit dem Projektstandort Chile am weitesten von seinem Heimatort entfernt, sieht das ebenso: *„Dass man erst einmal total herausgenommen wird aus seinem Umfeld, dass man jetzt Drogen nimmt und was weiß ich nicht was. Egal, wo man in Deutschland hinkommen wird, man wird sofort Kontakte finden und kann das sofort fortsetzen."* (JUG)

Fremdheit und Sprache

„*Wir haben uns gedacht, also gut, Chile ist weit genug weg. Es hätte vielleicht auch Portugal gereicht, aber Ausland war uns klar, er spricht die Sprache nicht, er muss sich in einer fremden Umgebung mit fremden Leuten, mit einer Person auseinandersetzen und sich auf diese Person ganz einlassen, wenn er irgendwas erreichen will.*" (MA JA) Sameh teilt diese Ansicht: „*... wenn man da ankommt, erst mal ist man gehandicapt dadurch, dass man die Sprache nicht kann, dann kann man schon mal keine Leute kennenlernen.*" (JUG) Andere Beobachtungen der befragten Jugendlichen beziehen sich darauf, dass Menschen in anderen Kulturen ‚anders drauf' sind, z.B. freundlicher und offener, vorurteilsfreier oder gelassener miteinander umgehen und auch den Jugendlichen so begegnen.

Zivilisationsferne

Die Jugendlichen empfinden die Unterbringung im Ausland als ‚weitab vom Schuss' und beziehen dies nicht nur auf die geografische Entfernung, sondern insbesondere auch darauf, dass die Unterbringung in der Regel in naturnaher, ländlicher Umgebung erfolgt. Das gilt tendenziell zwar auch für Maßnahmen im Inland, allerdings sind Standorte im Ausland meist ‚zivilisationsferner', verfügen über eine weniger entwickelte Infrastruktur, die Mobilität, Freizeit- und Kontaktmöglichkeiten deutlich einschränkt. Diese Erfahrung ist für die meisten Jugendlichen, die ja in der Regel aus urbaner Umgebung mit vielfältigen Möglichkeiten der Kommunikation und des Konsums kommen, völlig neu und irritiert sie in der Anfangszeit erheblich. Lassen sie sich darauf ein, erleben sie diese neuen Bedingungen häufig als Chance: „*Das war schön. Ich mag keine Routine. Das war auch schön, weil so viele neue Dinge da waren, an die man dann denken konnte.*" (Sameh)

Es finden sich in den Prozessrekonstruktionen also durchaus von den Akteuren wahrgenommene spezifische Begründungen für den Standort

Ausland. Dessen besondere Wirkmächtigkeit als Wirkfaktor im Rahmen erzieherischer Hilfen kann aber deutlich erhöht werden, wenn in den Betreuungsarrangements explizit Spezifika des jeweiligen Gastlandes und seiner kulturellen Bedingungen genutzt und in Entwicklungsberichten und Hilfeplan-Protokollen ausgewiesen werden.

Wirkfaktor Steuerung durch das Jugendamt
Unter ‚Steuerung' soll in diesem Abschnitt betrachtet werden, welche Bedeutung Planung, Beratung, Dokumentation und Qualitätssicherung vonseiten des Allgemeinen Sozialen Dienstes (ASD) und des Jugendamtes auf den Verlauf der Maßnahme haben.

Im Rahmen seiner Planungs- und Gesamtverantwortung hat der ASD die Aufgabe, gemeinsam mit allen Beteiligten in einem kontinuierlichen Hilfeplanprozess die für einen Jugendlichen notwendigen und geeigneten erzieherischen Hilfen zu bestimmen, zu verfügen und fachlich zu begleiten. Regelmäßige Hilfeplangespräche, eine enge Kooperation mit dem durchführenden Träger und gute Kontakte zu den betreuten Jugendlichen sind Instrumente und wichtige Voraussetzungen, dieser Aufgabe nachzukommen. Dazu muss man vorab feststellen, dass derzeit die strukturellen Bedingungen in der Mehrzahl der Jugendämter die Wahrnehmung dieser Aufgaben erschweren. Hohe Fallzahlen mit komplexen Problemlagen, häufiger Zuständigkeitswechsel in den Jugendämtern, andauernde Strukturveränderungsprozesse und Beschränkung der finanziellen Ressourcen lassen nur einen begrenzten Spielraum, die gesetzlich vorgeschriebenen Steuerungsaufgaben kontinuierlich und befriedigend zu erfüllen. In den von uns durchgeführten Interviews sprechen die Mitarbeiterinnen der Jugendämter dies mehr oder minder deutlich an.

„Ich würde mich immer viel mehr einbringen, wenn ich es könnte, auch in diesem Fall – keine Frage. Aber anders entschieden hätte ich nichts. Wenn

ich andere Strukturen gehabt hätte, hätte ich ihn viel eher in eine Einzelmaßnahme gesteckt, weil diese Abbrüche schon im frühesten Kindesalter waren, aber das ist meine subjektive Einschätzung von gut verlaufenen Hilfefällen bei uns zumindest, und ich denke in anderen Kommunen ist das ja auch so. Es müssen erst alle anderen Hilfen ausgeschöpft sein, um solche Maßnahmen bewilligt zu bekommen." (MA JA)

In der Konsequenz finden wir daher meist

- nur sehr unvollständige und daher wenig aussagefähige HPG-Protokolle;
- eher allgemeine Zielformulierungen;
- keine angemessene Zielfortschreibung.[97]

Damit aber werden eine fundierte Beurteilung der Prozesse und Fortschritte einer Betreuung und eine systematische Weiterentwicklung der vereinbarten Ziele und Betreuungssettings nahezu unmöglich. „Der Eintritt von Wirkungen kann nicht abstrakt, sondern nur konkret in Bezug auf den Einzelfall festgestellt werden. Damit diese Feststellung überhaupt möglich ist, bedarf es bei der Planung und Gestaltung des Hilfeprozesses zunächst der Bestimmung konkreter, überprüfbarer Ziele. Im zeitlichen Abstand knüpft sich daran die Frage, ob diese Ziele erreicht worden sind beziehungsweise aus welchen Gründen sie nicht erreicht werden konnten. Schließlich sind alle Phasen des Verfahrens daraufhin zu untersuchen, inwieweit sie Anreize dafür bieten, dass die vereinbarten Ziele tatsächlich erreicht werden."[98] Von diesem Anspruch ist die vorfindbare Praxis trotz des teilweise beeindruckenden Engagements und der großen Empathie für die AdressatInnen eher weit entfernt. Die

---

97 Vgl. auch Freigang 2007 b, S.117
98 Wiesner 2005, S. 24

vereinbarten Ziele des Betreuungsprozesses bleiben häufig allgemein und werden wenig konkret und kaum systematisch überprüfbar formuliert. In den Entwicklungsberichten der BetreuerInnen werden Prozesse und Entwicklungsfortschritte zwar ausführlich beschrieben. Welche Faktoren eine Entwicklung befördert oder welche erwünschte Fortschritte behindert haben, bleibt daher zwangsläufig häufig sehr allgemein und gelegentlich eher spekulativ. Steuerungsressourcen des Jugendamtes bleiben so ungenutzt und sind deutlich ausbaufähig. „Ich sage mal, im Idealfall, den ich leider im Moment nicht habe, als Jugendarbeitsmitarbeiter möchte ich dann ... am Prozess beteiligt sein." (MA JA)

Dieser Befund scheint Anspruch und Wirklichkeit bei der Umsetzung des Hilfeplanverfahrens in den Jugendämtern generell zu betreffen. Wiesner benennt in diesem Zusammenhang als besonders kritische Aspekte

- die Legitimation fiskalischer Interessen statt Nutzung des Hilfeplans als Steuerungsinstrument
- die Schwierigkeiten bei der Umsetzung der Kinder- und Elternbeteiligung
- eine nicht immer ausreichende Qualifizierung der Fachkräfte
- häufig nicht zufrieden stellende Kooperation zwischen Jugendamt und Leistungsträger
- nur selten umfassende Dokumentation des Abwägungsprozesses
- häufig vage Formulierungen bei Bedarfsfeststellung, Hilfeauswahl und Zielvorgaben
- eine zu geringe Beachtung der zeitlichen Perspektive.[99]

---

99 vgl. Wiesner 2006, S. 626

Krause und Wolff fragen vor diesem Hintergrund, „... ob solche Hilfepläne überhaupt Relevanz besitzen, das heißt, ob sie geeignet sind, die erzieherische Praxis anzuleiten und zu orientieren, beziehungsweise ob Hilfeplanverfahren nicht doch immer wieder nur auf eine bürokratische Selbstlegitimation hinauslaufen, nämlich belegen sollen, dass man immerhin beabsichtigt hatte, die Gewährung öffentlicher Jugendhilfemittel überlegt zu steuern und zu kontrollieren."[100]

Es ist an dieser Stelle nicht der Raum, im Detail auf die aktuelle Diskussion um den gegenwärtigen allgemeinen ‚Zustand' des Hilfeplanverfahrens einzugehen. Allerdings ist es hilfreich, diesen Diskurs gewissermaßen als Rahmung unserer Analyse mitzudenken.

Neben den genannten strukturellen Mängeln und gelegentlichen Diskontinuitäten in der fachlichen Begleitung des Betreuungsprozesses ist es den Jugendämtern in den von uns untersuchten Fällen nicht immer gelungen, die AdressatInnen in einer Weise an der Hilfeplanung zu beteiligen, die hinreichend Motivation und Mitwirkung freigesetzt hat.

Die unterschiedlichen Perspektiven und Wahrnehmungen der Beteiligten werden besonders im Falle Arnds sehr deutlich. Die Mitarbeiterin des Jugendamtes hat das Gefühl, Arnd sei an den ihn betreffenden Entscheidungen maßgeblich beteiligt gewesen. *„Wir haben mit allen zusammen quasi so ein Krisengespräch auch geführt. Wir haben Arnd natürlich auch gefragt, was er will. Er wurde schon daran beteiligt. Wir haben ihm Vor- und Nachteile aufgezeigt aus unserer Sicht. Arnd hat sich dann dazu auch entschlossen, das weiterzumachen."* (MA JA)

---

100 Krause/ Wolff 2005, S. 45

Arnds Betreuerin erkennt hingegen das Machtgefälle in dem Aushandlungsprozess: „*Er wusste aber dann wohl, dass er muss und war dann schon einverstanden oder konnte sich das vorstellen, zu uns zu kommen. Das ist für uns auch immer ein wichtiger Aspekt, dass ein Jugendlicher im Rahmen vorgegebener freier Entscheidungen dann kommt und sich das dann auch vorstellen kann. Das war bei ihm schon gegeben.*" (B) Dabei drückt die (vermutlich) unbewusst gewählte Formulierung „*vorgegebener freier Entscheidungen*" prägnant das für den Aushandlungsprozess charakteristische Spannungsfeld zwischen Vorgabe und freier Entscheidung aus.

Arnd dagegen fühlt sich im Rückblick wenig beteiligt: „*Da wusste ich teilweise gar nicht, was ich sagen sollte, weil ich zuviel gefragt wurde. Ich habe mich auch gar nicht darauf vorbereitet, weil mir die Gespräche egal waren.*"
Es ging aber doch um dich.
„*Ja, aber jedes halbe Jahr immer wieder über dasselbe diskutieren. Dazu hatte ich echt keinen Bock. ... Manchmal habe ich es genutzt, aber nicht immer. Ich war eher nicht gut drauf. ... Ja, bockig, weil ich das nie wollte. Die Gespräche waren egal, ich wollte nicht dahin, ich wollte lieber was anderes machen.*" (JUG)

Folgerichtig ist er es auch, der – teilweise mit Unterstützung seiner zwischen Zustimmung und schlechtem Gewissen schwankenden Mutter – die Betreuung unterläuft und letztlich beendet. Auch in den anderen Fällen wird gelegentlich – wenn auch nicht so explizit – die negative Wirkung unzureichender Beteiligung an der Hilfeplanung für das Gelingen der Maßnahme deutlich. Immerhin vier von zwölf Jugendlichen bewerten die (vorsichtige) Aussage „Das Jugendamt hat mich immer gut informiert und bei Entscheidungen angehört" deutlich negativ.

Vor dem Hintergrund unserer rekonstruierten Betreuungsverläufe lässt sich festhalten, dass (nur) dort, wo Entscheidungen über Ziele und Setting des Betreuungsprozesses zwischen allen Beteiligten ‚in Ruhe' ausgehandelt und begründet wurden, gelungen ist, eine kontinuierliche und motivierte Koproduktion der Jugendlichen und ihrer Eltern sicherzustellen. Dort, wo Entscheidungen ‚übers Knie gebrochen', Bedenken nicht hinreichend ausgeräumt und die AdressatInnen nicht angemessen beteiligt wurden, kam es in der Regel zu Krisen und in Einzelfällen sogar zu Abbrüchen. Insofern ist eine umfassende Beteiligung der AdressatInnen in der Hilfeplanung ein zentraler Wirkfaktor für das Gelingen Individualpädagogischer Maßnahmen. Dieser Wirkfaktor allein ist allerdings keine Garantie für ein Gelingen der Hilfe und muss immer wieder mit den anderen genannten Wirkfaktoren verknüpft werden. „AdressatInnen aktiv an der Hilfeplanung zu beteiligen, erhöht die Akzeptanz der Hilfe und ermöglicht eine gemeinsame Sinnkonstruktion. Ohne die emotionale Zustimmung von Eltern und jungen Menschen besteht eine große Gefahr, dass die Hilfe ins Leere läuft. Ferner ist Beteiligung eine pädagogische Haltung, hinter der die Wertschätzung des Einzelnen steht. Beteiligung bedeutet, sich um ein Verstehen der Sichtweisen der AdressatInnen zu bemühen, sich auf ihre Situationsdeutung und Problemdefinition einzulassen und ihnen Handlungsalternativen anzubieten."[101]

Zentrales Forum für eine solche Beteiligung ist das in regelmäßigen Abständen durchzuführende Hilfeplangespräch. Hier findet Austausch, Reflexion und Einigung aller Beteiligten statt u.a. über

- die Beschreibung der Situation aus unterschiedlichen Perspektiven
- den erzieherischen Bedarf und die konkreten Ziele der Hilfe
- die Art und das geeignete Setting der Hilfe
- die notwendigen finanziellen Leistungen

---

[101] Strehler 2005, S.57

- die Kooperation aller Beteiligten während der Maßnahme
- den Beginn und die voraussichtliche Dauer der Hilfegewährung sowie Regularien zur Fortschreibung des Hilfeplans
- die Ausübung der Personensorge nach § 38 SGB VIII.

Damit sich aber alle – auch die Kinder, Jugendlichen und ihre Eltern – tatsächlich beteiligen können und dazu auch motiviert sind, müssen besondere Voraussetzungen geschaffen werden. Im Rahmen eines bundesweiten Modellprogramms wurden dazu Hinweise entwickelt, die hier nur in Stichworten wiedergegeben werden können:[102]

1. Alle Beteiligten auf die Hilfeplangespräche vorbereiten (Rolle klären, anstehende Fragen vorab sammeln, Struktur und Ablauf transparent machen).

2. Spezielle Methoden zur Zielfindung und Zielformulierung einsetzen.

3. Eine gemeinsame Struktur der Durchführung vereinbaren.

4. Verständigung auf eine adressatenorientierte Sprache.

5. Kreative Methoden der Abfrage und Ideenproduktion einsetzen.

6. Zeit nehmen, um Beziehung und Vertrauen aufzubauen.

7. Hilfeplangespräche an Orten durchführen, wo sich Kinder, Jugendliche und Eltern wohl fühlen.

---

102 Vgl. ebd.

Zusammenfassend lässt sich feststellen: „Die Beteiligung der Leistungsberechtigten im Sinne der Herstellung größtmöglicher Anschlussfähigkeit von Hilfen ist ein zentraler Wirkfaktor. Um Partizipation wirkungsvoll ausgestalten zu können, gilt es die Lebenswelt der Adressaten/innen zu erfassen, um deren ‚Eigenlogik' besser verstehen zu können. In diesem Sinne bedeutet Hilfen anschlussfähig zu machen, die Leistungsberechtigten motivierend zur Beteiligung zu befähigen und deren Handeln auf Selbstwirksamkeit auszurichten."[103]

Wirkfaktor Anschlussmaßnahmen
Eng mit der Steuerung durch das Jugendamt hängen die Gewährung und die Gestaltung notwendiger und geeigneter Anschlussmaßnahmen zusammen. Wir hatten bereits darauf hingewiesen, dass die Rückkehr und der Transfer neu erlernter Verhaltensmuster und Bewältigungsstrategien in den Alltag Schlüsselsituationen für den Erfolg und die Nachhaltigkeit Individualpädagogischer Maßnahmen sind. Die von uns rekonstruierten Betreuungsverläufe und Übergänge belegen eindrücklich, dass auch bei letztlich gelungenen Betreuungsverläufen die Rückkehr in den Alltag – in vielen Fällen verbunden mit Verselbständigung – für die Jugendlichen eine erhebliche Herausforderung darstellt, für deren erfolgreiche Bewältigung sie auch nach Ablauf der individualpädagogischen Betreuung praktische Hilfe und ermutigende Unterstützung benötigen. Mit Blick auf die von uns untersuchten Fallverläufe könnte man etwas vereinfacht sagen, dass immer dann, wenn diese Hilfe aus fiskalischen Gründen oder wegen des Erreichens der Volljährigkeit nicht gewährt wurde, ein – zumindest vorübergehendes – Scheitern einer gelingenden Bewältigung des Alltags die Folge war.

---

103 Moos/ Leitner 2005, S. 170

Das SGB VIII sieht in seinem §41 durchaus Hilfen für junge Volljährige über das 18. Lebensjahr hinaus vor und erwähnt dabei ausdrücklich die Nachbetreuung. Dennoch wurde in einigen der von uns untersuchten Fälle hiervon nicht Gebrauch gemacht und die Jugendlichen waren nach Abschluss der Individualpädagogischen Maßnahme weitgehend sich selbst überlassen. Gelegentlich wurde auch darauf vertraut, dass sich BetreuerIn oder Träger aufgrund der engen Beziehung zu den Jugendlichen schon informell um dessen Alltagsbewältigung kümmern werden.

Bei Anna, Grit, Alex und Sven hat dies zu krisenhaften Entwicklungen nach ihrer Rückkehr bzw. ihrer Verselbständigung geführt, weil sie Probleme (Wohnen in eigenem Wohnraum, eigenständiger Umgang mit Geld und Behörden) bekamen. Wie die anderen Fälle zeigen, kann eine wenig aufwendige ambulante Betreuung mit geringem Stundenumfang diese Schwierigkeiten auffangen. Sie erscheint auch deshalb notwendig und angebracht, weil die möglicherweise ‚eigentlich' zuständigen Stellen (Bundesagentur für Arbeit, Reha-Träger) einer anderen Handlungslogik unterliegen und die betreffenden Jugendlichen aus dieser einfach herausfallen.

Dieses Thema hat u.a. auch deshalb eine große Brisanz, weil die Mehrzahl der in Individualpädagogischen Maßnahmen betreuten Jugendlichen zwischen 14 und 18 Jahre alt ist, von denen die Mehrzahl mit dem Ziel und bis zur Verselbständigung betreut wird.[104]

---

104 Vgl. Klawe 2007, S. 16 und 40

Ausblick

Nicht alle der beschriebenen Prozessvariablen, Schlüsselsituationen und Wirkfaktoren gelten ausschließlich für Individualpädagogische Maßnahmen. Einige von ihnen haben in teilweise modifizierter Form Bedeutung auch für andere Formen der Erziehungshilfen. So fasst Wolf die Ergebnisse einer Metaanalyse von Fallstudien aus Nutzersicht zusammen:

„Quer über alle Studien erweisen sich folgende Dimensionen als besonders relevant:

- Passung des Hilfearrangements
- Partizipation von Jugendlichen und Eltern an den für sie wichtigen Entscheidungen
- Qualität der Beziehung Pädagogin / Pädagoge – Jugendliche(r)
- Klare, Orientierung gebende Strukturen und Regeln
- Respekt vor den bisherigen Lebenserfahrungen und den dort entstandenen Strategien und Deutungsmustern
- Weiterentwicklung der Beziehung Jugendliche – Eltern
- Realistische Betreuungs- und Erziehungsziele
- Netzwerkleistungen von Personen außerhalb des Settings (ohne Eltern)
- Lebensqualität in der Einrichtung."[105]

Manche der hier genannten Wirkfaktoren lassen sich – allerdings in spezifischer Ausprägung – unter den von uns identifizierten Schlüsselsituationen und Wirkfaktoren wiederfinden. Wolf fährt in Anschluss an diese Auflistung fort: „Es sind nicht einzelne Interventionsformen und Organisationsstrukturen, die generell eine spezifische Wirkung entfalten, son-

---

105 Wolf 2007b, S. 39

dern eine zentrale Qualitätsdimension ist, ob die Strukturen für diesen Jugendlichen / diese Familie geeignet sind." (ebd.)

Die individuelle Ausrichtung und eine flexible Orientierung an den konkreten persönlichen Bedürfnissen, Interessen und Bedarfen des betreuten Jugendlichen charakterisieren das spezifische Profil Individualpädagogischer Maßnahmen als Segment der Hilfen zur Erziehung. Diese charakteristischen Merkmale schaffen die Bedingungen für die beschriebenen Wirkfaktoren und ermöglichen erst ihre Wirkmächtigkeit. Die Träger sind gut beraten alles zu vermeiden, was zur Unschärfe dieser Merkmale führen könnte.

Diese Gefahr besteht etwa, wenn

- am gleichen Standort durch verschiedene Betreuerinnen und Betreuer Jugendliche in intensiven 1:1-Betreuungssettings betreut werden. In diesem Falle entsteht (möglicherweise ungewollt) ein neues, komplexeres Betreuungssystem, das u.U. in Konkurrenz zur intendierten intensiven Beziehung innerhalb der Individualpädagogischer Maßnahmen tritt,
- die Orientierung von Regeln und Interventionen vorrangig an den Notwendigkeiten der Familie der Betreuerin erfolgt oder eine der Pflegefamilie ähnliche Struktur entsteht,
- auf andere Weise – etwa aus Kostengründen – die individuelle Ausrichtung einer Individualpädagogischen Maßnahme konterkariert wird.

Die beschriebenen Wirkfaktoren mögen in der einen oder anderen Form auch in anderen Erziehungshilfen wirksam sein. Ihre besondere Wirkung im Rahmen Individualpädagogischer Maßnahmen entfalten sie durch eine am Einzelfall orientierte spezifische Kombination und Gewichtung.

Die individuelle Ausrichtung dieser Hilfeform bleibt damit das zentrale Steuerungselement für Wirkung und Erfolg einer Maßnahme. Diese individuelle Ausrichtung ist freilich kein Ergebnis professioneller ExpertInnen oder einer besonders ausgefeilten Diagnostik, sondern wird ausgehandelt und bestimmt gemeinsam mit dem zu betreuenden Jugendlichen und seinen Eltern. Sie sind als Koproduzenten die Subjekte der Betreuung. Partizipation wird damit zum zentralen Handlungsprinzip individualpädagogischer Arbeit. „Die Partizipation ist eine professionelle Strategie, um diese Passung herzustellen. Darüber hinaus hat die Erfahrung, beteiligt zu sein und gehört zu werden, auch ohne eine solche Funktionalisierung prinzipiell positive Effekte. Sie wirkt wie eine Methode mit der die Mitgestaltung und damit die Verantwortungsübernahme angeregt wird. Wirkungen pädagogischer Interventionen können nämlich nur als Ergebnis von gelungener oder verfehlter Koproduktion verstanden werden. Durch fehlende Beteiligung werden (weitere) negative Wirkungen erzeugt."[106]

„Sich am Jugendlichen orientieren"[107] ist eine für alle Hilfen zur Erziehung verpflichtende Handlungsmaxime. Ihr ist der ‚Geist' des Kinder- und Jugendhilfe-Gesetzes verpflichtet. Die strukturellen Bedingungen der einzelnen Formen in den Hilfen zur Erziehung lassen subjektorientiertes Handeln allerdings nur in unterschiedlichem Maße zu. Individualpädagogische Maßnahmen hingegen bieten hierfür mit ihrer individuellen Ausrichtung die optimalen Voraussetzungen. „Auch das Verstehen der und der Respekt vor den bisherigen Lebenserfahrungen sind einerseits Voraussetzungen, um die Passung zu erreichen und realistische, einzelfalladäquate Erziehungs- und Betreuungsziele zu entwickeln ... und bewirken außerdem, dass die Anregungen der pädagogischen Interventionen (das ‚pädagogische Material') für die Menschen, deren Entwicklung

---

106 Wolf 2007b, S.39
107 Hekele 2005

gefördert werden soll, anschlussfähig werden und in ihr Handeln, Denken und Fühlen integriert werden können."[108]

Unsere rekonstruierten Fallverläufe und deren Bewertung durch die Beteiligten machen deutlich, dass die pädagogischen Prozesse in Individualpädagogischen Maßnahmen nicht ‚durchgeplant' und vollständig vorstrukturiert werden können. „Die Entwicklung von Menschen ist ein Prozess der Selbstkonstruktion unter Bedingungen gegenseitiger Abhängigkeit. Dieser Prozess vollzieht sich in aller Regel spontan, weist komplexe, widersprüchliche, gegenläufige, ja chaotische Strukturen auf und muss als autopoietisch (sich selbst gestaltend oder auch sich selbst erzeugend verstanden werden ... (Kinder) entwickeln sich selbst ganz individuell und eignen sich ihre Umwelt individuell an – oder nicht. Wir könnten auch sagen: Jedes Individuum gestaltet und erlebt die eigene Lebenspraxis je individuell und ist dabei zugleich mehr oder weniger eingebunden in seine Umwelt, seine Lebensumstände."[109] Die besondere Qualität der Individualpädagogik liegt dabei darin, im Rahmen der Betreuung diese Umwelt und diese Lebensumstände gemeinsam mit dem Jugendlichen eng an dessen Bedarfen orientiert anregend und vielfältig zu gestalten und damit viele Möglichkeitsräume für Lernen und Entwicklung zu schaffen. „Hier befinden sich sozialpädagogische Betreuungsansätze in den Hilfen zur Erziehung ganz außerhalb allgemeiner Lernvorstellungen und gewinnen ihre Veränderungswirkungen aus jenen informellen Lernanlässen, die sich selbstorganisiert und selbstreguliert, lebensinhärent und arbeitsbezogen vollziehen. Vor diesem Hintergrund können die empirisch bestimmten Veränderungswirkungen intensivpädagogischer Betreuungsmaßnamen nicht hoch genug eingeschätzt werden ..."[110]

---

108 Wolf ebd.
109 Krause/Wolff 2005, S. 44f
110 Fischer/ Ziegenspeck 2009, S. 190

Die Sicherung und kontinuierliche Weiterentwicklung dieser Wirkfaktoren freilich setzt eine permanente und selbstkritische Reflexion der pädagogischen Alltagspraxis, eine professionell begründete Konzeptentwicklung und deren Fortschreibung voraus.

Literatur

AGJ (2007):
Zum aktuellen Diskurs um Ergebnisse und Wirkungen im Feld der Sozialarbeit und Sozialpädagogik, Expertise von Otto, H.U. u.a., Berlin

Arnold, R. / Siebert, H. (1997):
Konstruktivistische Erwachsenenbildung, Hohengehren

Blandow, J. (1997):
Über Erziehungshilfekarrieren. Stricke und Fallen der postmodernen Jugendhilfe, in: Institut für soziale Arbeit e.V. (Hrsg.): Jahrbuch der Sozialen Arbeit, Münster, S.172–188

BMFSJ (1998):
Leistungen und Grenzen der Heimerziehung. Ergebnisse einer Evaluationsstudie stationärer und teilstationärer Erziehungshilfen, Berlin / Köln / Stuttgart

Bohnsack, R. (2007):
Rekonstruktive Sozialforschung. Opladen, Farmington Hills

Böhnisch, L. u.a. (2002):
Projekt „Lebensbewältigung und -bewährung, Projektbericht, http://www.dresden.de/pdf/berichte/Bericht_Projekt_Lebensbewaehrung.pdf (27.11.2006)

Bourdieu, P. (1983):
Ökonomisches Kapital, kulturelles Kapital, soziales Kapital, in Soziale Welt, Sonderband 2 „Soziale Ungleichheiten", S.183–197

Brocke, H. (2002):
Soziale Arbeit als Koproduktion, http://www.stiftung-spi.de/download/
stiftung/zivilgesellschaft/10_empfehlungen.pdf (Zugriff: 29.8.2009)

Bürger, U. (1990):
Heimerziehung und soziale Teilhabechancen, Pfaffenweiler

EREV (Hrsg.) (2008):
Wirkungen III – Das WIMES-Projekt, Hannover

Felka, E. / Harre, V. (2006):
Evaluation Individualpädagogischer Intensivmaßnahmen im In- und Ausland in der Zeit von 1990 bis 2005, Köln

Fischer, T. / Ziegenspeck, J. (2009):
Betreuungs-Report Ausland, Lüneburg

Flick, U. (1995):
Psychologie des Sozialen – Repräsentationen in Wissen und Sprache, Reinbek

Freigang, W. (1986):
Abschieben oder verlegen? Weinheim, München

Freigang, W. (2007a):
Wirkungsorientierte Evaluation in den Erziehungshilfen, in: Sozialpädagogisches Institut (Hrsg.): SOS-Dialog 2007, S. 32–34

Freigang, W. (2007b):
Hilfeplanung, in: Michel-Schartze, B. (Hrsg.): Methodenbuch Soziale Arbeit, Wiesbaden, S. 101–118

Friebertshäuser, B. (2001):
Rituale im pädagogischen Alltag. Inszenierungen von Statuspassagen in Institutionen der öffentlichen Erziehung. In: Zeitschrift Neue Praxis. 31. Jg., Heft 5, 2001, S. 491–506

Fröhlich-Gildhoff, K. (2002):
Indikation zu niederfrequenter und intensiver sozialpädagogischer Einzelbetreuung, in: ders.: Indikation in der Jugendhilfe, Weinheim, München, S. 103–124

Fröhlich-Gildhoff, K. (2003):
Einzelbetreuung in der Jugendhilfe – Konzepte, Prozesse und wirksame Faktoren, Münster

Fröhlich-Gildhoff, K. (2008):
Forschungsschwerpunkt Ambulante Erziehungshilfen, Vortrag auf der EREV-Tagung am 3.7.2008, http://www.erev.de/auto/Downloads/Manuskripte/Frohlich_Gildhoff_Forschungsschwerpunkt_Ambulante_Erziehungshilfen.pdf (2.12.2008)

Furman, B. (1999):
Es ist nie zu spät, eine glückliche Kindheit zu haben, Basel

Gabriel, T. / Keller, S. / Studer, T. (2007):
Wirkungen erzieherischer Hilfen – Metaanalyse ausgewählter Studien, Band 3 der Schriftenreihe „Wirkungsorientierte Jugendhilfe" des Instituts für soziale Arbeit, Münster

Geertz, C. (1983):
Dichte Beschreibung. Beiträge zum Verstehen kultureller Systeme, Frankfurt/M.

Gehres, W. (1997a):
Wirkungen von Heimunterbringung, in: Neue Praxis 2/97, S. 176–181

Gehres, W. (1997b):
Das zweite Zuhause. Lebensgeschichte und Persönlichkeitsentwicklung von Heimkindern, Opladen

Glinka, H.-J. (1998):
Das narrative Interview - Eine Einführung für Sozialpädagogen, Weinheim und München

Graßhoff, G. (2008):
Theoretische Überlegungen zu einem empirischen Programm sozialpädagogischer Adressatenforschung, in: Neue Praxis Heft 4, S. 399–408

Griese, B. / Griesehop, H. (2007):
Biographische Fallarbeit. Theorie, Methode und Praxisrelevanz, Wiesbaden

Guba, E. / Lincoln Y. (1989):
Fourth Gemeration Evaluation, Newbury Park, London, New Delhi

Heiner, M. (2005):
Evaluation und Evaluationsforschung – Definitionen und Positionen, in: Otto, H.-U. / Thiersch, H. (Hrsg.): Handbuch Sozialarbeit / Sozialpädagogik, 2. Auflage, München, S. 481–495

Hekele, K. (2005):
Sich am Jugendlichen orientieren. Ein Handlungsmodell für subjektorientierte Soziale Arbeit, Weinheim und München

Hinte, W. (1992):
„Erlebnis oder Pädagogik" - Zum Dilemma professioneller Beziehungen in pädagogischen Arbeitsfeldern, in: Maaß, V. (Hrsg.),1992: Erlebnispädagogik in der Erziehungshilfe, Dokumentation der Fachtagung in Malente vom 25. bis 27. Mai 1992, Reader 92, Rendsburg

Klawe, W. / Bräuer, W. (2001):
Erlebnispädagogik zwischen Alltag und Alaska – Praxis und Perspektiven der Erlebnispädagogik in den Hilfen zur Erziehung, Weinheim und München (3. Aufl.)

Klawe, W. (2001):
„Dichte Beschreibungen" als Evaluation pädagogischer Praxis, in: Heil, K. / Heiner, M. / Feldmann, U.: Evaluation sozialer Arbeit, Frankfurt / M., S. 108–133

Klawe, W. (2006):
Wie wirken pädagogische Interventionen? – zur Wirkungsforschung bei individualpädagogischen Maßnahmen, in: erleben & lernen 3&4 / 2006, S.6–11

Klawe, W. (2007):
Jugendliche in Individualpädagogischen Maßnahmen. Evaluationsstudie im Auftrag des AIM e.V., Köln / Hamburg

Klawe, W. (2008):
Individualpädagogische Maßnahmen als tragfähiges Beziehungsangebot, in: Unsere Jugend 60. Jg. Heft 5 (2008)

Kreszmaier, A. (1994):
Das Schiff Noah – Dokument einer therapeutischen Reise, Weitra

Krause, H.-U. / Wolff, R. (2005):
Erziehung durch Hilfeplanung: Über den untauglichen Versuch, Erziehungsprozesse gedankenlos zu rationalisieren, in: Sozialpädagogisches Institut im SOS-Kinderdorf e.V. (Hrsg.): Hilfeplanung – reine Formsache?, S. 44–62

Lambach, R. (2003):
Messung von Ergebnisqualität, in: Sozialpädagogisches Institut im SOS-Kinderdorf e.V. (Hrsg.): Qualitätsentwicklung und Qualitätswettbewerb. SPI-Schriftenreihe / Dokumentation 2, München, S.95–103

Langhanky, M. (2005):
Diagnostik – eine Kunst des Regierens, in: WIDERSPRÜCHE 96, 25. Jhg., Juni 2005, S. 7–21

Lorenz, H. (2008):
Individualpädagogik – Erlebnispädagogik: Schnittmengen und Differenzen. In: Buchkremer, H. / Emmerich, M. (Hrsg.): Individualpädagogik im internationalen Austausch, Hamburg, S. 93–106

Luhmann, N. / Schorr, K.-E. (1982):
Zwischen Technologie und Selbstreferenz. Fragen an die Pädagogik, Frankfurt/M.

Macsenaere, M. / Knab, E. (2004):
EVAS – Eine Einführung, Freiburg

Macsenaere, M. / Schemenau, G. (2008):
Erfolg und Misserfolg in der Heimerziehung. Ergebnisse und Erfahrungen aus der Evaluation Erzieherischer Hilfen (EVAS)", in: Unsere Jugend 60. Jg. Heft 1, 2008, S. 26 - 33).

Macsenaere, M. (2008):
Individualpädagogische Hilfen im Ausland im Vergleich zur Heimerziehung: Eine erste Gegenüberstellung auf der Basis von EVAS, in: Verein für Kommunalwissenschaften, a.a.O. S.121–124

Macsenaere, M. (2009):
(Wirkungs-) Forschung in der Heimerziehung, in: Unsere Jugend 1/2009, S. 2–13

Merchel, J. (2006):
Hilfeplanung bei den Hilfen zur Erziehung § 36 SGB VIII, Stuttgart

Moos, M. / Leitner, H. (2005):
Hinweise und Empfehlungen, in: Deutsches Jugendinstitut: Bausteine gelingender Hilfeplanung. Ergebnisse aus dem Modellprogramm „Fortentwicklung des Hilfeplanverfahrens", München, S. 169–173

Müller, B. (1995):
Wozu brauchen Jugendliche Erwachsene?, in Deutsche Jugend, Heft 4/1995, S. 160 - 169

Nohl, H. (2002):
Die pädagogische Bewegung in Deutschland und ihre Theorie, Frankfurt/M. (Erstauflage 1933)

Normann, E. (2003):
Erziehungshilfen in biografischen Reflexionen. Heimkinder erinnern sich, Weinheim, Basel, Berlin

Normann, E. (2005):
„Wenn man wollte, konnte man es durchhalten!" – Erzieherische Hilfen aus der Nutzerperspektive, in: Oelerich / Schaarschuch (2005), S. 28–47

Nuisken, D. (2007):
Wirkungsorientierte Jugendhilfe – Hintergründe, Aspekte und Ansätze einer wirkungsorientierten Qualifizierung der Hilfen zur Erziehung, in: ISA-Jahrbuch zur sozialen Arbeit, Münster S. 133–153

Oelerich, G. / Schaarschuch, A. (Hrsg.) (2005):
Soziale Dienstleistungen aus Nutzersicht, München

Otto, H-U. (2007):
Zum aktuellen Diskurs um Ergebnisse und Wirkungen im Feld der Sozialpädagogik und Sozialarbeit – Literaturvergleich nationaler und internationaler Diskussion. Expertise im Auftrage der AGJ, Berlin

Pollak, T. (2002):
Was heißt „Beziehung" in der sozialen Arbeit, in: Deutsche Jugend, Heft 2/2002, S. 78–85

Rauh B. / Wildenhues, C. (2005):
Problemjugendliche auf der Suche nach dem verlorenen Vater – Zur Notwendigkeit differenzierter theoretischer Beschreibungen in der Erlebnispädagogik und deren Konkretisierung am Beispiel eines delinquenten Adoleszenten, in: Neue Praxis 6/2005, S. 611–624

Schmidt, M. u.a. (2002):
Effekte erzieherischer Hilfen und ihre Hintergründe, (Jugendhilfe-Effekte-Studie. JES), Stuttgart

Schrödter, M. / Ziegler, H. (2007):
Was wirkt in der Kinder- und Jugendhilfe? Internationaler Überblick und Entwurf eines Indikatorensystems von Verwirklichungschancen. Band 2 der Schriftenreihe „Wirkungsorientierte Jugendhilfe" des Instituts für soziale Arbeit, Münster

Schwabe, M. (2000):
Das Hilfeplangespräch zwischen Anspruch und Wirklichkeit,
Teil 1, in: Jugendhilfe, 38. Jg., Heft 5, 2000, S. 195–204
Teil 2, in: Jugendhilfe, 38. Jg., Heft 6, 2000, S. 255–264

Schwabe, M. (2005):
Subjektive Voraussetzungen für Zielformulierungen und Kontraktfähigkeit, in: Sozialpädagogisches Institut im SOS-Kinderdorf e.V. (Hrsg.): Hilfeplanung – reine Formsache?, S. 216–232

von Spiegel, H. (2006):
Wirkungsevaluation und Wirkungsdialoge in der Jugendhilfe. Was ist realistische Erwartung, was Ideologie?, in: Forum Erziehungshilfen 5/2006 S. 275

Strehler, M. (2005):
In Kooperation Adressatenbeteiligung gestalten und sichern, in: Deutsches Jugendinstitut: Bausteine gelingender Hilfeplanung. Ergebnisse aus dem Modellprogramm „Fortentwicklung des Hilfeplanverfahrens", München, S. 57–64

Struzyna, K. (2007):
Wirkungsorientierte Jugendhilfe- Hintergründe, Intentionen und Ziele des Bundesmodellprogramms, in: ISA (Hrsg.): Wirkungsorientierte Jugendhilfe, Bd. 1, Münster, S. 5–14

Tautorat, P. (2004):
Auswirkungen einer Intervention der Jugendhilfe auf die Lebensbewältigungsstrategien von jungen Erwachsenen am Beispiel der Intensiven Sozialpädagogischen Einzelbetreuung (§ 35 SGB VIII) in Form eines Auslandsprojektes., https://eldorado.uni-dortmund.de/ bitstream/2003/2911/1/ Tautoratunt.pdf (vom 7.9.2008)

Ulrich, S. / Wenzel, F. (2003):
Partizipative Evaluation – Ein Konzept für die politische Bildung, Gütersloh

Verein für Kommunalwissenschaften e.V. (2007):
Weder Abenteuerland noch Verbannung. Auslandsaufenthalte als Bestandteil der Hilfen zur Erziehung: § 27 SGB VIII, Berlin (Tagungsreader)

Verein für Kommunalwissenschaften e.V. (2008):
Weder Abenteuerland noch Verbannung. Auslandsaufenthalte als Bestandteil der Hilfen zur Erziehung: § 27 SGB VIII,
Berlin (Tagungsdokumentation)

Villanyi, D./Witte, M. D (2006):
Überlegungen zur wissenschaftlichen Fundierung intensivpädagogischer Auslandsprojekte, in: Witte, M.D./Sander, U. (Hrsg.) (2006), Intensivpädagogische Auslandsprojekte in der Diskussion, Baltmannsweiler, S. 29–47

von Wensierski, H. (2003):
Rekonstruktive Sozialpädagogik im intermediären Feld eines Wissenschafts-Praxis-Diskurses, in: Schweppe, C. (Hrsg.) (2003): Qualitative Forschung in der Sozialpädagogik, Opladen, S. 68–90

Wieland, N. (1992):
Ein Zuhause – kein Zuhause: Lebenserfahrungen und -entwürfe heimentlassener junger Erwachsener, Freiburg

Wiesner, R. (2005):
Das Hilfeplanverfahren als Steuerungsinstrument, in: Sozialpädagogisches Institut im SOS-Kinderdorf e.V. (Hrsg.): Hilfeplanung – reine Formsache?, S. 8–25

Wiesner, R. (2006):
SGB VIII, Kinder- und Jugendhilfe, 3., völlig überarbeitete Auflage, München

Witte, M./Sander, U. (2006):
Intensivpädagogische Auslandsprojekte in der Diskussion, Baltmannsweiler

Witte, M. (2009):
Jugendliche in intensivpädagogischen Auslandsprojekten. Eine explorative Studie aus biografischer und sozialökologischer Perspektive. Dissertation an der Fakultät für Pädagogik der Universität Bielefeld, Baltmannsweiler

Witzel, A. (2000):
Das problemzentrierte Interview. Forum Qualitative Sozialforschung/ Forum: Qualitative Social Research 1. Verfügbar über: http://www.qualitative-research.net/fqs-texte/1-00/1-00witzel-d.htm. Zugriff: 10.2.2008

Wolf, K. (1999):
Machtprozesse in der Heimerziehung, Münster

Wolf, K. (2000):
Heimerziehung aus Kindersicht als Evaluationsstrategie, in: Sozialpädagogisches Institut im SOS-Kinderdorf e.V. (Hrsg.): Heimerziehung aus Nutzersicht, München, S.6–39

Wolf, K. (2007 a):
Wirkungsorientierung in den Hilfen zur Erziehung, in: ISA (Hrsg.): Beiträge zur Wirkungsorientierung von erzieherischen Hilfen. Band 1 der Schriftenreihe „Wirkungsorientierte Jugendhilfe" des Instituts für soziale Arbeit, Münster, S. 119–123

Wolf, K. (2007 b):
Metaanalyse von Fallstudien erzieherischer Hilfen hinsichtlich von Wirkungen und „wirkmächtigen" Faktoren aus Nutzersicht. Band 4 der Schriftenreihe „Wirkungsorientierte Jugendhilfe" des Instituts für soziale Arbeit, Münster